MA VIE REBELLE

DU MÊME AUTEUR

Insoumise, Robert Laffont, 2005

AYAAN HIRSI ALI

MA VIE REBELLE

Traduit de l'anglais
par Claude-Christine Farny et Hannah Pascal

NiL
éditions

Par souci de leur vie privée, les noms de certaines personnes apparaissant dans ce livre ont été changés.

Titre original : INFIDEL
© Ayaan Hirsi Ali
Traduction française : NiL éditions, Susanna Lea Associates, Paris, 2006

ISBN 2-84111-346-9

À Abeh, Ma, Ayeyo (Grand-Mère), Mahad.
En mémoire d'Haweya, ma sœur bien-aimée.
Et aux centaines de millions de musulmanes
qui sont obligées de se soumettre.

Introduction

Un matin de novembre 2004, Theo Van Gogh se leva pour aller travailler dans sa maison de production, à Amsterdam. Il enfourcha son vieux vélo noir et partit sur la grande rue. Debout sous un porche, un Marocain l'attendait, armé d'un pistolet et de deux couteaux.

Comme Theo descendait la Linnaeusstraat, Muhammad Bouyeri s'approcha, sortit son arme et tira plusieurs balles sur lui. Theo tomba de son vélo, se releva, voulut traverser la rue, tituba et s'écroula. Bouyeri le suivit. Theo lui dit : « On pourrait peut-être discuter ? » mais Bouyeri tira à nouveau, quatre fois. Puis, avec l'un de ses couteaux, il lui trancha la gorge. Ensuite, il posa une lettre de cinq pages sur sa poitrine et enfonça son second couteau pour la maintenir en place.

La lettre m'était adressée.

Deux mois plus tôt, Theo et moi avions réalisé un court-métrage. Nous l'avions intitulé *Submission, Part 1* : j'avais l'intention de tourner un jour la deuxième partie. (Theo m'avait prévenue qu'il n'y travaillerait que si j'acceptais d'y mettre un peu d'humour !) Dans la première partie, des femmes musulmanes passaient d'une soumission totale à Dieu à un dialogue avec Lui sur le ton du défi. Elles priaient, mais, au lieu de garder les yeux baissés, elles regardaient Allah en face, et elles avaient les mots du Coran tatoués sur le corps. Elles lui disaient franchement que si la soumission à Sa loi était source de tant de malheurs, et s'Il persistait à garder le silence, elles cesseraient de se soumettre.

Il y avait une femme flagellée pour adultère ; une autre mariée à un homme qu'elle détestait ; une troisième régulièrement battue par son mari ; une jeune fille rejetée par son père après avoir été violée par son oncle. Tous ces mauvais traitements trouvaient leur justification dans les mots du Coran tatoués sur la peau des victimes. Ces quatre femmes représentaient les centaines de milliers de musulmanes maltraitées dans le monde.

Nous savions, Theo et moi, qu'il était dangereux de réaliser un tel film. Mais Theo était courageux – il avait l'étoffe d'un guerrier, aussi curieux que cela puisse paraître. Il était aussi très hollandais, et aucune nation au monde n'est aussi attachée à la liberté d'expression que les Pays-Bas. Lorsqu'on lui proposa de ne pas mettre son nom au générique pour des raisons de sécurité, il se mit en colère. Il m'avait dit un jour : « Si je ne peux pas signer mes propres films de mon nom dans ce pays, alors, la Hollande n'est plus la Hollande, et je ne suis pas moi. »

On me demande souvent si je n'ai pas, au fond, le désir de mourir pour continuer à parler comme je le fais. La réponse est non : je veux continuer à vivre. Mais certaines choses doivent être dites, et, à certains moments, garder le silence, c'est se rendre complice de l'injustice.

Je suis née en Somalie. J'ai grandi en Somalie, en Arabie Saoudite, en Éthiopie et au Kenya. Je suis arrivée en Europe en 1992, à l'âge de vingt-deux ans, et je suis devenue membre du Parlement néerlandais. J'ai fait un film avec Theo. Je vis maintenant sous la surveillance de deux gardes du corps et je ne me déplace qu'en voiture blindée. En avril 2006, suite à une plainte de mes voisins qui estimaient dangereuse pour eux ma présence dans leur immeuble, un juge néerlandais m'a condamnée à quitter l'appartement que je louais à l'État : ma décision de partir m'installer aux États-Unis date de là, avant que n'éclate le débat autour de ma nationalité.

Ce livre est l'histoire de ma vie. C'est un récit subjectif, écrit à partir de souvenirs personnels, et aussi fidèle que peut l'être ma mémoire ; dans la mesure où mes relations avec le reste de ma famille sont très limitées, je ne peux avoir recours à elle pour en vérifier l'authenticité. Je raconte ce que j'ai vécu, ce que j'ai vu, et les raisons qui me font penser comme je pense. J'ai estimé qu'il était utile, et même peut-être important, de raconter cette histoire. Je veux clarifier quelques points, préciser certaines de mes positions et aussi faire découvrir aux lecteurs un monde étranger au leur et la manière dont il fonctionne.

Première partie

MON ENFANCE

1

Les liens du sang

— Qui es-tu ?

— Je suis Ayaan, fille de Hirsi, fils de Magan.

Je suis assise avec ma grand-mère sur un matelas, sous l'arbre *talal*. Derrière nous se trouve la maison, et nous n'avons que les branches du *talal* pour nous protéger du soleil qui incendie le sable blanc.

— Continue, dit ma grand-mère, en me fixant d'un œil sévère.

— Et Magan était le fils d'Issé.

— Ensuite ?

— Issé était fils de Guleid, fils d'Ali. Fils de Wai'ays. Fils de Muhammad. Ali. Omar.

J'hésite un moment.

— Osman. Mahamud.

Je reprends mon souffle, fière de moi.

— Bah ? reprend ma grand-mère. Quelle épouse ?

— Bah Ya'qub, Garab-Sare.

Je nomme la plus puissante des femmes d'Osman Mahamud : fille de Ya'qub, Celle qui a la plus Haute Épaule.

Ma grand-mère acquiesce, à contrecœur. Je m'en suis bien sortie. Je n'ai que cinq ans et je viens d'énumérer mes aïeux sur trois cents ans – partie essentielle de ma généalogie. Osman Mahamud est le nom du sous-clan de mon père, donc le mien. Ce sont mes origines, mon identité.

Par la suite, et pendant toute mon enfance, ma grand-mère me fera répéter encore et encore, à force de cajoleries ou de coups, la généalogie de mon père jusqu'à Darod, l'ancêtre arrivé en Somalie il y a huit cents ans, venant d'Arabie, fondateur du grand clan des Darod. Je suis une Darod, une Harti, une Macherten, une Osman Mahamud. Je descends de l'épouse nommée la Plus Haute Épaule. Je suis une Magan.

— Retiens bien ces noms, m'admoneste ma grand-mère en agitant sa badine devant moi. Ils te rendront forte. C'est ta lignée. Si tu honores ces noms, ils te maintiendront en vie. Si tu les déshonores tu seras seule, abandonnée. Tu ne seras plus rien. Tu mèneras une existence misérable, tu mourras d'une mort affreuse. Allez, reprends !

*

En Somalie, tous les enfants sont tenus d'apprendre par cœur leur généalogie. C'est plus important que tout, ou presque. Chaque fois qu'un Somalien rencontre un compatriote inconnu, la question rituelle est posée : « Qui es-tu ? » Et chacun remonte sa propre lignée jusqu'à ce qu'ils se découvrent un ancêtre commun.

Avoir un même aïeul qu'un autre Somalien – fût-ce à la huitième génération – fait de vous des cousins. Vous appartenez à la vaste famille que constitue le clan. Vous vous devez mutuellement nourriture et hospitalité. Bien qu'un enfant appartienne au clan de son père, il peut lui être utile de connaître aussi la généalogie de sa mère pour le cas où, en voyage, il aurait besoin de l'aide d'un inconnu.

Nous passions donc de longs après-midi, mon grand frère Mahad et moi, à psalmodier en chœur les noms de nos ancêtres paternels et maternels, malgré la sueur qui inondait notre dos. Plus tard, ma petite sœur Haweya dut se joindre à nous, mais ma grand-mère n'alla jamais bien loin avec elle. Intelligente et vive, Haweya tenait encore moins long-temps en place que Mahad et moi.

En vérité, ce rituel ancestral nous paraissait dénué d'in-térêt. Nous étions des enfants modernes – élevés dans une maison en béton avec un toit en dur, derrière des murs d'en-ceinte fixes. La plupart du temps, nous nous échappions en esquivant les coups que ma grand-mère faisait cingler sur nos jambes avec une badine prélevée sur notre arbre. Nous préférions y grimper et nous amuser dans ses branches.

Mais notre plus grand plaisir était d'écouter ma grand-mère raconter des histoires, allongés sous l'arbre, sur notre natte, pendant que ma mère cuisinait sur son brasero. Les histoires ne venaient jamais quand nous les demandions. Elles arrivaient par surprise. Tout en tressant une natte, grand-mère grommelait, se parlant à elle-même, et soudain nous comprenions que ses grommellements allaient se transformer en un conte.

« Il était une fois un jeune nomade qui avait épousé une belle femme et en avait un fils... », commençait-elle.

Nous savions alors qu'il fallait nous installer rapidement et faire semblant d'être occupés à quelque chose, la moindre interruption risquant de modifier son humeur. Dérangée, elle s'emporterait contre nous et se remettrait à tresser les minces bandes d'herbe séchée qu'elle assemblait nuit et jour en de larges nattes au dessin complexe.

« Comme les pluies ne venaient pas, le nomade s'en fut à travers le désert chercher une pâture où s'installer avec ses bêtes et sa famille. Il n'avait pas marché longtemps quand il tomba sur une étendue d'herbe verte et tendre au milieu de laquelle se dressait une hutte, faite d'épais branchages, couverte de nattes fraîchement tressées, et très propre.

« La hutte était vide. L'homme revint vers sa femme et lui dit qu'il avait trouvé l'endroit idéal à seulement une journée de marche de distance. Mais deux jours plus tard, en arrivant sur les lieux avec sa femme et son fils, il vit un étranger debout à la porte de la hutte. L'homme n'était pas grand mais solidement bâti. Il avait la peau douce et des dents très, très blanches. »

Haweya se mettait à frémir de plaisir et moi, de peur.

« L'étranger dit : "Tu as femme et enfant. Prends la maison, elle est à toi", et il sourit. Le jeune nomade se dit que cet étranger était vraiment accueillant et le remercia. Il l'invita même à leur rendre visite quand il le voudrait. Mais sa femme n'appréciait pas la présence de cet homme qui la mettait mal à l'aise. Et le bébé éclatait en sanglots dès qu'il voyait l'étranger.

« Une nuit, un animal s'introduisit dans la hutte et emporta le bébé qui dormait dans son lit. Le père, qui avait bien mangé, dormait profondément ; il n'entendit rien. Quel malheur ! Au matin, l'étranger rendit visite au nomade et à sa femme pour leur dire son chagrin. Mais, pendant qu'il parlait, la jeune femme remarqua des petits morceaux de viande rouge coincés entre ses dents. Et l'une de ces dents si solides et si blanches était très légèrement ébréchée.

« L'homme s'installa avec le couple dans la maison. Pendant toute une année l'herbe resta verte, la pluie tomba, le nomade ne voyait donc aucune raison de partir. Sa femme eut un autre enfant, un autre fils, magnifique. Mais de nouveau, alors que l'enfant n'avait que quelques mois, un animal pénétra dans la hutte et le saisit dans ses mâchoires. Cette fois, le père courut après la bête, mais pas assez vite pour l'attraper.

« La troisième fois, le nomade rattrapa la bête et se battit avec elle, mais elle était plus forte que lui et dévora le bébé. Après la mort de son troisième enfant, la femme dit au nomade qu'elle allait le quitter. Et cet homme stupide se retrouva sans rien. Il avait tout perdu !

« Alors, nous criait ma grand-mère, qu'avez-vous appris ? »

Nous connaissions la réponse. Ce nomade était un paresseux. Il s'était arrêté à la première pâture qu'il avait trouvée, malgré les signes qui auraient dû l'en dissuader. Il était idiot : il n'avait pas su lire ces signes, tandis que sa femme et son fils les avaient sentis instinctivement. L'étranger était en réalité Celui Qui Se Frotte Avec Un Bâton, cet être monstrueux qui se transforme en hyène et dévore les enfants. Nous l'avions deviné. Le nomade avait l'esprit aussi lent que les jambes, il manquait de courage et de force. Il méritait de tout perdre.

Certaines de ces histoires nous glaçaient le sang. Celles d'une vieille sorcière très laide qui s'appelait la Tueuse d'Hommes ou la Bouchère, par exemple. Ce personnage avait le pouvoir de se transformer – d'adopter la figure d'une personne chère et respectée – pour, au dernier moment, se précipiter sur vous avec un rire affreux, HAHA-HAHAHA, vous enfoncer dans le corps un long couteau acéré qu'elle dissimulait dans les plis de sa robe et vous manger. Ma grand-mère nous racontait aussi des souvenirs de sa jeunesse, quand des bandes de guerriers pillards se répandaient dans le désert pour dérober le bétail, enlever les femmes et incendier les campements.

Elle nous faisait le récit de catastrophes arrivées de son temps et du temps de ses parents : les pandémies de peste et de malaria, les sécheresses qui décimaient des régions entières. Elle nous contait aussi l'arrivée des pluies qui faisaient tout reverdir, les coulées d'eau qui dévalaient soudain les lits de rivières asséchées, l'abondance de lait et de viande. Elle tentait de nous apprendre que cela conduisait à la décadence. Une herbe trop verte rend les bergers paresseux et les enfants trop gras. Les hommes et les femmes se rassemblent pour chanter et faire de la musique au crépuscule. L'instinct de vigilance qui leur permet de rester sur leurs gardes et de survivre s'émousse alors, et ils ne voient pas venir le danger. Ce mélange des sexes, nous disait-elle, finit par provoquer compétition, conflits et catastrophes.

Il y avait parfois dans ces histoires des femmes courageuses – des mères, comme la mienne –, assez habiles et braves pour sauver leurs enfants du danger. Cela nous rassurait. Ma grand-mère et ma mère aussi étaient courageuses et futées : elles sauraient certainement nous sauver lorsque notre tour viendrait d'affronter les monstres.

En Somalie, les enfants apprennent très tôt à repérer dangers et tromperies. Les choses ne sont pas toujours ce qu'elles paraissent ; la moindre erreur peut être fatale. La morale de toutes les histoires de ma grand-mère reposait sur l'honneur. Il faut être fort, malin, méfiant ; il faut obéir aux lois du clan.

La méfiance est une bonne chose – surtout quand on est une fille. Car les filles peuvent être prises, ou céder. Et, si une fille est dépouillée de sa virginité, elle ne subit pas simplement un déshonneur, elle ruine l'honneur de son père, de ses oncles, de ses frères et de ses cousins. Rien n'est pire que d'être à l'origine d'un tel désastre.

Si nous adorions ces histoires, nous tenions très peu compte de notre grand-mère. Elle nous gardait, un peu comme les chèvres qu'elle attachait à notre arbre, mais nous étions intenables. Ses histoires et nos chamailleries étaient nos seuls passe-temps – je ne crois pas avoir vu un seul jouet avant l'âge de huit ans. Nous nous disputions sans arrêt. Haweya et Mahad se liguaient contre moi ou bien je me liguais avec Haweya contre Mahad. Mais jamais nous ne faisions équipe, mon frère et moi. Nous nous détestions. Grand-mère attribuait cette inimitié au fait que j'étais née un an après Mahad – et que je lui avais volé le giron de Ma.

Nous n'avions pas de père, parce que notre père était en prison. Je n'en avais aucun souvenir.

*

La plupart des adultes que je connaissais avaient grandi dans les déserts de Somalie, l'un des pays les plus pauvres d'Afrique, situé à l'extrême est du continent en bordure de l'océan Indien, enserrant la péninsule arabique comme une main protectrice et se prolongeant jusqu'au Kenya. C'étaient des nomades qui se déplaçaient constamment vers le nord et le nord-est pour faire paître leurs troupeaux. Ils passaient parfois une ou deux saisons au même endroit, et quand il n'y avait plus assez d'eau et de fourrage, ou si les pluies tardaient à tomber, ils démontaient leurs huttes et empilaient leurs nattes sur des chameaux pour partir à la recherche d'un meilleur site où nourrir leur bétail.

Grand-mère avait appris à tresser des herbes sèches tellement serré que l'on pouvait transporter de l'eau pendant des kilomètres dans une de ses cruches. Elle savait construire une petite maison arrondie avec des branchages et des nattes tressées ; elle savait la démonter et la charger sur un chameau de bât hargneux.

Quand grand-mère avait une dizaine d'années, son père, un berger issaq, mourut. Sa mère épousa le frère de son mari (pratique courante qui évite les frais d'une dot et beaucoup d'ennuis). À ses treize ans, un riche nomade nommé Artan, âgé de quarante ans, demanda la main de ma grand-mère à cet oncle. Artan était un Dhulbahante, branche honorable du clan des Darod. Il était très respecté, car bon berger et bon navigateur – il savait toujours à quel moment partir et où aller pour trouver la pluie. Les membres de son clan s'adressaient à lui pour arbitrer leurs litiges.

Artan était déjà marié, mais sa femme et lui n'avaient qu'un seul enfant, une fillette à peine plus jeune que ma grand-mère. Lorsqu'il se décida à prendre une nouvelle épouse, Artan choisit d'abord le père : il devait appartenir à un bon clan et avoir une réputation sans tache. La fille devait être travailleuse, forte, jeune et pure. Ma grand-mère, Ibaado, était tout cela. Artan paya une dot pour l'obtenir, l'épousa et l'emmena avec lui.

Quelques jours plus tard, grand-mère se sauva. Partie à pied, elle réussit presque à atteindre le camp de ses parents avant qu'Artan ne la rattrape. Il accepta qu'elle reste quelque temps auprès de sa mère pour se remettre. Au bout d'une semaine, son beau-père la reconduisit au camp d'Artan et lui dit : « Tel est ton destin ».

Pendant le reste de sa vie, grand-mère fut irréprochable. Elle éleva huit filles et un garçon dont la vertu et le travail ne suscitèrent jamais le moindre commérage. Elle leur inculqua le sens de la volonté, de l'obéissance et de l'honneur. Elle faisait paître les bêtes, ramassait du bois pour le feu, construisait des clôtures en branchages entremêlés d'épineux. Elle avait les mains et la tête solides, et, lorsque son mari recevait des hôtes pour des réunions de clan, elle tenait soigneusement ses filles à l'écart des chants, des tambours et des hommes. Celles-ci n'entendaient que de loin les joutes poétiques auxquelles ils se livraient et leurs tractations commerciales. Grand-mère ne manifesta jamais de jalousie à l'égard de sa coépouse, mais elle préférait l'éviter. Quand cette femme mourut, grand-mère toléra la présence de sa hautaine belle-fille, Khadija, celle qui avait presque son âge.

Artan avait neuf filles et une jeune épouse. Préserver leur honneur était donc d'une importance primordiale. Il les tenait à l'écart de tout autre nomade, errant sans fin à travers les déserts les plus reculés, marchant pendant des semaines pour trouver des lieux de pâture où elles ne risqueraient pas de rencontrer d'hommes jeunes. Quand nous étions assis sous notre arbre, devant notre maison de Mogadiscio, grand-mère nous parlait souvent de la beauté qu'il y avait à s'asseoir devant une hutte construite de ses propres mains pour contempler les espaces infinis du désert.

En un sens, elle vivait à l'âge du fer. Il n'existait aucun système d'écriture chez les nomades. Les objets en métal étaient rares et précieux. Les Britanniques et les Italiens gouvernaient la Somalie, mais cela ne signifiait rien pour ma grand-mère. Dans sa culture, seuls les clans existaient :

les grands clans nomades des Issaq et des Darod, les agriculteurs Hawiye, de moindre importance, et, tout en bas de la hiérarchie, les Sab, inférieurs. La première fois qu'elle vit un Blanc, ma grand-mère avait plus de trente ans : elle crut qu'il avait perdu sa peau à la suite d'une brûlure.

Ma mère, Asha, et sa jumelle, Halimo, sont nées au début des années 1940. Grand-mère mit au monde son troisième et son quatrième enfant toute seule, sous un arbre. Elle avait à peu près dix-huit ans. Elle conduisait ses chèvres et ses moutons quand elle ressentit les douleurs. Elle s'allongea sur le sol et accoucha ; elle coupa le cordon ombilical avec son couteau. Quelques heures plus tard, elle rassembla ses bêtes et réussit à ramener son troupeau avant la nuit, ses deux nouveau-nés dans les bras. Personne ne fut impressionné par cet exploit : elle ramenait simplement à la maison deux filles de plus.

Grand-mère considérait les sentiments comme une forme de complaisance stupide. Elle valorisait pourtant la fierté – vous pouviez être fier de votre travail et de votre force – et l'autonomie. Si vous étiez faible, les gens médiraient de vous. Si vos clôtures en épineux n'étaient pas assez solides, vos bêtes seraient la proie des lions, des hyènes et des renards, votre mari prendrait une autre épouse, la virginité de vos filles serait souillée, et vos fils passeraient pour des bons à rien.

À ses yeux, nous étions des enfants inutiles. Élevés dans une maison en ciment avec un toit en dur, nous ne savions rien faire de valable. Nous marchions sur des routes – celle qui longeait notre maison n'était pas pavée, mais c'était tout de même un passage tracé dans la terre. Nous prenions l'eau au robinet. Nous étions absolument incapables de retrouver notre chemin après avoir promené un troupeau dans le désert ; nous ne savions même pas traire une chèvre sans prendre des coups de sabot.

Grand-mère avait pour moi un mépris tout particulier. J'étais terrifiée par les insectes – donc carrément stupide.

Ses propres filles avaient à peine cinq ou six ans qu'elle leur avait déjà transmis toutes les connaissances nécessaires à leur survie. Je n'en possédais aucune.

*

Ma mère aussi nous parlait de sa vie passée. Elle avait appris à s'occuper des bêtes, à les guider dans le désert jusqu'à des pâturages sûrs. Les chèvres étaient des proies faciles pour un prédateur, de même que les jeunes filles. Si elle ou ses sœurs se faisaient attaquer par des hommes dans le désert, ce serait leur faute – elles auraient dû s'enfuir en apercevant un chameau qu'elles ne connaissaient pas. Si elles étaient capturées, elles devaient répéter trois fois : « Allah m'en soit témoin, je ne veux pas de conflit avec toi. Je te prie de me laisser tranquille. » Être violée était bien pire que la mort, car cela ternissait l'honneur de toute la famille.

Si l'invocation d'Allah se révélait inutile, avait dit grand-mère à ses filles, elles devaient contourner l'homme, s'accroupir, passer la main entre ses jambes, sous son sarong, pour lui tirer violemment les testicules. Et ne pas les lâcher. Si l'homme les frappait, de la main ou du pied, elles devaient rentrer la tête dans les épaules, pour recevoir les coups sur le dos, et espérer tenir jusqu'à ce qu'il se fatigue. Cette tactique s'appelle *qworegoys*, et toutes les femmes de la famille l'enseignaient à leurs filles, tout comme la confection des clôtures en épineux.

Je me souviens d'un après-midi, nous étions encore toutes petites, Haweya et moi, et je regardais grand-mère frotter avec de la graisse de mouton un long rouleau de corde tressée qu'elle plongerait ensuite dans la teinture végétale pour le rendre dur et noir.

— Une femme seule, c'est comme un morceau de graisse au soleil, nous dit-elle soudain. Tout vient s'y poser pour s'en repaître. En moins de temps qu'il ne faut pour le dire, fourmis et insectes grouillent dessus.

Elle pointa le doigt vers un bout de graisse qui fondait au soleil, juste derrière notre arbre. Il était noir de fourmis et de mouches. Cette image hanta mes cauchemars pendant des années.

*

Quand elle était petite, ma mère était toujours soumise, toujours obéissante. Mais le temps passa, et le monde se mit à changer. La vie moderne attirait de plus en plus de nomades vers les villes et les villages, et les traditions ancestrales se modifiaient. Vers l'âge de quinze ans, ma mère quitta le désert, à pied, laissant derrière elle ses parents, ses sœurs aînées et même sa sœur jumelle. Puis elle monta dans un camion et se rendit à Berbera, cité portuaire où elle prit un bateau, traversa la mer Rouge et arriva en Arabie.

Khadija, sa demi-sœur, fille de la première femme de son père, l'y avait précédée. Une autre de ses sœurs fit également le voyage. J'ignore ce qui les poussa à partir – ma mère me confiait rarement ses sentiments personnels. Mais c'était dans les années 1950, et l'influence de la vie moderne se faisait sentir jusque dans les contrées les plus reculées du monde. Ma mère était jeune, et je crois qu'elle ne voulait tout simplement pas rester en arrière au moment où tous les jeunes quittaient le désert pour les villes.

Elle rejoignit Khadija à Aden, où cette dernière s'était installée. Aden était une grande ville, centre du gouvernement colonial britannique sur le Moyen-Orient, et ma mère trouva à s'employer comme femme de ménage chez une Anglaise. Elle découvrit l'existence des fourchettes, des chaises, des baignoires et des diverses brosses utilisées pour tenir une maison. Elle aimait les rituels stricts – lessive, pliage, repassage – et tout l'attirail compliqué de la vie sédentaire. Elle devint plus scrupuleusement attentive aux moindres détails que la femme pour qui elle travaillait.

Bien que seule à Aden, sans surveillance parentale, elle resta parfaitement vertueuse. Elle avait décidé que personne n'aurait jamais la moindre raison de la critiquer, de faire courir le bruit qu'elle, Asha Artan, s'était mal conduite. Jamais elle ne prenait de taxi ou d'autobus de peur de se retrouver assise à côté d'un homme inconnu. Elle évitait les Somaliens qui mâchaient du qat et les filles qui leur préparaient le thé, plaisantant lorsque la douce euphorie provoquée par les courtes feuilles épaisses les faisait bavarder et rire. À Aden, ma mère apprit au contraire à prier selon la meilleure tradition musulmane.

Vivant dans le désert, grand-mère ne priait presque jamais. Chez les nomades, les femmes n'étaient pas censées le faire. Seuls les hommes déroulaient leur tapis de prière sur le sable cinq fois par jour en se tournant vers La Mecque. Mais, dans la péninsule arabique, sur le sol même où le prophète Mahomet[1] avait reçu la révélation d'Allah, ma mère apprit à pratiquer les ablutions rituelles. Elle apprit à se couvrir d'un simple voile et à prier – debout, assise, prosternée, tournée vers la droite puis vers la gauche : tout le ballet de la soumission à Allah.

Dans le désert, les femmes nomades ne se voilaient pas. Elles travaillaient. Qu'elles s'occupent du troupeau ou fassent la cuisine, elles se drapaient dans un long rectangle de tissu grossier, le *goh*, qui leur laissait les bras, la tête et le cou nus. En ce temps-là, il était courant que les hommes soient présents lorsque les mères nourrissaient leur bébé au sein. Et s'il y avait quelque chose d'excitant à voir quelques centimètres carrés de chair féminine dénudée, ils ne le montraient jamais.

---

1. Nous avons choisi de prendre, pour les noms propres et les noms communs issus de l'arabe, l'orthographe qu'en donne le dictionnaire le *Petit Robert. (N.d.E.)*

À Aden, ma mère, n'ayant ni père ni frère pour la protéger, était dévisagée et harcelée par les hommes dans la rue. Elle prit donc l'habitude de porter un voile, comme les femmes arabes. Celles-ci s'enveloppaient dans une longue pièce de tissu noir qui les recouvrait entièrement, à part une étroite fente à hauteur des yeux. Ce voile la dissimulait aux regards concupiscents et lui en épargnait l'humiliation. Elle y voyait aussi un emblème de sa foi. Pour être aimée de Dieu, il faut être modeste, et Asha Artan voulait être la plus convenable, la plus vertueuse des femmes de la ville.

*

Un jour, mon grand-père, Artan, vint à Aden. Il dit à ma mère qu'un homme l'avait demandée en mariage et qu'il avait accepté. Ma mère avait à peine dix-huit ans ; elle ne pouvait pas défier son père. Elle resta donc silencieuse. Le silence de la vierge est la réponse adéquate à toute proposition de mariage : un acquiescement formulé avec dignité.

Ma mère épousa donc cet homme, qui s'appelait Ahmed, bien qu'elle l'ait détesté au premier regard – trop petit, trop noir, il fumait, ce qui était à ses yeux aussi répréhensible que de mâcher le qat. Ahmed était un Darod, comme elle, du clan des Harti, comme elle ; mais ce n'était pas un Dhulbahante nomade, c'était un marchand – un Wersengeli. Elle le regardait donc de haut, malgré sa richesse.

Ce Wersengeli emmena ma mère au Koweït, où elle régna sur une grande maison au sol dallé, pourvue de l'eau courante et de l'électricité. Elle commença par renvoyer toutes les servantes : personne ne faisait assez bien le ménage pour Asha Artan. Puis elle entreprit de faire de sa maison un exemple de perfection. Elle donna le jour à un fils qu'elle prénomma Mohammed, comme le prophète en arabe, seul prénom convenable pour un premier-né.

Et puis son père, qui était très vieux, mourut. Ma mère

fit alors une chose surprenante : elle dit à son mari qu'elle voulait divorcer.

Elle n'en avait évidemment pas le droit, selon la loi musulmane. Les seuls motifs de divorce reconnus étaient l'impuissance du mari ou sa complète indigence. Tous les membres de son clan présents au Koweït lui dirent qu'elle faisait une grosse bêtise. Son mari était riche et, alors qu'il aurait pu prendre plusieurs femmes, il revenait vers elle tous les soirs. Que pouvait-elle désirer de plus ? Si elle divorçait, n'étant plus vierge, elle ne serait plus qu'un bien avarié. Elle n'y gagnerait, insistèrent les siens, que la réputation de ne pas être *baarri*.

Une femme *baarri* est une sorte d'esclave pieuse. Elle honore la famille de son mari et la nourrit sans rechigner ni poser de questions. Jamais elle ne se plaint, jamais elle ne réclame quoi que ce soit. Elle est forte mais courbe l'échine. Si son mari est cruel, s'il la viole et se moque d'elle ensuite, s'il décide de prendre une autre épouse, s'il la bat, elle détourne les yeux et dissimule ses larmes. Et elle travaille dur. Elle n'a pas le droit à l'erreur. Bête de somme bien dressée, dévouée, accueillante et docile, telle est la femme *baarri*.

Quand vous naissez femme en Somalie, vous devez vous persuader que Dieu est juste et omniscient, et qu'Il vous récompensera dans l'au-delà. En attendant, tous ceux qui connaissent votre patience, votre endurance en attribueront le mérite à vos parents et à l'excellence de leur éducation. Vos frères vous seront reconnaissants de préserver leur honneur. Ils se vanteront auprès d'autres familles de votre soumission héroïque. Et, si vous avez de la chance, la famille de votre mari appréciera votre obéissance. Il se peut même qu'un jour votre mari vous traite comme un être humain.

Si, dans cette lutte pour atteindre la perfection, vous vous sentez malheureuse, humiliée, épuisée ou perpétuellement

28

exploitée, vous ne le laissez pas voir. Si vous rêvez d'amour et de réconfort, vous priez Allah en silence pour qu'Il rende votre époux plus supportable. La prière est votre force. Les mères nomades doivent inculquer à leurs filles cette soumission et cette force appelées *baarri*.

Pendant des années, Ma avait été parfaite. Sa vertu était légendaire, ses habitudes de travail impeccables. Cela tenait en partie à sa nature : ma mère trouvait force et courage dans des règles bien nettes et la certitude absolue que sa bonne conduite lui vaudrait le paradis. Je pense aussi qu'elle craignait d'être maudite par son père si elle désobéissait. La malédiction d'un père est ce qui peut vous arriver de pire : la garantie de finir en enfer.

Mais son père était mort. Ma mère osa défier son époux. Elle se détourna de lui avec toute la force d'un mépris accumulé et dissimulé depuis si longtemps. Elle refusa de lui adresser la parole. Il finit par accepter de ne pas lui refuser le divorce. Le juge koweïtien accorda à ma mère sept ans de plus avec son fils. À l'âge de dix ans, Mohammed retournerait vivre avec son père ; jusque-là, Ma aurait le droit de l'élever toute seule.

*

Quand ma mère était enfant, la Somalie n'existait pas. Même si tous les clans parlaient la même langue, bien que dans des dialectes différents, ils vivaient dans des territoires séparés et se considéraient comme distincts. Ce qui est aujourd'hui la Somalie était alors occupé, colonisé et divisé entre les Britanniques et les Italiens. Mais, en 1960, les colonisateurs quittèrent la région, laissant derrière eux un tout nouvel État. Une nation unifiée était née.

Ce nouveau pays, la Somalie démocratique, avait un Président, un drapeau, une armée et même sa propre monnaie – des billets couleur sépia sur lesquels figuraient des scènes édifiantes, animaux de la ferme, paysans travaillant dans des champs, telles que ma mère n'en avait jamais vu. Les populations qui avaient toujours vécu en zone rurale commencèrent à affluer vers la nouvelle capitale du pays que les colonisateurs avaient nommée Mogadiscio. Ils s'enthousiasmaient à l'idée de bâtir une grande nation, unie et puissante. Ma mère, comme beaucoup d'autres, fit donc ses paquets, prit la dot que son mari lui avait donnée en l'épousant et reprit avec son fils le chemin de la Somalie – et de Mogadiscio, ville où elle n'était jamais allée.

Jusqu'à la fin de ses jours, grand-mère devait lui reprocher cette décision. Mogadiscio n'était pas en pays darod. Pas même en pays issaq. La capitale était en plein territoire hawiye. Grand-mère répétait souvent que si Ma avait pris cette imprudente décision c'était sans doute parce que son ex-mari l'avait maudite. Ou bien parce que la révolte éhontée de ma mère contre le mariage arrangé par son père avait libéré un djinn. Grand-mère détestait les maisons en dur, les rues étroites, l'absence d'horizon de cette ville. Et elle détestait l'idée que sa famille ne soit plus en sécurité dans les terres des Darod, au nord. Mais une fois de plus, ma mère s'écartait des traditions de sa famille. Et une fois de plus elle y était entraînée par sa demi-sœur, Khadija Artan, qui s'était installée dans la nouvelle capitale avec son mari.

Khadija était une femme impressionnante. Aussi grande que ma mère et aussi mince, elle avait des traits sévères, anguleux, des yeux de rapace et une attitude dominatrice. Sa voix était puissante et ses gestes recherchés, empreints de dignité. Ma grand-mère la haïssait. Khadija l'effrontée portait de longues robes à l'occidentale qui lui couvraient les chevilles mais qui, boutonnées et zippées, moulaient son corps. Elle drapait également autour d'elle le traditionnel *goh* rural et le *dirha* des femmes de la ville mais se faisait remarquer par le choix des étoffes – soie luxueuse et mousseline au lieu de coton – et sa façon de les porter. À côté d'elle, toutes les femmes paraissaient empruntées et dénuées d'élégance. Elle relevait ses cheveux et les serrait dans un turban d'étoffe. Khadija était moderne. Elle s'enthousiasmait pour l'indépendance – la politique, les discussions, le soir, dans les rues.

Elle était mariée (et bien mariée, même) mais n'avait pas d'enfant : destinée amère. Certains prétendaient que sa stérilité était due au fait qu'elle était sorcière et entêtée. Pour grand-mère, cette malédiction la punissait de sa désobéissance et de son caractère rebelle. Son père, Artan, était un homme fort, autoritaire, hautement considéré en tant que juge dans son clan, très respectueux de la religion. Mais Khadija était forte, elle aussi. Si malédiction il y avait, elle lui tenait tête.

Elle conseilla à ma mère d'acheter un terrain situé en face d'une entreprise de camions dirigée par le fils aîné de son mari. C'était un quartier neuf où, depuis que Mogadiscio était devenue la capitale, les Darod commençaient à s'installer. Cette partie de la ville, Hoden, était plus propre et plus saine que le centre, avec ses jolies immeubles italiens perdus dans des ruelles sales et encombrées. Les rues n'étaient pas pavées dans notre quartier, et peu de maisons possédaient l'électricité – la nôtre ne l'eut jamais. Mais Ma acheta le terrain. Hébergée chez Khadija, elle entreprit de faire bâtir sa propre maison.

L'idée qu'elle s'en faisait se précisa peu à peu, en fonction de la disponibilité des matériaux. Il fallut beaucoup de temps pour la construire. La maison terminée comportait deux grandes pièces aux murs de parpaings blanchis à la chaux et au sol cimenté. Devant l'entrée principale, une surface elle aussi cimentée et, tout autour, du sable. Le tout peint en blanc, à l'exception des portes et des volets, verts, couleur que Ma considérait comme la seule convenable pour une habitation musulmane. La cuisine se faisait à l'extérieur, sous un auvent, près de l'arbre *talal*, si haut qu'un homme pouvait étendre sa natte à l'ombre de son feuillage pendant les après-midi les plus chauds.

Khadija adorait intervenir dans la vie des autres, les conseiller, arranger des mariages. Ma mère était jeune et n'avait pas grand-chose à faire : il n'aurait pas été convenable qu'elle travaille. Khadija lui suggéra de lui confier le petit Mohammed et de sortir – pour aller prendre des cours d'alphabétisation, par exemple. Un jeune homme nommé Hirsi Magan, diplômé d'une université américaine, venait juste de rentrer au pays et apprenait à lire et à écrire aux gens simples de Mogadiscio.

Ce jeune homme devint mon père. Pendant ma petite enfance, il resta pour moi un personnage de légende – à peine plus réel que les loups-garous de ma grand-mère. Sa sœur aînée, tante Hawo Magan, venait souvent chez nous et nous parlait de lui. Leur père, Magan, était un guerrier légendaire. Son nom signifiait « le conquérant ». C'était un Osman Mahamud, du sous-clan des Darod, qui revendiquait toujours le droit de conquérir et de gouverner les autres peuples. Magan avait combattu pour le roi Boqor, qui régnait sur le territoire des Macherten, proches de la mer, puis, en 1890, il avait fait alliance avec le rival de Boqor, Kenaidiid, homme plus jeune et plus désireux de se lancer dans des conquêtes. (Boqor, Magan et Kenaidiid étaient cousins.)

Keinaidiid et Magan conduisirent leurs guerriers vers le sud, à travers les régions de Senag et de Mudug habitées par des clans plus petits, dont beaucoup de Hawiye. Essentiellement agriculteurs, les Hawiye était des gens pacifiques et n'avaient pas d'armée. Magan les méprisait. Une légende raconte qu'il obligea un jour des villageois à construire une enceinte de pierre dans laquelle il les fit entrer avant de les tuer. Il ordonna ensuite à ses guerriers de prendre leurs femmes et de rester sur place, en territoire hawiye, au nord de Mogadiscio. D'après grand-mère, les Hawiye de la région de Mudug n'oublièrent jamais le nom de Magan.

Mon père avait grandi dans le désert du Nord. Il était fils de la dernière et plus jeune femme de Magan, qui n'avait que douze ou treize ans lorsqu'elle épousa le vieux guerrier, lui-même âgé de soixante-dix ans. Magan était absolument fou de son plus jeune fils. Lorsqu'il mourut, mon père fut élevé par ses frères dont certains étaient déjà grands-pères. Ils l'emmenaient chevaucher dans le désert alors qu'il savait à peine marcher.

Les fils de Magan étaient des marchands et des guerriers aussi riches que puissants. Entouré de tous les soins, mon père devint un jeune homme brillant et sûr de lui. Il se lia d'amitié avec un homme plus âgé que lui, Osman Youssouf Kenaidiid – petit-fils du Kenaidiid qu'avait servi son père. Magan se moquait toujours de cet homme silencieux qui se couvrait la bouche d'un tissu parce que « les mots ne doivent pas être gaspillés, énoncés sans une profonde réflexion préalable ».

Mais Osman Youssouf Kenaidiid était instruit. Il avait été le premier à inventer un alphabet pour transcrire les sons de la langue somalie. Les gens appelaient cette écriture *osmaniya*. Elle était incurvée, penchée et ingénieuse. Mon père décida de l'apprendre.

Mais Osman était un bon professeur et il avait des relations parmi les colons italiens qui gouvernaient le sud de la Somalie. Mon père, son protégé, commença par aller à l'école à Mogadiscio, la capitale coloniale. Il devint membre de la Ligue des jeunes Somalis et participa à des discussions passionnées où l'on spéculait sur le renversement des puissances colonisatrices et la formation d'un grand pays qui éblouirait l'Afrique tout entière. Il apprit l'italien et partit même étudier à Rome pendant un certain temps : occasion très rare pour un Somalien, mais les descendants de Magan étaient fortunés. Il épousa une femme nommée Maryan Farah qui appartenait au sous-clan marehan des Darod.

Puis mon père décida d'aller en Amérique pour étudier à

l'université de Columbia, à New York. Issu d'une famille riche et puissante, il ne rencontra pas de difficultés insurmontables. L'Amérique impressionna beaucoup mon père. « S'ils ont pu réaliser cela en seulement deux cents ans, disait-il, nous, les Somalis, avec notre endurance et notre résilience, nous ferons l'Amérique en Afrique. » Il insista pour que sa femme le rejoigne, et Maryan entreprit elle aussi des études. Ils laissaient leur bébé, une fille née en 1965 et prénommée Arro, en Somalie, chez sa grand-mère.

Après avoir obtenu son diplôme d'anthropologie, il retourna en Somalie, comme beaucoup d'autres jeunes privilégiés, pour contribuer à bâtir l'avenir de la nation. Maryan ayant raté ses examens, il lui demanda de rester en Amérique pour les repasser. Et il trouva tout naturel de venir habiter Mogadiscio, capitale de la république indépendante.

Pour que naisse une grande nation, pensait mon père, il faut que le peuple sache lire et écrire. Il mit donc sur pied une campagne d'alphabétisation. Et, pour donner l'exemple, il alla lui-même enseigner dans une des écoles qu'il avait créées. L'alphabétisation était une nécessité vitale. En Somalie, la langue est d'autant plus précieuse qu'elle constitue le seul lien entre des clans ennemis réunis en ce qui passe pour une nation. Et le beau langage est admirable. Les œuvres des grands poètes se propagent à plusieurs kilomètres à la ronde et sont parfois mémorisées par plusieurs générations successives. Mais peu de gens savaient écrire le somali. Les écoles léguées par les colonisateurs étaient beaucoup trop peu nombreuses pour éduquer un peuple de plusieurs millions d'individus.

Les élèves affluèrent aux cours donnés par Hirsi Magan à Mogadiscio. Avec sa peau sombre, son long nez et son front haut, mon père avait le charme romantique d'un crooner intellectuel. Sans être grand, il avait beaucoup de prestance. Les gens l'adoraient et recherchaient sa compagnie ; toute sa vie il fut écouté avec respect.

Ma mère, gracieuse et intelligente, poète aussi, devint l'une de ses meilleures élèves. Elle apprenait vite. Un jour, elle osa même contester la façon dont le professeur prononçait un mot : d'un geste dédaigneux elle rejeta en arrière un pan de son foulard. C'était audacieux et surprenant de sa part. Mais elle était belle, grande et mince, aussi droite qu'un jeune arbre.

Mon père fut séduit par la vivacité de ses remarques et l'inflexibilité de ses opinions. Les deux jeunes gens se plaisaient, et Khadija ne manqua pas de les encourager.

*

Mes parents se marièrent en 1966. Ma mère savait que mon père était toujours marié avec sa première femme. Mais Maryan était à New York, et mon père ne l'informa jamais de son remariage. Elle ne l'apprit que beaucoup plus tard en rentrant en Somalie, je ne sais pas exactement en quelle année.

Les relations entre mon père et ma mère furent toujours chargées d'électricité. Ils se taquinaient, se défiaient mutuellement. Dans une culture qui désapprouve le choix du conjoint, ils s'étaient choisis : entre eux, le lien était fort.

En octobre 1968 naissait mon frère Mahad. Mes parents achevèrent la construction de la maison de Hoden et y emménagèrent avec mon demi-frère Mohammed, qui avait six ans. Très vite, ma mère se retrouva enceinte, de moi, et grand-mère quitta son désert pour venir l'aider pendant les derniers mois de sa grossesse.

Mon père – fier, cultivé, populaire et né pour gouverner – se présenta aux élections dans la ville de Qardho, mais il ne fut pas élu au Parlement. Il dépensa énormément d'argent pour financer des campagnes d'alphabétisation et investit dans une usine sucrière de sa région natale, le territoire des Osman Mahamud. Il rêvait de créer une station de pompage ; il s'occupa de la construction d'un barrage pour que les Somaliens puissent avoir de l'eau toute l'année au lieu de regarder les rivières disparaître dans le sable.

Et puis, le 21 octobre 1969, un coup d'État renversa le gouvernement. Vingt-trois jours plus tard, le 13 novembre 1969, je venais au monde, avec six semaines d'avance, pesant à peine un kilo et demi. Ma naissance rendit peut-être mes parents heureux. Mon père m'a peut-être fait sauter sur ses genoux de temps en temps, je ne m'en souviens pas. Mahad prétend qu'il a des souvenirs de cette époque-là, mais moi non. Notre père était très souvent absent.

Ma sœur, Haweya, est née en mai 1971. Quelques mois plus tard, la première femme de mon père, Maryan Farah, donnait naissance à ma demi-sœur Ijaabo. Mon père et elle, à la suite d'une dispute, divorcèrent, en avril 1972. J'avais deux ans quand Abeh[1] fut arrêté et enfermé dans un endroit terrible, l'ancienne prison italienne de Mogadiscio, qu'on appelait le « Trou »

---

1. Père, en arabe. *(N.d.T.)*

2

Sous les branches du *talal*

Quand j'étais petite, j'essayais souvent d'imaginer mon père. Lorsque je lui en parlais, ma mère me disait seulement que je ne l'avais jamais vu. Afwayne, qui était un vrai monstre, pas comme dans les histoires de ma grand-mère, avait mis mon père dans une prison.

Afwayne : Grande Bouche. C'était le surnom du président Siyad Barré. Chaque boutique, chaque lieu public de Mogadiscio arborait un immense portrait de lui : c'est vrai qu'il avait une bouche énorme, avec de longues dents. Parfois, ses miliciens débarquaient chez les gens et les arrêtaient ; ils les torturaient jusqu'à ce qu'ils avouent un crime très grave, puis ils les fusillaient place Tribunka. Même moi, je savais cela. On entendait les coups de feu de la maison.

Tous les soirs jusqu'à mes six ans, pendant que ma mère préparait le dîner sur le brasero, nous, les enfants, devions nous agenouiller sous les branches du *talal* pour implorer Allah de libérer notre père. À l'époque, je ne comprenais pas vraiment le sens de ce rituel. Ma mère n'avait jamais pris le temps de nous parler de Dieu : nous savions juste qu'Il existait, et que les prières des enfants Lui importaient plus que les autres. Je mettais donc tout mon cœur dans les miennes, et quand, étonnée qu'Allah mette tant de temps à les exaucer, j'interrogeais Ma, elle m'exhortait à prier plus fort.

Notre mère avait le droit de rendre visite à notre père en prison, mais elle ne nous emmenait jamais avec elle. Seul Mahad l'accompagnait ; Haweya et moi devions rester avec grand-mère. Nous étions trop petites, et nous étions des filles : sur tous les plans, Mahad passait en priorité. Après ces visites, notre frère était toujours de mauvaise humeur. Ma lui faisait promettre de ne rien nous raconter : nous aurions été assez bêtes pour en parler autour de nous et nous faire repérer par la police secrète.

Un jour, en repartant de la prison, Mahad s'en prit au grand portrait d'Afwayne suspendu dans l'entrée du bâtiment. Il devait avoir six ans. « Il lui jetait des pierres en hurlant, raconta Ma à grand-mère en rentrant. Grâce à Allah, le garde était du même clan que nous. » On sentait que, malgré le danger, Ma admirait l'esprit guerrier de Mahad. Un autre garde l'aurait sans doute accusée d'avoir monté son fils contre le gouvernement, d'en avoir fait un « anti ». Je savais que sans la grâce d'Allah et la protection de notre clan, Haweya et moi aurions pu nous retrouver toutes seules sous notre arbre ce soir-là, à implorer le seigneur de libérer notre père, notre mère et notre frère.

Allah était pour moi un mystère. Dans l'un de mes plus anciens souvenirs – je devais avoir trois ans –, ma grand-mère, agenouillée dans sa chambre sur un tapis, exécute une étrange pantomime. Le nez contre le sol, elle marmonne des paroles incompréhensibles, se redresse puis se penche à nouveau, recommence. Je me rappelle avoir cru que c'était un jeu. Je me mets à tourner autour d'elle en faisant des grimaces et en lui donnant de petites bourrades. Elle m'ignore, répétant encore et encore les mêmes gestes énigmatiques. Enfin, elle se relève et tourne vers moi un visage furibond. « Maudite enfant ! rugit-elle, en m'attrapant pour me frapper et me mordre les bras. Qu'Allah le Tout-Puissant t'emporte loin d'ici ! Puisses-tu ne jamais *respirer* l'odeur du paradis ! »

Ce jour-là, Ma était absente, mais ma cousine Sanyar,

âgée de treize ans, aidait grand-mère à s'occuper de nous. Lorsqu'elle me vit en si mauvaise posture, elle se précipita à mon secours et m'emporta dehors. Elle m'expliqua alors que j'avais dérangé grand-mère au moment le plus important de la journée d'un adulte : la prière, le moment où il parle à Dieu.

Cela m'avait semblé invraisemblable : dans cette pièce, j'en étais sûre, il n'y avait que grand-mère et moi. Personne d'autre. Mais Sanyar me dit que j'étais trop petite pour comprendre. Quand je serais plus grande, je pourrais, moi aussi, sentir la présence d'Allah.

*

Ma grand-mère avait une vision très complexe de l'univers. Aux côtés d'Allah, Dieu unique, existait toute une cosmologie d'entités magiques comme les djinns, êtres mâles ou femelles qui vivaient dans une sphère voisine de la nôtre et nous apportaient régulièrement malheur et maladie. Il y avait aussi les âmes des sages et des ancêtres disparus, qui pouvaient intervenir auprès de Dieu en notre faveur.

Je me souviens d'un jour où nous jouions avec Haweya à l'ombre de notre arbre ; la voix de grand-mère nous parvenait depuis la maison, enrichie d'inflexions étranges. Nous savions que, prise d'une douleur subite, elle s'était mise au lit, et ne voulions pas risquer de la déranger. À pas de loup, donc, nous sommes allées coller l'oreille à la porte de sa chambre.

« Ô mes ancêtres, laissez-moi partir », suppliait grand-mère, la voix étranglée.

Pas de réponse. Puis, après un silence, un bruit sourd. Boum !

« Ô Abokor, laisse-moi partir. » Boum !

« Ô Hassan, laisse-moi partir. » Boum !

« Ô mes ancêtres, laissez-moi partir. »

Haweya et moi étions dévorées de curiosité. Nous voulions voir ces gens. Avec délicatesse, nous avons ouvert la porte. La pièce sentait l'encens. Couchée sur le dos, vêtue de vêtements scintillants comme pour la fête de l'Aïd, grand-mère se donnait de grands coups sur la poitrine, suivis chaque fois de la même prière étouffée : « Ô mes ancêtres, laissez-moi partir », implorait-elle, haletante.

Déconcertées, nous avons parcouru la pièce du regard. Il n'y avait là personne, absolument rien qui ressemblât de près ou de loin à un ancêtre, du moins a priori : il est vrai que nous n'en avions jamais vu. Repoussant Haweya, j'ai refermé la porte aussi silencieusement que possible sur l'étrange spectacle. Évidemment, quelques jours plus tard, il nous a fallu rejouer la scène : couchées côte à côte, avec la même voix étranglée, nous avons commencé à supplier nos ancêtres imaginaires de nous laisser partir.

L'arrivée soudaine de grand-mère a interrompu notre jeu. Folle de rage, elle s'est mise à nous pourchasser à travers la pièce en vociférant : « Puissiez-vous brûler en enfer ! Puisse le diable, d'un coup de griffes, vous arracher à ce monde ! »

Comme elle menaçait de faire ses valises, Ma fut obligée de nous punir. Elle avait besoin de grand-mère parce qu'elle était toujours en vadrouille – ça aussi, c'était la faute d'Afwayne.

Siyad Barré avait créé en Somalie un État policier, et il avait aussi imposé au pays un simulacre de réforme économique. Puisque la Somalie était maintenant l'alliée de l'URSS, elle devait devenir communiste. En pratique, pour la plupart des familles, cela signifiait faire la queue pendant des heures dans diverses files d'attente, sous le soleil impitoyable de Mogadiscio, afin d'obtenir, toujours en trop petite quantité, des aliments essentiels : farine, sucre, huile, gros mil, riz, haricots. Pas de viande ni d'œufs, pas de fruits non plus ni de légumes verts, d'huile d'olive ou de beurre.

Ce qui manquait, on ne pouvait se le procurer qu'au marché noir.

Ma disparaissait toujours sans prévenir. Elle était là, et l'instant d'après elle était partie, parfois pour plusieurs semaines. Petit à petit, j'appris à prévoir ces escapades. En temps normal, malgré son caractère indépendant, Ma s'occupait bien de nous, mais il arrivait qu'elle perde courage. « Que dois-je faire maintenant, Allah ? se lamentait-elle. Seule avec trois enfants et une vieille femme : est-ce là la vie que je mérite ? » Et elle se mettait à pleurer. Grand-mère tentait de l'apaiser par des paroles réconfortantes, je montais sur ses genoux et passais mon bras autour de ses épaules, mais elle redoublait de sanglots. Après chacune de ces crises, elle s'exilait en secret dans quelque lointain village. Elle voyageait le plus souvent avec l'un des cousins de son père, un commerçant qui avait vendu ses chameaux pour acheter un camion afin de transporter de la nourriture vers la ville.

Parfois je voyais revenir le camion, avec Ma dans la remorque, juste après le coucher du soleil. Les hommes qui l'accompagnaient déchargeaient des sacs – de riz, de farine, de sucre – et des pots d'aluminium remplis de minuscules morceaux de viande de chameau conservés dans de la graisse avec des dattes et de l'ail. Tout se passait très vite et de façon aussi discrète que possible. Le reste du temps, nous ne voyions pour ainsi dire jamais d'hommes. Notre mère cachait la nourriture sous nos lits et nous faisait promettre de n'en parler à personne : si nous ne tenions pas notre langue, elle et son cousin risquaient de se retrouver en prison.

Un jour où Ma était sortie, nous avons reçu la visite de soldats du Guulwade, la terrible brigade spéciale d'Afwayne, pire encore que sa police. Grand-mère tressait un panier à l'ombre du *talal* quand elle vit les jeunes hommes en uniforme vert s'approcher du portail et l'un d'eux, armé d'un fusil, pénétrer dans notre enclos. Surprise et furieuse, elle se leva d'un bond : bien qu'elle fût à peine plus haute que moi, elle ne se laissait impressionner par personne. « Toi, ignoble, se mit-elle à déclamer, ton arme ne te rendra pas ton honneur perdu ! » Grand-mère haïssait le gouvernement. « Tu n'es bon qu'à malmener les vieilles femmes et les enfants dont le père a été jeté en prison par ton poltron de maître ! »

Terrifiée, je courus me réfugier dans la maison. Il y avait au moins trois autres miliciens à l'entrée de la cour. Le soldat fit un pas vers la maison, mais grand-mère lui barra le passage. Malgré sa petite taille, son air féroce, menton levé, poing crispé sur la pointe de sa longue aiguille à tresser, le fit hésiter.

Il lui ordonna de s'écarter. « Lâche », railla-t-elle. Alors il la poussa, mais elle se rétablit aussitôt pour se ruer sur lui, aiguille au poing. « Lâche ! Lâche ! » sifflait-elle. Dérouté, le soldat jeta un coup d'œil à ses compagnons qui l'attendaient près du portail : l'espace d'un instant, il pensa repartir. Finalement, il repoussa grand-mère avec force et la fit tomber sur le dos. Les miliciens entrèrent dans la maison et mirent tout sens dessus dessous.

De nouvelles imprécations accompagnèrent leur départ : « Fils de prostituées ! Puisse Allah vous faire brûler en enfer ! » Grand-mère paraissait épuisée, et l'expression de son visage m'effraya assez pour me convaincre de garder mes questions pour plus tard.

Ma, partie rendre visite à mon père, ne revint qu'en fin de soirée. Elle allait souvent le voir. Elle lui cuisinait des plats extraordinaires, choisissant toujours les viandes les plus tendres qu'elle découpait en morceaux de la taille d'un ongle et faisait mariner et mijoter pendant plusieurs jours.

J'avais trois ans quand ma petite sœur Quman est née, mais le seul souvenir que j'aie d'elle est celui de sa mort. Je revois la silhouette d'un homme devant notre porte ouverte ; dans ses bras, un nouveau-né enveloppé dans une couverture. Autour de moi, tout le monde murmure *Innaa*

Lillaahi wa innaa Illaahi raaji'uun : « D'Allah nous venons
et à Allah nous retournons. » Je me rappelle que je tirais sur
le châle de ma mère pour attirer son attention : cet homme
se préparait à enlever ma sœur, il fallait faire quelque chose.
Mais elle ne m'écoutait pas, répétant comme les autres,
encore et encore, les mêmes mots psalmodiés. Alors, dans
mon souvenir, l'homme emporte Quman, qui hurle, et Ma
le suit, le visage ravagé par la douleur.

Des années plus tard, à l'âge où je commençais à comprendre ce qu'était la mort, je demandai à Ma comment, si
Quman était morte, elle avait pu crier en partant. Elle me
répondit que c'était moi qui avais crié, pendant plusieurs
heures, comme si je ne pouvais pas m'arrêter.

Mon enfance fut marquée par une multitude d'enterre-
ments. Le mari de notre tante Khadija, notre oncle Ied,
mourut quand j'avais quatre ans. Jamais plus il n'arriverait
au volant de sa voiture noire et ne nous ferait sauter sur ses
genoux en riant...

Après lui, Hawo Magan, la sœur de mon père, tomba
malade. Haweya et moi avions le droit d'accompagner notre
mère à l'hôpital pour la voir : elle était très tendre avec
nous, et nous donnait des bonbons et des œufs durs chaque
fois que nous réussissions à bien réciter notre généalogie.
Quand est morte, j'ai pleuré toutes les larmes de mon corps.

« Arrête, me répétait ma mère. Elle est morte, on ne peut
rien y faire. C'est comme ça : on doit tous mourir un jour.
Mais il y a un paradis, et les bonnes gens comme tante
Hawo y trouvent la paix. »

Puis ce fut au tour de la sœur aînée de ma mère, prénommée elle aussi Hawo, de tomber malade. Elle vint s'installer chez nous. Elle avait quelque chose au sein qui
l'obligeait à rester couchée toute la journée sur une natte.
Jamais je n'oublierai ses gémissements incessants, étouffés
tant bien que mal entre ses dents serrées. Grand-mère, Ma
et sa sœur jumelle, notre tante Halimo, se relayaient pour
lui masser la poitrine avec des herbes *malmal*. Le jour où

elle mourut, des dizaines de femmes investirent notre enclos. On alluma plusieurs feux, partout des femmes cuisinaient et discutaient. Je me rappelle qu'à un moment donné certaines d'entre elles, regroupées sous notre arbre, se mirent à se balancer, les bras levés, et à hurler en cadence :

Allah ba'eyey,
Allah hoogayeey,
Allah Jabayoo dha'ayeey,
Nafta, nafta, nafta !

Ô Seigneur, je suis éliminée,
Ô Seigneur, je suis dévastée,
Ô Seigneur, je suis brisée et déchue,
L'âme, l'âme, l'âme !

Au troisième vers, elles tombaient à genoux, victimes d'une crise de nerfs des plus théâtrales. Puis elles se relevaient, portaient les mains à leur gorge et, s'étranglant, hurlaient d'une voix stridente le dernier vers : *Nafta, nafta, nafta !* « L'âme, l'âme, l'âme ! »

Ma mère était consternée. « Quel manque de respect pour la défunte ! cracha-t-elle. Ces Issaq n'ont vraiment ni sens de l'honneur ni savoir-vivre ! Comment osent-elles se laisser aller à ce point ? » Assise dans un coin, elle pleurait sa sœur en silence, comme l'exigeait la bienséance chez les Dhulbahante, le sous-clan des Darod auquel elle appartenait. Son chagrin était si profond et sa colère si grande qu'elle ne remarqua pas à quel point nous étions, Haweya et moi, subjuguées par le spectacle.

Environ quinze jours plus tard, ma mère et ma grand-mère nous surprirent dans la cour en train de chanter à tue-tête : « Ô Allah, je suis éliminée, ô Allah, je suis dévastée », en nous frappant la poitrine à chaque pas avant de nous jeter dans le sable. Nous hurlions : « L'âme, l'âme, l'âme ! » et éclations d'un rire frénétique.

Ma grand-mère était folle d'indignation. Il fallait que

nous soyons vraiment stupides pour tenter ainsi le destin, sans parler du risque de réveiller les djinns qui n'attendaient certainement que cet appel pour se déchaîner contre nous. Le snobisme de ma mère vis-à-vis des Issaq, qui transparaissait dans son sourire amusé, n'arrangeait rien. Ma grand-mère se sentait insultée : le clan que ma mère méprisait, c'était le sien.

*

Quand Ma était à la maison, elle nous imposait un emploi du temps très strict : petit déjeuner et déjeuner – non négociables –, sieste l'après-midi et, le soir, pendant qu'elle préparait le dîner, prière à Allah pour qu'Il persuade notre méchant gouvernement de libérer notre père et traite nos parents défunts avec miséricorde. Ensuite, nous étions forcés de manger, et enfin de dormir.

Quand grand-mère et Sanyar s'occupaient de nous, en revanche, nous ne mangions que si nous en avions envie. La plupart du temps, personne ne s'intéressait à nous, et nous faisions les quatre cents coups. Un jour, en jouant avec un pot d'huile entreposé dans la chambre de grand-mère, Haweya en avait renversé tout le contenu sur le sol. Pour ma part, c'était surtout la radio, avec son cercle percé de trous noirs d'où sortaient des voix, qui me fascinait. Je croyais que des petites personnes se cachaient à l'intérieur et je voulais les attraper, alors j'introduisais un doigt dans chaque trou, mais rien ne venait. Je collais la radio contre mon oreille et j'essayais de convaincre les petites personnes de sortir. Je demandais à Allah de m'aider. Un après-midi, comme je n'arrivais toujours à rien, j'ai rempli les trous avec du sable, puis j'ai laissé tomber la radio par terre avec l'espoir qu'elle se brise en deux.

Ma grand-mère tenait beaucoup à cette radio. Elle aussi, au début, avait cru à de la magie ; en Somalie, on surnommait le présentateur des nouvelles du soir sur la BBC :

« Celui Qui Effraie Les Vieillards ». La radio était le seul article moderne dont elle sache se servir. Je reçus une sévère correction.

Il se peut que ma grand-mère ait persuadé ma mère de nous emmener vivre à la campagne, arguant que cela aurait sur nous une influence bénéfique. Ou peut-être les transactions de Ma sur le marché noir lui avaient-elles attiré des ennuis. Toujours est-il qu'un matin, je devais avoir quatre ou cinq ans, un camion se gara devant chez nous, et, au lieu de le décharger, Ma nous dit de monter à bord. L'un de ses cousins nous porta très haut dans ses bras et nous déposa dans la remorque avec les chèvres et les moutons. Personne ne nous avait avertis de ce départ : personne ne jugeait jamais utile de nous expliquer quoi que ce soit. On chargea encore des valises et des casseroles, puis le camion démarra.

Le voyage fut bruyant et cahoteux ; les adultes se plaignaient, les bêtes bêlaient de terreur. Mais pour nous, les enfants, c'était une expérience formidable. Nous avons chahuté jusqu'à tomber de sommeil.

Je me réveillai dans un lieu que je ne connaissais pas, une maison dont les murs semblaient faits d'un mélange d'herbe, de boue et de fumier appliqué sur des montants en bois. Des nattes recouvraient une partie du sol en terre battue. Il faisait sombre, il n'y avait d'électricité nulle part. Je partis à la recherche de Ma mais ne rencontrai que des étrangères. Je sortis alors sur le pas de la porte et contemplai le paysage alentour. À l'exception de quelques huttes toutes semblables à celle dans laquelle j'avais passé la nuit, il n'y avait rien d'autre à l'horizon que des plaines de sable rouge, rythmées par des arbres épars.

Je finis par trouver Ma, qui m'apprit que nous étions à Matabaan, un village situé à environ quatre-vingts kilomètres de Mogadiscio, non loin du fleuve Shabelle. Des bergers du clan des Hawiye y habitaient, et l'approvisionnement en eau y était suffisant pour assurer la culture de quelques ares de sol sableux. J'imagine que le cousin commerçant connaissait du monde dans ce village et que ma mère avait pensé que nous y serions en sécurité et bien nourris. De toute façon, nous déclara-t-elle, elle en avait assez de Mogadiscio, de la nourriture de contrebande, des secrets. À Matabaan, plus besoin de chuchoter ni de se cacher du gouvernement. « Et puis nous ne manquons de rien, ici, nous dit-elle. Regardez comme c'est grand. Vous avez tout l'espace qu'il vous faut pour courir et vous amuser. Allah va prendre soin de nous. »

Plus le temps passait à Matabaan, plus cette nouvelle vie nous plaisait. Quand grand-mère allait faire paître son petit troupeau, elle nous emmenait avec elle pour de longues promenades. Mais j'avais toujours peur de tout ce qui bougeait, du moindre insecte, du moindre animal. De temps en temps, ma grand-mère essayait de me raisonner. « Le cheval sauvage qui s'emballe au moindre mouvement trébuche et se casse la jambe, me disait-elle. En t'enfuyant pour échapper à un petit insecte, tu peux tomber sur un buisson et mourir, parce que ses épines sont empoisonnées. Tu peux buter sur un tas de terre et mourir, parce qu'il dissimule un serpent. Tu ne dois craindre que ce qui mérite d'être craint. »

Quand on est seul dans le désert, on est vraiment seul, et la méfiance devient une règle de conduite. À Matabaan, ma grand-mère tentait de nous enseigner les principes de survie du monde où elle avait grandi. « Quand on tombe nez à nez avec un animal, nous expliqua-t-elle, il faut parfois prendre ses jambes à son cou, par exemple si c'est une hyène, ou un serpent, ou l'un de ces singes qui ne s'éloignent jamais vraiment de leur groupe. Avec d'autres animaux, il vaut mieux grimper dans un arbre au plus vite, en choisissant ses branches avec attention de façon qu'ils ne puissent pas nous suivre. Si l'on croise un lion, il faut s'accroupir et éviter son regard. » La plupart du temps, cela dit, les lions ne s'en prennent pas aux hommes : ils ne mangent de viande humaine que pendant les périodes d'extrême sécheresse. En revanche, ils peuvent nous faucher un mouton ou une chèvre, et dans ce cas on risque de se faire battre en rentrant ou bien on se retrouve sans nourriture.

Mais le monde dans lequel ma grand-mère avait grandi n'était pas le nôtre. Ses leçons ne faisaient qu'accroître mon effroi. Des lions ? Des hyènes ? Je n'avais jamais vu de telles créatures. Nous étions des enfants de la ville, ce qui, dans le système de valeurs d'une nomade comme ma grand-mère, nous plaçait au-dessous de tout, même des fermiers les plus humbles et des ignobles clans de forgerons.

Je ne savais rien faire de mes dix doigts, et n'étais pas plus douée pour conduire un troupeau ; aussi ma seule mission à Matabaan consistait-elle à aller chercher de l'eau à un grand lac situé à un peu plus d'un kilomètre du village. Je m'y rendais tous les jours avec les enfants des voisins. Sur le chemin, nous cueillions des feuilles de henné que nous mâchions et dont nous nous servions, une fois réduites en bouillie, pour décorer nos mains de grossiers motifs orange. L'eau que je rapportais dans mon seau était marron, mais, quand j'arrivais à la maison, Ma y jetait un comprimé effervescent qui la rendait transparente.

Les gens lavaient aussi leurs vêtements dans le lac, et les garçons allaient s'y baigner. Ma avait toujours peur que les petits Hawiye ne noient Mahad, qui ne savait pas nager. Notre frère passait à présent tout son temps dehors. Personne n'y trouvait à redire : un garçon est libre de ses mouvements. Haweya et moi, en revanche, n'avions jamais le droit de nous éloigner de la maison. De toute façon, Mahad aurait refusé de nous emmener : il ne voulait pas que ses amis sachent qu'il jouait avec ses sœurs.

Mahad prenait de plus en plus conscience de sa supériorité de mâle, et grand-mère l'y encourageait en lui répétant qu'il était l'homme de la maison. Il ne demandait jamais la permission avant de sortir, et il lui arrivait de ne rentrer que tard dans la nuit. Ces incartades mettaient ma mère dans une telle rage qu'elle fermait la barrière avant son retour et le laissait brailler derrière la porte close. « Pense à ton honneur. Un homme ne pleure pas », lui criait-elle, glaciale.

Mon frère adorait m'empoisonner la vie. Le jour de la fête de l'Aïd el-Fitr, qui célèbre la fin du mois de ramadan, grand-mère avait tué plusieurs bêtes et nous nous préparions à faire un grand repas. Pour l'occasion, nous avions reçu des habits neufs. Je portais une robe en tissu brillant avec un gros nœud bleu dans le dos et une bordure de dentelle toute raide, des chaussettes à volants et des souliers en cuir verni. Ma venait de me donner mon bain et s'occupait maintenant de débarbouiller Haweya. Je me pavanais dans la pièce en tâchant d'éviter la poussière quand j'entendis Mahad m'appeler dehors.

Je courus voir ce qu'il voulait. Il se tenait à l'entrée des toilettes. « Viens voir », me dit-il en me tendant la main pour m'aider à grimper sur les marches.

À Matabaan, les toilettes, sous leur cabane en brindilles ficelées, se résumaient à un grand trou dans le sol en terre battue, avec deux marches en pierre de chaque côté. On était censé poser les pieds sur ces marches et faire ses besoins devant un public de grosses mouches hostiles. Haweya et moi avions trop peur du trou pour réussir un tel exploit ; d'ailleurs, nous n'avions pas les jambes assez longues. Nous nous soulagions donc dans les fourrés voisins, sous la supervision de Ma ou de grand-mère.

Ce jour-là, pourtant, j'entrai dans la cahute et me penchai au-dessus des latrines. L'odeur était infecte, l'obscurité bourdonnait de mouches. Tout à coup, Mahad arriva derrière moi et me poussa dans le trou. Je hurlai d'épouvante. Les latrines étaient vraiment répugnantes, et très profondes : le rebord devait m'arriver aux épaules. Quand Ma me repêcha, j'étais dans un état indescriptible. Elle se déchaîna contre Mahad.

« Puisse Allah t'emporter loin de moi ! Puisses-tu pourrir au fond d'un trou ! Puisses-tu mourir dans le feu ! Qu'est-ce que tu as dans le ventre ? Communiste ! Juif ! Tu n'es pas mon fils : tu es un serpent ! » Ma ne se contrôlait plus. Ivre de colère, elle attrapa Mahad et le plongea à son tour dans les immondes latrines.

Il fallut un certain temps pour nous décrasser. Je dus renoncer à ma robe et à mes souliers. J'avais les mains couvertes d'égratignures, et l'un de mes pieds me faisait souffrir. Il fut décrété que, pour ma protection, je passerais toute la journée auprès de Ma. Un peu plus tard, ce matin-là, quand elle s'installa dehors pour nettoyer la viande, je m'assis donc à côté d'elle sur la terre rouge et l'écoutai discuter avec grand-mère.

— Mahad n'a aucun sens de l'honneur, commença Ma sur un ton de dégoût.

— Ce n'est qu'un enfant, répondit grand-mère. Comment pourrait-il en être autrement ? Ce ne sont pas ces stupides fermiers hawiye qui vont lui donner l'exemple.

— Il va finir par tuer Ayaan.

— Mais c'est sa faute, aussi. Ayaan est *doqon*. Aussi bête qu'un dattier.

— Je ne suis pas bête, répliquai-je.

— Toi, ne parle pas comme ça à ta grand-mère, gronda Ma.

— Mais, Ma, insistai-je, les larmes aux yeux, je ne pouvais pas savoir : il m'a juste dit de venir voir.

— Alors, tu es allée voir, c'est ça ? demanda grand-mère, le sourire aux lèvres.

— Oui, Ayeeyo, répondis-je, en employant le terme et le ton de respect avec lesquels il convenait de s'adresser à grand-mère.

Elle eut un rire méchant.

— Tu vois ? Elle est bête, et seul Allah peut l'aider. Enfin, Asha, même un enfant de cinq saisons ne serait pas tombé dans le panneau. Tu peux maudire le petit autant que tu veux, ça ne change rien au fait qu'Ayaan est stupide et qu'elle ne t'attirera que des ennuis.

Mahad avait mal agi en me mentant, mais ma propre crédulité, qui témoignait d'un esprit désespérément obtus, était encore plus impardonnable. Je n'avais pas su me montrer assez méfiante ; je ne méritais que le mépris. Ma ne prit pas ma défense, et, comme je n'avais pas le droit de contredire ma grand-mère, je me contentai de pleurer, en ravalant ma fureur.

*

Nous sommes retournés vivre à Mogadiscio de façon aussi inexplicable et soudaine que nous en étions partis. Les adultes ne se justifiaient jamais. Ils voyaient les enfants comme des créatures immatures qui, avec le temps et les taloches, finiraient bien par atteindre l'âge adulte, mais qui, en attendant, ne méritaient ni qu'on les informe ni qu'on les écoute. Cela dit, d'une certaine façon, je comprends le silence de ma mère. Moins nous en savions, moins nous risquions d'en révéler au Guulwade.

À Mogadiscio, nous passions à nouveau des journées longues et vides, animées seulement par les visites occasionnelles de parents de ma mère. Des tantes, des cousins, des cousins de tantes venaient nous voir : femmes du désert qui se mariaient à Mogadiscio, jeunes hommes à la recherche d'un emploi. Ils n'avaient aucun repère dans cet environnement urbain, ne comprenaient rien à la circulation routière ni même au fonctionnement des toilettes : Ma devait leur apprendre à ne pas faire leurs besoins sur le sol. Pour elle, c'étaient de vrais péquenauds, ils portaient des vêtements ridicules et se mettaient n'importe quelle babiole brillante dans les cheveux. Elle leur faisait constamment la leçon : on s'assoit comme cela, on essuie la table avec une éponge, on ne mange pas comme des sauvages, on se couvre les épaules au lieu de se promener partout en *goh*.

Comme tous les citadins, Ma se sentait supérieure à ces rustres de la *miyé*. Ils finiraient bien par admettre que ses manières étaient meilleures que les leurs, se disait-elle puisqu'elle vivait là depuis longtemps alors qu'eux ne faisaient que passer. Mais bien sûr, comme tous les ruraux, ses parents de la *miyé* ne supportaient pas qu'on les prenne de haut. Si Ma leur faisait une remarque trop acerbe, ils se vexaient et partaient vivre ailleurs.

Peu après notre retour en ville, Mahad entra à l'école primaire ; de mon côté, j'entrai en guerre contre grand-mère. Parfois, quand je la voyais assise sous notre arbre, je montais sur une branche au-dessus d'elle et je crachais. Pas *sur* elle – je n'en avais pas le droit – mais *à côté*, sur le sable. Elle allait rapporter à Ma ; s'ensuivait une discussion interminable pour décider si j'avais craché *sur* grand-mère ou *à côté* d'elle. En général, l'incident se concluait par une interdiction générale de cracher. Ce genre de tensions futiles faisaient passer le temps.

Ignorées par les adultes, Haweya et moi faisions tout pour les agacer, inventant les jeux les plus insupportables. S'ils nous chassaient de la maison, nous jouions à Guulwade juste devant. L'une de nous deux pointait sur l'autre le canon d'un fusil imaginaire et aboyait des ordres, demandant par exemple à voir ce qui se trouvait sous nos lits. L'autre, en cachette, faisait tout ce qu'interdisait le gouvernement d'Afwayne, comme dissimuler de la nourriture ou dire à ses enfants imaginaires de prier Allah pour que des prisonniers soient libérés.

Nous priions aussi, très bruyamment, pour la destruction d'Afwayne et de son régime. D'autres fois, je grimpais dans notre arbre et criais : « Ha ! ha ! Je suis Darod, Harti, Macherten, Osman Mahamud et fille de Hirsi Magan ! » Afwayne avait aboli les clans, et l'on n'avait plus le droit de demander aux gens de qui ils descendaient. À présent, nous étions tous somaliens, et rien d'autre : une nation glorieuse et unie, rassemblée autour du culte de Siyad Barré.

Celui qui osait parler de son clan était un « anti », un opposant au régime, et risquait la prison et la torture.

Ce jeu créait donc la panique chez les adultes, surtout chez ma tante Khadija, seul membre de la famille qui soutenait réellement Afwayne. Après de tels débordements, on se hâtait de nous faire rentrer jouer à l'intérieur.

Notre chambre était grande et presque entièrement vide, avec des murs si hauts qu'il y avait un écho. Quand on nous y cantonnait, notre jeu favori consistait à provoquer l'écho puis à tenter de rivaliser avec lui par des bruits de plus en plus étranges et sonores. Nous faisions un tel vacarme que grand-mère nous renvoyait chaque fois jouer dehors.

À nouveau, c'est notre vieille tante Khadija qui trouva la solution pour canaliser notre trop-plein d'énergie. Partisane de toutes les innovations, elle se réjouissait de l'ouverture récente d'une école dans le quartier. « Ayaan doit aller à l'école le matin et à la medersa – l'école coranique – l'après-midi », déclara-t-elle. Ma n'aimait pas l'idée que sa fille passe tant de temps dehors : à la maison, j'étais à l'abri du mal et du péché, tandis qu'à l'école je serais exposée aux deux. Mais j'imagine que mon père, consulté sur le sujet, dut trouver l'idée bonne, car finalement ma mère céda.

À cinq ans, je reçus donc un uniforme neuf : on me considérait maintenant comme une grande fille, et j'allais sortir toute seule. Ma m'avertit qu'à l'école on allait m'apprendre des hymnes à la gloire de Siyad Barré : je ne devais pas les chanter. « Bouge juste les lèvres, ou bien récite le premier verset du Coran à la place des paroles, me dit-elle. Je ne veux pas que tu chantes les louanges d'Afwayne. Contente-toi d'apprendre à lire et à écrire, et ne parle pas aux autres enfants : ils pourraient nous dénoncer. Reste dans ton coin. » Elle me répétait cela tous les matins.

Le premier jour de classe, la maîtresse me frappa sur la tête quand elle vit que je refusais d'ouvrir la bouche pour chanter avec les autres. Comme elle m'avait fait mal, je n'osai pas résister et, avec le sentiment insupportable de trahir mes parents, je prononçai les paroles. Chaque matin, j'essayais de seulement bouger les lèvres et chaque matin la maîtresse me tirait du rang et me battait. Le jour de mon arrivée, elle avait expliqué à la classe que j'étais la fille d'un « anti », et donc moi-même une « anti ». Après cela, dans cette école où nous ne faisions rien d'autre que chanter les louanges de Siyad Barré et du communisme, personne ne voulait de moi comme amie.

La medersa où j'allais l'après-midi était une cabane située sur la même route que notre maison et fréquentée par les enfants du voisinage. Au début, je m'y plaisais bien. J'apprenais à préparer de l'encre avec du charbon, de l'eau et du lait, et à écrire l'alphabet arabe sur de longues planches de bois. Je commençais aussi à apprendre le Coran par cœur, ligne après ligne. J'étais très fière qu'on me juge assez adulte pour pratiquer une telle activité.

Mais les autres enfants se battaient. Il y avait une petite fille d'environ huit ans qu'ils nommaient *kintirleey* (« celle qui a un clitoris ») et qu'ils traitaient avec un mépris hargneux. Ils lui crachaient dessus, la pinçaient, lui jetaient des cailloux ; un jour ils essayèrent même de l'enterrer dans le sable derrière l'école. Le professeur de la medersa ne faisait rien pour arranger les choses : de temps en temps, il la traitait de *dammin* – âne – et lui aussi de *kintirleey*.

C'était souvent ma cousine Sanyar qui venait me chercher à la sortie de la medersa. Un jour, elle arriva juste à temps pour voir une fille me frapper au visage. Elle me ramena à la maison et raconta l'histoire à tout le monde.

— Ayaan ne s'est même pas défendue, ajouta-t-elle sur un ton consterné.

— Lâche ! railla ma famille.

Le lendemain, en fin d'après-midi, Sanyar m'attendait en compagnie d'une autre adolescente, la grande sœur de la fille qui m'avait frappée la veille. Elles nous entraînèrent dans un coin et nous ordonnèrent de nous battre.

— Arrache-lui les yeux. Mords-la, me souffla Sanyar. Allez, espèce de lâche, pense à ton honneur.

L'autre fille reçut les mêmes encouragements, de sorte que nous avons commencé à nous battre comme des chiffonières.

— Ayaan, surtout, ne pleure pas ! me criait Sanyar.

Les autres enfants nous applaudissaient. Quand on nous sépara, nos robes étaient déchirées et j'avais la lèvre en sang. Sanyar, elle, était ravie.

— Je ne veux plus que tu laisses aucun enfant te frapper ou te faire pleurer, me dit-elle. Bats-toi. Il n'y a que les esclaves qui ne défendent pas leur honneur.

Puis, comme nous nous éloignions, mon adversaire me lança :

— *Kintirleey* !

Sanyar tressaillit, et je levai vers elle des yeux horrifiés. L'idée atroce me vint : j'étais donc comme cette autre fille ? Moi aussi, alors, j'avais cette chose dégoûtante, un *kintir* ?

*

En Somalie, comme dans beaucoup d'autres pays d'Afrique et du Moyen-Orient, on « purifie » les petites filles en leur coupant les organes génitaux. Il n'y a pas d'autre façon de décrire cette opération, pratiquée en général autour du cinquième anniversaire. Une fois le clitoris coupé et les lèvres du sexe tranchées ou arasées – dans certaines régions on se contente, par compassion, de les taillader ou de les piquer –, toute la zone est souvent cousue, de manière que la peau scarifiée de la petite fille forme, en cicatrisant, une épaisse ceinture de chasteté. On laisse juste un petit trou pour permettre à l'urine de s'écouler. Seule une pénétration violente peut déchirer la cicatrice ; c'est ce qui se produit lors de la première relation sexuelle.

La mutilation génitale des femmes est antérieure à l'islam.

Aujourd'hui elle est pratiquée dans quelques communautés non musulmanes et ignorée par certains peuples musulmans. Pourtant, dans un pays comme la Somalie où presque aucune fille n'y échappe, l'excision est systématiquement pratiquée au nom de l'islam. Une fille non excisée sera possédée par les démons, elle succombera au vice et deviendra une âme damnée et une prostituée. Les imams ne déconseillent jamais cette pratique : grâce à elle, les filles restent pures.

Beaucoup de fillettes meurent de l'excision, ou des infections qu'elle provoque. D'autres complications peuvent laisser des séquelles énormes, parfois définitives. Mon père, en homme moderne, jugeait cet acte barbare et avait toujours insisté pour que ses filles n'y soient pas soumises. À cet égard, il était formidablement en avance sur son temps. Mahad, à six ans, n'était pas non plus circoncis, mais peut-être pour d'autres raisons.

Peu après ma première bagarre à la medersa, grand-mère décida qu'il était temps pour nous, les enfants, de subir la purification rituelle. Notre père était en prison, notre mère en voyage, mais heureusement grand-mère était là pour veiller au respect des traditions ancestrales.

La perspective de la cérémonie la mit d'excellente humeur. On installa une table spéciale dans sa chambre, et, toute la semaine, quantité de tantes vinrent nous rendre visite. Quand le grand jour arriva, je ne ressentais aucune peur, seulement de la curiosité. Je n'avais aucune idée de ce qui se préparait ; je savais juste que c'était la fête et que, tous les trois, nous allions être purifiés. Après cela, plus personne ne pourrait me traiter de *kintirleey*.

Mahad passa le premier. On me fit sortir de la chambre, mais je revins observer la scène en catimini. Mon frère était couché sur le sol, la tête et les bras posés sur les genoux de grand-mère. Entre ses jambes, que deux femmes maintenaient écartées, était agenouillé un homme que je n'avais jamais vu.

Il faisait chaud dans la chambre, et il flottait dans l'air une odeur d'encens et de sueur. Grand-mère chuchotait à l'oreille de Mahad : « Ne pleure pas, ne souille pas l'honneur de ta mère. Ces femmes répéteront ce qu'elles ont vu. Serre les dents. » De toutes ses forces, Mahad mordait le châle de grand-mère ; il ne protestait pas, mais son visage était crispé par la douleur, et des larmes coulaient sur ses joues.

Je ne voyais pas ce que faisait l'étranger, mais je remarquai avec effroi qu'il avait les mains pleines de sang.

C'était mon tour. Grand-mère s'approcha de moi : « On va vous retirer ce long *kintir*, et alors, ta sœur et toi, vous serez pures. » À en juger par les gestes de grand-mère, ce hideux appendice, qui se trouvait apparemment entre mes cuisses, deviendrait un jour si gros qu'il se balancerait le long de mes jambes à chaque pas. Grand-mère m'attrapa et, d'une main ferme, m'installa dans la même position que Mahad. Deux autres femmes m'écartèrent les jambes. L'homme, probablement un circonciseur itinérant du clan des forgerons, s'arma d'une paire de ciseaux. De l'autre main, il se mit à palper et à tirer ce que j'avais entre les cuisses, comme grand-mère quand elle trayait une chèvre. « Le voilà, le *kintir*, il est là », dit une femme.

Je vis les lames plonger, et l'homme me trancha les petites lèvres et le clitoris. J'entendis un claquement, le même que chez le boucher quand il retire le gras de la viande d'un coup de couteau. Je ressentis entre les jambes une douleur fulgurante et me mis à hurler. Il fallait encore me coudre ; je me rappelle l'aiguille longue et émoussée que l'homme enfonçait dans mes lèvres ensanglantées, mes cris d'angoisse et de douleur, les paroles de grand-mère. « Ça n'arrive qu'une fois dans la vie, Ayaan. Sois forte, il a presque fini. » Il finit, et il coupa le fil avec les dents.

C'est tout ce dont je me souviens.

De ça, et des hurlements à figer le sang de Haweya, qui passa la dernière. Bien que plus petite que nous, elle dut se débattre plus fort, ou peut-être que les femmes, fatiguées d'avoir lutté avec nous, la tenaient moins fermement ; toujours est-il qu'elle se retrouva avec de vilaines entailles sur les cuisses. Elle en garda les cicatrices toute sa vie.

Je m'endormis et ne me réveillai qu'à la nuit tombée. On m'avait lié les jambes pour m'empêcher de bouger et faciliter la cicatrisation. Je sentais ma vessie près d'exploser, mais j'avais déjà essayé de faire pipi et la douleur était trop forte. Couverte de sang et de sueur, secouée de frissons, je souffrais toujours autant.

Le lendemain, grand-mère réussit à me persuader de faire quelques gouttes. La douleur était inimaginable. Quand je restais couchée, elle était lancinante, mais, quand j'urinais, en un éclair elle redevenait aussi intense qu'au moment où l'on m'avait coupée.

Notre convalescence dura environ deux semaines. Grandmère nous veillait constamment, soudain douce et affectueuse, répondant à chaque hurlement angoissé, à chaque gémissement, même pendant la nuit. Après chaque douloureux passage aux toilettes, elle lavait soigneusement nos plaies à l'eau tiède et les tamponnait avec un linge imbibé d'un liquide violet. Puis elle nous rattachait les jambes et nous recommandait de rester complètement immobiles, sinon, nos plaies se rouvriraient, et il faudrait rappeler le monsieur pour qu'il nous recouse.

Au bout d'une semaine, l'homme vint nous examiner. Il estima que Mahad et moi cicatrisions bien ; Haweya, en revanche, avait déchiré ses points de suture à force de se débattre contre la douleur. Il fallait la recoudre. Je me souviens de ses cris quand l'homme se mit à l'œuvre : elle souffrait le martyre. De nous trois, Haweya est sans aucun doute celle pour qui toute cette expérience fut le plus pénible.

Mahad était sur pied, tout à fait guéri, quand l'homme revint pour m'enlever les fils. Encore une fois, cela me fit très mal. L'homme commençait par dégager les fils avec une pince à épiler, puis il tirait dessus et les sortait par petits coups secs. Grand-mère et deux autres femmes durent m'empêcher de me débattre. Après cela, j'avais bien une cicatrice épaisse entre les cuisses, qui me lançait si je remuais trop, mais au moins on ne m'attachait plus les jambes, et je ne devais plus rester couchée toute la journée sans bouger.

Une semaine après, c'était le tour de Haweya. Il fallut quatre femmes pour la maintenir en place. J'étais dans la pièce à ce moment-là. Je n'oublierai jamais l'expression de panique sur son visage ni les hurlements déchirants qu'elle poussait, luttant de toutes ses forces pour garder les jambes serrées.

Par la suite, Haweya ne fut plus jamais la même. Elle tomba malade, d'une fièvre qui l'affaiblit pendant plusieurs semaines, et perdit beaucoup de poids. Elle se mit à faire des cauchemars épouvantables et devint de plus en plus solitaire. Naguère espiègle et gaie, elle passait maintenant des heures à ne rien faire, le regard perdu dans le vide. Après la circoncision, nous avons tous recommencé à mouiller notre lit. Et Mahad a continué assez longtemps.

Quand Ma rentra de voyage et découvrit ce qui s'était passé, elle s'emporta violemment contre grand-mère. « Qui t'a dit de les faire circoncire ? s'écria-t-elle. Tu sais que leur père ne voulait pas de ça ! Allah m'est témoin, jamais de ma vie tu ne m'as trahie plus sournoisement. Qu'est-ce qui t'a pris ? »

Grand-mère, folle de rage, lui répondit qu'elle lui avait rendu un service énorme. « Imagine tes filles, dans dix ans, avec un long *kintir* qui pendouille entre leurs jambes ! Personne ne voudrait d'elles pour femmes ! Crois-tu qu'elles vont rester des enfants toute leur vie ? Tu es ingrate et irrespectueuse. Si tu ne veux pas de moi dans cette maison, je pars. » Cette fois, elle ne plaisantait pas.

Ma ne voulait pas que grand-mère s'en aille, alors elle envoya chercher sa sœur jumelle, Halimo, la mère de

Sanyar. Tante Halimo et Ma se ressemblaient comme deux gouttes d'eau. Elles avaient les membres longs et fins, le dos parfaitement droit typiques des femmes artan, la même peau sombre et les mêmes boucles lisses, que j'enviais, nouées sur la nuque en un lourd chignon. Du point de vue du caractère, en revanche, elles différaient complètement : tante Halimo était beaucoup plus douce que Ma. Elles discutèrent pendant des heures pour essayer de calmer grand-mère, et tout le monde, y compris Mahad, finit par se mettre à genoux pour la supplier de rester.

On ne reparla plus jamais de notre circoncision. C'était arrivé parce que ça devait arriver. C'était normal.

*

Peu après le retour de Ma, la maison se remplit de chuchotements. Quelque chose était arrivé à mon père. Quelque chose de bien. Les messes basses se prolongèrent pendant plusieurs mois, jusqu'à ce qu'un jour Ma reparte en voyage. Puis elle revint, sans les habituels sacs de farine et de légumes, mais avec des cadeaux pour chacun de nous. Tout à coup, elle cessa de nous demander de prier tous les soirs sous notre arbre pour la libération de notre père. Elle semblait moins malheureuse, moins triste, moins lasse.

Je l'ignorais alors, mais mon père s'était évadé.

Apparemment, c'était le directeur de la prison lui-même qui l'avait aidé à s'échapper. Abdi Aynab était un Osman Mahamud, comme mon père, et il avait agi de façon admirable. Malgré les risques, il avait organisé l'évasion de mon père et l'avait même accompagné sur une partie de son périlleux voyage vers la frontière éthiopienne.

En rentrant à Mogadiscio, il fut dénoncé par un subalterne et fusillé par un peloton d'exécution place Tribunka. À ce moment-là, mon père avait déjà rejoint l'Éthiopie, aidé de village en village par des membres du clan, grâce à qui il avait finalement réussi à passer la frontière pourtant grouillante de soldats. C'était en 1975, je crois : l'Éthiopie et la Somalie étaient sur le point d'entrer en guerre.

Mon père s'installa à Addis-Abeba, la capitale éthiopienne. Là-bas, lui et d'autres hommes créèrent un groupement politique réunissant les exilés somaliens opposés au gouvernement de Siyad Barré. Ils l'appelèrent le Front démocratique pour le salut de la Somalie.

La guerre d'Ogaden éclata en 1977. La Somalie et l'Éthiopie, vieilles ennemies – nomades et peuples des montagnes, musulmans et chrétiens –, s'enfermèrent une fois de plus dans un conflit d'une violence abominable. Le groupe d'exilés autour de mon père reçut des subventions du gouvernement éthiopien. Le président Mengistu était un dictateur tout aussi sanguinaire que Siyad Barré, mais les ennemis de Siyad Barré étaient ses amis, et rien ne le ravissait plus que de financer leur lutte. Ils achetèrent des armes et créèrent une base de combat à Dirirdawa, près de la frontière avec la Somalie

On m'a raconté tout cela par petits bouts, à mesure que je grandissais. Ces choses-là ne regardaient pas les enfants. Tout ce que je savais, à l'époque, c'était que chaque jour, à cinq heures, ma mère allumait la radio, très doucement. Tous les adultes allaient s'asseoir sur le lit de ma grandmère pour écouter le service somalien de la BBC qui donnait des nouvelles de l'avancée du FDSS. Il y avait là quelques tantes, et des gens de la *miyé* : tout le monde et n'importe qui, sauf Khadija, qui soutenait toujours le régime de Siyad Barré. Nous, les enfants, devions aller jouer dehors, et Sanyar nous surveillait, tout en faisant le guet pour s'assurer qu'aucune brigade du Guulwade n'approchait de la maison.

Il nous fallut des mois, à Mahad et à moi, pour commencer à comprendre ce qui était arrivé à notre père. Ma mère pensait qu'il valait mieux, pour notre sécurité, que nous n'en sachions rien. À vrai dire, je ne suis pas sûre qu'elle-même ait toujours su exactement où il se trouvait.

Quand les soldats de Siyad Barré vinrent frapper à notre porte pour lui demander où il se cachait, elle leur rétorqua en hurlant avec une indignation plutôt convaincante que la dernière fois qu'elle l'avait vu c'était dans leur prison, et qu'ils avaient un sacré culot de venir lui poser la question à elle au lieu de lui fournir des explications. Néanmoins, elle s'absentait maintenant pour des périodes beaucoup plus longues, et, de ces voyages, nous ne devions rien dire à personne.

Ma mère partait retrouver mon père, en secret, en Arabie Saoudite.

3

Jouer à chat dans le palais d'Allah

La Somalie et l'Éthiopie étaient à présent engagées dans un conflit sanglant qui faisait des milliers de morts et détruisait les faibles racines de deux systèmes économiques encore balbutiants. On ne pouvait plus voyager d'un pays à l'autre. Si mes parents devaient se revoir, cela ne pouvait être que dans un pays tiers.

La compagnie aérienne somalienne desservait peu de destinations, mais elle avait un vol pour Jeddah, en Arabie Saoudite. Après un échange de messages relayés par le réseau du clan, mes parents avaient décidé de s'y retrouver.

Le clan procura aussi un faux passeport à Ma. Elle se présenta comme une simple Dhulbahante se rendant en pèlerinage à La Mecque. J'aime à imaginer mon père et ma mère, jeunes et heureux, réunis à Jeddah, faisant des projets d'avenir pour leur famille.

Ma mère ne voulait pas aller vivre en Éthiopie, chez des chrétiens, des infidèles. L'Arabie Saoudite était le pays de Dieu. La patrie du Prophète. Un vrai pays musulman, tout vibrant d'Allah. L'endroit le plus indiqué pour élever des enfants. Ma avait appris l'arabe à Aden, mais elle considérait surtout que l'islam était plus pur, plus profond, plus proche de Dieu dans les pays de la péninsule arabique. En Arabie Saoudite, les lois provenaient directement du Coran – c'étaient les lois d'Allah. Nous aurions nécessairement, si notre famille s'y réunissait, une vie tranquille, sûre et belle.

Elle réussit, je ne sais comment, à convaincre mon père. Il trouva un emploi en Arabie Saoudite comme traducteur de morse dans un bureau du gouvernement – c'est du moins ce qu'on m'a dit, à l'époque, bien que je doute que ce soit vrai. Il s'installa à Riyad, chez un membre du clan, en attendant que les préparatifs de notre voyage soient achevés.

Ma mère fut héroïque. Elle réussit à se procurer un autre faux passeport sur lequel figuraient les noms et dates de naissance de ses trois enfants pour que nous puissions quitter la Somalie avec elle. Elle prépara notre départ en secret et s'arrangea pour nous faire emmener à l'aéroport discrètement. Un matin d'avril 1978 – j'avais huit ans – grand-mère nous réveilla de bon matin. La lumière grise de l'aube commençait tout juste à éclairer la chambre. Elle nous fit mettre de beaux habits au lieu de notre uniforme d'écoliers. Le beau-fils de Khadija, le propriétaire du garage situé en face de notre maison, arriva dans sa voiture noire et nous y entassa rapidement. Quand nous sommes descendus, quelques kilomètres plus loin, Ma nous a montré un énorme tube en métal pourvu de longues ailes plates qui était posé un peu plus loin.

— C'est un avion, déclara-t-elle, nous allons le prendre pour voler.

Nous n'avions jamais vu d'avion, à part les appareils lointains qui, le jour de la Fête nationale, honoraient le gouvernement d'Afwayne en crachant des nuages de fumée sur la ville. Nous nous sommes mis à courir dans tous les sens en agitant nos bras tendus, avec des cris perçants. Surexcités par la perspective de voler, nous imaginions que ce pourrait être à grands battements d'ailes, comme les oiseaux. Avec son faux passeport et l'interrogatoire officiel qui l'attendait, ma mère n'avait pas besoin d'ennuis supplémentaires. Sa main dure et plate s'abattit sur nos têtes, nous réduisant au silence.

Mais nous étions incapables de nous tenir tranquilles très

longtemps. Nous n'étions pratiquement jamais allés nulle part, même pas en promenade, et voilà qu'enfin nous vivions une aventure palpitante. Une fois dans l'avion, après nous être tortillés pour échapper à nos ceintures de sécurité, nous avons commencé à nous bagarrer pour la place près du hublot en grimpant sans vergogne sur de parfaits inconnus. Pendant le décollage, Ma nous fusilla du regard. « Allah fasse s'écraser cet avion, cria-t-elle. Et les rappelle à Lui. Je ne veux plus de cette vie. Qu'Il nous fasse tous mourir ! » Ces mots me firent plus mal que des coups. Je n'avais jamais rien entendu de pire.

Les oreilles bouchées et douloureuses à cause de l'altitude, nous avons hurlé pendant tout le voyage, nous attirant la haine de tous les passagers. Et puis, avant l'atterrissage, notre mère, comme les autres femmes de l'avion, s'est enveloppée dans un grand drap noir qui ne laissait voir que son visage. La surprise nous a fait taire. Nous avons suivi notre mère en silence jusqu'à l'aérogare. Là, au milieu d'un nombre incroyable de gens de toutes les couleurs de peau, habillés de toutes les manières possibles, elle s'est rendu compte que notre père n'était pas venu nous chercher. Nous étions complètement livrés à nous-mêmes. Abandonnés dans l'aéroport de Jeddah.

*

Je ne suis pas absolument certaine de la façon dont les choses se sont passées, mais voici ce que j'en ai compris. Mon père attendait bien notre arrivée, mais il n'en connaissait pas la date précise. Et puis, soudain, il avait été appelé à Addis-Abeba.

Le jour où nous avions quitté Mogadiscio, il y avait eu une tentative de coup d'État contre Afwayne, l'espace aérien avait été fermé, des bagarres avaient éclaté. (Par la suite, les instigateurs du complot furent exécutés, et la surveillance s'accrut. Si nous n'étions pas partis ce jour-là, nous n'aurions pas pu quitter le pays.) Pour des raisons qui n'étaient certainement pas étrangères à ce coup d'État, mon père se hâta de rentrer en Éthiopie. Dans sa précipitation, il oublia d'envoyer quelqu'un nous chercher au prochain vol de la Somali Airways – celui que nous avions pris.

Pendant les années qui suivirent, ma mère lui reprocha très souvent cet incident. Mais pour le moment nous étions bel et bien coincés. En Arabie Saoudite, où règnent la loi d'Allah et l'imitation du Prophète Mahomet, toute femme doit être chaperonnée par un homme.

Ma mère se disputa violemment avec l'officier de l'immigration, et celui-ci affirma, encore plus violemment, qu'elle ne quitterait pas l'aéroport sans être accompagnée par un homme. Il parlait sans la regarder directement, fixant un point invisible au-dessus de sa tête.

Nous avons passé des heures dans cet aéroport étranger. Nous jouions à chat. Mahad s'est perdu. J'ai vomi. Ma criait que nous avions le diable au corps et nous vouait à l'enfer. Elle paraissait différente ; vidée ; la situation échappait à son contrôle. Elle pleura. Elle dit des mots cruels à l'égard de mon père, des choses que je ne l'avais jamais entendue dire. Elle devait se sentir trahie, après avoir organisé notre voyage clandestin avec tellement de courage, d'être ainsi abandonnée.

Juste avant le coucher du soleil, un Somalien s'approcha d'elle et lui demanda ce qui n'allait pas. C'était un Dhulbahante, comme elle, et il lui offrit son aide. Ma lui demanda de nous conduire à Jeddah, dans une famille dhulbahante qu'elle connaissait et qui nous accueillerait. Elle avait simplement besoin qu'il l'accompagne au bureau de l'immigration puis à un taxi, car aucun chauffeur de taxi ne l'accepterait dans sa voiture si un homme n'y montait pas avec elle.

Le lendemain matin nous trouva au domicile d'une famille inconnue, à Jeddah. La chambre était petite et surchauffée, mais ma mère nous avertit : il fallait se tenir tranquilles. Cela voulait dire rester enfermés dans la chambre, sur le lit. Si nous élevions tant soit peu la voix, elle nous frappait, si nous cherchions à bouger, elle nous frappait encore. Nous ne pouvions rien faire d'autre que regarder par la fenêtre qui donnait sur une grande cour où une demi-douzaine de femmes somaliennes de tous âges discutaient en faisant la cuisine.

L'une d'elles, jeune, proposa de nous emmener nous promener. Dehors, le monde était complètement différent du nôtre : rues pavées, circulation incroyable. Et toutes les femmes couvertes de noir, transformées en silhouettes vaguement humaines. Entièrement noires de dos, elles l'étaient également de face. On ne pouvait deviner la direction de leurs regards que d'après l'extrémité de leurs chaussures. Nous savions que c'étaient des femmes parce que celle qui nous tenait fermement la main pour nous empêcher de nous perdre était drapée de noir, elle aussi. Mais comme elle était somalienne on voyait son visage. Les Saoudiennes n'avaient pas de visage.

Nous nous sommes échappés pour courir vers ces formes noires et essayer de voir où se trouvaient leurs yeux. L'une d'elles a levé sa main, gantée de noir, nous arrachant un cri : « Elles ont des mains ! » Et nous leur avons fait des grimaces. Comportement détestable, sans doute inspiré par le besoin d'apprivoiser un spectacle réellement sinistre afin de le rendre supportable. Évidemment ces femmes saoudiennes virent en nous des gamins noirs s'agitant comme des babouins.

Au bout de deux ou trois jours, deux hommes du clan des Osman Mahamud arrivèrent à la maison, porteurs de nouvelles de mon père. Il était en Éthiopie et y serait peut-être retenu plusieurs mois. Ils demandèrent à ma mère où elle désirait vivre en attendant son retour. Ce soir-là, quelque chose dut se briser en elle. Elle cria, nous maudit et nous frappa avec une sorte de furie. Au premier qui bougeait ou ouvrait le bouche, elle lançait une chaussure. Nous avions peur d'elle, maintenant, y compris Mahad, qui avait toujours été son préféré.

Lorsque les hommes revinrent, le lendemain, elle leur dit : « La Mecque. » Tout allait si mal pour elle. Elle pensait que si elle se réfugiait dans les bras d'Allah Il l'aiderait, et, pour se rapprocher de Dieu, La Mecque était le lieu idéal. Une semaine plus tard, nos bagages étaient chargés dans une voiture.

Nous sommes arrivés au pied d'un haut bâtiment. Des ordures jonchaient le sol des rues – des monceaux d'immondices bourdonnants de grosses mouches. Dans la cage d'escalier, une puanteur affreuse ; des cafards tellement repus qu'ils ne se dérangeaient même pas à notre approche. Mon père avait envoyé de l'argent aux hommes qui s'occupaient de nous, mais à La Mecque la vie était chère : le seul appartement qu'ils avaient pu trouver était minuscule et situé dans un immeuble habité par des ouvriers du bâtiment égyptiens.

Nous n'étions jamais entrés dans un immeuble. Pendant que nous montions l'escalier, Ma nous dit, à Haweya et à moi : « Si vous venez ici toute seules, les hommes qui vivent derrière ces portes vous attraperont, vous découperont en morceaux et vous mangeront. » La menace porta ses fruits : jamais nous n'avons mis le nez dehors sans être accompagnées.

Elle ouvrit la porte de notre deux-pièces. Nous avions l'électricité ! Il y avait des interrupteurs sur les murs, qui allumaient des ampoules, et – chose que nous n'avions jamais vue – un ventilateur au plafond. Dès que Ma eut le dos tourné, ce ventilateur devint notre jouet. Nous lancions dans ses pales des bouts de tissu et des petits objets pour le plaisir de les voir tourner. L'appareil n'y résista pas. Il cessa de fonctionner.

La première semaine, l'appartement fut comme chauffé à blanc. Nous avions tellement chaud que le dos de Haweya se couvrit de cloques qui la faisaient hurler de douleur nuit et jour.

Les oncles avaient payé d'avance cinq mois de loyer ; impossible, donc, de déménager. Ils ne pouvaient rien faire d'autre que nous emmener au bazar pour les courses indispensables. Dans ce bazar, nous étions trop sidérés pour faire des bêtises. Il y avait des lumières, des scintillements, des jouets – des jouets partout –, des étals à l'odeur de sang et d'épices, le vacarme des animaux et les courbes prometteuses des pâtisseries. Nous n'étions pratiquement jamais allés dans un marché, en Somalie, et ce vaste étalage d'échoppes et de marchandises nous apparaissait comme le plus merveilleux spectacle du monde. Les oncles nous tenaient fermement par la main et nous avons déambulé dans cet endroit magique pour acheter des matelas, des draps, des oreillers et un petit ventilateur. Le lendemain nous y sommes retournés pour acheter nourriture, tapis de prière, couverts, ustensiles de cuisine, une bassine pour le linge, une brosse à laver, du savon et un seau.

Notre mère se trouvait désormais seule avec nous, pour la première fois ou presque. Grand-mère étant restée en Somalie, Ma n'avait plus personne avec qui partager corvées et projets. Et elle ne pouvait rien faire toute seule. Elle n'avait pas le droit de sortir sans ses nouveaux gardiens, les oncles, et nous non plus. Pour leur téléphoner, elle devait se faufiler chez l'épicier du coin avec mon frère qui, à dix ans, jouait le rôle du mâle protecteur.

Toute la journée nous attendions dans l'appartement que les oncles nous rendent des services, et toute la journée ma mère maudissait mon père. « Puisse Allah ne jamais nous le ramener », l'entendais-je crier. « Puisse Allah le rendre stérile. Puisse-t-il attraper une maladie douloureuse. Ne jamais voir le paradis ! » Et, pis que tout : « Puisse Afwayne l'attraper et le torturer. Puisse-t-il être éliminé de sa lignée et mourir tout seul. »

Concrètement, il n'y avait rien d'autre à faire qu'à

attendre. Ma entreprit de rétablir l'ordre dans sa maisonnée. Nous, les gosses, étions devenus de vrais sauvages pendant les mois où elle nous avait laissés si souvent seuls avec notre grand-mère. Elle s'y prit avec nous comme pour dresser les chameaux : beaucoup de cris et des coups. Quand nous courions dans l'appartement, elle criait : « Assis ! ASSIS ! » et nous obéissions, puis elle nous cinglait les bras et les jambes avec le cordon électrique de la radio. Si nous pleurions, elle criait : « SILENCE ! » et nous frappait à nouveau.

Cela n'avait rien d'agréable, mais ses coups étaient justifiés et, même douloureux, ils ne dépassaient jamais la mesure. Pour ma mère, les punitions corporelles, raisonnables et nécessaires, faisaient partie de l'éducation des enfants. Quand notre conduite s'améliorait, elle nous battait moins.

Lorsque toutes les mosquées de La Mecque appelaient à la prière, cela faisait comme une longue suite d'échos qui se répétait cinq fois par jour – d'abord la mosquée de notre quartier, puis la suivante, puis la suivante, appelant à travers toute la ville, tout le pays, le monde entier. Nous avions inventé un jeu où il fallait courir d'une fenêtre à l'autre pour voir qui se rappelait de quelle direction viendrait le prochain appel.

En Somalie, nous étions musulmans, mais notre islam était édulcoré, laxiste sur la question des cinq prières, mêlé de croyances plus anciennes. Mais notre mère insistait désormais pour que nous priions à l'appel du muezzin, cinq fois par jour. Et avant chaque prière nous devions nous laver, nous enrouler dans un tissu, puis nous aligner et suivre ses instructions. Après la prière du soir, nous allions nous coucher.

Ma nous inscrivit aussi dans une école coranique, malgré notre méconnaissance totale de l'arabe. En Somalie, l'école et les medersas étaient toujours mixtes ; ici, la ségrégation régnait partout. Nous allions donc dans des écoles différentes, Mahad chez les garçons, Haweya et moi chez les filles. Toutes les filles de notre medersa étaient blanches – du moins les considérais-je comme blanches, et donc moi-même, pour la première fois, comme noire. Elles nous appelaient *abid*, ce qui veut dire esclaves. Le professeur ne nous apprenait pas à écrire, il se contentait de nous réciter le Coran. Nous devions l'apprendre par cœur, verset après verset.

Nous en avions déjà mémorisé une partie à Mogadiscio, sans en comprendre plus d'un ou deux mots. Mais, d'après notre nouveau professeur, notre façon de réciter le Coran était irrespectueuse, trop rapide et prétentieuse. Nous devions donc tout réapprendre par cœur, en ménageant les pauses nécessaires. Nous n'y comprenions presque rien, mais cela n'avait apparemment aucune importance.

En Arabie Saoudite, tout tournait autour du péché. On ne faisait pas une bêtise – on péchait. On n'était pas propre, mais pur. Le mot *haram* – « interdit » – était prononcé à tout bout de champ. Prendre l'autobus avec des hommes était *haram*. Les jeux entre garçons et filles, *haram*. Perdre son foulard de tête en jouant, *haram*, même s'il n'y avait aucun garçon en vue.

*

Lorsque Ma décida de nous emmener à la Grande Mosquée, la perspective d'une diversion nous ravit. L'air vibrait de chaleur, c'était un de ces après-midi atrocement, aveuglément chauds, de cette chaleur qui ne ressemble à aucune autre. Et nous avons pénétré dans un lieu d'une exceptionnelle beauté. Blanc, frais, obscur, vaste. Une légère brise soufflait à l'intérieur. C'était comme d'échapper à une prison. Pendant que ma mère accomplissait pieusement le rituel, tourner sept fois autour de la pierre sacrée à pas lents, nous courions dans tous les sens et faisions des glissades sur le sol dallé en poussant des cris de joie.

Les gens étaient aussi divers qu'à l'aéroport – certains encore plus noirs que nous, d'autres tellement plus blancs que les Saoudiens qu'ils paraissaient décolorés. Et, dans la maison de Dieu, tout le monde était gentil. Quand nous avons heurté un adulte, il nous a simplement pris par la main pour nous ramener vers Ma. Celle-ci était furieuse. J'ai compris que nous lui avions fait honte, alors je me suis agenouillée devant elle et, avec un geste suppliant des mains, je lui ai récité la supplique apprise à la medersa. À ma grande surprise, ça a marché – elle a souri.

Ma mère trouvait le réconfort dans les vastes dimensions et la beauté de la Grande Mosquée, qui lui donnaient, apparemment, de la joie et une certaine paix. Nous aimions tous y aller ; après elle nous achetait même des glaces. Progressivement, les rites et les légendes liés à la Grande Mosquée prirent pour moi une signification. Nous étions tous musulmans, réunis dans la maison de Dieu, et c'était beau. On ressentait une impression d'éternité. Les gens se montraient patients et tolérants – tout le monde se lavait à la même fontaine, sans se bousculer ni s'éviter. C'est sans doute ce qui incite les musulmans à croire qu'islam veut dire paix : dans un lieu grandiose et frais, imprégné de gentillesse, on ressent effectivement une certaine paix.

Mais, sitôt que nous étions sortis de la mosquée, le pays n'était plus que chaleur intense, ordure et cruauté. Des individus étaient décapités en place publique. Les adultes en parlaient. C'était normal, habituel. Après la prière de midi, le vendredi, vous pouviez soit rentrer chez vous pour déjeuner, soit aller assister aux exécutions. Voir trancher des mains. Flageller des hommes. Lapider des femmes. Dans les années 1970, l'essor du pétrole propulsait l'économie saoudienne dans la modernité, mais sa société restait comme figée dans le Moyen Âge.

Le mois du pèlerinage arriva. Ma nous dit que nous ne

pourrions plus aller à la Grande Mosquée. Il ne fallait même plus quitter l'appartement, de peur d'être piétinés par les foules de pèlerins. Nous ne pouvions que regarder par la fenêtre ces cohortes de gens vêtus de blanc qui descendaient la rue, et écouter leur prière ininterrompue.

Un soir du mois de pèlerinage, nous venions de nous coucher quand on frappa à la porte. Et l'un des oncles cria : « Voilà votre père ! » D'un bond, nous avons sauté du lit. Mahad s'est précipité vers l'un des hommes qui entraient. Assez timidement d'abord, Haweya et moi l'avons imité, nous serrant contre cet inconnu, l'attirant vers le sol.

J'avais fantasmé l'image d'un père qui me comprendrait, qui saurait quels efforts je faisais pour être sage. Et cet homme était là, devant moi. Agrippés à ses vêtements, collés contre lui, nous voulions le toucher, simplement le toucher. Ma tenta de nous renvoyer au lit, mais notre père dit que nous pouvions rester. Je m'endormis ce soir-là sur la natte, un bras tendu, en regardant manger mon père.

Mon Abeh était mince. Ses pommettes étaient hautes, comme les miennes. Il avait le cou fort et les épaules larges, légèrement voûtées. J'attribuai les rides de ses yeux au fait qu'il lisait beaucoup et s'inquiétait pour l'avenir de notre pays. Son haut front arrondi lui donnait de la distinction. Dans sa voix grave, il y avait toujours comme un sourire. Et, contrairement à tous les adultes que nous connaissions, il nous trouvait formidables.

Le lendemain, Abeh nous réveilla pour la prière. Les nattes étaient déjà disposées, celles de Mahad et de notre père côte à côte, celles de Ma, de Haweya et la mienne, derrière. Nous allions nous enrouler dans nos draps, comme le voulait Ma, mais Abeh nous arrêta.

— Ce n'est pas la peine, tant que vous n'êtes pas adultes, dit-il.

Et lorsque Ma protesta, mon merveilleux père lui rappela :

— Ce n'est pas la règle qui compte, Asha, c'est l'esprit.

Ensuite, Haweya et moi nous sommes faufilées entre lui et Mahad. Il ne nous a pas repoussées. Ma a protesté « c'est interdit », mais il l'a fait taire.

Toute la journée la scène s'est reproduite, à chaque prière. Le soir, Abeh comprit sans doute que la chose ne s'arrangerait pas d'elle-même et qu'en outre Ma avait raison, c'était interdit. Les hommes ne prient pas à côté des femmes. Les femmes se mettent derrière parce que, même si elles se couvrent la tête pour prier, leur voile pourrait s'écarter, révélant un morceau de vêtement ou de chair qui distrairait les hommes et les conduirait au péché. Mais mon Abeh exprima la chose autrement. Il dit :

— Vous devez vous mettre derrière, maintenant, parce que vous êtes de grandes filles.

Et, nous, bien sûr :

— Pourquoi ?

— C'est la volonté d'Allah.

— Pourquoi Allah veut-Il cela ? Il m'a faite, moi aussi, mais Il donne toujours la préférence à Mahad.

Mon Abeh nous fit passer derrière « parce que c'était comme ça ». Mais je l'adorais, et je n'aimais pas l'injustice, alors, pendant qu'il était agenouillé, j'ai rampé vers l'avant, et à la fin de la prière nous étions presque à son niveau, ma sœur et moi. Au grand scandale de ma mère, nous recommencions à chaque prière. Au bout d'une semaine, mon père s'en irrita et ma mère triompha, car cela prouvait qu'elle avait eu raison. D'ailleurs, ajouta-t-elle, les femmes ne doivent même pas prier avec les hommes. Dès le premier jour, Abeh aurait dû prendre l'une des chambres avec Mahad, et elle l'autre chambre avec nous. Mais Abeh répondit :

— Nous prions ensemble comme une famille. C'est ça la volonté de Dieu.

Après l'arrivée d'Abeh, toutes les règles s'assouplirent légèrement. Si nous faisions les ablutions rituelles le matin, nous n'avions plus besoin de nous laver avant les autres prières, sauf si nous avions lâché un vent ou été aux toilettes. Se laver avant chaque prière, dit Abeh, c'était gaspiller de l'eau propre. Allah ne pouvait vouloir cela.

Dès lors, avant chaque prière, quand Ma demandait :

— Vous êtes-vous lavés ?

Nous répondions :

— Je suis pur.

— Pur ? criait-elle, tu es dégoûtant.

Et nous insistions :

— Mais, Ma, la poussière n'est pas impure.

À la prière suivante, le manège recommençait – « Nous sommes purs » – jusqu'à ce que Ma explose et nous traîne dans la salle de bains pour nous asperger d'eau.

Lorsque mon père fit irruption dans ma vie, je m'épanouis comme une fleur de cactus après l'orage. Il me couvrait d'attentions, il me prenait dans ses bras pour me lancer en l'air, il me répétait que j'étais intelligente et jolie. Quelquefois, il nous rassemblait autour de lui, le soir, pour nous parler de Dieu et nous rappeler l'importance de bien se conduire. Il nous encourageait aussi à poser des questions, car il détestait la méthode qui consiste à apprendre sans comprendre. Nos « pourquoi ? » rendaient ma mère folle, mais mon père les adorait : ils pouvaient déclencher un flot de paroles savantes dont les trois quarts nous passaient au-dessus de la tête.

Ma nous apprenait à dire la vérité pour ne pas être punis et envoyés en enfer. Notre père nous disait d'être honnêtes parce que la vérité est bonne en soi. J'adorais ses causeries du soir et, même si nous étions tous pendus à ses lèvres, je fus, dès le début, sa préférée. Quand nous avions fait des bêtises, je prenais toujours les devants en reconnaissant les faits.

— Si je t'avoue quelque chose, tu ne vas pas me punir, n'est-ce pas ? Car me punir si je dis la vérité serait me forcer à te mentir la prochaine fois.

Mon père éclatait de rire en disant :

— Bon, voyons cette vérité.

J'avouais, nous avions cassé quelque chose ou ennuyé les voisins. Il ne nous frappait jamais, nous faisant simplement promettre de ne pas recommencer.

Ma mère était du genre spartiate. Elle ne donnait jamais plus d'affection ou d'attention qu'il n'était nécessaire, sauf à Mahad – et même avec lui sa bienveillance restait relative : elle ne le frappait pas autant que Haweya et moi, voilà tout. Par nature, Ma n'était ni chaleureuse ni tendre, et la vie l'avait encore durcie. Elle était perpétuellement anxieuse, et quand elle fixait des règles il fallait s'y tenir. Mais Abeh n'était pas là depuis plus d'un mois que nous avions appris à scander : « l'important ce n'est pas la règle, c'est l'esprit », ce qui la rendait furieuse.

*

J'ignore quel emploi occupait réellement mon père, mais il gagnait bien sa vie. Et, quoique toute activité politique lui soit interdite, son permis de travail le stipulait, il continuait néanmoins à travailler secrètement pour le FDSS. Il pensait sans doute que les Saoudiens étaient trop simples ou trop stupides pour découvrir qu'il faisait encore partie de la direction d'un mouvement politique en exil.

Lorsque les cinq mois de loyer payés furent écoulés, il insista pour que nous allions à Riyad, où il travaillait. Ma ne voulait pas quitter La Mecque, mais nous, les enfants, détestions notre immeuble, et je pense que même notre mère fut secrètement soulagée lorsque Abeh nous trouva une maison plus grande et plus fraîche dans la capitale. Elle se composait de deux parties, celle des hommes et celle des femmes – ce qui n'était pas dans nos habitudes – séparées par un corridor et une porte fermée. Les hommes entraient et sortaient par l'entrée principale, une grille en métal imposante flanquée de deux lampes. Nous, les enfants, n'avions pas le droit de sortir sans être accompagnés. Mais dans la cour, côté femmes, une petite porte donnait sur la cour voisine, si bien que femmes et enfants pouvaient circuler entre les maisons sans jamais passer par la rue.

Nous obtînmes, Haweya et moi, la permission d'aller chez les voisins par cette petite porte. Nous regardions la télé. Elle rediffusait d'interminables feuilletons sur la vie du Prophète – dont le visage n'était jamais montré parce qu'il était saint et qu'aucun acteur ne pouvait jouer son rôle – et toutes les batailles qu'il avait livrées pour établir l'islam et ramener les polythéistes sur la voie du vrai Dieu unique. Nous apprîmes les jeux des petites filles du voisinage. Pendant l'absence de leurs pères et la sieste de leurs mères inactives, presque léthargiques, les filles du voisinage se réunissaient pour faire de la musique. Elles étaient cinq ou six, âgées de dix à quinze ans. Elles ceignaient leurs hanches d'un foulard et se dandinaient face à face, en balançant les hanches, les bras, les poignets avec des regards suggestifs. J'avais neuf ans, et, à mes yeux, ces filles, même les plus jeunes, irradiaient une sensualité torride, un érotisme inconnu.

Je n'avais jamais vu danser comme ça. Je ne connaissais que les cérémonies rituelles pratiquées à Mogadiscio dans notre quartier par les faiseurs de pluie, plus proches des gesticulations magiques que de la danse. Lorsque je reproduisis, avec Haweya, ces gestes lascifs à la maison, Ma se mit en rage. Elle nous avait emmenées dans la patrie du Prophète pour que nous soyons pures et que nous suivions avec les Saoudiens la voie étroite de l'islam, et voilà que les Saoudiennes nous dévoyaient.

Il fallait pourtant bien que nous sortions de temps en temps, et ma mère ne pouvait nous interdire d'aller chez les voisins, qui auraient trouvé cela impoli. Ils ne vivaient pas comme nous. D'une part, les mères ne travaillaient pas ; elles avaient des domestiques. D'autre part, les petits garçons faisaient la loi. Filles et garçons avaient la bride sur le cou – les Arabes sont très tolérants avec les jeunes enfants – mais les petits mâles avaient tous les droits. Ils éteignaient le poste de télé quand leur mère regardait une émission et faisaient lever leurs grandes sœurs pour s'asseoir à leur place.

Et tout ce qui n'allait pas était la faute des juifs. Le conditionneur d'air tombait en panne, le robinet ne coulait plus, c'était un coup des juifs, disaient ces femmes. Les enfants devaient prier pour la santé de leurs parents et la destruction des juifs. Plus tard, à l'école, les enseignants ne cessaient de rappeler tout le mal que les juifs avaient fait, ou projeté de faire, aux musulmans. Dans les commérages des femmes cette insulte revenait souvent : « Elle est laide, désobéissante et c'est une putain – elle couche avec un juif. » J'en conclus que les juifs étaient comme les djinns.

Certaines femmes du voisinage étaient régulièrement battues par leur mari. On entendait, le soir, leurs cris résonner dans les cours – « Non ! Par pitié ! Au nom d'Allah ! » Mon père en était horrifié. Il voyait dans cette violence quotidienne, désinvolte, un parfait exemple de la grossièreté des Saoudiens, et quand il apercevait l'un de ces hommes – tout le voisinage les reconnaissait, aux voix – il grommelait : « Brute épaisse, comme tous tes semblables. » Jamais Abeh n'a levé la main sur ma mère ; il trouvait cette pratique ignoble, odieuse.

Nos voisines étaient néanmoins très prévenantes. Elles venaient nous demander si tout allait bien et nous apportaient des bonbons ou des gâteaux poisseux. Elles invitaient parfois ma mère aux mariages. Ma, qui n'appréciait pas ces femmes, ne pouvait pourtant pas refuser. Elle y allait et nous emmenait avec elle.

Les festivités duraient trois jours, et seules les femmes, qui semblaient revenir à la vie pour l'occasion, y participaient. Le premier soir, la mariée était entièrement recouverte d'un voile qui la protégeait du mauvais œil. On ne voyait que ses chevilles, décorées de bracelets en spirale dessinés au henné. Le lendemain, elle scintillait littéralement, avec sa robe et ses bijoux arabes. Le dernier soir, ou Nuit de la Défloration, revêtue d'une longue robe blanche en satin et en dentelle, elle paraissait effrayée.

Ce soir-là, l'homme qu'elle épousait était présent – seul homme admis dans la compagnie de ces femmes qui n'appartenaient pas à sa famille. Généralement en sueur, très ordinaire, souvent beaucoup plus âgé que la mariée, il portait la longue tunique des Saoudiens. Lorsqu'il arrivait, toutes les femmes se taisaient. Pour Haweya et moi, les hommes n'appartenaient pas à une autre planète, mais, pour ces Saoudiennes, l'apparition du marié revêtait une signification énorme. Chaque fois, c'était le même scénario : le silence tombait sur l'assemblée et un personnage entrait en scène, parfaitement banal.

*

Chez nous, tout n'allait pas pour le mieux. Le lien autrefois très fort qui unissait mes parents se détériorait. Il devenait évident qu'ils attendaient de la vie des choses très différentes. Ma considérait que mon père ne s'occupait pas assez de sa famille. C'était souvent elle qui nous accompagnait à l'école – des écoles différentes puisque Mahad était un garçon – et venait nous chercher, faisant chaque fois l'un des trajets toute seule. Elle détestait sortir sans être accompagnée par un homme – ce qui impliquait être sifflée dans la rue ou regardée avec insolence. Parmi les Somaliens circulaient des histoires de femmes accostées dans la rue, enlevées et abandonnés en bord de route quelques heures plus tard ou disparaissant à jamais. Sortir seule, pour une femme, était déjà difficile. Pour une étrangère – et noire, de surcroît –, cela voulait dire être considérée comme à peine humaine, sans protection : une proie facile.

Lorsque Ma allait faire des courses sans chauffeur, sans accompagnateur, les épiciers ne la servaient pas. Même quand elle emmenait Mahad, certains vendeurs refusaient de lui adresser la parole. Elle prenait des tomates, des fruits, des épices et demandait d'une voix forte : « Combien ? » Quand personne ne lui répondait, elle posait de l'argent sur le comptoir en disant : « Comme vous voulez » et elle s'en allait. Et, le lendemain, elle devait retourner dans le même magasin. Mahad assistait à ces scènes mais ne pouvait rien faire : il n'avait que dix ans.

Ma ne reprochait jamais ces attitudes aux Saoudiens, elle voulait seulement que mon père s'occupe des courses et de tout ce qui nécessitait de sortir, comme les Saoudiens.

Aucune des femmes saoudiennes que nous connaissions ne sortait seule dans la rue : les maris fermaient la porte à clé en partant. Nos voisines plaignaient ma mère d'avoir à sortir seule. C'était humiliant, dégradant.

Ma mère se sentait trahie par mon père à différents égards. Il l'obligeait à prendre des responsabilités qui lui incombaient de droit. Et la culture somalienne n'arrangeait pas les choses. Mon père trouvait normal de débarquer avec huit ou dix amis qu'il avait invités à déjeuner. Il ne prévenait jamais ma mère de ses départs ni de ses retours. Si l'atmosphère lui semblait pesante chez nous, il partait de bon matin pour la mosquée et revenait un ou deux jours plus tard. Ma mère devait laver à la main chaque chaussette, chaque foulard. Elle était seule.

Je pense qu'elle était heureuse à certains moments – quand elle faisait la cuisine, le soir, entourée de tous les siens. Mais combien y eut-il de ces soirs-là ? Parfois, la nuit, j'entendais mes parents discuter. D'une voix étouffée par la rage, ma mère faisait la liste de ses griefs, et mon père lui disait : « Asha, je travaille pour assurer notre avenir et celui de notre pays. » Ou bien : « Tout cela n'arriverait pas si nous étions dans un pays normal. » Il n'aimait pas l'Arabie Saoudite et voulait toujours nous emmener en Éthiopie avec lui. Mais ma mère refusait – les Éthiopiens étaient des infidèles.

Quelques mois après notre déménagement, grand-mère arriva pour aider Ma. Elle lui fit des reproches sur sa façon de parler d'Abeh. « Quand on est née femme, on doit vivre en femme, lui disait-elle, citant un proverbe. Plus vite tu le comprendras, plus ce sera facile à accepter. »

À Riyad, nous allions à l'école – la vraie – le matin, et à l'école coranique l'après-midi. En réalité il y avait peu de différences entre les deux. Les seules matières enseignées à l'école étaient l'arabe, les maths et le Coran, ce dernier occupant quatre cinquièmes de notre temps. L'étude du Coran se divisait en un cours de récitation, un cours d'explication, un cours de *hadith*, les versets saints écrits après le Coran, un cours de *sirat*, les biographies traditionnelles du prophète Mahomet, et un cours de *fiqh*, la loi musulmane. Nous apprenions à réciter les quatre-vingt-dix-neuf noms d'Allah et comment nous comporter pour être de bonnes musulmanes : quoi dire quand on éternue ; sur quel côté s'allonger quand on se couche et quelles positions on peut adopter au cours de la nuit ; sur quel pied entrer dans les toilettes et comment s'asseoir. Notre institutrice était égyptienne, et elle prit l'habitude de me frapper. J'étais la seule élève noire. Quand elle me donnait des coups de règle elle m'appelait *aswad abda* : esclave noire. Je haïssais ce pays.

Tous les Saoudiens n'étaient pourtant pas méchants. Un matin, alors que j'étais à l'école, le vent se mit à souffler si fort que je faillis tomber. Il annonçait la pluie, dont l'odeur capiteuse m'emplit les narines, me donnant la nostalgie de mon pays. L'odeur de la pluie est peut-être le souvenir le plus poignant que j'aie gardé de ma courte vie en Somalie. De lourds nuages d'orage s'amoncelaient rapidement, et les parents venaient chercher leurs filles en voiture. Les cours devaient durer jusqu'à deux heures, mais l'école fermait plus tôt à cause du temps. Ma mère n'avait pas dû s'en rendre compte. De grosses gouttes se mirent à tomber et se transformèrent rapidement en énormes rafales, véritables nappes de pluie dégringolant avec violence. Les rues furent bientôt submergées. Voyant que j'étais la seule fille encore postée devant la grille, je me mis à courir dans la direction que je croyais être celle de la maison. J'avais de l'eau jusqu'à mi-mollets. Je tombai et pleurai.

Un long bras enserra ma poitrine et me hissa hors de l'eau. J'ai pensé qu'un Saoudien était en train de m'enlever, qu'il allait me violer, puis me découper en morceaux qu'il enterrerait dans le désert, comme dans les histoires que racontait ma mère. Je me suis mise à crier : « Quoi que tu me fasses, Allah en est témoin ! » Mais l'homme me transporta sans mot dire jusque chez lui et me déposa dans le giron de sa femme. Celle-ci me donna des vêtements secs et un verre de lait chaud pendant que son mari repartait vers l'école pour ramener Ma et Haweya. La pluie cessa rapidement, et il nous reconduisit toutes les trois chez nous en voiture.

*

Nous répétions à mon père que nous ne voulions pas être des filles et devenir comme Ma en grandissant. Abeh protestait et nous citait ces mots du Coran : « Le paradis est aux pieds de ta mère ! » Mais il suffisait de regarder les pieds de Ma, nus et craquelés à force de lessiver le sol tous les jours, et de les comparer avec ceux de notre père, chaussés de luxueux souliers italiens, pour comprendre que le paradis était plutôt à ses pieds à lui. Abeh était un personnage important. Il militait pour sauver la Somalie, il portait de beaux vêtements et sortait librement quand il en avait envie. Nous, les filles, et notre mère n'avions jamais le droit de faire ce que nous voulions.

La séparation entre hommes et femmes était inscrite dans les moindres détails de l'existence. Pour aller quelque part en famille, nous devions prendre des autobus différents – mon père et Mahad dans l'un, nous, avec Ma, dans un autre. Mon père s'emportait contre la bêtise de cette ségrégation quand nous nous retrouvions enfin, au bazar ou au marché de l'or. « Cela n'a rien à voir avec l'islam, grondait-il. C'est un reliquat du temps de l'ignorance ! Ces Saoudiens sont aussi stupides que des animaux. » En pratique, cette ségrégation dans les autobus était réservée à la main-d'œuvre étrangère. Tous les Saoudiens étaient apparemment assez riches pour circuler dans des voitures avec chauffeur.

Quand j'affirmais devant des visiteurs que je voulais devenir comme mon père, Abeh rayonnait et s'écriait :

— Vous voyez ! Les enfants sauveront notre pays ! et il me prenait dans ses bras.

Les hommes qui étaient là – des Somaliens qui avaient respectueusement attendu son retour et s'adressaient à lui avec déférence – riaient en me regardant et disaient que je lui ressemblais beaucoup avec mon front arrondi et mes pommettes saillantes. Plus tard, il m'embrassait en m'appelant son « seul fils », ce qui accroissait encore la haine de Mahad à mon égard.

Ma mère recevait souvent des visites, elle aussi, – des Somaliennes, des Dhulbahante comme elle, qui travaillaient presque toutes comme domestiques chez des Saoudiens. L'une d'elles, jeune et jolie, toujours bien habillée, s'appelait Obah. Ses ongles étaient peints au henné et, en parlant, elle faisait de grands gestes des mains, envoyant dans l'air des volutes de fumée de cigarette. Un jour, Obah dut quitter la famille qui l'employait de peur d'être déshonorée, ou parce qu'elle avait déjà été déshonorée.

Ma mère désapprouvait ses manières hyperféminines et ses cigarettes, qu'elle assimilait à des péchés. Elle accepta néanmoins de l'héberger. Obah étant de son clan, c'était son devoir.

Nous, les enfants, étions ravis de l'avoir à la maison. Elle riait, promenait partout sa fumée de cigarette, et son foulard peu serré laissait voir ses boucles d'oreilles en or. Elle soignait sa peau avec de la poudre jaune et de l'eau pour la rendre lisse et douce. Elle ne ressemblait en rien à notre mère, austère et exigeante.

Un jour, Mahad et moi lui avons volé des cigarettes. Nous les avons fumées, cela nous a fait vomir, et Ma a dit à Obah qu'elle devait partir. J'ignore où elle est allée, mais quelques mois plus tard nous apprenions, par le réseau dhulbahante, qu'elle avait été arrêtée et accusée de se prostituer. Après l'avoir mise en prison, puis flagellée en public, les autorités la renvoyèrent en Somalie.

Pour les Saoudiens, le simple fait qu'elle vivait seule suffisait à la faire accuser de prostitution – aucune preuve supplémentaire n'était nécessaire. Et pour le régime de Siyad Barré, en Somalie, le simple fait d'avoir quitté le pays pour travailler ailleurs suffisait à la désigner comme une dangereuse « anti ».

Lorsque mon père apprit ce qui lui était arrivé, il se mit en colère. « Ce n'est pas l'islam, s'écria-t-il, c'est l'islam perverti par les Saoudiens. » Il était musulman mais détestait les lois et les juges saoudiens qu'il trouvait barbares, rétrogrades. Chaque fois que nous entendions parler d'une exécution, ma mère disait : « C'est la loi de Dieu et la volonté de Dieu, qui sommes-nous pour en juger ? » Mais nous savions qu'aucun Somalien ne gagnerait son procès si les Saoudiens décidaient de le traîner en justice.

Le mépris de mon père pour les Saoudiens était absolu. Un jour, le 16 septembre 1978, il y eut à Riyad une éclipse de lune. En fin d'après-midi, une ombre noire commença à grignoter lentement le visage argenté du disque lunaire dans le ciel qui s'assombrissait. On frappa violemment à notre porte et, quand j'allai ouvrir, notre voisin me demanda si tout allait bien. Il dit que c'était le jour du jugement annoncé par le Coran, jour où le soleil se lèvera à l'ouest, où les mers déborderont, où tous les morts se lèveront, où les anges d'Allah pèseront nos péchés et nos bonnes actions, envoyant les bons au paradis et les méchants en enfer.

La nuit n'était pas encore tombée, mais les muezzins

appelèrent soudain à la prière, pas l'un après l'autre, comme d'habitude, mais tous à la fois, dans toute la ville. Dans notre quartier des clameurs s'élevèrent. En regardant par la fenêtre, je vis des gens en train de prier dans la rue. Ma nous réunit en disant :

— Tout le monde prie. Prions aussi.

Le ciel s'assombrit. C'était un signe ! D'autres voisins frappèrent à notre porte, nous demandant pardon pour leurs offenses passées. Ils voulaient tous que nous, les enfants, priions pour eux, car les prières des enfants sont plus écoutées. Les portes de l'enfer béaient devant nous. Nous étions complètement affolés. Finalement, Abeh est rentré, bien après le coucher du soleil, et nous avons couru vers lui en criant :

— Abeh ! c'est le jour du jugement – tu dois demander à Ma de te pardonner !

Il s'accroupit pour être à notre niveau et nous prit dans ses bras avant de dire, lentement :

— Il suffit d'approcher un Saoudien en faisant ça – il claqua très fort dans ses mains – pour qu'il croie le jour du jugement arrivé. Les Saoudiens sont des moutons.

— Alors ce n'est pas le jour du jugement ?

— Une ombre passe sur la lune. C'est normal. Ça ne va pas durer.

Abeh avait raison. Le lendemain, le soleil était là, énorme, implacable, toujours aussi brûlant, et à sa juste place, à l'est.

*

Au dernier étage de notre maison, du côté des femmes, un balcon dominait la rue. C'est là que nous dormions. Il était entouré d'un grillage, recouvert d'un rideau, et permettait de voir sans être vu. Ma mère y passait des heures. Un jour, elle vit deux Somaliens qui se dirigeaient vers chez nous. En les reconnaissant, elle sursauta. Quelque chose n'allait pas.

Elle ouvrit la porte et dit à ces hommes :

— Vous apportez de mauvaises nouvelles. C'est mon fils ?

Ils acquiescèrent. Mon demi-frère Mohammed avait été renversé par un camion, au Koweït. Il était mort.

Je n'avais aucun souvenir de ce frère aîné, fruit de la mystérieuse union de ma mère avec un autre mari, qu'elle n'aimait pas. Elle me racontait des anecdotes – « Mohammed a tué un scorpion qui menaçait de te piquer, tu t'en souviens sûrement, et il t'a portée jusqu'à la maison. » Non je ne me souvenais même pas du scorpion. Mohammed avait quitté Mogadiscio quand j'avais deux ou trois ans pour aller vivre avec son père, au Koweït. De ce fils, Ma attendait qu'il soit son sauveur. Elle nous disait souvent : « Quand je serai vieille, Mohammed viendra me chercher, il m'arrachera à cette vie et me sauvera. »

Le jour où elle apprit la mort de Mohammed, Ma s'enferma dans sa chambre, et un nuage de tristesse s'abattit sur notre maison. Des femmes de son clan venaient s'occuper d'elle et cuisiner pour nous car elle ne bougeait plus de son lit. Comme plongée dans le coma, elle ne pleurait pas, ne nous disputait plus. Elle restait simplement couchée, le cœur brisé. Toutes les grandes personnes nous disaient : « Pour une fois, soyez sages », et, pour une fois, nous l'étions. Lorsque mon père revint d'Éthiopie, il fut très gentil, lui aussi. Affectueux, il passa beaucoup de temps avec elle, lui prenant la main et l'appelant Asha, jusqu'à ce qu'elle finisse par se lever.

Abeh décida d'organiser ses réunions politiques chez nous, pour être plus souvent à la maison. Entre cinq et vingt de ses amis participaient à ces réunions, et ils discutaient et mangeaient jusqu'à trois ou quatre heures du matin. Certaines fois, leurs épouses les accompagnaient et aidaient ma mère à la cuisine, mais Ma les trouvait beaucoup trop négligentes. Elle avait besoin d'être secondée et, comme j'avais presque neuf ans, je pouvais lui donner un coup de main.

Ces réunions se tenaient environ une fois par semaine. Je passais donc tout l'après-midi à faire le ménage et à préparer les repas, pendant que Mahad, puisqu'il était un garçon, jouait avec les voisins et que Haweya, trop petite, m'embêtait. C'était déjà assez pénible, mais ce que je détestais le plus c'était de faire la vaisselle après le dîner, tard le soir quand il y avait des assiettes et des verres sales empilés partout. Il fallait que je monte sur un petit coffre pour être à la hauteur des grosses marmites que je devais récurer. L'une d'elles était si profonde que je pouvais me mettre dedans pour la nettoyer. Je me souviens encore de la colère et de la fatigue que je ressentais.

Un soir, j'étais tellement fatiguée que, n'y tenant plus, je réunis toutes les assiettes et les fourrai dans le réfrigérateur. Puis je fis un rapide nettoyage pour que la cuisine paraisse en ordre. Le lendemain, à l'heure de la première prière, mon père ouvrit le réfrigérateur pour prendre un verre d'eau glacée, et une pile d'assiettes dégringola, s'écrasant au sol. Le vacarme fut tel qu'il réveilla toute la maison ; ma mère fit irruption dans ma chambre, furieuse. Elle me tira du lit pour que je fasse la vaisselle avant de partir à l'école.

Je pleurai, disant que c'était injuste. Mon père arriva à ce moment-là et m'expliqua que c'était effectivement injuste mais que j'aurais dû dire à Ma : « Je suis trop fatiguée pour faire la vaisselle ce soir, je la ferai demain », au lieu de la cacher dans le réfrigérateur. Il était bon mais ne comprenait pas toujours à quel point ma mère était déterminée à m'inculquer le sens de l'obéissance et des responsabilités.

Un jour, en 1979, mon père rentra de bonne heure et dit :
— Nous sommes expulsés. Nous avons vingt-quatre heures pour quitter le pays.

Je n'ai jamais su ce qui s'était passé.

Au lieu d'aller à l'école, nous avons fait nos bagages, pendant que Ma déversait toute sa colère sur mon père.

— C'est ta faute, criait-elle, si tu tenais un peu plus compte de ta famille, cela ne serait pas arrivé. Tu racontes tes secrets à tout le monde.

À l'aéroport, Abeh dit que nous devions monter dans le premier avion, sinon, la police saoudienne nous arrêterait. Il y avait un vol pour l'Éthiopie, mais Ma ne voulait toujours pas aller en pays non musulman. Le seul autre vol était à destination du Soudan. Pendant tout le voyage, Ma contempla le ciel d'un œil noir.

Au Soudan, on nous refusa l'entrée. Nous avons passé quatre jours dans l'aéroport de Khartoum avant de monter dans un autre avion, pour l'Éthiopie, patrie des méchants infidèles. Nous n'avions pas le choix.

4

Orphelins en pleurs
et femmes endeuillées

En Éthiopie, nous avons d'abord habité un vieil hôtel particulier dans le cœur de la capitale. Il y avait des chaises : cela nous faisait un drôle d'effet : toute notre vie nous nous étions assis par terre. Il y avait aussi du parquet et un tapis persan, et même, détail intimidant, des domestiques en charge de la cuisine et du ménage. Je crois que c'était la première fois que je voyais un jardin, avec des haies, des fleurs, une petite mare, et un jardinier.

J'imagine que cette maison devait appartenir au gouvernement éthiopien, qui s'en servait pour accueillir les dignitaires étrangers. Dans ce pays, mon père était un homme important. Pour tous ses déplacements, une voiture officielle l'attendait devant le portail. Des réunions se tenaient en permanence dans la grande salle à manger du rez-de-chaussée où, cigarette aux lèvres, de gros hommes à la peau sombre discutaient bruyamment en s'agitant sur leurs chaises dorées.

Selon ces hommes, tous des exilés somaliens, leur pays était en ébullition. Le mouvement d'opposition de mon père, le FDSS, attirait d'immenses vagues de volontaires. Les gens ne s'enfuyaient pas : ils se rassemblaient en Éthiopie pour combattre, prêts à mourir pour se venger d'Afwayne. Ils l'appelaient encore ainsi : Siyad Barré, la

Grande Bouche, la gueule monstrueuse qui déchiquetait le peuple.

En 1978, quand nous avions quitté la Somalie pour l'Arabie Saoudite, des officiers de l'armée somalienne, tous Macherten comme mon père, avaient tenté, sans succès, de renverser Siyad Barré. Pour les punir, le tyran avait ordonné la destruction de leurs territoires. Il envoyait ses troupes, qui brûlaient les villages, violaient les femmes, réduisaient en miettes les réservoirs construits par les nomades pour recueillir l'eau de pluie. Des milliers de personnes mouraient de faim et de soif. Le gouvernement avait confisqué tous les biens des Macherten au nom d'un communisme de mascarade. Les attaques se succédaient, conduisant des dissidents de plus en plus nombreux à quitter la Somalie pour l'Éthiopie et à y rejoindre le FDSS, affamés de vengeance.

À l'époque où nous-mêmes avons gagné l'Éthiopie, le FDSS était devenu une armée organisée qui disposait d'une base de combat près de la frontière, à Dirirdawa. Le quartier général du mouvement se trouvait juste à la sortie d'Addis-Abeba, la capitale, dans un hôtel particulier abrité derrière un haut mur surmonté de tessons de verre et de fil barbelé, et dont l'entrée était protégée par un garde armé.

*

Abeh nous inscrivit tous les trois à l'école, où les cours étaient en amharique. Comme nous ne parlions que le somali et l'arabe, il nous fallut un certain temps pour trouver nos repères. Mais lorsque je fus en mesure de communiquer je fis une découverte surprenante : les petites filles dans cette école n'étaient pas musulmanes. Elles se disaient *christaan*, mot qui en Arabie Saoudite était employé comme la pire des insultes : *impures*. Désorientée, je demandai des éclaircissements à ma mère ; elle confirma : les Éthiopiens étaient *kufr* (incroyants) – la sonorité même du mot exprimait le dégoût. Ils mangeaient du porc et buvaient de l'alcool. Méprisable.

On remarquait la différence dans la rue. Les Éthiopiennes portaient des jupes coupées au genou, et même des pantalons. Elles fumaient des cigarettes, riaient en public, regardaient les hommes en face. Et elles laissaient leurs enfants courir dans tous les sens.

Les Éthiopiens étaient aussi les gens les plus pauvres que j'aie jamais vus, plus pauvres que les plus pauvres de Mogadiscio. Chaque jour, sur le chemin de l'école, nous croisions des familles entières de lépreux, adultes et enfants aux paupières collées de mouches, aux membres rongés, qui nous suppliaient de leur faire l'aumône. C'était pour moi une véritable épreuve. Mais rien ne m'effrayait autant que le regard laiteux et vide du vieil aveugle qui mendiait un peu plus loin sur la route ; il me fallait tout mon courage pour ne pas faire demi-tour quand je passais près de lui.

Ma mère détestait l'Éthiopie, mais moi, malgré les mendiants, j'adorais ce pays. Tout le monde était gentil avec nous, les professeurs nous punissaient peu, et nous n'avions plus à porter ni foulard ni robe longue : pour la première fois depuis des années, nous pouvions courir, et nous courions. Pour la première fois aussi, j'avais des amies. Et l'on ne me demandait plus de faire la lessive ou la vaisselle. Je me sentais libre.

Quelques mois après notre arrivée à Addis-Abeba, nous avons quitté notre demeure du centre pour le quartier général fortifié du FDSS. Je ne crois pas que nous, les enfants, ayons été informés à l'avance de ce déménagement : un jour, après l'école, le chauffeur d'Abeh nous a simplement déposés devant le bâtiment, où nous attendaient nos parents. Les murs du QG avaient dû autrefois abriter un hôtel de luxe : je me souviens d'interminables corridors moquettés et d'un grand escalier en marbre avec une balustrade. Nous logions au rez-de-chaussée, au bout d'un couloir, dans deux chambres équipées d'une salle de bains et d'une petite cuisine.

Les premiers temps, c'était le cuisinier éthiopien du QG qui nous préparait nos repas et nous les apportait dans nos chambres. Quand mon père mangeait là, le cuisinier devait goûter la nourriture devant nous pour garantir qu'elle n'était pas empoisonnée. Nous avions le droit d'aller jouer dans les cuisines et de courir dans le parc, mais les bureaux nous étaient interdits : chaque fois qu'on nous y surprenait, mon père venait supplier ma mère de mieux nous surveiller.

Ma essaya de nous garder à l'intérieur, mais elle dut vite y renoncer. Le parc nous attirait trop. Pour nous, c'était l'aventure : Addis-Abeba est verte et luxuriante car il y pleut souvent, et le parc paraissait s'étendre à l'infini. Nous prenions aussi un malin plaisir à asticoter le garde, au portail, qui finissait toujours par nous jeter dans la vieille fontaine devant la maison, si profonde que nous ne pouvions en sortir tous seuls.

Chaque jour, des dizaines d'hommes en uniforme vert entraient et sortaient du QG. Certains partaient pour la frontière, leur arme en bandoulière. D'autres, plus nombreux, étaient convalescents : évacués du front, soignés à l'hôpital, opérés, amputés, ils venaient là pour récupérer. Certains d'entre eux étaient très gentils et jouaient avec nous dans l'herbe.

Au bout de quelques semaines, Ma se mit à faire elle-même la cuisine, installant son brasero dans le couloir devant nos chambres. Chaque soir, des soldats qui passaient par là s'approchaient, et certains s'asseyaient pour écouter l'émission de mon père sur Radio Kulmis, programme qui allait rendre sa voix inoubliable pour toute une génération de Somaliens. Ces soirées se poursuivaient parfois par des récitations de poésie qui nous rappelaient à tous nos racines somaliennes et l'amour de notre langue. Autour d'un repas de Ma, *chappatis* et viande mijotée aux fines herbes, les hommes déclamaient des vers appris par cœur, se répondant les uns aux autres avec talent. L'un d'entre eux était Khalif Sheikh Mohamoud, un grand poète contemporain admiré de Ma.

C'est peut-être la volonté de Dieu que les Macherten disparaissent, consumés comme le miel.

Comme les baies sauvages de la plaine de Do'aan, Les Macherten ont été dévorés.

Des hommes affamés brûlent de mordre la chair des cadavres prosternés,

Des orphelins en pleurs, des femmes endeuillées se voient spoliés, prives de leurs troupeaux.

Les humains doivent accepter de mourir, car Allah en a décidé ainsi,

Mais comme il est difficile de tolérer la joie de l'oppresseur qui piétine les corps éparpillés...

En somali, ces vers composent une longue plainte aux accents infiniment tristes.

Après ces soirées, Ma semblait toujours d'humeur plus douce. Elle nous racontait les joutes oratoires auxquelles elle avait assisté petite fille, quand les villageois se rassemblaient autour d'un feu dans le désert pour écouter de grands poètes déclamer des vers avec une emphase croissante, jusqu'à ce que la virtuosité de l'un d'entre eux en particulier devienne évidente pour tous.

La plupart des mutilés qui vivaient avec nous en Éthiopie savaient cependant qu'ils n'étaient pas de grands poètes et avaient le sentiment que leur vie était finie. Ils sentaient l'échec : un mélange de saleté, de tabac froid, de manque de sommeil et d'amertume. L'air était lourd de récriminations. Tout le monde se plaignait d'Abdellahi Youssouf, le chef du FDSS. Il avait des favoris, disait-on, et réservait les postes les plus prestigieux aux membres de son sous-clan. Presque tous les hommes qui n'étaient pas macherten avaient quitté le FDSS à cause de lui. Et ceux qui restaient commençaient à s'impatienter.

Abdellahi Youssouf était un Osman Mahamud, c'était là le fond du problème. Ma mère nous expliqua que les membres de ce clan voulaient toujours tout contrôler mais ne savaient pas faire les bons choix. Comme elle avait, elle, épousé un Osman Mahamud, on pouvait s'attendre à ce qu'elle voie les choses de cette manière. Pour les Somaliens, le monde entier est un simple reflet de la famille. Les Osman Mahamud sont ambitieux. Les Dhulbahante sont inflexibles. Les Issaq mâchent du qat.

Voici toute l'histoire. Je suis une Osman Mahamud, parce qu'il y a treize générations l'un de mes ancêtres, Mahamud, a eu un fils prénommé Osman. En tout, Mahamud a eu trois fils, ou peut-être plus, mais seuls trois d'entre eux sont devenus assez puissants pour fonder un sous-clan. Osman, l'aîné, grand guerrier, présentait des dispositions naturelles pour le commandement : c'est pourquoi les Osman Mahamud sont aujourd'hui si arrogants et se sentent nés pour gouverner. Isse, le benjamin, était berger et poète, et les Isse Mahamud, comme ma grand-mère paternelle, pratiquent encore ces activités. Enfin, Omar, le cadet, perdait son temps en rébellions inutiles, ce qui explique que les Omar Mahamud ne réussissent jamais ce qu'ils entreprennent.

C'était ce que tout le monde marmonnait au QG, avec un ressentiment grandissant. Parce qu'on avait confié la logistique du FDSS à des incapables, les armes manquaient. Les munitions arrivaient trop tard. Des hommes que nous connaissions – des soldats avec qui nous avions joué une semaine plus tôt – mouraient, fauchés au combat. Ou bien un nouveau massacre avait lieu dans le Nord, tuant ou blessant des centaines de personnes. C'étaient les conversations que ma mère écoutait pendant qu'elle préparait les repas. Mon père lui avait toujours présenté sa lutte comme héroïque, mais plus elle entendait les autres en parler, plus il lui semblait que cette guerre n'amenait que mort et destruction, et chaque jour son rêve d'une Somalie libre s'effritait un peu plus.

Il y avait très peu d'autres femmes au QG, et nous étions les seuls enfants. Les familles de tous les autres chefs exilés de l'armée vivaient à plus de mille kilomètres au sud, au Kenya, où se trouvait une importante communauté de Somaliens. Ma mère devait donc nous élever dans un environnement presque exclusivement masculin, et elle n'aimait pas ça.

Certains des hommes exigeaient d'elle qu'elle leur prépare du thé. Beaucoup mâchaient du qat et laissaient les tiges éparpillées sur le sol. Un jour, Ma nous surprit, Haweya et moi, en train de boire un thé imaginaire dans des tasses vides, un mégot entre les doigts et dans la bouche de vieilles feuilles de qat. Cela la mit hors d'elle. « On ne peut pas élever des filles dans un endroit comme ça ! hurla-t-elle à mon père. Elles ne vont pas rester des enfants toute leur vie ! Comment peux-tu laisser tes filles grandir dans une caserne, au milieu de tous ces hommes ? Tu te rends compte de ce que tu es en train de faire à ta famille ? »

Ma sœur et moi trouvions dommage que le peu de temps que nous passions avec notre père se perdît en conflits. Je détestais entendre mes parents se disputer. Même si, à ma connaissance, Abeh n'a jamais touché à un cheveu de ma mère, il pouvait se mettre dans des colères noires. Un jour, juste comme nous venions de voir arriver une ambulance par la fenêtre de notre chambre, mon père surgit dans la pièce, fou furieux. Il nous expliqua qu'il s'était disputé avec un homme et que, celui-ci ayant levé la main sur lui, il l'avait envoyé rouler à terre et lui avait cassé la jambe.

Un peu plus tard, ma mère tomba enceinte, mais le bébé, un petit garçon, ne survécut pas à l'accouchement. Ma resta plusieurs semaines à l'hôpital ; elle en revint silencieuse, amère, et pleine d'une hostilité qui nous surprit.

Finalement, mon père décida qu'elle avait raison : après

un an passé en Éthiopie, nous avions besoin de fréquenter d'autres familles. Il nous enverrait au Kenya.

*

C'est ainsi qu'à dix ans j'avais déjà vécu sous trois systèmes politiques, tous mauvais. L'État policier de Mogadiscio rationnait la nourriture jusqu'à affamer les gens et les disciplinait à coups de bombes. La loi islamique en Arabie Saoudite traitait la moitié des citoyens – les femmes – comme des animaux, sans leur laisser aucun recours. Et le système somalien des clans, qui pouvait vous sauver la vie, entretenait aussi la suspicion et le désir de vengeance, encourageant les complots. Dans les années à venir, les rivalités entre clans allaient s'intensifier, s'organiser et finir par déchirer la Somalie au cours de l'une des guerres civiles les plus meurtrières que l'Afrique ait connues.

Bien sûr, à l'époque, je ne voyais pas du tout les choses comme ça.

5

Rendez-vous secrets, sexualité
et l'odeur du *sukumawiki*

Nous sommes donc partis pour Nairobi en juillet 1980, comme mon père en avait décidé. Ma détestait cette idée. Les Kényans, des infidèles comme les Éthiopiens, étaient physiquement très différents de nous. À ses yeux, ils étaient à peine humains.

Elle nous disait qu'ils étaient sales et nous transmettraient d'affreuses maladies. Elle employait pour parler d'eux les mots *abid* (esclave), *dhagah* (pierres) et *gaalo*, autre terme méprisant désignant les infidèles. Grand-mère – qui savait se repérer dans le désert à l'odeur de la pluie, dont le flair pouvait détecter les femmes enceintes, qui humait l'air et, détournant les yeux, affirmait qu'une personne était *en chaleur* –, grand-mère affirmait que les Kényans puaient. Pendant les dix ans qu'elles devaient passer au Kenya, toutes deux traitèrent les Kényans presque aussi mal que les Saoudiens nous avaient traités.

Mais mon père avait choisi ce pays. Il le trouvait pratique. À l'époque, le Kenya était relativement riche et considéré comme le pays le plus sûr d'Afrique. Mon père y bénéficiait du statut officiel de réfugié politique : nous avions droit à une bourse d'éducation et à des défraiements payés par le Haut Commissariat pour les réfugiés des Nations unies (HCR). Il savait aussi qu'il pouvait s'absenter une partie de l'année en nous confiant à des membres éminents du clan des Osman Mahamud. Beaucoup d'hommes préféraient ne pas participer à la lutte armée mais allouaient des fonds au mouvement et s'occupaient de la famille des combattants.

Abeh allait rester avec nous autant qu'il le pourrait – c'est du moins ce qu'il dit à ma mère. Mais elle ne voulait pas se retrouver seule en pays étranger. Elle refusait de vivre de la charité et des bontés consenties par les époux d'autres femmes. Elle estimait que mon père avait déjà assez donné de son temps, de son argent au FDSS. Elle lui dit que ce mouvement ne valait guère mieux qu'Afwayne – qu'il était corrompu, incompétent et pourri par les jalousies de clans. Si nous devions vivre à Nairobi, il fallait qu'il soit là, avec nous, et qu'il subvienne à nos besoins. Il pourrait peut-être monter sa propre entreprise, pour changer, et permettre à la famille d'un autre combattant de bénéficier de *nos* largesses.

Mais mon père considérait l'idée de renoncer au combat contre Siyad Barré comme un anathème. Le destin de la Somalie en tant que nation libre était son principal souci. Jamais, nous dit notre mère, il n'avait fait passer sa famille, nous, au premier plan.

Au début, nous habitions dans un hôtel géré par des Somaliens à Eastleigh, le quartier de Nairobi surpeuplé et bruyant où vivaient la plupart des Somaliens. Ensuite nous avons trouvé un appartement, près de Juja Road, à la limite d'Eastleigh. La principale différence entre ces deux lieux tenait aux odeurs. À Eastleigh, nous respirions des senteurs familières : celle de plats délicieux agrémentés de coriandre et de gingembre ; celle du thé à la cardamome et au clou de girofle ; les effluves dégagés au passage par les vêtements des femmes, encens et parfums capiteux. À ces fragrances délicates se mêlait par moments la puanteur des égouts à ciel ouvert.

Le quartier de Juja Road était, lui, essentiellement habité par des Kényans. Ils se nourrissaient d'*ugali*, farine de maïs

98

bouillie dans de l'eau jusqu'à former une boule épaisse. L'*ugali* était consommé avec du *sukumawiki*, légume à larges feuilles découpées en petits morceaux et bouillies pendant des heures. Le *sukumawiki* dégageait une odeur âcre, épouvantable.

Nous habitions dans un immeuble en parpaings hâtivement assemblés, en face d'un terrain vague. Ma grand-mère acheta un mouton au marché et lui apprit à monter et descendre les escaliers. Elle le faisait paître dans le champ et dormir dans la salle de bains. C'était plutôt un animal de compagnie qu'autre chose – nous ne l'avons jamais mangé. Mais grand-mère se sentait moins dépaysée de se livrer à une occupation familière.

Mon père nous inscrivit à l'école. Peu après, Ma lui dit froidement que nous, les filles, serions plus en sécurité et mieux soignées à la maison que dans une de ces écoles de *gaalo* parmi des infidèles dans ce pays crasseux où il l'avait entraînée. Mon père entra dans une colère folle. Il jura qu'il la vouerait à l'enfer si elle nous retirait de l'école sans sa permission. Puis, quelques jours plus tard, il partit pour l'Éthiopie.

C'est donc ma mère qui nous accompagna pour notre premier jour de classe. Nous avions tous les trois un uniforme différent – pour moi, un tablier gris, une blouse blanche et un gilet gris. Une fois de plus, j'arrivais dans un monde totalement étranger. Les cours étaient donnés en anglais et, à la récréation, tout le monde parlait swahili. Je ne connaissais aucune de ces deux langues. Les premières semaines, je vécus un cauchemar de solitude et de brimades, sans rien dire à ma mère. J'avais peur qu'elle ne nous retire de l'école, et je voulais absolument être avec des enfants, ailleurs qu'à la maison.

À mesure que j'apprenais le swahili, les persécutions s'espacèrent. Haweya souffrit beaucoup plus que moi de ces brimades. Elle se referma sur elle-même et devint encore plus violente. Elle rentrait de l'école pleine de bleus et de colère. Moi, pour supporter la situation, je m'efforçais de me rendre aussi invisible que possible.

L'école primaire de Juja Road était visiblement conçue sur le modèle colonial britannique. On nous rassemblait tous les matins pour saluer le drapeau et chanter l'hymne national kényan au lieu du *God Save the Queen*. Les surveillants passaient en revue nos ongles et nos uniformes. Le travail était difficile, et ceux qui ne comprenaient pas devaient rester à genoux dans la cour, en plein soleil. Personne ne nous prenait à part pour nous réexpliquer la leçon. La prof de maths, Mme Nziani, nous frappait à chaque erreur, avec un tuyau en plastique noir qu'elle appelait son *mamba* noir. J'avais les mains enflées à force de prendre des coups. Finalement, j'ai eu une idée : j'allais donner à Angela, une des filles de ma classe qui adorait sauter à la corde, un morceau de la corde que tressait ma grand-mère avec l'herbe du champ voisin. En échange, Angela me laisserait copier ses devoirs de maths.

Les nombres restaient pour moi un mystère. J'avais tellement de retard. C'est seulement à Nairobi, à l'âge de dix ans, que j'ai commencé à comprendre comment se divise le temps – en minutes, en heures et en années. En Arabie Saoudite, le calendrier était musulman, calculé sur les mois lunaires. En Éthiopie, c'était un très ancien calendrier solaire. Quand l'Arabie Saoudite se disait en 1399, l'Éthiopie était en 1972, le Kenya et le reste du monde en 1980. En Éthiopie, même les heures étaient différentes : il était une heure au lever du soleil et six heures à midi. (Et au Kenya les gens utilisaient deux systèmes différents pour l'heure, l'anglais et le swahili.) Les mois, les jours, tout était conçu différemment. Dans cette école primaire de Juja Road, j'ai enfin commencé à comprendre ce que voulaient dire les gens quand ils mentionnaient une date et une heure précises.

Grand-mère n'apprit jamais ces repères officiels. Toute sa vie, midi fut pour elle le moment où les ombres sont courtes, et l'âge d'une personne se mesurait en nombre de saisons des pluies. Elle se retrouvait parfaitement bien dans ce système.

Après avoir appris l'anglais, je découvris la bibliothèque de l'école. Si nous étions sages, nous avions le droit d'emporter des livres chez nous. Je me souviens d'avoir lu les contes des frères Grimm et ceux d'Andersen. Mais nos préférés étaient les vieux livres brochés que les autres filles s'échangeaient. Haweya et moi les dévorions en cachette, nous les repassant, les dissimulant sous nos livres de classe ou les lisant la nuit. Il y eut d'abord les aventures de Nancy Drew, célébrant le courage et l'indépendance ; puis Enid Blyton – *Le Clan des sept*, *Le Club des cinq*, images de liberté, d'exploits, égalité entre filles et garçons, confiance, amitié. Rien à voir avec les dures histoires du clan que nous racontait grand-mère, avec leurs messages de danger et de méfiance. Ces histoires amusantes, qui nous semblaient réelles, me parlaient comme aucune vieille légende ne l'avait jamais fait.

Quelquefois, après l'école, nous faisions un détour jusqu'au square où une boutique indienne vendait des glaces, des cahiers, des stylos à bille et du *pan*, une pâte de noix de coco épicée qui nous teignait les lèvres en rouge. Mais, la plupart du temps, Ma nous gardait à la maison. Ni elle ni grand-mère n'avaient réellement accepté que nous allions en classe. Elles doutaient que les Kényans puissent nous apprendre quoi que ce soit et rejetaient en bloc tout ce qui faisait ce pays. Mais Haweya et moi étions bien décidées à absorber – comme de véritables éponges – tout ce qui nous entourait.

Un jour, j'ai dit à Ma que des hommes avaient marché sur la lune. Elle m'a répondu que c'était absurde. « Ces chrétiens ont tellement d'imagination qu'ils pourrait poser un avion au sommet d'une montagne et croire qu'ils sont sur la lune. » Et le jour où je suis rentrée de l'école en lui annonçant que les hommes descendaient du singe elle a dit :

« Je ne t'enverrai plus en classe. Les Kényans descendent peut-être du singe, mais pas les musulmans. »

Elle ne nous retira pas de l'école. Mon père avait menacé de la maudire et elle ne voulait pas risquer la damnation éternelle.

Mon père rentra d'Éthiopie et leurs disputes reprirent de plus belle. Ma essayait de se concilier les membres du clan, dans l'espoir que l'un d'entre eux prendrait son parti et convaincrait Abeh de s'occuper de sa femme et de ses enfants. Mais aucun homme n'aurait osé interférer avec les décisions privées de Hirsi Magan. Ma cessa de s'alimenter et tomba malade, répétant sans cesse qu'elle allait mourir. Il l'amena à l'hôpital, les médecins diagnostiquèrent une anémie et lui prescrivirent des vitamines.

Quelques mois plus tard, Abeh trouva une maison plus spacieuse, plus agréable, dans un quartier appelé Kariokor. Ma, qui refusait depuis toujours de vivre au Kenya, voulait retourner à La Mecque. J'ignore quel était le sujet de leur dernière querelle, mais j'en entendis la fin. Mon père allait partir pour l'aéroport, une fois de plus. Ma mère lui dit : « Si tu pars maintenant, ne reviens pas. »

Et, de fait, il resta absent.

Nous nous sommes installés sans lui dans la nouvelle maison. Au début, il téléphonait de temps en temps. Un voisin proche, Jinni Boqor, un homme d'affaires de son clan qu'il avait chargé de veiller sur nous, envoyait quelqu'un nous dire que notre père avait appelé et rappellerait dans une heure. Nous nous précipitions et, plantés au milieu du salon de Jinni Boqor, parlions avec Abeh d'une voix forte et crispée. Il écrivait aussi des lettres, dans l'élégant alphabet *osmaniya* qu'il aimait tant, mais nous ne savions plus le lire. Rassemblant tout mon courage, je lui ai écrit, en anglais, pour le lui dire. Par la suite, ses lettres se sont faites plus rares, jusqu'au jour où nous n'en avons plus reçu.

Ce fut une période douloureuse. Tous les mois, Ma se rendait au bureau de Dayib Haji pour prendre trois mille shillings. Au début, cela représentait beaucoup d'argent, mais ensuite, à cause de l'inflation, cela se réduisit à presque rien. Tous les mois aussi, un chauffeur venait nous apporter de la farine, du riz et de l'huile de la part d'un autre homme d'affaires somalien, Farah Gouré. Le clan procurait à ma mère ce dont elle avait besoin, mais elle était seule.

Ma ne nous dit jamais que notre père ne reviendrait pas, mais je me réveillais souvent, la nuit, en l'entendant pleurer. Un jour, je suis entrée dans sa chambre et j'ai posé la main sur sa joue. Elle m'a reproché de l'espionner et m'a frappée en criant . « Retourne te coucher ! » Par la suite, je m'accroupissais seulement devant sa porte en souhaitant trouver le moyen de soulager sa peine.

Et puis, les années passant, nous avons cessé de nous comporter comme si notre père allait revenir.

*

Un an à peine après notre arrivée à Nairobi, Mahad obtint une place dans l'une des meilleures écoles secondaires du Kenya. Le Centre d'enseignement pour garçons de Starehe, un établissement remarquable, accordait un certain nombre de bourses chaque année à des enfants des rues et à des garçons dont la famille ne pouvait payer les frais de scolarité. Mahad ne parlait l'anglais que depuis un an, mais il fut classé dans les dix premiers à l'examen national kényan. En apprenant la nouvelle, Ma rayonna littéralement d'une joie sans mélange. Pour frimer, Mahad n'avait qu'à se promener dans le quartier revêtu de son uniforme, et nous affichions notre fierté en marchant à ses côtés. Tous les enfants de notre rue auraient voulu aller à Starehe, mais aucun n'y avait réussi.

M. Griffin, le directeur, était un modèle d'autorité bienveillante, et le lycée, avec ses terrains de sport et sa bibliothèque, un vrai paradis. Pour inculquer un peu de discipline à Mahad, qui avait par ailleurs du mal à se lever le matin, M. Griffin accepta de le prendre en pension. Cet arrangement provoqua une trêve momentanée entre nous trois. Mahad ne rentrait à la maison qu'en fin de semaine et se montrait moins brutal avec nous.

J'avais quatorze ans quand ma mère m'inscrivit à l'école secondaire pour jeunes musulmanes de Park Road. Dans ce quartier modeste, le bâtiment de ce collège se distinguait par sa propreté et sa blancheur, sa haute grille en métal et les pelouses parfaitement vertes sur lesquelles nous n'avions pas le droit de marcher. Le premier jour, une Somalienne s'approcha de moi et se présenta, disant qu'elle s'appelait Amina. Par malice et pour me faire une alliée dans la place, je répondis que c'était aussi mon prénom. Pendant les quatre années suivantes, tout le monde m'appela donc Amina dans cette école : Amina Hirsi Magan.

Je me liai d'amitié avec Aluwiya, une Yéménite, qui habitait près de chez nous. Sa mère et sa tante, qui avaient chacune neuf enfants, vivaient dans des maisons voisines. Je pris l'habitude de passer mes après-midi chez elles. C'était comme un petit village où se retrouvaient beaucoup de femmes de la famille. Certaines restaient là plusieurs semaines ou des mois – venues d'un lointain village de Hadramut pour marier leurs filles ou simplement en visite. Là encore j'eus un aperçu de l'étrange relation mi-dominatrice, mi-indignée, entre ces villageoises, issues d'un vieux monde, avec leurs coutumes ancestrales, et leurs parentes de la ville.

Aluwiya ne devait pas s'éloigner de sa mère, sauf pour aller en classe, mais à l'intérieur de la maison elle était libre de faire ce qu'elle voulait. Elle ne participait pas aux travaux ménagers – il y avait assez de femmes pour le faire. Elle allait se coucher quand elle en avait envie. Nous échangions nos devoirs – je devenais bonne en anglais, Aluwiya s'occupait de mes maths – et regardions beaucoup la télé.

Sa mère m'invitait souvent quand elles partaient pique-niquer à l'Arboretum, un parc botanique. J'allais chez elle chaque fois que je le pouvais.

En revenant de chez Aluwiya en fin d'après-midi, je croisais parfois une bande d'enfants des rues retournant vers le centre-ville avant la nuit. Ils étaient en loques, affreusement sales, et les plus grands tiraient par la main ou portaient les plus petits dont les yeux étaient tout collés. Ils se déplaçaient parfois en groupes de plusieurs dizaines, par sécurité sans doute.

Ces enfants tiraient leur subsistance de monceaux d'ordures comme celui qui se trouvait au bout de notre rue. Noyés dans l'horrible puanteur de la nourriture pourrie et des rats morts, ils ramassaient de quoi manger et tout ce qui pouvait être vendu. Quand il pleuvait, ils se recouvraient de sacs en plastique et, à force de sniffer du cirage dans des sacs en papier, ils en avaient le visage tout maculé. Le sort de ces enfants m'attristait tout en me rassurant. J'avais la chance d'avoir un toit sur la tête, une mère et de quoi manger quand je rentrais. Comparée à ces gamins, je n'avais vraiment pas à me plaindre.

Pourtant, l'atmosphère, à la maison, était lourde de reproches. Grand-mère, malheureuse dans cette nouvelle maison, ne quittait plus son lit et ne cessait de répéter à Ma que la source de tous leurs maux avait été sa décision de quitter son premier mari, à Aden.

Cela accentuait encore l'irritabilité de notre mère. Elle rentrait parfois dans des colères folles, cassant les meubles et la vaisselle. Elle brisa deux braseros parce qu'ils refusaient de s'allumer. Jusque-là plutôt distante, avec d'occasionnels accès de gentillesse, elle prit l'habitude de nous corriger à la moindre vétille, nous attrapant par les cheveux et nous frappant jusqu'à se fatiguer le bras. Elle nous jetait au visage toute une vie de frustrations.

Je savais qu'elle ne nous détestait pas, qu'elle était simplement malheureuse, abandonnée en pays étranger avec trois enfants à élever et sans homme pour l'appuyer, et je la plaignais. Son existence ne ressemblait en rien à ce qu'elle avait souhaité et croyait mériter.

Ma se considérait comme une victime. Elle avait autrefois pris des décisions, donné forme à son avenir – en quittant son premier mari et en choisissant mon père –, mais, à un certain moment, elle avait perdu tout espoir. Dans sa situation, beaucoup de Somaliennes auraient trouvé un emploi, pris leur destin en main, mais Ma considérait, comme les Arabes, que ce n'était pas convenable : une femme pieuse ne travaillait pas en dehors de chez elle. Jamais elle ne songea à refaire sa vie, alors qu'elle n'avait pas plus de trente-cinq ou quarante ans quand mon père nous quitta. Elle se confina dans la plus complète dépendance. Elle remâchait ses griefs, entretenait sa rancune ; souvent violente, elle était toujours déprimée.

*

Dans ce collège pour jeunes musulmanes, il n'y avait pas que des musulmanes. La moitié des élèves de ma classe étaient kényanes, donc chrétiennes, bien que les Kikuyus eussent aussi un dieu païen. Au Kenya, la population se divisait en tribus, très différentes des clans somaliens. Chaque tribu possédait son langage, ses croyances, une apparence physique distincte, alors que tous les clans somaliens parlaient somali et pratiquaient la même religion, l'islam.

On pouvait cependant noter des ressemblances. Les Kikuyus se considéraient comme des guerriers et, ayant combattu pour l'indépendance, se sentaient en droit de gouverner. Les Kambas – des commerçants – gagnaient beaucoup d'argent, mais les autres collégiennes les accusaient de pingrerie : « Si tu épouses un Kamba, tu vas mourir de faim. » Les Luos se croyaient plus intelligents que les autres et, de fait, ils travaillaient beaucoup et réussissaient bien à l'école.

Ces particularismes m'étaient familiers puisque toutes mes camarades, à l'école primaire, étaient kényanes. La vraie nouveauté dans ce collège était d'avoir dans ma classe une bonne moitié d'Arabes et d'Indo-Pakistanaises et de découvrir que chaque groupe ethnique était particulier et divisé en classes ou en tribus. Les Indiennes, des infidèles, avaient un système de castes incompréhensible. Les Pakistanaises avaient aussi des castes, mais elles étaient musulmanes. Parmi elles il y avait les Intouchables, indiennes ou pakistanaises, à la peau plus sombre, qui restaient à part, car les autres ne voulaient pas jouer avec des Intouchables. Nous trouvions ça drôle – après tout, elles étaient touchables puisque nous les touchions, non ? – et en même temps terrible d'imaginer que personne ne pouvait te toucher.

Les Somaliennes se répartissaient en clans et sous-clans, mais aussi selon l'ancienneté de leur présence au Kenya. Certaines filles, de la deuxième ou troisième génération d'immigrés, maîtrisaient très mal le somali. Parmi les Arabes, certaines appartenaient aussi à des clans. Pour une Yéménite, s'appeler Sharif voulait dire être supérieure à une autre, nommée Zubaydi. Mais toutes les filles arabes se considéraient comme supérieures aux autres : elles étaient nées plus près du prophète Mahomet.

Pendant les récréations, Somaliennes et Yéménites se fréquentaient ; Indiennes et Pakistanaises se fréquentaient, et les quatre groupes jouaient ensemble. Tout en bas de la hiérarchie se trouvaient les Kényanes.

Cette fragmentation sociale se retrouvait jusque dans les repas que nous préparaient nos mères. À la pause de midi, nous déjeunions assises dans le jardin, sur des bancs, à l'ombre des grands arbres. Le coin des Pakistanaises et des Indiennes sentait le curry et les *bhajias*, celui des Somaliennes et des Yéménites la coriandre et le gingembre, et les Kényanes mangeaient leur *ugali* assaisonné de *sukumawiki* dont l'odeur dominait toutes les autres.

Dès que nous avions quelques sous, nous achetions du poisson et des frites à la cantine, servis sur du papier journal, ou bien un plat de manioc avec piment, citron et mangues vertes vendu à la grille de l'école. On voyait alors ce spectacle étrange de fillettes tendant de l'argent entre les barreaux à la grosse *mama* kényane qui supportait nos cris et nous servait en souriant.

Ma mère était affolée de nous savoir en contact avec tous ces enfants. Mais le pire était pour elle le spectre de ces jeunes Somaliens ayant perdu leur langue maternelle et ne parlant que le swahili local. Elle insistait pour que nous parlions un somali impeccable à la maison et se moquait de nous sans pitié à la moindre erreur. Elle commença aussi à nous apprendre des poèmes, d'anciens récits de guerre et de mort, de razzias, de vie pastorale, de vertes prairies, de troupeaux de chameaux.

Cette poésie manquait de romantisme. Même dans ses formes les moins nobles, les poèmes de femmes, l'amour n'intervenait pas : toute allusion à l'amour est prise pour une allusion au désir, et le désir sexuel est vil – littéralement indicible. À nos yeux, ces poèmes n'avaient pas le pouvoir de séduction des livres que nous prêtaient nos amies.

Nous avions comme professeur de littérature Mme Kataka, une charmante femme luo qui nous fit lire *1984, Huckleberry Finn, Les Trente-Neuf Marches*. Plus tard nous découvrîmes les romans russes avec leurs patronymes étranges et leurs vastes étendues enneigées, puis les landes anglaises et la lutte pour l'égalité raciale en Afrique du Sud – *Pleure, ô mon pays bien-aimé*. Tout un monde de la pensée occidentale commençait à prendre forme dans nos esprits.

Haweya et moi lisions sans arrêt. Mahad lisait aussi – et, si nous lui rendions un service, il nous prêtait les romans à suspense de Robert Ludlum empruntés à ses copains. Plus tard vinrent les romans d'amour, Barbara Cartland, Danielle Steele. Toutes ces lectures, même de qualité médiocre, véhiculaient des idées – égalité des races, égalité des sexes – et les concepts de liberté, de lutte, d'aventure qui m'étaient inconnus. Même nos bons vieux livres de biologie et de sciences naturelles semblaient nous indiquer la voie : progresser dans la connaissance et chercher à faire avancer l'humanité.

*

Ma mère commença à m'imposer des tâches ménagères quand je rentrais du collège. Au début nous devions nous partager le travail, mais Mahad ricanait quand elle lui demandait de nettoyer sa chambre, et Haweya refusait de faire quoi que ce soit. De toute façon, c'était à moi qu'incombaient les corvées puisque j'étais l'aînée. C'était mon destin.

Il fallait lessiver les sols à la main ; laver impeccablement les vêtements – même les chaussettes de Mahad, raides de crasse – et les mettre à sécher. Le soir, je devais pétrir les *chappatis* pour le petit déjeuner du lendemain. Ma m'obligeait à l'accompagner chaque fois qu'elle allait quelque part, pour lui servir d'interprète – chez le médecin pour ses maux de tête, son psoriasis, une douleur mystérieuse au bas-ventre, quand elle allait payer la note d'électricité ou chercher le courrier à la poste. Et nous faisions tout à pied, parce que Ma prétendait que les autobus puaient, mais surtout parce qu'elle ne connaissait pas leurs itinéraires.

Haweya me prenait en pitié. Elle me répétait souvent : « Tu n'as qu'à refuser. » Mais je ne pouvais pas refuser – je n'étais pas comme elle. Chaque fois que nous désobéissions, Ma nous battait. Elle m'attrapait, me tirait les cheveux, me liait les mains derrière le dos avec une ficelle et me faisait allonger par terre, sur le ventre. Elle attachait ensuite mes mains à mes chevilles et, avec une badine ou un fil électrique, me frappait jusqu'à ce que je demande grâce et lui jure que je ne recommencerais pas. Je ne supportais pas la douleur de ses coups et j'avais par ailleurs intégré le sens des responsabilités qui m'avait été inculqué depuis mon plus jeune âge. Je *devais* aider ma mère.

Les autres enfants étaient punis, eux aussi. Tous ceux que je connaissais étaient quelquefois battus par leurs parents, mais pas toutes les semaines, comme moi, et pas attachés. Ma me corrigeait bien plus souvent que Mahad – mais bien moins que Haweya.

Haweya donnait l'impression de ne pas ressentir la douleur. Malgré la violence des coups, elle ne cédait jamais. Elle avait décidé une fois pour toutes qu'elle ne s'occuperait pas du ménage ni de la lessive – laver et tordre les draps à la main, les étendre au soleil. Elle se contentait de hurler, hurler, avec deux fois plus de fureur que Ma. La corriger finit par devenir trop compliqué.

Nous avions des bulletins de notes chaque trimestre. Ceux de Mahad et de Haweya étaient brillants, mais, en lisant les miens, Ma disait : « J'ai trois enfants dont une attardée mentale. » C'était injuste – le travail de la maison me prenait tellement de temps que je n'arrivais pas toujours à faire mes devoirs. Mais je savais que si je me plaignais Ma me retirerait immédiatement de l'école.

*

Mahad était maintenant l'homme de la maison. Étrangement, je crois que le départ de notre père l'avait soulagé. Abeh lui avait toujours reproché sa paresse, sa brutalité et la façon dont il nous maltraitait en permanence. Quand nous ne faisions pas ce qu'il voulait, il s'acharnait sur nous avec une telle cruauté que même Haweya lui obéissait. Ma ne s'en mêlait jamais, encourageant plutôt l'autorité de son fils.

Étant un garçon, il était moins soumis que nous à notre mère. Il rentrait de son collège le vendredi soir, mais souvent très tard. Il avait découvert l'attrait de la rue. Quand Ma le disputait, il faisait semblant de ne pas entendre ses cris. Si elle le battait, il quittait la maison. Ma mère acheta un cadenas, mais il escaladait la grille. Il se lissait les cheveux avec du gel jusqu'à ressembler à Lionel Ritchie. Il écoutait Michael Jackson sur un vieux magnétophone qu'il avait dégotté je ne sais où. Ma mère dit que c'était une « musique du diable » et jeta la cassette par la fenêtre. Mahad traînait dans les rues avec des garçons kényans et quand il rentrait chez nous il puait la cigarette et l'eau de Cologne.

Certains soirs, ma mère m'entraînait avec elle à la recherche de mon frère, en se plaignant des odeurs de bière et de *sukumawiki* qui imprégnaient les lieux où nous entrions. Les parents des amis de Mahad buvaient de grands pots de bière et en offraient toujours un verre à ma mère. Elle répliquait avec indignation : « Je suis musulmane ! » et leur faisait la morale. Les Kényans riaient d'elle et lui conseillaient, avec jovialité : « Laissez donc votre fils se balader, il finira par se débrouiller. » Ma tournait bruyamment les talons ; j'avais honte de son impolitesse.

Notre quête se prolongeait, presque toujours infructueuse : chercher Mahad équivalait à passer le désert au peigne fin pour retrouver un chameau égaré. Mais je savais que si je refusais de l'accompagner – en disant : « J'ai des devoirs à faire » – je serais punie.

*

À l'âge de quatorze ans, j'ai eu mes règles pour la première fois, sans même savoir que cela existait. Je n'avais pas de sœur aînée, et Ma n'abordait jamais avec nous aucune question relative à la sexualité. Je me souviens que deux ans plus tôt, à l'école primaire, on nous avait donné comme devoir de demander à nos parents ce que signifiait la lune. Certaines tribus kényanes faisaient sans doute le

111

rapprochement entre la lune et les menstrues, et cette question avait du sens. Mais, quand je la posai à Ma, elle me montra le ciel et dit : « La lune est là. Et si les esclaves l'ignorent, je me demande pourquoi je t'envoie à leur école. » J'avais douze ans.

Le lendemain, notre professeur, un homme, dessina au tableau toutes sortes de diagrammes et de mots, faisant ricaner toute la classe. Le mot « menstruations » y était peut-être, je ne m'en souviens pas. Je n'avais pas la moindre idée de ce dont il s'agissait.

Deux ans plus tard, donc, je me réveillai un jeudi matin avec du sang sur les jambes. Comme je n'avais pas de blessure à la cuisse, je ne voyais vraiment pas d'où il pouvait provenir. Ce saignement dura toute la journée, imbibant mes culottes. Je n'en avais pas tellement de rechange, alors je lavai celles qui étaient sales et les cachai derrière la lessiveuse pour qu'elles sèchent. Le lendemain, je saignais toujours, toutes mes culottes tachées étaient roulées en boule derrière la lessiveuse et celle que je portais devait être changée. J'étais inquiète – je croyais avoir une blessure à l'intérieur du ventre, j'avais peur de mourir –, mais je ne dis rien à ma mère. Ce saignement avait quelque chose de honteux, je le sentais, même sans comprendre pourquoi.

Et puis Haweya, qui avait l'habitude de fouiner partout et de m'espionner, découvrit le tas de culottes sales. Elle entra dans le salon en les brandissant. Ma, furieuse, hurla : « Sale prostituée ! Puisses-tu être stérile ! Puisse-tu avoir un cancer ! » Et elle me frappa de son poing fermé. Je courus me réfugier dans la chambre que nous partagions, Haweya et moi.

Mahad est rentré un peu plus tard, et je lui serai toujours reconnaissante pour ce qu'il a fait. Il m'a dit : « Écoute, Ayaan, c'est normal. Cela va t'arriver tous les mois. C'est parce que tu es une femme et que tu peux porter des enfants. » Il m'a donné dix shillings et ajouté : « C'est tout ce que j'ai. Va à l'épicerie et achète-toi trois paquets de Stayfree. Ce sont d'épaisses feuilles de papier que tu mets dans ta culotte pour absorber le sang. »

Je lui demandai quand cela lui était arrivé et où étaient ses Stayfree, et il me répondit : « Cela ne m'arrive pas parce que je suis un homme. » Je n'ai absolument aucune idée de la façon dont il avait obtenu ces informations.

Quelques jours plus tard, l'humeur de Ma s'adoucit – grand-mère l'avait peut-être raisonnée. Elle me fit asseoir et m'expliqua que c'était mon lot, en tant que femme, et qu'à partir de maintenant je devrais coudre des chiffons dans des serviettes en tissu et les laver. Je m'en moquais, j'avais mes Stayfree.

Et le sujet ne fut plus jamais abordé. Chez nous, tout ce qui concernait l'entrejambe était tabou. Je savais tout ce que j'avais besoin de savoir sur la sexualité, et ma mère savait que je le savais. Ma sexualité, comme celle de toute femme somalienne, était l'affaire du chef de famille – mon père ou mes oncles. Je devais absolument arriver vierge au mariage, bien sûr, sinon, mon père et tous les mâles de son clan seraient définitivement déshonorés. Ce qui se trouvait entre mes jambes était cousu pour éviter cela. Seul mon mari briserait ce sceau. Je ne crois pas que ma mère m'ait jamais parlé de ces choses ; elles étaient inscrites en moi, c'est tout.

Après mes premières règles, j'ai cherché à m'informer. Je lus dans mon livre de biologie le chapitre sur la reproduction humaine que Mme Karim avait soigneusement éludé. Je suivis un cours facultatif sur « l'hygiène » où une infirmière nous expliquait que nous pouvions tomber enceintes, nous parlait de la contraception et nous expliquait la physiologie de la matrice et de l'embryon. Mais sur la manière dont le sperme rencontrait l'ovule, rien. Il y avait le sperme, point.

Je savais que les relations sexuelles étaient un péché. Quelquefois, quand nous cherchions Mahad dans le quartier, Ma et moi, et qu'elle se plaignait interminablement de l'odeur du *sukumawiki*, nous tombions par hasard sur un couple en pleine action. La nuit était noire dans les ruelles, et il fallait se trouver tout près de ces couples pour les voir. Quand cela arrivait, Ma me prenait par les cheveux, me tirait violemment en arrière et me frappait, comme si c'était moi la coupable, en criant : « Dis-moi que tu n'as rien vu ! »

Haweya et moi entrions dans la zone dangereuse – l'époque où nous ne devions plus sortir sans chaperon. J'étais réglée depuis un mois quand Ma décida de nous retirer de l'école coranique. Celle que nous fréquentions était mixte – une cinquantaine de filles et de garçons s'entassaient dans une petite pièce avec un *ma'alim*, un professeur. Il ne voyait même pas lesquels de ses élèves apprenaient, lesquels se contentaient de remuer les lèvres, comment aurait-il remarqué les regards signifiants qui s'échangeaient sous son nez chaque samedi ?

En plus, nous faisions toutes sortes de bêtises sur le chemin de la medersa. Avec deux autres filles, nous avions trouvé un jeu : nous abordions n'importe quel enfant dans la rue, lui prenions la main et l'emmenions quelques centaines de mètres plus loin pour le planter devant une porte et sonner avant de nous enfuir à toutes jambes. Quelqu'un ouvrait la porte, s'étonnait de ne rien voir à hauteur d'adulte, puis découvrait un enfant inconnu et bien trop petit pour atteindre la sonnette. Cela provoquait un tel effarement – un tel vacarme de la part des mères qui cherchaient leur bébé et des petits qui pleuraient – qu'aujourd'hui je ne trouve pas la plaisanterie très drôle, mais à l'époque ce jeu nous pliait en deux de rire.

Un jour, quelques mères nous suivirent jusqu'à l'école coranique pour nous dénoncer au *ma'alim*. Le soir même, nous recevions une correction magistrale, et, à partir de ce moment-là, Ma engagea un *ma'alim* itinérant pour venir nous enseigner le Coran à la maison le samedi.

C'était un homme jeune et déguenillé, issu des zones rurales les plus profondes de la Somalie. Il enseignait à l'ancienne : on ouvrait le livre, on sortait une longue planche en bois, on copiait la sourate en arabe, on l'apprenait par cœur en arabe, on la récitait, on lavait la planche avec déférence puisqu'elle était devenue sacrée, et on recommençait. La leçon durait deux heures, et, à chaque erreur, la badine cinglait nos mains ou nos jambes. Jamais le sens du texte n'était discuté. Bien souvent, nous n'avions pas la moindre idée de ce que signifiaient les mots : nous apprenions dans une langue dont je me souvenais à peine.

C'était ennuyeux, fatigant. J'avais déjà tellement à faire, le samedi : les devoirs, bien sûr, mais aussi mes cheveux – shampooing, huile de coco, tressage en dix ou douze rangées serrées, pour que ma coiffure reste plate une semaine de plus. Ma s'en occupait, et cela durait des heures. Il fallait ensuite que je lave mon uniforme, et aussi ceux de Mahad et de Haweya, puisque ma mère me le demandait. Puis ménage de notre chambre. Sans compter que ce nouveau *ma'alim* nous obligeait à préparer l'encre avant nos leçons en réduisant du charbon de bois en poudre à l'aide d'un morceau de tuile du toit et en l'arrosant soigneusement de lait et d'eau.

Un samedi, ma mère me punit sévèrement parce que je n'avais ni terminé la lessive et le ménage ni lavé mes cheveux ; je ne m'étais occupée que de mes devoirs. En plus, voulant me justifier, je lui avais répondu. Furieuse d'autant d'injustice, je dis à ma sœur, au moment de préparer l'encre : « Écoute, je refuse de continuer à faire ça. Prends un livre et enfermons-nous dans la salle de bains. Si tu ne bouges pas, tu ne seras pas battue. »

Lorsque le *ma'alim* arriva, il ne trouva ni planches, ni nattes, ni encre, ni élèves.

Ma mère nous maudit derrière la porte de la salle de bains. Le *ma'alim* voulut nous convaincre de sortir. Mais je m'en pris à lui : « Personne n'écrit plus sur des planches de bois depuis cinq cents ans. Tu n'es qu'un primitif. Tu ne nous apprends pas la religion comme il faut. En plus, tu n'es pas de notre famille et tu ne devrais pas entrer ici sans la permission de notre père. Donc, d'après le Coran, tu dois t'en aller. »

Finalement, Ma dit au *ma'alim* qu'elle devait sortir et que par conséquent il ne pouvait pas rester. Elle lui paya son mois et lui demanda de ne pas revenir. Il dit : « Vos enfants ont besoin d'être disciplinés et je pourrais vous y aider. Mais si vous le souhaitez nous laisserons cela entre les mains d'Allah », et il partit. Ensuite, Ma s'en alla, et grand-mère sortit faire une visite à des parents. En laissant la grille ouverte.

Sortant de notre refuge, nous avons regardé le *ma'alim* descendre la rue vers Eastleigh. Nous étions seules et libres. Haweya fila chez une amie. Moi, comme je me sentais à la fois coupable et inquiète à l'idée de la punition qui m'attendait, je me suis mise au ménage. Jusqu'au moment où je me suis souvenue que la grille était restée ouverte.

À l'instant où je la refermais, une main s'abattit sur mon poignet. Le *ma'alim* était revenu, accompagné d'un autre homme. Il était sans doute allé le chercher à Eastleigh pour ne pas se retrouver seul avec deux jeunes filles dans une maison étrangère. Ils m'ont traînée à l'intérieur, le *ma'alim* m'a bandé les yeux à l'aide d'un chiffon et s'est mis à me battre de toutes ses forces avec un bâton pointu.

Comme je venais de laver par terre, je ne portais qu'un maillot de corps et une jupe. Les coups qu'il m'assenait sur les bras et les jambes étaient donc particulièrement douloureux. Soudain une bouffée de rage m'envahit. J'arrachai le bandeau de mes yeux et fixai le *ma'alim* – je voulais absolument tenir tête à cet homme. Saisissant mes tresses, il me tira la tête en arrière et la cogna contre le mur. J'entendis un craquement. Il me lâcha. Un silence gêné tomba sur la pièce, comme si quelque chose avait mal tourné. Le *ma'alim* ramassa ses affaires et s'en alla, suivi de l'homme qui l'accompagnait.

J'avais le corps brûlant et tout enflé. Je saignais du nez.

Pendant un moment je suis restée là, me tenant la tête à deux mains. Ensuite, je suis allée refermer la grille et j'ai pris une douche froide pour calmer la douleur. J'étais à moitié étourdie et incapable d'allumer le feu pour cuisiner, comme j'avais prévu de le faire. Je me suis mise au lit. Personne ne m'a réveillée.

J'ai rouvert les yeux le dimanche matin. Je me suis levée. Ma mère a remarqué : « Tu as une drôle de tête », j'ai rétorqué que je m'en fichais. Elle a ensuite fait la liste de mes corvées de la journée – lessive, etc. – mais j'ai dit que c'était impossible. Je ne pouvais vraiment pas. À la fin de la journée, Ma était à bout. Elle m'a prévenue qu'elle allait m'attacher et me donner une bonne leçon.

Habituellement, elle me faisait allonger sur le ventre pour m'attacher avant de me frapper. Cette fois-là, j'ai refusé de m'étendre et de mettre mes chevilles comme il fallait. Elle m'a tirée par les cheveux – du côté où j'avais mal – mais j'ai résisté. Elle m'a mordue, pincée puis a appelé grand-mère à la rescousse – tout, à ce moment-là, me faisait mal – mais j'ai tenu bon. Je ne pleurais pas. Je l'ai regardée, remplie de haine, et je lui ai dit :

— Je ne veux plus le faire. C'est fini.

Ma a demandé à Mahad de l'aider à me coucher par terre. J'ai dit à mon frère, en anglais pour que Ma ne comprenne pas :

— Ne le fais pas, je t'en prie. Elle m'a déjà battue hier, le *ma'alim* m'a battue aujourd'hui et maintenant elle recommence. C'est moi qui fais tout le travail, ici, ce n'est pas juste.

Mahad a répondu :

— Je ne veux pas m'en mêler.

Et il est parti.

Ma, se sentant trahie, était encore plus furieuse. Vers minuit, avec l'aide de grand-mère, elle a réussi à m'allonger par terre et à m'attacher. Je lui ai dit, comme le faisait Haweya :

— Vas-y. Frappe. Tue-moi. Et si tu ne me tues pas, je le ferai moi-même quand tu m'auras libérée.

Elle m'a battue, battue, puis elle m'a lancé :

— Je ne te détacherai pas. Tu peux dormir par terre, ce soir.

Vers trois heures du matin, Ma est sortie de sa chambre et m'a détachée. J'ai sombré dans le sommeil. À huit heures, il a fallu partir au collège. J'avais l'esprit embrumé et je tenais à peine sur mes jambes. Juste avant l'heure du déjeuner, je me suis évanouie. On m'a ramenée à la maison et j'ai encore dormi, puis j'ai entendu Ma sortir et je suis allée dans sa chambre. J'ai ouvert le tiroir où elle rangeait ses médicaments. J'ai pris un grand pichet d'eau et avalé tous les comprimés que j'ai pu trouver, une cinquantaine, je pense.

Plus tard, le médecin a dit qu'il s'agissait essentiellement de vitamines, mais je l'ignorais – je voulais mourir. Je souffrais, physiquement, moralement, et socialement. Notre vie partait à la dérive. Nous étions tous malheureux. Ma ne nous donnait ni direction ni sentiment de sécurité ; elle se servait de moi pour décharger sa rage et sa souffrance ; et il fallait bien se rendre à l'évidence : jamais Abeh ne reviendrait.

Mais je ne suis pas morte, et dès le lendemain j'étais de retour à l'école. J'avais un œil tout rouge – un vaisseau avait dû éclater pendant que le *ma'alim* ou ma mère me frappait. J'ai dit aux filles de la classe de me laisser tranquille.

Le mardi suivant, tante Jim'o Musse, la sœur d'un des dirigeants du FDSS prénommé Abshir, rendait visite à ma mère. Mon père, Abshir et Jim'o étaient très proches parce que leurs mères étaient des Isse Mahamud. Quand je suis rentrée du collège, Jim'o a vu mon visage et m'a demandé d'une voix inquiète :

— Ayaan, qu'y a-t-il ? Tout va bien ?

J'ai répondu :

— J'ai mal à la tête et j'ai une bosse, là.

Jim'o fronça les sourcils en touchant le côté gauche de mon crâne.

— Qui t'a fait ça ? Il faut aller à l'hôpital.

Ma bosse avait la taille d'une grosse tomate trop mûre et Jim'o avait eu l'impression que ses doigts allaient s'enfoncer directement dans mon crâne.

Ma mère est arrivée à ce moment-là. Elle a crié :

— Qu y a-t-il ? Qui t'a frappée à la tête ?

Je n'en pouvais plus. J'ai dit :

— Samedi, après ton départ, le *ma'alim* est revenu, il m'a frappée, et le soir c'est toi qui m'as battue.

Elle a fondu en larmes et elle s'est mise à geindre :

— Et, maintenant, ça, en plus de tout le reste. Allah, qu'ai-je fait pour mériter autant de souffrance ?

Tante Jim'o Musse était un personnage de première importance parmi les Osman Mahamud, et elle mobilisa tout le clan.

— La fille de Hirsi Magan risque de mourir, leur dit-elle. Elle a une énorme blessure à la tête, il faut la faire soigner à l'hôpital.

Le lendemain, des hommes m'ont emmenée au Nairobi Hospital, le meilleur de la ville, mais aussi le plus cher. Un médecin italien a demandé une radio. J'avais une fracture du crâne et une grande quantité de sang s'était amoncelée entre l'os et la peau, comprimant le cerveau. Il fallait m'opérer sur l'heure. On me rasa le crâne, chose horrible, je sortis de la salle d'opération avec une grande cicatrice et restai douze jours à l'hôpital. Le clan régla tous les frais.

Pendant mon séjour à l'hôpital j'ai compris pour la première fois qu'au plus profond de son cœur ma mère m'aimait vraiment, que sa violence n'était pas dirigée contre moi mais contre le monde qui lui avait volé la vie qu'elle méritait. Je lui ai avoué que j'avais voulu me tuer, et à chacune de ses visites elle me serrait dans ses bras en pleurant et en répétant qu'elle m'aimait. Jamais je ne l'avais vue aussi vulnérable.

Par la suite, elle n'a plus aussi souvent levé la main sur moi.

*

Je retournai au collège. Certaines de mes camarades n'étaient plus là. À mes questions on répondait, avec un haussement d'épaules, qu'elles s'étaient probablement mariées. C'était déjà arrivé – même en primaire, une fille avait été retirée de l'école parce qu'elle était promise à un homme –, mais je n'y avais jamais vraiment prêté attention.

Latifa, une jeune fille arabe de la côte, avait disparu de la classe. D'après Aluwiya, son père lui avait annoncé un samedi après-midı qu'elle ne retournerait plus au collège – le moment était venu de se préparer à devenir une femme. Une de nos camarades qui avait assisté au mariage de Latifa nous dit que le mari était de Mombasa, qu'il y avait eu beaucoup de cadeaux, que Latifa paraissait terrifiée et qu'elle avait pleuré sur sa robe qui était raide et blanche.

L'une après l'autre, des filles nous annonçaient leur prochain mariage. Elles disaient aux professeurs qu'elles ne reviendraient plus. C'était parfaitement admis. Aucun membre de l'administration n'aurait songé à empêcher qu'une fille ne soit retirée de l'école pour épouser un parfait étranger, même si la fille en question semblait réticente ou terrifiée. Une de nos camarades yéménite nous dit un jour qu'elle venait d'être promise à un homme âgé. Elle avait quinze ans et cela ne la réjouissait guère, mais elle ajouta : « En tout cas, j'ai plus de chance que ma sœur, mariée à douze ans. »

Zainab, une Yéménite bavarde aux joues rondes piquetées d'acné, ne revint pas à l'école après les vacances de Noël 1985. Je la rencontrai un an plus tard à une fête de la communauté musulmane. Enceinte, vêtue de noir, devenue laide et grosse, elle traînait dans son sillage les bambins d'une autre. Elle me dit qu'elle ne quittait presque jamais la maison sans sa belle-mère et me supplia de lui donner des nouvelles de l'école. Elle avait perdu toute vivacité et cette étincelle de malice du temps où elle chahutait avec nous dans les couloirs.

Je fus invitée au mariage des sœurs d'Aluwiya, Siham et Nasrien, dix-sept et dix-neuf ans, qui avaient toutes deux achevé leur scolarité. Des femmes des trois familles étaient venues à Nairobi de tous les coins du Kenya, du Yémen, de l'Ouganda. Avant le début des festivités, elles devaient défiler devant les mariées pour une inspection. Siham et Nasrien étaient allongées sur des coussins posés au sol, le torse et le visage recouverts d'un tissu vert, mais les bras et les jambes nus. Toutes les invitées s'extasiaient sur la beauté et l'habileté des dessins au henné peints sur elles ; en réalité, il est évident qu'elles examinaient la marchandise.

Le lendemain, les femmes se réunirent dans une salle louée pour l'occasion afin de festoyer et de danser entre elles. Les mariées étaient assises sur une estrade dans leur robe de dentelle rose, parées et maquillées, aussi immobiles que des poupées.

Le dernier soir, dans une autre grande salle, les hommes étaient présents – ils mangeaient et discutaient de l'autre côté d'une longue et haute paroi qui divisait la pièce en deux, ne laissant visible aux yeux de tous qu'une estrade. Du côté des femmes, les tables étaient recouvertes de milliers de plats divers et de friandises. Jamais je n'avais mangé de mets aussi délicieux. Après le repas, les youyous ont commencé, et les deux jeunes femmes sont entrées, vêtues à l'européenne, le visage couvert d'un voile. Les mariés se sont dirigés vers l'estrade, ont relevé le voile de leurs épouses puis se sont assis, tout raides. Ils avaient l'air gênés, tout juste débarqués de leur Yémen natal. La scène aurait pu se passer en Arabie Saoudite.

Nasrien avait brièvement rencontré son futur époux

pendant les préparatifs du mariage. Elle semblait plus résignée que nerveuse. Mais Siham, qui n'avait jamais vu son mari, était pâle et tremblante. Les deux couples partirent peu après, avec les membres de la famille proche. Je savais par Aluwiya qu'après il y avait le rituel du drap taché de sang et que la fête continuerait.

— Et si tu ne saignais pas ? demandai-je à mon amie.

— Cela voudrait dire que tu n'es plus vierge, murmura-t-elle.

D'un même geste rapide, nos têtes se détournèrent. C'était impensable.

Depuis l'âge de neuf ans, Aluwiya était promise à un cousin qu'elle ne connaissait pas. Elle ne voulait pas l'épouser mais elle savait bien qu'un jour elle y serait contrainte.

Ces choses-là étaient décidées par les parents. Si votre père était gentil – et riche – il pouvait vous choisir un époux gentil et riche. Dans le cas contraire, eh bien, c'était votre destin.

Les mariages d'amour étaient une erreur et se terminaient toujours mal. Les rares fois où ils se produisaient, ils provoquaient immanquablement malheurs, pauvreté et divorce. Les filles qui ne se conformaient pas à la règle se privaient de la protection du clan quand leur mari les abandonnait. La famille de leur père n'intercédait pas en leur faveur et ne les aidait pas financièrement. Elles se condamnaient à l'impureté, à la maladie et, oubliées de Dieu, sombraient dans un affreux destin. Les gens comme grand-mère les montraient du doigt et leur crachaient dessus dans la rue. On ne pouvait rien faire de pire à l'honneur de sa famille : l'opprobre rejaillissait sur tous, parents, sœurs, frères, cousins.

Mais nos lectures nous inspiraient des rêves d'amour. En classe, nous lisions Charlotte Brontë, Jane Austen et Daphné Du Maurier. En dehors du lycée, les sœurs d'Aluwiya nous approvisionnaient en volumes de la collection Harlequin. Ces petits romans à l'eau de rose étaient sans intérêt mais excitants – sexuellement excitants. Et un message essentiel se dégageait de toutes les intrigues : le choix. Les héroïnes tombaient amoureuses. Elles faisaient face à l'opposition de leur famille, aux barrières de l'argent et de la position sociale, mais réussissaient à vaincre tous les obstacles et à épouser l'homme qu'elles aimaient.

La plupart des musulmanes de ma classe se repaissaient, comme moi, de cette littérature et elle nous rendait toutes malheureuses. Nous voulions, nous aussi, connaître l'amour d'un homme et l'amour avec un homme. Aucune ne voulait être mariée à un étranger choisi par son père. Mais nous n'avions pas d'autre possibilité que de retarder l'inévitable. Le père d'Aluwiya permettait à ses filles de terminer leur scolarité mais les mariait ensuite. Mon amie le suppliait de la laisser tranquille, même une fois ses études finies. Elle me disait parfois que j'avais de la chance – mon père n'étant pas là, personne ne m'obligerait à me marier avant d'avoir au moins passé mon brevet.

*

J'avais seize ans quand le cours d'éducation islamique fut confié à un nouveau professeur. Dans notre collège, il y avait deux classes d'éducation religieuse : l'une pour les musulmanes, l'autre pour les chrétiennes. Le cours d'éducation islamique était jusqu'alors sec et ennuyeux à souhait – dénué de spiritualité, d'analyse, de discussions éthiques. Nous apprenions par cœur la liste des batailles et des révélations du Prophète, selon le programme établi en vue des examens nationaux.

Mais sœur Aziza ne ressemblait à aucun des professeurs que nous avions eus. Pour commencer, elle voulait qu'on l'appelle sœur Aziza, et non mademoiselle Saïd. Ensuite, elle était voilée. Pas d'un simple foulard, comme la plupart des professeurs, mais d'un hidjab. Un lourd tissu noir la recouvrait depuis le sommet du crâne jusqu'à l'extrême bout de ses gants et de ses chaussures. Son pâle visage en forme de cœur émergeait d'un océan de plis noirs. C'était impressionnant. Sœur Aziza était jeune et belle, avec son nez fin et le sourire qui illuminait ses yeux. Contrairement aux autres professeurs, elle ne criait jamais.

Elle commença son premier cours par cette question :

— Combien d'entre vous sont musulmanes ?

Toute la classe leva le doigt, bien sûr. Nous étions évidemment musulmanes ; depuis notre naissance. Mais sœur Aziza hocha tristement la tête et dit :

— Je ne crois pas que vous soyez musulmanes.

Surprise générale. Pas musulmanes ? Que voulait-elle dire ? Elle pointa son doigt vers moi.

— Quand as-tu prié pour la dernière fois ?

Je frémis intérieurement. Cela faisait plus d'un an que je n'avais pas fait les ablutions rituelles, mis le voile blanc et fait ma soumission à Dieu. Je balbutiai que je ne m'en souvenais plus. Sœur Aziza désigna d'autres filles : « Et toi ? et toi ? et toi ? », mais personne ne s'en souvenait.

— Vous n'êtes pas de vraies musulmanes, déclara tristement sœur Aziza à la classe ébahie et soudain silencieuse. Allah ne vous regarde pas avec plaisir. Il voit dans votre cœur et Il sait que vous ne Lui êtes pas dévouées. Le but de la prière, c'est la conscience – la conscience permanente de la présence de Dieu et des anges – et une soumission intérieure à la volonté de Dieu qui imprègne chaque pensée, chaque action, tous les jours.

Sœur Aziza nous rappela l'existence des anges qui voltigent au-dessus de nos épaules et enregistrent toutes nos pensées, intentions et idées, bonnes ou mauvaises. Elle dit qu'il ne suffisait pas de se couvrir la tête et de prier. Car ce qui compte, pour Dieu, c'est l'*intention*. Et si nous pensions à autre chose pendant la prière – ou si nous la faisions pour de mauvaises raisons – Dieu et les anges le sauraient car ils voient dans nos cœurs.

Nous avions toutes entendu parler de l'enfer. À l'école coranique, l'enseignement portait essentiellement sur l'enfer et toutes les erreurs qui pouvaient nous y conduire. Le Coran décrit de manière très détaillée les tourments qui attendent le pécheur : plaies, eau bouillante, dépeçage, brûlures, liquéfaction des entrailles, et la condamnation au feu éternel puisque, une fois les chairs carbonisées et les humeurs bouillies, il se forme une nouvelle peau. Le Coran insiste sur ces descriptions monstrueuses pour vous contraindre à l'obéissance. Le *ma'alim* chez qui nous allions maintenant, Haweya et moi, tous les samedis, nous énumérait les tabous, restrictions, règles auxquels nous conformer, en hurlant et postillonnant d'excitation : « Tu iras en enfer ! Toi aussi, en enfer ! et toi, et toi et toi... À moins que... »

L'enfer décrit par le Coran a sept portes. La chaleur et la souffrance dues aux brûlures y sont éternelles. La soif intense. Et si douloureuse – infiniment plus qu'aucune soif terrestre – que vous réclamez de l'eau à grands cris. Les humeurs bouillantes issues de votre corps sont alors jetées dans votre bouche. Vous vous languissez du paradis et ce désir inassouvi se prolonge, indéfiniment, éternellement. C'est un au-delà cruel, sans espoir, qui était pour nous beaucoup plus réel que le paradis. Au paradis vous jouissiez d'un climat doux, de brises fraîches et vous buviez des boissons délicieuses ; c'était une image plaisante, mais assez vague.

Sœur Aziza croyait à l'enfer, sans aucun doute, mais elle ne jouait pas, comme les autres, sur nos peurs. Elle nous laissait le choix. Nous pouvions nous soumettre à la pureté de Dieu, à Sa lumière, et gagner notre place au paradis, ou nous pouvions suivre la voie inférieure.

Ses cours étaient passionnants, mais je ne fus pas immédiatement convaincue. Et le plus beau, c'était qu'elle s'en moquait. Peu lui importait que nous ne portions pas de pantalons blancs sous nos jupes pour cacher nos jambes. Peu lui importait que nous ne priions pas cinq fois par jour. Elle disait que Dieu n'attend rien de nous, même pas des prières, qui ne manifeste une intention profonde. Il attend une soumission pleine et entière, car telle est la signification de l'islam. « Voilà comment Dieu et le Prophète veulent que nous soyons habillées, disait-elle. Mais n'adoptez ce vêtement que quand vous y serez prêtes, car si vous le faites avant et si vous vous dévoilez ensuite ce sera un péché plus grave encore. Quand vous serez prêtes, vous ferez le choix du voile et vous ne le quitterez plus. »

*

Mahad ramenait souvent ses deux meilleurs amis à la maison en fin de semaine. Ils étaient tous les deux kényans, et Mahad ne voulait pas que Ma le sache, car elle n'aurait pas admis de Kényans chez elle. Il avait donc inventé une histoire concernant celui qui s'appelait Kennedy, disant qu'il était somalien, qu'il se nommait Youssouf et qu'il venait du Kenya oriental où les Somaliens ne parlent plus leur langue. Ma accueillait, le plus important pour elle étant que la présence de ce garçon retenait Mahad entre nos quatre murs. Quant à son autre ami, dénommé Olulo, elle le tolérait.

Lorsque les trois garçons rentraient tard le soir, j'étais souvent à la cuisine, occupée à pétrir la pâte pour le pain du lendemain, et je leur préparais de quoi manger. Youssouf était joli garçon, gentil avec moi et nous passions des moments agréables, à plaisanter et à rire. Au début, nous n'étions jamais seuls tous les deux, mais Youssouf prit bientôt l'habitude de venir à la cuisine même quand Mahad était sorti, prétextant qu'il le cherchait. Il me disait, comme par plaisanterie, qu'il ne s'appelait pas Youssouf mais Kennedy, et qu'il était kényan. Il s'intéressait à moi ; je le savais et cela me plaisait. On ne se touchait pas, rien n'était dit ni manifesté, mais certains regards lourds de sens faisaient trembler mes genoux.

Sœur Aziza ne nous interdisait jamais d'aller au cinéma ni de parler aux garçons. Elle nous lisait simplement les versets du Coran dans une édition bilingue pour que nous en comprenions le sens. Ensuite elle nous les expliquait. « Je ne vous demande pas d'agir comme ci ou comme ça, je vous répète seulement les paroles de Dieu : gardez-vous du péché. »

Je savais très bien à quoi elle faisait allusion en parlant de péché. C'était la sensation qui m'étreignait en présence de Youssouf, ce réveil de mes sens, cette excitation. Le soir je pensais à lui, à l'envie que j'avais de l'épouser plus tard – je m'efforçais de placer mes sentiments dans un contexte où ils ne seraient pas coupables.

Un soir, Youssouf me demanda si je voulais aller au cinéma avec lui. Le cœur battant, je répondis oui. Nous nous sommes donné rendez-vous dans le parc Uhuru, très loin de chez nous, pour échapper aux regards des voisins. Je portais une jupe courte – de mon point de vue, en tout cas : elle s'arrêtait aux genoux – et j'avais mis du déodorant pour la première fois. Je me sentais dévergondée.

J'ai pris le *matatou* – petit bus kényan bringuebalant – toute seule. Et il était là, au bord du lac, comme il l'avait promis. Nous avions une heure avant le début de la séance. Tout en marchant et en discutant, Youssouf m'a pris la main. Mon cœur s'est mis à battre si fort qu'il m'a semblé que tout le monde pouvait l'entendre.

Nous nous sommes assis sur la pelouse, nous avons parlé de sa famille, de Kisii, où elle vivait, et de son frère chez qui il passait les week-ends, à Nairobi. Il m'a demandé de l'appeler Ken, et j'avais toujours l'impression qu'il plaisantait. Je ne savais pas qu'il était kényan, et le savoir n'aurait d'ailleurs rien changé. Ken m'a demandé :

— Quels sont tes sentiments pour moi ?
et j'ai répondu :

— Je t'aime vraiment beaucoup.

Il a dit qu'il m'aimait beaucoup, lui aussi, et nous nous sommes embrassés.

Mon premier baiser, merveilleux. Il a duré longtemps. Nous n'avons rien fait de plus que nous tenir la main, échanger des baisers et aller au cinéma. Ensuite, il m'a accompagnée à l'arrêt de l'autobus et il est parti. Pendant tout le trajet du retour, j'avais l'impression de flotter.

Nous n'avions pas l'occasion de nous voir souvent. Rares étaient les moments où je pouvais échapper à la surveillance de Ma ; et, quand cela arrivait, je savais que n'importe quel Somalien qui nous croiserait risquait de nous dénoncer. Nous étions donc obligés de rester sur nos gardes. Mais la sensation du baiser était la chose la plus extraordinaire que j'aie jamais ressentie. J'ai dit à Ken :

— Tu sais que je ne peux pas coucher avec toi.

Et il a répondu :

— Je le sais. Tu es somalienne, tu dois rester vierge jusqu'au mariage. Je t'aime sincèrement et je t'attendrai. Nous nous marierons.

Nos sentiments étaient réciproques, absolument innocents et merveilleux à vivre.

Mais je les savais coupables. Je me sentais tiraillée entre les baisers de Kennedy, l'honneur du clan, sœur Aziza et Dieu.

*

En classe, sœur Aziza nous énumérait les pièges de Satan : le désir d'être belle et de séduire les hommes ; le plaisir de s'amuser, la musique, les mauvais livres. Sœur Aziza en savait quelque chose. Originaire de la côte, elle était kényane mais d'origine arabe et après ses études avait travaillé comme hôtesse, puis comme caissière dans une banque à Nairobi. Pour ces deux postes, elle devait s'habiller et se chausser à l'occidentale et se coiffer joliment.

Mais elle avait trouvé cette vie-là trop creuse et découvert que son désir profond était de devenir une bonne musulmane. Alors elle était partie étudier à Médine, en Arabie Saoudite. Sa foi s'était approfondie, clarifiée, purifiée. Elle avait abandonné les pratiques des ignorants, prier les saints, par exemple. Elle était revenue à la vraie foi, aux sources de l'islam, et c'est pour connaître la profonde satisfaction de plaire à Dieu qu'elle avait choisi de se voiler.

En tant que femme, nous expliquait-elle, nous avions un immense pouvoir. Telles qu'Allah nous avait créées, tout en nous, chevelure, ongles, chevilles, cou, poignets – chaque courbe de notre corps était une tentation pour l'homme. Une femme qui excitait un autre homme que son mari commettait un double péché : elle l'induisait en tentation et lui inspirait les mauvaises pensées qu'elle entretenait elle-même. Seul le voile des épouses de Mahomet pouvait nous éviter d'exciter les hommes et de plonger la société dans la *fitna* – une confusion incontrôlable, le chaos.

Elle se montrait stricte sur l'obéissance et l'hygiène. Tous les mois, nous devions nous raser les aisselles et les poils pubiens pour nous purifier. Après nos règles, nous devions nous purifier. Notre féminité nous rendait à la fois irrésistiblement désirables et essentiellement sales. Pour plaire à Allah il fallait donc nous livrer à toutes ces pratiques.

Sœur Aziza nous fit découvrir le conflit intérieur. Le combat pour Allah se situait sur deux fronts, et notre premier effort devait porter sur le jihad intérieur – la soumission de notre volonté. Nous devions *vouloir* obéir à nos parents et nous comporter de manière à répandre la bonté. Vouloir être dociles et inscrire la volonté d'Allah dans chaque geste de notre vie ; choisir de nous prosterner devant Lui. Sœur Aziza ne tenait pas compte du programme qui devait nous préparer à l'examen national. Comme nos professeurs en Arabie Saoudite, elle nous préparait à vivre notre foi, pas à être incollables sur l'histoire de l'islam.

Je me mis à faire la prière du soir. Pas tous les jours, car c'est un rituel long et complexe. Il faut se laver, se couvrir d'un long voile blanc, fixer son regard au sol puisque Allah est présent et ne peut être regardé dans les yeux, et réciter la première sourate du Coran, courte introduction de sept versets. Ensuite, on se prosterne, les paumes tendues vers La Mecque, berceau de la religion. Après avoir dit « Loué soit Dieu » on se relève ; et on dit une seconde sourate du Coran – celle que l'on choisit. On répète la procédure deux, trois ou quatre fois, selon le moment de la journée. Chaque fois, il faut réciter la première sourate du Coran et une autre, de son choix. Ensuite on s'assoit et on termine la prière en regardant du côté droit, puis du côté gauche, avant de mettre ses mains en coupe pour demander la bénédiction d'Allah : « Allah éclaire-moi, pardonne-moi mes péchés. Bénis mes parents, garde-les en bonne santé et donne-leur une place au paradis. Allah, je T'en prie, garde-moi sur le droit chemin. »

Après cela, on prend son chapelet – dont les perles sont au nombre de trente-trois – ou, comme je le faisais, n'ayant pas de chapelet, on compte sur les os de ses doigts. Quinze os dans chaque main, en comptant la base du pouce, cela fait trente, et l'on y ajoute les trois os d'un doigt supplémentaire pour arriver à trente-trois. On dit : « Qu'Allah soit loué » trente-trois fois : « Que Dieu me pardonne », trente-trois fois ; « Allah est grand », trente-trois fois ; ensuite on peut aussi dire : « Allah soit remercié. »

Prier prend donc beaucoup de temps et il faut le faire cinq fois par jour. Au début je n'y arrivais presque jamais, mais j'étais contente d'essayer.

Sœur Aziza nous parlait des juifs, les décrivant de telle manière que je les imaginais physiquement monstrueux – ils avaient des cornes sur le front, un nez si fort qu'il saillait au milieu de leur visage comme un grand bec. Des démons, des djinns leur sortaient littéralement de la tête pour égarer les musulmans et répandre le mal. Tout ce qui n'allait pas était la faute des juifs. Le tyran irakien Saddam Hussein, qui avait combattu la révolution islamiste, était juif. Les Américains, qui lui donnaient de l'argent, étaient des juifs. Les juifs contrôlaient le monde, c'est pourquoi nous devions rester pures : il fallait résister à leur mauvaise influence. L'islam était attaqué, nous devions nous défendre et combattre les juifs, car seule la destruction des juifs pouvait assurer la paix aux musulmans.

Je pris l'habitude de porter un foulard de tête que je laissais pendre pour dissimuler mon cou et mes épaules. Je cachais mes jambes, que ne dissimulait pas mon uniforme, sous un pantalon. Je voulais ressembler à sœur Aziza. Je voulais être pure et bonne et servir Allah. Je priais maintenant cinq fois par jour en faisant des efforts pour me concentrer tout le long du rituel. Je voulais mieux comprendre quelle vie Allah, qui était infiniment juste, voulait que je vive.

Je demandai de l'argent à ma mère pour que le tailleur de sœur Aziza me fasse un ample voile noir serré autour du cou et des poignets et fermé par une longue fermeture Éclair. Ce vêtement me tombait jusqu'aux pieds. Je le passais sur mon uniforme pour aller au lycée, et je mettais un foulard noir pour me couvrir les cheveux et les épaules.

Porter ce vêtement avait quelque chose d'excitant, de sensuel. J'éprouvais un sentiment de puissance à l'idée que se dissimulait sous ces plis noirs une féminité dont je n'avais pas, jusque-là, soupçonné le pouvoir meurtrier. Et j'étais unique : très peu de femmes s'habillaient de la sorte à Nairobi. Curieusement cela me donnait la conscience d'être une personne. Et c'était la marque de ma supériorité : j'étais la seule vraie musulmane. Les autres filles, avec leur petit foulard blanc sur la tête, n'étaient que des gamines, des hypocrites. J'étais une étoile de Dieu. Quand j'écartais les bras, j'avais l'impression de pouvoir voler.

Au collège, j'ai été la première à mettre cette robe. Certaines Yéménites, comme Aluwiya, portaient de longs manteaux boutonnés, mais, trop près du corps, ils laissaient deviner une silhouette féminine. Le hidjab que je drapais sur ma maigreur me dissimulait complètement, ne laissant apparaître qu'un petit visage et deux mains.

En arrivant au collège, je le retirais, le pliais et le mettais dans mon pupitre. En fin de journée, je le dépliais modestement pour m'en couvrir – et je devenais soudain intéressante, mystérieuse, puissante. Je m'en rendais compte à l'expression de mes compagnes. Et au plaisir que je lisais dans les yeux de ma mère ! Enfin un rayon de soleil illuminait l'aridité de son existence. Enfin je faisais quelque chose de bien.

*

Sœur Aziza nous incitait à convertir nos camarades chrétiennes. Elle disait que c'était notre devoir et la seule façon de leur éviter les tourments de l'enfer. Je fis des efforts pour aborder ces jeunes filles et leur apporter le message de la vraie foi. Elles me répondaient : « Comment réagirais-tu si j'essayais de te convertir au christianisme ? » Leurs parents leur avaient parlé de Jésus comme les miens m'avaient parlé du prophète Mahomet, et je devais respecter leurs convictions.

J'étais assez d'accord avec elles, je l'avoue. Mais je voulais vraiment les empêcher de brûler en enfer. Un jour, j'ai décrit à Emily les horreurs qui l'attendaient dans l'au-delà. Elle m'a dit :

— Je ne te crois pas. Jésus est venu sur terre pour moi, il est mort pour moi et il a racheté mes péchés. Il me sauvera.

Les chrétiennes parlaient de la Trinité : Dieu, le Fils de Dieu et le Saint-Esprit ne faisant qu'un. Pour moi, c'était un pur blasphème : « Allah n'a jamais engendré, n'a pas été engendré non plus. » Nous entamions donc des débats théologiques, mais, voyant qu'ils risquaient de briser des amitiés, nous les avons rapidement abandonnés.

J'allai confier mes doutes à Sœur Aziza.

— Les autres filles ne veulent pas devenir musulmanes. Leurs parents leur ont enseigné d'autres religions. Ce n'est pas leur faute, et je trouverais injuste qu'elles aillent brûler en enfer.

Sœur Aziza répondit que je me trompais. En m'envoyant à elles, Allah leur avait donné le choix. Si elles rejetaient la vraie religion, il était juste qu'elles le paient. J'en ai déduit qu'en insistant je compliquerais encore les choses, et j'ai renoncé à tout prosélytisme.

Mais la question continuait à me troubler. Si nous avions été créés par Allah qui, dès avant notre naissance, avait décidé que nous finirions au ciel ou en enfer, pourquoi tenter de convertir ces filles qui avaient elles aussi été créées par Dieu telles qu'elles étaient ? Sœur Aziza donnait de la prédestination une explication théologiquement très complexe. Notre destin était effectivement fixé à l'avance par Allah, mais nous disposions aussi d'un atout, notre libre arbitre, et, si nous pliions notre volonté à Dieu et non à Satan, Dieu s'en réjouissait. Ce n'était pas très convaincant, alors je me dis que j'avais mal compris.

Peu de temps après l'arrivée de sœur Aziza, j'ai remarqué que dans les couloirs du collège s'amorçait un grand mouvement de retour vers la religion. De même que nous nous réunissions entre musulmanes pour prier, à midi, dans une classe vide, un groupe de Kényanes priait, lançait des « Alléluia » et chantait des gospels. Était-ce une réaction au renouveau de l'islam ou une impulsion générale qui réveillait soudain la foi de l'ensemble des jeunes de Nairobi ? Toujours est-il qu'au moment où les musulmans s'investissaient dans un islam d'un genre nouveau, de plus en plus de chrétiens allaient à l'église, cherchant eux aussi une foi plus pure, plus proche des racines de leur religion. Tous sem-blaient adopter une attitude moins passive, plus engagée, et se livrer à une étude personnelle des textes sacrés.

Les chrétiens charismatiques ne se montraient pas moins agressifs que les musulmans fondamentalistes. La situation du pays commençait à se dégrader ; les gens étaient peut-être en quête de certitudes. Partout apparaissaient des prédi-cateurs se réclamant de différentes sectes. Les filles du lycée parlaient d'une certaine Alice Lakwena qui prêchait en Ouganda et dont les partisans étaient immunisés contre les balles. C'était le mouvement le plus spectaculaire, mais il y en avait bien d'autres. Des églises miteuses s'installaient à la place d'épiceries ; les Témoins de Jéhovah faisaient du porte-à-porte ; et à tous les coins de rues officiaient, depuis toujours, toutes sortes de devins et de magiciens. Même les filles de ma classe, dans ce collège musulman, achetaient des philtres d'amour où se mêlaient rognures d'ongles et peau d'animaux, ou des amulettes pour réussir aux examens.

L'État se décomposait, miné de l'intérieur par la malhon-nêteté et le népotisme des hommes au pouvoir. On nommait à des postes officiels des gens incapables d'épeler le mot « officiel ». Le maire, qui était censé s'occuper des rues de Nairobi, savait à peine lire. Les hommes du gouvernement ne pensaient qu'à se remplir les poches en en faisant le moins possible. Les citoyens ne se sentaient plus citoyens – ces gens qui avaient mis tellement d'espoir dans l'avenir de leur pays indépendant n'étaient plus fidèles à la nation. De plus en plus, ils se considéraient avant tout comme membres de leurs tribus. Et toutes les interactions entre tribus dépendaient de la religion. La religion et un esprit communautaire accru remplaçaient tout sentiment d'appar-tenance à une nation.

Le même phénomène se produisait en Somalie au même moment, comme je l'appris plus tard, ainsi que dans presque toute l'Afrique et le monde islamique. Plus les appareils gouvernementaux étaient corrompus – plus ils persécutaient le peuple –, plus les gens retournaient vers leurs tribus, leurs traditions, leurs églises ou leurs mosquées, et se retrouvaient entre eux.

Un nouveau type d'islam etait en marche. Il était plus profond, plus clair, plus fort – bien plus proche de ses origines que celui de ma grand-mère, avec ses djinns et ses esprits tutélaires. Il ne ressemblait pas à l'islam des mosquées où les imams récitaient de mémoire des sermons écrits par des érudits morts depuis longtemps, dans un arabe que presque personne ne comprenait. Il ne s'agissait plus de se plier passivement aux règles – *Inch'Allah*, Dieu le veut – mais d'étudier le Coran, d'en dégager le sens, de plonger au cœur de la parole du Prophète. C'était un vaste mouvement sectaire, soutenu massivement par les pétro-dollars saoudiens et la propagande des martyrs iraniens. C'était un mouvement militant qui prenait de l'ampleur. Et je devins un minuscule élément de ce mouvement.

6

Doute et défi

Tandis que je m'engageais tête baissée sur la route qui mène à Dieu, Haweya s'en écartait avec encore plus de détermination. Mes efforts pour soumettre ma volonté à celle d'Allah ne lui inspiraient que du dédain. Elle jugeait les conseils de sœur Aziza dépassés – on ne voyage plus à dos de chameau, disait-elle – et trouvait ma robe noire hideuse. Haweya était jolie, et elle le savait : il était hors de question qu'elle se promène dans Nairobi cachée sous une tente.

Ma mère m'a sûrement un peu trop battue, mais elle a réussi à instiller en moi une certaine discipline. Je faisais de mon mieux pour avoir de bonnes notes au lycée, et je m'y plaisais. Pour Haweya, c'était tout le contraire. Elle se faisait des amies mais finissait toujours par se disputer avec elles. Et elle avait beau être nettement plus brillante que moi – des tas de filles lui échangeaient tout le temps ses devoirs contre des romans –, elle détestait les cours. Il faut dire qu'en 1985, juste avant son entrée au collège, le gouvernement kényan avait décidé d'africaniser l'éducation secondaire : elle se retrouvait donc sans manuels, face à des professeurs qui n'avaient aucune idée du programme, et elle s'ennuyait ferme. Malheureuse en classe, cantonnée à la maison le reste du temps, elle devenait de plus en plus indocile.

Ma sœur avait du tempérament. Elle avait toujours tenu tête à Ma, refusant notamment de participer aux tâches ménagères tant qu'on ne demanderait pas la même chose à Mahad, ce qui, elle le savait, ne risquait pas d'arriver. Comme je l'ai dit, lorsque Ma la battait, elle parvenait à se réfugier assez profondément en elle-même pour ignorer la douleur. Ma la frappait jusqu'à en avoir mal au bras, et quand elle s'arrêtait Haweya relevait encore les yeux, insoumise. Elle avait une volonté de fer. Parfois, elle s'enfermait dans la salle de bains et maudissait Ma, hurlant qu'elle était mauvaise, cruelle, égoïste. Mais elle ne versait jamais une seule larme.

Ma ne savait plus comment la prendre. On aurait dit qu'elle avait oublié que nous ne resterions pas petites éternellement. L'adolescence était un élément de la vie moderne dont elle ignorait tout. Dans le désert, où elle avait grandi, il n'y avait pas de transition entre l'enfance et l'âge adulte.

Ma sœur était quelqu'un d'entier, elle ne se laissait écraser par personne, et, d'une certaine façon, j'admirais son courage. Mais elle faisait parfois des scènes épouvantables. À cette époque, la maison semblait toujours au bord de l'explosion. Grand-mère, Ma, Haweya : chacune pouvait se lever brusquement et se mettre à tout casser en hurlant sa rage. Dans ces moments-là, je n'avais qu'une envie : me replier sur moi-même, fuir les visages grimaçants et les cris de colère. Leur seule puissance sonore me bouleversait.

Un jour, Haweya demanda à notre voisin, Jinni Boqor, si elle pouvait se servir de son téléphone pour appeler Abeh, parce qu'elle avait besoin d'argent pour aller chez le coiffeur. Jinni préféra lui donner lui-même deux cents shillings, et quelques heures plus tard Haweya revenait chez nous les cheveux lissés, le visage encadré de boucles souples. Ma était furieuse contre Jinni, mais il lui expliqua avec un clin d'œil que le coup de téléphone lui aurait coûté presque aussi cher. « De toute façon, elle a eu raison, ajouta-t-il. Ça lui va bien ! »

En général, Haweya gagnait ses batailles. Elle portait des jupes au-dessus du genou et des sandales à talons hauts. Elle avait les ongles vernis. Ma mère voyait avec angoisse sa fille se transformer en son pire cauchemar ; le jour où Haweya eut ses règles, elle éclata en sanglots.

Un peu plus tard, ma sœur a fait la connaissance de Sahra. C'est grand-mère qui avait rencontré cette jeune femme, Issaq comme elle, en allant faire paître son mouton. Elle l'avait ramenée chez nous pour prendre le thé. Sahra portait un pantalon, un chemisier, et d'énormes lunettes noires. Ses cheveux étaient teints en rouge. Elle était beaucoup plus vieille que nous : elle devait avoir vingt-trois ou vingt-quatre ans. Mariée à quatorze, elle était déjà mère de trois enfants. Elle nous a invitées à venir regarder la télé chez elle.

Je n'y allais pas souvent – je n'aimais pas beaucoup Sahra –, mais Haweya a pris l'habitude d'aller la voir presque tous les après-midi. Elles passaient des heures ensemble à discuter et à regarder des films. Parfois, Sahra sortait seule pendant que Haweya gardait ses enfants, et en échange elle lui rapportait des livres et des tubes de rouge à lèvres.

Petit à petit, Haweya s'est mise à l'accompagner dans les discothèques ouvertes pendant la journée. Sahra essayait de me convaincre de venir avec elles : je devais m'amuser, moi aussi, profiter de n'être pas encore mariée. Les boîtes dans lesquelles elles sortaient étaient bruyantes et sales et ne m'attiraient pas du tout, mais Haweya adorait emprunter les vêtements de Sahra et se faire belle pour aller danser.

Sahra détestait sa vie de femme mariée. Abdallah, son époux, la dégoûtait. Elle avait raconté à Haweya la première fois qu'il avait essayé de la pénétrer, juste après la céré-monie, en forçant pour déchirer sa cicatrice ; la douleur avait été atroce. Il avait voulu l'ouvrir avec un couteau parce qu'elle était cousue si serré qu'il ne parvenait pas à la percer avec son sexe. En le voyant approcher, elle avait hurlé de terreur, le suppliant de ne pas le faire, et j'imagine qu'il avait fini par prendre la pauvre enfant en pitié car il avait accepté de la conduire à l'hôpital pour qu'on la découpe sous anesthésie.

Le mariage de Sahra ne s'était donc pas conclu par une fête, avec un drap taché de sang présenté à la foule des invités sous les applaudissements et les youyous. Tandis qu'on l'emmenait à l'hôpital afin de la préparer pour Abdallah, un murmure déçu et incrédule se répandait dans la famille   soudain, le doute planait sur sa virginité et sur la virilité de son époux.

Tout cela me semblait terrifiant. Une assemblée, un drap ensanglanté : une sorte de viol organisé avec la bénédiction de la famille de Sahra. J'avais du mal à croire que ce genre de chose puisse nous arriver un jour, à ma sœur et à moi. Mais, pour Sahra, le mariage se résumait à cela : une agression sexuelle accompagnée d'une humiliation publique.

Elle répétait à Haweya qu'elle n'avait jamais eu d'enfance. « Ils m'ont pris ma vie », disait-elle. Abdallah avait dix ou quinze ans de plus qu'elle – c'était un vague cousin –, et même s'il ne semblait pas la maltraiter elle lui vouait une haine implacable. Elle se vengeait en négligeant leurs enfants. Elle les appelait « les enfants de mon mari ». Elle traitait sa fille de neuf ans, Hani, comme une esclave, la battant sans cesse et l'obligeant à faire les courses, la cuisine et le ménage pendant qu'elle allait dépenser tout l'argent de son mari en vêtements et en maquillage. Je jugeais son attitude déplorable.

*

Haweya n'était pas la seule à dévier du chemin étroit et difficile que notre mère avait tracé pour nous. Mahad abandonna le collège l'année de ses seize ans. Il cessa simplement d'aller en cours, et au bout d'un moment le directeur, M. Griffin, prévint Ma que le lycée ne l'accepterait plus. Ma se mit très en colère, mais Mahad s'en moquait. Il attendit la fin de la crise avec un sourire arrogant, se sachant bien trop grand et trop fort, désormais, pour risquer une correction.

Mon frère n'avait pas de père pour le guider à travers l'adolescence. Il n'avait que ses amis, et pour eux la bonne attitude consistait à fumer du haschich et à boire de la bière toute la journée. Mahad avait toujours été proche de ma mère – elle fermait les yeux sur ses bêtises, lui préparant à déjeuner quand il séchait les cours –, mais il était devenu tellement plus fort et plus futé qu'elle qu'il ne se sentait plus tenu de lui obéir. Les traditions somalies qu'elle voulait lui inculquer n'avaient aucun sens pour lui qui passait tout son temps dans les rues de Nairobi. La religion, à l'époque, ne l'intéressait pas. Il ne faisait jamais aucun effort pour rien mais ne supportait pas que les autres le surclassent. Il était complètement perdu.

Ma mère n'avait aucune idée de ce qu'elle allait pouvoir faire de lui. Et ce n'était pas son seul souci. La maison que nous louions dans Kariokor avait été vendue, et Ma savait qu'elle ne pourrait plus retarder très longtemps notre expulsion. Mais les loyers étaient extrêmement chers, et Ma n'avait d'autre argent que celui que les membres du clan de mon père lui donnaient pour subsister. Chaque mois, elle devait aller voir Farah Gouré et, de son air le plus hautain, l'informer que le coût de la vie avait encore augmenté. Elle voulait nous trouver une autre jolie maison, dans un quartier propre, tout, sauf l'un de ces appartements exigus et bruyants d'Eastleigh, le quartier où vivaient la plupart des Somaliens de Nairobi.

Farah Gouré avait bon cœur, mais ses poches n'étaient pas sans fond. Il finit par dire tout net à Ma que nous n'étions pas la seule famille du FDSS privée de père et qu'il était hors de question qu'il nous paie une maison encore plus chère. Ce serait un appartement ou rien.

L'atmosphère était lourde d'angoisse et de regret quand, en décembre 1985, le frère aîné de ma mère, oncle Muhammad, est arrivé de Mogadiscio comme un courant d'air frais. C'était un homme grand et vigoureux, et, avec lui à la maison, tout le monde se sentait en sécurité. Il ressemblait à Ma en beaucoup plus jovial. Il aimait plaisanter avec nous. Je le revois, assis sur une natte, dans son sarong, un châle sur les épaules, roucoulant que nous étions des femmes, maintenant, qu'il était temps de nous marier et qu'il avait ce qu'il nous fallait au pays : des hommes jeunes, beaux et riches qui feraient d'excellents époux.

Il apportait aussi des nouvelles de notre père et du FDSS. Certains des chefs du mouvement avaient fait défection et accepté des postes dans le gouvernement de Siyad Barré. Mon oncle racontait encore d'autres choses à Ma et à grand-mère, mais à voix basse, celles-là, dans le salon, quand nous étions couchés. Un soir, Haweya, qui s'était relevée pour épier l'une de ces conversations, est revenue dans notre chambre en courant, les yeux agrandis par la stupeur.

— Ayaan, on a une sœur. Abeh s'est remarié. Il a une autre famille.

Je me suis levée et je me suis dirigée vers l'escalier, descendant quelques marches pour mieux entendre. C'était vrai. Oncle Muhammad parlait d'une femme que notre père avait épousée. Ils vivaient ensemble en Éthiopie et avaient un enfant.

Le lendemain matin, j'ai essayé d'en savoir plus.

— Est-ce qu'Abeh a une nouvelle femme ? ai-je demandé à Ma.

Mais c'est grand-mère qui m'a répondu, sur un ton dédaigneux :

— Nous n'aborderons pas le sujet des épouses de ton père. Les hommes se marient, c'est comme ça. Personne ne dira de mes filles et de mes petites-filles qu'elles sont jalouses.

Dans notre clan, la jalousie est considérée comme un sentiment déshonorant, si vil qu'il doit être tu et réprimé. Je savais que je ne devais plus poser de question sur la nouvelle femme d'Abeh, mais j'ai insisté.

— Est-ce que c'est vrai qu'on a une sœur ? Quel âge a-t-elle ?

De nouveau, grand-mère, sur le même ton faussement désinvolte :

— Oh, elle doit avoir neuf ans, maintenant.

Alors Ma a fait volte-face et a articulé, la voix étranglée :

— Non, trois ou quatre, je crois.

Dans le silence qui a suivi, nous avons tous fait le calcul. Nous étions en 1986, et notre père nous avait quittés en 1981 : il n'avait attendu que quelques mois pour se remarier.

J'ai considéré avec amertume cette succession de femmes et d'enfants : la première famille qu'il avait délaissée, puis nous, et maintenant cette autre fille qu'il n'allait sûrement pas tarder à abandonner à son tour. J'ai ressenti un élan de compassion pour Ma, avec tous ses soucis. Quémander chaque mois son aumône, devoir nous trouver un logement décent, réfléchir à un avenir pour Mahad et à un moyen d'empêcher Haweya de faire des bêtises... Elle n'aurait jamais eu à s'inquiéter de tout cela si mon père était resté avec nous.

J'étais anéantie. L'espoir qui m'avait animée jusque-là m'a quittée tout d'un coup. Sans vraiment me l'avouer, j'avais continué à imaginer qu'un jour Abeh reviendrait et recréerait la sphère familiale intime et chaleureuse de mon souvenir. Apprendre qu'il avait une autre fille me faisait l'effet d'une trahison, comme s'il venait de me gifler.

Je me suis promis que je ne laisserais jamais la même chose m'arriver. Que je ne serais jamais dépendante de personne. Ma mère avait si peu de contrôle sur sa propre vie que mon père avait réussi à se remarier sans qu'elle le sache. Rien que d'y penser, je me sentais bouillir. J'enrageais pour elle. La vie semblait si injuste avec Ma. Elle était toujours restée fidèle à mon père, et même si elle s'était parfois montrée cruelle avec nous, ses enfants, elle ne nous avait jamais laissés tomber. Elle ne méritait pas ces épreuves.

Même si, à cette époque, je commençais à me rebeller intérieurement contre la tradition d'assujettissement des femmes, je portais encore un hidjab. Je méditais beaucoup sur Dieu, sur la meilleure façon d'être vertueuse à Ses yeux et sur la beauté de l'obéissance et de la soumission. J'essayais de réduire mon esprit au silence pour en faire un simple vaisseau de la volonté d'Allah et des mots du Coran, mais il semblait bien décidé à s'éloigner du Droit Chemin.

Quelque chose en moi a toujours contesté les valeurs morales qui sous-tendaient les sermons de sœur Aziza. Une petite étincelle d'indépendance. C'était peut-être une réaction au décalage absolu entre le comportement rigide prescrit par les Saintes Écritures et les réalités de la vie quotidienne, toujours en mouvement.

Déjà, petite fille, j'avais du mal à accepter l'incohérence des règles de l'islam. Comment un Dieu juste, si juste que presque toutes les pages du Coran louent son équité, pouvait-Il désirer que les femmes soient traitées de façon aussi injuste ? Quand le *ma'alim* nous enseignait que le témoignage d'une femme vaut deux fois moins que celui d'un homme, je pensais *Pourquoi ?*. Si Dieu était miséricordieux, pourquoi exigeait-Il que Ses créatures soient pendues en public ? S'Il était clément, pourquoi les incroyants devaient-ils aller en enfer ? Pourquoi Allah ne les transformait-Il pas en croyants pour qu'ils puissent aller au paradis s'Il était vraiment tout-puissant ?

Au fond de moi, je remettais en question tout ce qu'on m'avait appris, et en secret je transgressais les règles. Comme beaucoup de filles de ma classe, je lisais des romans

– ces histoires à l'eau de rose – tout en sachant que cela aussi, c'était résister à l'islam de la façon la plus basique qui soit. En me consacrant à ces lectures, je m'autorisais la première chose qu'une musulmane doit s'interdire : ressentir du désir en dehors du mariage. Une musulmane n'a pas le droit de se sentir libre, ni de se laisser emporter par la passion, ni d'éprouver tout ce que j'éprouvais en lisant ces romans.

Une jeune musulmane ne choisit pas sa vie et ne cherche pas à en prendre le contrôle. Elle apprend à être docile et à s'effacer, jusqu'à ce qu'il ne reste presque plus rien d'elle-même en elle. Dans la pratique de l'islam, la volonté individuelle est superflue, surtout pour les femmes. Une musulmane doit se soumettre ; c'est le sens littéral du mot *islam* : soumission. Elle doit lutter pour assoupir son esprit afin de ne plus jamais être tentée de relever les yeux, même en pensée.

Je crois que je dois mon salut aux romans et à l'absence de mon père qui m'a fait prendre conscience de l'impuissance de ma mère seule. Ce sont sûrement ces facteurs, combinés au fait que je vivais, à l'époque, dans un pays non musulman, qui m'ont préservée de la soumission. J'étais jeune, mais les graines de ma révolte étaient déjà semées.

*

Notre famille n'avait jamais été très unie, mais après ce mois de décembre elle s'est complètement désagrégée. Oncle Muhammad est reparti en Somalie, où il a emmené Mahad, qui devait trouver sa voie et devenir un homme. J'étais contente de me débarrasser de mon frère – il me menait la vie dure –, mais j'étais aussi un peu jalouse. Mahad allait voyager, vivre des aventures. Rien de tel ne pourrait jamais m'arriver, parce que j'étais une fille.

Un mois plus tard, la police venait nous expulser. Des

années s'étaient écoulées depuis le premier délai arraché à nos propriétaires, mais Ma n'avait toujours pas réussi à nous trouver un autre logement. Finalement, c'est grand-mère qui nous a sorties d'embarras, en faisant, comme d'habitude, appel à son clan : un Issaq du voisinage allait nous accueillir pour quelque temps.

Cet homme, Abdellahi Ahmed, avait perdu sa femme deux ou trois mois plus tôt, et grand-mère avait passé plusieurs semaines chez lui pour l'aider : c'est le genre de chose qu'on fait pour les membres de son clan. En apprenant ce qui nous était arrivé, il avait tout naturellement offert de nous héberger.

Abdellahi Ahmed avait beaucoup d'enfants, mais il avait envoyé les plus jeunes vivre à la campagne, dans sa ferme. Seules ses deux filles aînées, Fardawsa et Amina, habitaient encore avec lui dans sa maison de Nairobi. Homme d'affaires et somalien, Abdellahi Ahmed se sentait doublement incapable d'élever des adolescentes ; il avait donc confié cette responsabilité à Hanan, une parente issaq plus âgée qui était venue vivre avec eux.

Nous dormions à quatre dans une chambre : grand-mère dans un lit simple, Haweya et moi dans des lits superposés, et Ma sur le sol. Nos affaires étaient entreposées sous le lit de grand-mère et dans diverses maisons du voisinage. La cuisine était commune. La plupart du temps, Fardawsa et Amina préparaient les repas de leur famille, et moi ceux de la mienne.

Comme elles avaient grandi au Kenya, les filles d'Abdellahi Ahmed parlaient mal le somali et l'anglais. Nous discutions donc en swahili, ce qui dégoûtait ma mère. Après le dîner, nous nous retrouvions dans la cuisine pour préparer la pâte des *angello*, les traditionnelles galettes somalies que nous ferions cuire le lendemain matin. Nous passions de bons moments ensemble. Amina, l'aînée, était très extravertie et s'entendait bien avec Haweya ; je préférais Fardawsa pour son calme et sa douceur.

Hanan et ma mère, de leur côté, s'affrontaient comme deux scorpions. Hanan mâchait du qat, et Ma ne supportait pas l'idée de devoir vivre sous le même toit qu'une femme aussi vile. Chaque fois que Hanan en prenait, Ma l'observait un moment, les yeux plissés par le mépris, puis partait s'enfermer dans notre chambre.

Le matin, comme elle redescendait de l'euphorie provoquée par le qat de la veille, Hanan pouvait être vicieuse. Mais elle en remâchait après le déjeuner, et au bout de quelques heures elle redevenait patiente et aimable. Elle nous surveillait de façon beaucoup moins stricte que ma mère dans ses meilleurs jours. Amina et Haweya se mirent à faire le mur l'après-midi. Amina allait retrouver son petit ami, le plus jeune fils de Farah Gouré. Il avait du style et une voiture : c'était le prince du quartier. En plus, il était osman mahamud, elle issaq, on n'aurait pu rêver idylle plus romantique. Haweya, elle, passait beaucoup de temps au cinéma.

Fardawsa et moi avons fini par les imiter, de temps en temps. Nous allions au cinéma avec Hawo, la fille aînée de Jim'o Musse, qui habitait juste en face de chez Abdellahi Ahmed. Hawo trouvait ma robe noire absolument ridicule. Elle hurlait de rire chaque fois qu'elle me voyait revenir de l'école dans cette tenue, puis elle m'entraînait à l'Odéon voir quelque improbable épopée bollywoodienne.

Un après-midi, Haweya a croisé Kennedy dans une discothèque. Il lui a demandé des nouvelles de Mahad et de moi – surtout de moi. Nous ne nous étions pas revus depuis que Mahad avait quitté le lycée de garçons Starehe, où Ken était encore en terminale. Il a chargé Haweya de me transmettre un mot.

Il avait inscrit dessus son numéro de téléphone. Quand j'ai vu cela, mes jambes se sont mises à trembler, et, bien sûr, je l'ai appelé. Au téléphone, je n'arrivais pas à parler sans bégayer. Toutes mes terminaisons nerveuses semblaient s'être réveillées en même temps. Je portais peut-être un hidjab, mais cela ne changeait rien à l'effet que Ken produisait sur moi. Nous avons décidé de nous retrouver chez un parent à lui : dans un cinéma ou un parc, on risquait de nous voir.

J'y suis allée voilée de la tête aux pieds. J'avais décidé de parler d'Allah à Ken, de lui dire que s'Il avait voulu que nous tombions amoureux, cela signifiait que nous nous marierions un jour – c'était écrit.

En m'ouvrant la porte, il a eu un mouvement de recul.

— Qu'est-ce qui t'est arrivé ? s'est-il exclamé. Tu es folle ?

— Non, ai-je répondu, je ne suis pas folle. Je prends ma religion au sérieux. Et tu devrais en faire autant.

Avec un sourire, il m'a pris la main – il était gentil, vraiment adorable – et m'a attirée à l'intérieur. J'ai retiré mon hidjab et l'ai plié d'un air décontracté, comme si je ne voyais rien d'inhabituel à me trouver seule dans une maison inconnue avec un homme.

Sous ma robe je portais une jupe longue et un chemisier boutonné jusqu'au cou. Je me suis assise sur le bord du canapé et j'ai bavardé un moment avec Ken. Et puis il m'a embrassée. Et, de nouveau, c'était comme si une veilleuse, en moi, venait de s'éteindre. Je savais que les anges me regardaient, mais je lui ai rendu son baiser.

Le soir, il a préparé le dîner. Je n'avais jamais été servie par un homme. C'était très agréable : il me gâtait, se montrait charmant et attentionné, tout le contraire de mon frère. Après le dîner, je lui ai demandé :

— Dis-moi, pour de vrai, tu t'appelles Youssouf, n'est-ce pas ?

J'étais là, à risquer mon âme pour passer un peu de temps avec lui : j'avais bien le droit de connaître la vérité.

— Non, je te l'ai dit, je m'appelle Kennedy.

Je croyais qu'il plaisantait encore. Je m'étais convaincue que ce nom, Ken, et tout ce qu'il impliquait, n'était qu'une blague, comme toutes celles qu'ils m'avaient faites avec

Mahad, profitant de mon ignorance et de ma naïveté pour me taquiner. Mais il a continué :

— C'est la vérité : je m'appelle Kennedy Okioga, et je suis de la tribu des Kisii. Je ne suis pas somalien. Mahad a inventé ça pour que ta mère m'accepte, parce qu'elle n'a pas l'habitude des gens d'ici. Je suis kényan.

J'étais abasourdie.

— Tu n'es pas musulman ?

— Non, a-t-il répondu.

— Mais alors tu dois le devenir !

— Sûrement pas, a-t-il répliqué en riant. Je n'ai pas envie de te ressembler.

— Les hommes n'ont pas à porter ces vêtements, ai-je assuré.

— Je sais bien, mais ça ne change rien : je ne veux pas être musulman.

Il m'a expliqué qu'il était athée : qu'il ne croyait en aucun Dieu. J'étais horrifiée. Je n'arrivais pas à concevoir qu'une telle abomination puisse sortir de la bouche d'un garçon si doux et si beau.

— Mais tu vas brûler ! me suis-je écriée.

Et il a rétorqué :

— L'enfer n'existe pas, tu sais. Tout ça, ce sont des histoires.

Il y a eu un horrible silence. J'ai compris que nous ne devions plus jamais nous voir. Peu importe à quel point je l'aimais, je ne pouvais pas épouser un non-musulman. Pas seulement parce que le Coran interdisait les mariages entre fidèles et infidèles, mais aussi à cause du sectarisme de mon clan. Ayaan Hirsi Magan ne pourrait jamais devenir la femme d'un Kényan. Le clan ne le tolérerait pas. Si j'épousais Ken, il y avait même des chances pour qu'ils le tuent.

Si Ken avait bien voulu se convertir à l'islam, j'aurais pu essayer d'arguer que tous les croyants étaient égaux devant Allah, sans distinction de clan ou de tribu. Peut-être les

Osman Mahamud auraient-ils fini par accepter cela, tout en me méprisant jusqu'à la fin de mes jours. Mais même moi, à dix-sept ans, je ne pouvais concevoir d'épouser un impie.

Il fallait tout arrêter. Le regret me déchirait. En partant, j'ai dit à Ken :

— Je crois vraiment que ça ne pourra jamais marcher entre nous.

Il m'a répondu qu'il connaissait les traditions somalies, mais que l'amour était plus fort que tout.

— Je suis sûr que ça vaut la peine d'essayer, a-t-il insisté.

C'était gentil mais vain : nous avions passé l'âge des illusions. J'ai baissé les yeux et j'ai murmuré :

— Laisse-moi un peu de temps pour y réfléchir. Mais je savais, et lui aussi, que c'était la dernière fois que nous nous voyions.

*

C'était une mauvaise période pour tout le monde dans notre famille. Juste avant son seizième anniversaire, Haweya annonça qu'elle laissait tomber l'école. Elle m'en parla la veille du jour où elle le dit à Ma. Je tentai de la faire revenir sur sa décision. Il ne lui restait plus que deux ans avant ses premiers examens et elle s'en était très bien sortie, sans le moindre effort : ses notes étaient toujours meilleures que les miennes alors que je travaillais deux fois plus dur. « Sans diplôme, lui dis-je, tu ne pourras rien faire de ta vie. Tu seras comme Ma. » Mais je ne réussis pas à la faire changer d'avis. Elle détestait le lycée. Elle voulait partir en Somalie, comme Mahad. Elle voulait vivre n'importe où, du moment que ce n'était pas dans la chambre que nous partagions avec grand-mère et Ma.

Le lendemain matin, elle alla chez Farah Gouré, l'homme chez qui Ma se rendait tous les mois, la tête haute, pour *accepter* son allocation. L'immense cour était toujours remplie d'hommes, mais Haweya poussa la grille sans hésiter. Elle portait ses vêtements de tous les jours : jupe de lycéenne, pas de foulard.

— J'aimerais avoir une consultation avec Farah Gouré, annonça-t-elle d'une voix forte.

Les hommes lui rirent au nez et lui dirent de revenir avec sa mère. Une jeune fille ne pouvait pas parler ainsi, sans intermédiaire, à un homme. Mais, quand Farah Gouré apparut à la porte de sa maison, Haweya s'avança vers lui.

— Je suis la fille de Hirsi Magan, lui dit-elle, et je suis venue solliciter une faveur. Vous pouvez entendre ma requête et l'agréer ou non. Ou alors vous pouvez me dire tout de suite : « Rentre chez toi, tu n'es pas la bienvenue », et je ne reviendrai pas.

Farah Gouré éclata de rire. Il demanda à Haweya si elle voulait une tasse de thé, et aussi sec elle répondit :

— Ce que je veux, c'est aller en Somalie. Mon frère est à Mogadiscio, ma famille est à Mogadiscio, mon père lui-même y sera dès qu'on aura renversé Siyad Barré. J'en ai assez de vivre au Kenya. Je rêve de retourner en Somalie depuis que je suis toute petite, et je sais que vous y allez deux fois par mois, alors j'aimerais que vous m'y emmeniez.

— Est-ce que ta mère est au courant ?

— Oui. Si vous acceptez, elle me laissera partir.

Ce qui n'était pas vrai, bien entendu.

Farah Gouré était un phénomène. Petit et rond, plein de bonté et d'énergie. Je crois que nous étions apparentés à la onzième génération. En 1987, il devait avoir soixante ans et, bien qu'il n'eût jamais appris à lire et à écrire, il avait réussi à se constituer un parc de semi-remorques qui couvrait tout l'est et le sud de l'Afrique. Mais, s'il avait travaillé dur pour s'enrichir, il ne concevait pas de garder sa fortune pour lui tout seul. Il croyait dans son clan, et dans le FDSS. En s'occupant des femmes et des enfants réfugiés au Kenya, il libérait les pères de famille et leur permettait de se consacrer à la lutte contre Siyad Barré. C'est le genre de chose que les Osman Mahamud ont toujours fait, c'était naturel. Farah Gouré partageait son argent avec son clan et le mouvement qui défendait sa cause, et sa maison était ouverte à presque tous les Osman Mahamud.

Beaucoup plus tard, on m'a raconté l'histoire de sa rencontre avec sa femme, Fadumo. À quinze ans, il avait quitté ses parents pour faire fortune, comme l'exigeait la tradition à Bari, son village natal. Il était parti pour Kismaayo, une ville du Sud. Là-bas, il avait connu des premiers jours difficiles : il ne comprenait pas l'accent des gens et n'avait personne pour lui faire à manger et lui laver ses vêtements. Très vite, il s'était retrouvé sans le sou, déguenillé et affamé, mais il ne pouvait pas rentrer chez lui : la honte aurait été trop grande.

Un jour, au marché, il repéra une jeune fille de son âge qui préparait des *angello* : elle les faisait cuire sur un brasero, les garnissait de beurre et de sucre et les vendait, roulés, aux passants. Il se mit à marcher de long en large devant elle en humant l'odeur des galettes jusqu'à ce qu'elle l'interpelle.

— Eh bien, vous avez l'air d'avoir faim, et il rit, soulagé, parce qu'elle avait l'accent de Bari.

Farah Gouré et cette jeune femme, Fadumo, se récitèrent la liste de leurs ancêtres. Ils étaient tous les deux osman mahamud, ils pouvaient donc se dire frère et sœur. Il lui demanda ce qu'elle était venue faire à Kismaayo.

— J'ai dit à mes parents que je partais faire fortune et c'est ce que j'ai fait, répondit-elle. Pour l'instant, je n'ai que cette petite échoppe, mais un jour je m'achèterai un camion. Vous aussi, vous devriez vendre des *angello*.

— Voyons, répliqua Farah Gouré, je ne peux pas faire ça. Je suis un homme.

Fadumo lui prépara un *angello*, et quand il lui avoua qu'il n'avait pas de quoi la payer elle lui dit qu'il pouvait gagner sa galette en lui rendant service. Elle lui cuisinerait chaque matin son petit déjeuner s'il acceptait de se renseigner pour elle sur le fonctionnement des entreprises de transport routier. « Moi, je dois rester là, et puis je suis une femme, j'aurai plus de mal que vous à obtenir ce genre d'information. » C'est ainsi que Farah Gouré se fit embaucher comme apprenti auprès d'un transporteur. Fadumo rêvait de posséder un jour des camions qui desserviraient toute la Somalie, et Farah s'enthousiasmait pour ce projet. Il demanda à la jeune fille de l'épouser, mais elle refusa en riant : « Que ferais-je d'un mari trop pauvre pour payer son petit déjeuner ? »

Elle finit par céder, bien sûr. Et après environ un an passé à vendre des *angello*, à louer des camions et à transporter des marchandises entre Kismaayo et Mogadiscio, Fadumo et Farah Gouré avaient acheté un premier semi-remorque, puis un deuxième, ainsi qu'un stand plus grand pour les *angello*, avec des employés. Cette histoire, c'étaient les femmes de la *tolka*, la proche famille, qui la contaient année après année, dans une version chaque fois plus romantique, avec une Fadumo toujours plus courageuse et spirituelle et un Farah toujours plus amoureux. Parfois, Fadumo était présente et écoutait le récit avec un sourire, sans dire un mot. C'était une grosse femme joviale dont la maison, tout près de celle d'Abdellahi Ahmed, fourmillait toujours d'enfants et d'invités.

Alors que Fadumo attendait leur septième enfant, Farah avait pris une deuxième femme et, plus tard, une troisième. Fadumo les avait acceptées sans broncher. Elle leur avait simplement dit : « Vous êtes les bienvenues ici. Mais vous devrez gagner votre argent. La fortune avec laquelle il vous a épousées m'appartient. »

Je ne sais pas si toute l'histoire est vraie, mais sa morale est claire : en tant que femme, on vit mieux quand on gagne de l'argent. On ne peut pas empêcher son mari de nous quitter ou d'en épouser une autre, mais on se sent moins humiliée quand on n'a pas à lui réclamer de pension pour vivre.

J'imagine que c'est pour cela que Farah Gouré a décidé d'aider ma sœur : il aimait les femmes fortes et audacieuses. Il a donc accepté de financer et d'organiser son voyage jusqu'à Mogadiscio.

Grand-mère était fière de Haweya. Elle faisait ce que toute femme darod doit faire : retourner sur sa terre natale pour y apprendre les traditions ancestrales. Mais Ma était furieuse que ma sœur ait tout arrangé derrière son dos. Les femmes du clan allaient cancaner : une fille bien élevée ne quitte pas sa mère comme ça. Elle ne pouvait pas pour autant s'opposer à son départ : Haweya allait voir la famille de son père en Somalie, et l'en empêcher aurait été encore plus mal vu.

Ma lui a donc fait confectionner plusieurs *dirha* longues et fluides et l'a suppliée d'obéir à ses aînés et de ne pas souiller l'honneur de ses parents. Le matin de son départ, nous l'avons accompagnée chez Farah Gouré avec sa valise. Elle avait hâte de se mettre en route ; de mon côté, j'étais en larmes. C'était surtout sur mon sort que je m'apitoyais : j'étais triste de devoir continuer à vivre dans cette chambre avec grand-mère et Ma et de me retrouver seule pour finir l'école. Abeh était parti des années plus tôt, puis Mahad, et maintenant Haweya. Grand-mère soliloquait à longueur de journée sur la Somalie et la vie tellement meilleure qu'elle aurait là-bas, au pays, avec son fils et ses autres filles. Notre famille était en train de se désintégrer.

À Mogadiscio, Haweya devait aller vivre chez la première femme de notre père, Maryan Farah, qui était notre plus proche parente en Somalie. Ne pas séjourner chez elle aurait été impoli, on aurait pu penser que nous éprouvions de la jalousie, de la rancune envers elle. Nous étions au-dessus de ça.

Nous n'avions jamais vu Maryan Farah, mais nous connaissions son existence et celle de ses filles, Arro et Ijaabo, que nous appelions nos sœurs. Maryan était une petite femme orgueilleuse qui ne s'était jamais remariée après son divorce d'avec notre père. Elle travaillait à Moga-discio, où elle avait un rôle important auprès du gouvernement. Elle était marehan – du même sous-clan que le dictateur, Siyad Barré.

Les clans étaient bien plus marqués en Somalie qu'au Kenya, et les tensions entre eux très vives. Les Osman Mahamud savaient que Haweya devait habiter chez sa belle-mère, mais ils gardaient un œil sur elle. Ils ne voulaient pas qu'une Marehan, une parente de ce parvenu d'Afwayne, puisse se plaindre d'avoir à entretenir une jeune Osman Mahamud, alors, ils lui donnaient de l'argent de poche.

Quand Haweya rentrait d'une visite chez des parents de mon père, nos demi-sœurs lui sautaient dessus et la harcelaient pour qu'elle partage l'argent. Elles se servaient aussi sans lui demander l'autorisation de ses produits de toilette et se moquaient d'elle parce qu'elle ne connaissait pas les convenances et passait son temps à lire. Haweya ne les aimait pas.

Elle se sentait plus à l'aise chez Ibado Dhadey Magan, une sœur aînée de mon père qui, ayant appris seule à lire et à écrire, avait obtenu son diplôme d'infirmière et s'était élevée jusqu'à devenir directrice de l'hôpital Digfeer, où j'étais née. Ibado était une femme moderne. Âgée d'une cinquantaine d'années, elle était mariée mais n'avait pas d'enfant, et elle appréciait le cran de ma sœur.

Elle lui dit qu'aller à l'école était une chance et qu'elle devait continuer à étudier pour pouvoir un jour travailler et gagner sa vie. Elle lui fit visiter sa maison, avec sa véranda carrelée et son magnifique jardin, et lui expliqua : « Personne ne m'a donné tout cela : je l'ai gagné à la sueur de mon front. Toi aussi, tu dois apprendre un métier, et travailler. »

Quand Haweya dépensait l'argent que lui donnait Ibado pour s'acheter des pantalons, des jupes et des chemisiers, les filles de Maryan faisaient un scandale. La tension montait encore au moment des repas. À Nairobi, nous avions toujours mangé dans des assiettes individuelles, à l'occidentale. Chez Maryan, en revanche, comme presque partout à Mogadiscio, on apportait dans la cour deux grands plats communs, et les hommes, accroupis, mangeaient dans l'un, les femmes et les enfants dans l'autre. Haweya n'aimait pas ça, elle trouvait que ce n'était pas hygiénique et ça lui coupait l'appétit. En plus, au Kenya, elle avait pris l'habitude de déjeuner et de dîner toute seule pour pouvoir lire en même temps. Manger sans lire la déprimait, et elle commença à perdre du poids, ce que Maryan ressentit comme une insulte.

Alors Haweya se mit à prendre ses repas dehors. Une jeune fille, seule, au restaurant : personne n'avait jamais vu ça. Devant tout le monde, elle s'installait et se plongeait dans un roman en attendant d'être servie, puis elle mangeait lentement en continuant à lire. Il y avait toujours des hommes, serveurs ou clients, pour l'importuner ; elle les envoyait promener. Elle se comportait de façon extrêmement déviante.

Toutes les parentes de Maryan tournèrent alors leurs regards vers cette pauvre petite fille de Hirsi Magan qu'on avait laissée grandir au Kenya dans l'ignorance des pratiques civilisées. Elles parlaient d'elle et lui parlaient, soudain soucieuses de ce qu'elle mangeait et quand, des vêtements qu'elle portait et des raisons qui la poussaient à lire des romans plutôt que le Coran. Haweya m'écrivit qu'elle était venue en Somalie pour se libérer de l'emprise de ma mère et qu'elle se trouvait à présent suffoquée par tout un groupe.

*

J'avais dix-sept ans et, depuis le départ de Haweya, je n'avais plus goût à rien. Mon amie Fardawsa Abdellahi Ahmed avait quitté Nairobi elle aussi : son père l'avait envoyée à la campagne avec ses frères et sœurs en attendant de lui trouver un mari. Au lycée, la perspective de passer mes premiers examens ne m'emballait pas du tout. La seule matière qui m'intéressait encore était l'éducation islamique.

Je voulais saisir l'essence de ce en quoi je croyais. Toutes les autres filles acceptaient les règles de notre religion sans se poser de questions, mais, moi, j'avais besoin de les comprendre. Il fallait que ma foi repose sur une base logique et cohérente : je devais avoir la certitude que l'islam était dans la vérité, car, même si les meilleures personnes l'assuraient, je commençais à me rendre compte que leur discours présentait un certain nombre de contradictions.

Si Dieu était miséricordieux, pourquoi les musulmans devaient-ils haïr les non-musulmans et les détruire pour mettre en place un État fondé sur les lois d'Allah ? S'Il était juste, pourquoi les femmes étaient-elles si opprimées ? Je me suis mise à rassembler tous les versets du Coran qui célébraient la sagesse d'Allah, son omnipotence, son équité, et il y en avait beaucoup. Je les ai médités. Il m'apparaissait clairement que, dans la vie de tous les jours, les musulmanes n'étaient pas « différentes mais égales », comme l'affirmait sœur Aziza. Le Coran insistait sur le fait que les hommes dominent les femmes. En pratique comme en théorie, notre infériorité ne faisait aucun doute.

En plus du lycée, je suivais toujours les cours de l'école coranique. Mon *ma'alim* était un jeune homme que les gens surnommaient Boqol Sawm, « celui qui jeûne pendant cent jours ». Grand-mère disait qu'il avait la peau du ventre collée à la colonne vertébrale tant il était maigre. Cet homme était un fanatique, même du point de vue des pires extrémistes. Dans sa courte robe saoudienne qui laissait voir ses chevilles osseuses, il allait cogner aux portes pour faire la morale aux gens. Il avait dit à Farah Gouré : « Aucune de vos filles n'est voilée ! Vous finirez tous en enfer ! » Farah Gouré l'avait jeté dehors.

Mais, avec le temps, Boqol Sawm avait réussi à rallier un grand nombre de fidèles, dont une majorité de femmes.

Elles acceptaient les cassettes audio qu'il distribuait de porte en porte et se les échangeaient. Elles transformaient leurs salons en salles d'étude du Coran et s'y réunissaient pour écouter avec dévotion ses sermons enregistrés, ou Boqol Sawm en personne, séparé d'elles par un rideau opaque selon la règle énoncée par le Prophète.

Il était ainsi devenu le prêcheur le plus renommé de la communauté, et les effets de ses sermons commençaient à se faire sentir dans les rues des quartiers somaliens. En quelques semaines, des dizaines de femmes que j'avais vues porter des *dirha* de couleur vive sur de séduisants jupons et des sandales italiennes dévoilant leurs ongles peints avaient adopté la burka, linceul sombre et rêche dont elles ne laissaient dépasser qu'un petit bout de visage, voire rien du tout. Il y a tant d'avis différents sur la bonne manière de se voiler. Le vêtement qui se répandait alors à Eastleigh, le *jilbab*, consistait en une pièce de tissu épais couvrant la tête et tombant jusqu'aux genoux, eux-mêmes cachés par une longue jupe de la même matière. Par comparaison, ma robe noire me paraissait soudain trop fine, trop provocante.

Ma mère était attirée par le dogmatisme de Boqol Sawm. Elle m'encourageait à écouter ses cassettes et à assister à ses prêches dans les maisons du voisinage.

J'avais l'habitude des cours de sœur Aziza, qui se déroulaient dans une atmosphère de confiance et de respect : elle nous laissait tirer nos propres conclusions. Mais pour Boqol Sawm, enseigner le Coran signifiait le réciter à tue-tête dans un mélange confus d'arabe et de somali, avant d'en hurler les règles : ce qui était interdit, ce qui était permis. Et il n'essayait jamais d'en expliquer le sens profond.

Un jour, pendant l'un de ses prêches devant une assemblée de mères et de jeunes filles – j'avais alors dix-sept ans –, il a abordé les versets sur la façon dont les femmes sont censées se comporter avec leur mari. Nous devions à celui-ci une obéissance absolue, nous a-t-il dit. Si nous lui désobéissions, il avait le droit de nous battre. Nous lui devions d'être sexuellement disponibles à tout moment en dehors de nos règles, « même sur la selle d'un chameau », a-t-il ajouté, citant les hadiths. Pas d'amour ni d'échange :

— L'OBÉISSANCE TOTALE ! hurlait Boqol Sawm. C'est la règle dans l'islam.

Cela m'a mise en rage. Je me suis levée et tournée vers le rideau en tremblant.

— Notre mari doit-il nous obéir, lui aussi ?

C'était une question pertinente, mais la voix de Boqol Sawm s'est élevée, dure et sèche :

— Certainement pas !

Je me suis planté les ongles dans la paume des mains pour m'empêcher de trembler.

— Dans ce cas, les hommes et les femmes ne sont pas égaux.

— Ils le sont.

— Non. Si moi je dois obéir à mon mari mais que lui n'est pas tenu de le faire, alors nous ne sommes pas égaux. Et le Coran a beau affirmer à chaque page qu'Allah est juste, ça, c'est une injustice.

— Tu n'as pas le droit de douter de la parole d'Allah ! Son esprit ne t'est pas accessible ! C'est Satan qui te parle, jeune fille ! Rassieds-toi immédiatement !

Je me suis exécutée, mais entre mes dents j'ai murmuré : « Imbécile ». Les autres femmes se sont tournées vers moi, l'air inquiètes : elles devaient croire que j'étais vraiment possédée par le démon. Aucune d'entre elles ne semblait comprendre que Boqol Sawm m'avait fait taire parce qu'il ne savait pas comment expliquer l'incohérence que j'avais remarquée. Qu'en penser ? La faille ne pouvait se situer dans le Coran, puisque le Coran était la parole de Dieu. C'était donc sûrement la faute de ce stupide *ma'alim*, et de toute la cohorte d'incapables que pour mon malheur j'avais eu comme professeurs.

Boqol Sawm traduisait mal le Coran, j'en étais

convaincue. Allah n'avait jamais dit que les hommes devaient battre leurs femmes pour leur apprendre l'obéissance ni que le témoignage d'une femme devant la cour comptait pour moitié par rapport à celui d'un homme. « Aucun de ces *ma'alim* ne comprend le message d'égalité du Coran, me disais-je. Le Coran est plus grand et meilleur qu'eux. »

Je me suis acheté une édition anglaise du saint texte, en espérant que cela m'aiderait à mieux le comprendre. Mais j'y ai retrouvé tout ce qu'avait dit Boqol Sawn. Qu'il faut tuer les infidèles. Que les femmes doivent obéir à leurs maris. Qu'elles valent deux fois moins que les hommes.

Sœur Aziza a confirmé. La résistance émotionnelle des femmes est naturellement plus grande que celle les hommes, m'a-t-elle expliqué. Il est donc normal qu'Allah leur envoie plus d'épreuves. Un mari a le droit de punir sa femme, pas pour une petite faute comme un retard, mais pour une faute grave, comme séduire un autre homme. Cela est juste, car les femmes connaissent leur irrésistible pouvoir sexuel et doivent savoir le garder sous contrôle.

— Et si le mari séduit une autre femme ? lui ai-je demandé.

— Dans une société islamique, c'est impossible.

Elle m'a dit encore que je blasphémais si j'imaginais une seule seconde que le Coran puisse être réinterprété pour mieux correspondre à l'époque moderne. Le Coran était l'œuvre de Dieu, non des hommes, et il était interdit de discuter Sa parole.

Il faut obéir et servir Allah, c'est en cela que réside l'épreuve. Si l'on se soumet à la volonté de Dieu sur la terre, on gagne l'au-delà et la béatitude éternelle. La règle est stricte. J'avais conscience que mes doutes augmentaient sérieusement mes chances de brûler en enfer, mais je savais aussi que je ne pouvais les ignorer.

*

Boqol Sawm prêchait l'islam vrai des Frères musulmans. Les fondateurs de cette fraternité prônaient une foi pure et originelle à laquelle nous devions tous retourner. L'islam, dans sa pratique courante, était corrompu, mêlé de ridicules superstitions qu'il fallait éliminer. Le mouvement avait été créé en Égypte dans les années 1920 et s'était développé lentement jusque dans les années 1970, où les dons des millionnaires saoudiens du pétrole s'étaient mis à affluer par vagues immenses. (En Arabie Saoudite, la conviction traditionaliste a toujours été forte.) En 1987, les idées des Frères musulmans étaient arrivées jusque chez les ména-gères somaliennes d'Eastleigh, en la personne hargneuse et décharnée de Boqol Sawm.

Ses sermons suscitaient de plus en plus de disputes au sein des couples. Au début, les hommes avaient considéré avec amusement l'engouement de leurs femmes pour le prêcheur : à coup sûr, elles se lasseraient de lui au bout d'une semaine et trouveraient un autre passe-temps. Mais ils finirent par s'en irriter. Chez les Somaliens, le salon, toujours bien meublé, est le domaine des hommes. Ils y invitent leurs amis pour discuter de choses sérieuses – l'honneur, l'argent, la politique et l'éventualité de prendre une deuxième ou une troisième femme – tout en buvant du thé parfumé, sucré, et en mâchant du qat. Ils aiment s'y retrouver le soir et le vendredi après-midi. Mais c'étaient justement les moments que Boqol Sawm choisissait pour venir y prêcher.

Les hommes se trouvaient donc relégués dans les quar-tiers des femmes : la cuisine, la cour et, dans les maisons les plus grandes, le petit salon moins joli où ils ne mettaient jamais les pieds. Et, depuis qu'elles s'étaient converties à l'islam vrai, leurs épouses les envoyaient promener, les traitant d'impies. Quand ils leur reprochaient leur insolence, elles leur répliquaient que dans la hiérarchie de la sou-mission on doit suivre Allah avant son mari ou son frère, le Prophète ayant décrété que les femmes ne doivent obéir à leurs maris que si eux-mêmes obéissent à Allah.

Au bout de quelques mois, on assistait aux premiers divorces, et Boqol Sawm recevait des menaces de la part de Somaliens qui l'accusaient d'avoir brisé leur ménage. Des maris en colère interrompaient ses prêches et le chassaient des salons et des mosquées, au point qu'il finit par ne plus se montrer. Mais les copies de ses cassettes continuaient à circuler, chaque jour plus nombreuses.

Sur ces bandes, quand il ne mettait pas ses fidèles en garde contre les flammes de l'enfer et les ennemis de l'islam, il délivrait des prescriptions détaillées sur les rituels autorisés par l'islam, les cérémonies de la naissance, de la cour, du mariage, du divorce... Il était interdit de célébrer l'anniversaire du Prophète : cela ressemblait trop au Noël des chrétiens, et les musulmans ne devaient jamais imiter les infidèles. Porter des amulettes et demander de l'aide aux défunts comme le faisait ma grand-mère revenait à associer Allah à des déités inférieures, et pareil blasphème vous envoyait directement en enfer. Refuser de coucher avec son mari était permis si celui-ci n'observait pas les obligations de la prière et du jeûne. Pour entrer dans les toilettes, il fallait poser le pied gauche en premier, et, pour en sortir, le pied droit. Le seul salut autorisé était *Assalamu-Allaikum Warahmatullahi Wabarakaatuhu* (La paix soit avec toi, et la miséricorde d'Allah, et Sa bénédiction). Si l'on vous saluait d'une autre façon, vous aviez le droit de ne pas répondre.

Boqol Sawm n'était pas le seul prêcheur du quartier. On croisait de plus en plus de jeunes Frères musulmans en courte tunique blanche et châle à carreaux rouges et blancs, anciens étudiants des écoles coraniques de Médine ou du Caire qui s'étaient, comme lui, fixé pour mission de ramener les moutons égarés dans le Droit Chemin d'Allah. Les gens qui se convertissaient à leur cause organisaient des collectes de fonds auprès de leur famille, certaines femmes faisaient don de leur dot, chacun offrait quelque chose. En

1987, la première mosquée des Frères musulmans était construite à Eastleigh et Boqol Sawm sortait de sa retraite. Il prêchait là chaque semaine et ses hurlements résonnaient dans la ville, amplifiés par les haut-parleurs placés au sommet du minaret blanc, juste au-dessous du croissant vert enroulé autour d'une étoile.

Il criait que les hommes qui rejetaient l'appel à l'islam de leurs femmes brûleraient en enfer. Les riches qui dépensaient leur argent en biens terrestres brûleraient. Les musulmans qui ne prenaient pas les armes pour défendre leurs semblables, les Palestiniens, n'étaient pas de vrais musulmans et brûleraient eux aussi. L'islam était menacé et ses ennemis, les juifs et les Américains, brûleraient pour l'éternité. Les familles musulmanes qui envoyaient leurs enfants étudier aux États-Unis, en Grande-Bretagne ou dans n'importe quel autre territoire infidèle brûleraient. La vie sur terre est temporaire, hurlait-il, elle permet à Allah de nous mettre à l'épreuve. Les hypocrites trop faibles pour résister aux tentations de ce monde brûleraient. Ceux qui ne rompaient pas totalement avec les non-musulmans brûleraient.

Je n'étais pas totalement convaincue par Boqol Sawm, mais, à dix-sept ans, je ne remettais pas en question les valeurs des Frères musulmans, d'autant qu'au fur et à mesure que leur mouvement prenait de l'ampleur on notait de nombreux effets positifs. Les jeunes gens consommaient bien moins de qat et de drogues. À une époque où le sida commençait à faire des ravages, beaucoup de familles musulmanes considéraient que la meilleure protection était l'abstinence, et c'était justement ce qu'encourageaient tous ces zélateurs.

La corruption avait diminué elle aussi. Les entreprises des Frères musulmans se distinguaient par leur honnêteté. Leurs centres médicaux et leurs œuvres de bienfaisance étaient les plus fiables. Dans les bidonvilles, de nombreux

Kényans se convertirent pour pouvoir bénéficier de ces services.

Une mosquée toute neuve fut édifiée dans le quartier pauvre de Majengo grâce aux fonds apportés par un riche Saoudien. Sur les conseils de sœur Aziza, j'allai y prier un vendredi avec mes camarades de classe. À notre arrivée, après la prière du soir, la rue qui jouxtait la mosquée était pleine de Kényanes encore un peu gauches dans leurs nouveau *jilbab*. L'une d'elles venait de s'asseoir, son bébé dans les bras, sur les marches de pierre à l'entrée du bâtiment. Après avoir relevé son *jilbab*, elle a déboutonné la robe qu'elle portait en dessous et a introduit un sein voluptueux et complètement nu dans la bouche de l'enfant, comme si c'était la chose la plus naturelle au monde. Des dizaines d'hommes – des étrangers – passaient devant elle, derrière elle d'autres hommes étaient en train de prier, mais elle ne semblait absolument pas se soucier de ce qui l'entourait.

Avec un même cri d'horreur, mes camarades et moi nous sommes jetées sur elle et l'avons transportée à l'intérieur de la mosquée, dans l'une des salles qui nous étaient réservées. Une vieille femme swahilie, voilée de noir de la tête aux pieds, s'est mise en devoir de lui enseigner la bonne façon d'allaiter. Avant de mettre le mamelon dans la bouche du bébé, il faut dire *Bismillah*, puis, pendant qu'il tète, il faut implorer Allah de le préserver des maladies, des tentations terrestres et de la malveillance des juifs. Bien sûr, aucun homme étranger à la famille ne doit *jamais* être présent ; si le bébé a faim, il peut toujours attendre.

*

Je n'ai jamais été une grande admiratrice de Boqol Sawm. Je trouvais ses sermons grossiers et incapables de répondre à mes questions. Je n'étais pas la seule à juger

163

trop limité le niveau intellectuel de l'enseignement que proposaient les medersas : beaucoup de jeunes gens recherchaient, comme moi, un apprentissage religieux plus profond. Ils voulaient comprendre l'exemple du prophète Mahomet, afin de mieux marcher sur ses traces. Ils pensaient que la pratique de l'islam ne pouvait se limiter à deux ou trois prières par semaine : ils voulaient s'y immerger, comme dans un mode de vie étudié dans les moindres détails, une passion, un effort constant de l'esprit.

Un groupe de jeunes musulmans somaliens et pakistanais de mon quartier avait commencé à organiser des débats islamiques hebdomadaires, en anglais, où l'on discutait de ces questions. Ces débats, qui se tenaient dans le centre communautaire, près de l'école, n'avaient rien à voir avec les sermons de la mosquée, simples récitations de textes en arabe. Ils concernaient les relations entre hommes et femmes, musulmans et non-musulmans, islam et chrétienté : c'étaient des discussions animées, souvent intelligentes, et tout à fait appropriées à la vie que nous menions. L'assistance était composée de lycéens, pour la plupart brillants, très engagés, heureux de se trouver là. Les garçons, vêtus à l'occidentale, s'installaient aux premiers rangs, face à l'estrade où se tenait l'orateur ; les filles, la tête couverte d'un grand foulard, s'asseyaient derrière. La ségrégation était volontaire, l'harmonie régnait : nous étions tous de bons musulmans désireux d'atteindre la perfection.

Nous tenions à prendre nos distances avec la vieille école et sa pratique passive et hérétique de l'islam. Les troupes de choc de Dieu, voilà ce que nous étions. Nous nous ralliions aux convictions rigides et essentialistes de penseurs qui cherchaient à ranimer l'islam original du Prophète et de ses disciples, celui du VIIe siècle. Notre intention était de mener notre vie de la façon la plus authentique possible. Nous ne nous contentions pas d'apprendre les textes par cœur : nous nous intéressions à leur sens et à la façon dont nous pouvions les rattacher à notre vie de tous les jours.

Nous lisions les œuvres de l'Égyptien Hassan al-Banna, qui avait créé la société des Frères musulmans pour faire face au développement alarmant des idées occidentales en terre musulmane et encourager le retour à l'islam pur du Prophète. Nous lisions les écrits de Sayyid Qutb, un autre Égyptien, qui affirmait que prêcher ne suffirait jamais : il fallait provoquer une révolution absolue pour établir le royaume de Dieu sur la terre. Nous nous enthousiasmions pour de nouveaux mouvements : Irhwan – Fraternité – et Tawhid – l'Université de Dieu –, créés par de petits groupes de vrais croyants, comme nous.

Nous étions tous convaincus qu'une croisade mondiale visant à éradiquer l'islam était en marche, commanditée par les juifs et tout l'Occident impie. Nous devions donc le défendre par un soutien financier, en convertissant les infidèles, ou en les punissant par la violence. C'était le jihad, qui dans sa variante guerrière est une constante historique de l'islam, et nous voulions y participer.

Je m'efforçais d'être une bonne musulmane, mais je trouvais problématique cet antagonisme avec l'Occident. La Grande-Bretagne et les États-Unis étaient les pays de mes romans, ceux de la liberté et du respect de l'individu. Pour moi, l'Occident représentait ces valeurs, plus que la musique pop, le cinéma et les petites correspondances que nous entretenions au lycée avec des filles de Finlande ou du Canada persuadées que nous vivions dans les arbres. Je m'en étais fait une idée positive. Mais il y avait ces photos d'hommes morts pour l'islam qu'on nous faisait passer dans la salle : nous devions leur donner un sens. L'Occident les avait tués, nous disait-on, l'Occident était ce que nous, en tant que musulmans, devions combattre.

Notre but était d'établir un gouvernement islamique mondial.

Comment y parvenir ? Certains disaient qu'il fallait avant tout prêcher, pour répandre l'islam parmi les infidèles et faire reconnaître aux musulmans passifs l'appel de la foi pure et vraie. Plusieurs garçons du groupe partirent en Égypte pour rejoindre les premiers Frères musulmans ; d'autres obtinrent des bourses pour aller étudier dans les écoles coraniques de Médine, en Arabie Saoudite.

Sœur Aziza, de son côté, s'était ralliée à la cause des chiites depuis qu'elle avait épousé l'un d'entre eux. Elle se passionnait pour la révolution islamique qui s'était produite en Iran huit ans plus tôt, en 1979, et s'extasiait sur la sainteté de l'ayatollah Khomeyni : enfin, une voix s'élevait pour dénoncer les perversions et les tromperies des croisés occidentaux. Elle nous montrait les photos des cadavres des jeunes Iraniens, la tête encore ceinte du bandeau vert des martyrs, qui s'étaient sacrifiés pour le triomphe de la révolution. Elle nous emmena à l'ambassade d'Iran à Nairobi. Elle voulait organiser un séjour sur place pour aider l'ayatollah, mais je savais que Ma ne me laisserait jamais partir là-bas : elle détestait les chiites.

Les débats auxquels j'assistais portaient également sur le comportement requis dans la vie quotidienne. Les règles, extrêmement détaillées, étaient innombrables, comme les exégètes qui s'étaient prononcés sur leur sens. Les vraies musulmanes n'avaient pas le droit de marcher au milieu de la rue. Elles ne pouvaient pas prendre elles-mêmes la décision de quitter la demeure paternelle. Elles ne devaient jamais découvrir leur corps, même devant un aveugle, même chez elles.

Je m'étonnais toujours du nombre de grands penseurs qui s'étaient attachés à déterminer exactement quelle quantité de peau une femme pouvait dénuder sans craindre de déchaîner les éléments. Presque tous, bien sûr, s'accordaient pour dire que, dès la puberté, les jeunes filles ne devaient plus sortir ni s'exposer aux regards des étrangers autrement qu'entièrement voilées, la vue de leur corps, à l'exception des mains et du visage, risquant de provoquer chez les hommes une incontrôlable frénésie sexuelle. Mais les parties du visage et des mains en question n'étaient pas les mêmes pour tous les théoriciens.

Certains maintenaient que les yeux des femmes constituaient la plus forte source de provocation sexuelle : quand Allah disait qu'elles devaient baisser le regard, cela signifiait en fait qu'elles devaient cacher leurs yeux. Une autre école affirmait que la seule vue de leurs lèvres – surtout celles, fermes et pulpeuses, des jeunes filles – suffisait à plonger les hommes dans une transe sexuelle qui les conduisait à leur chute. Une autre encore consacrait des pages et des pages à l'effet diabolique qu'avaient sur les hommes l'arrondi d'un menton, un joli nez, des doigts longs et fins et la tendance qu'ont les femmes à bouger les mains de façon à attirer l'attention sur leurs attraits. Pour chaque règle, les penseurs citaient le Prophète.

Voiler les femmes de la tête aux pieds n'était pas suffisant. Il y avait encore les talons hauts, dont le claquement pouvait évoquer l'image des jambes d'une femme ; pour ne pas être dans le péché, les femmes devaient donc porter des chaussures plates, silencieuses. Puis venait le parfum : l'emploi de tout produit à l'odeur agréable, savon et shampooing compris, risquait de distraire les hommes de la vénération d'Allah et de leur inspirer des fantasmes sacrilèges. En fin de compte, la meilleure façon pour une femme d'éviter de faire du mal à qui que ce soit semblait être de fuir tout contact avec les hommes et de rester chez elle. Les pensées érotiques des hommes étaient toujours imputables aux femmes qui les suscitaient.

Un jour, lors d'un débat, confuse d'entendre l'orateur tenir un tel discours, je me suis levée pour intervenir. « Et les hommes ? ai-je demandé. Ne devraient-ils pas porter le voile, eux aussi ? Les femmes ne ressentent-elles pas de désir pour leur corps ? Ne peuvent-elles pas être tentées par leur peau nue ? » Cela me semblait logique, mais, comme toute l'assistance a éclaté de rire, j'ai renoncé à poursuivre.

*

Je m'ennuyais, toute seule. Beaucoup de mes camarades kényanes m'évitaient maintenant : ma tente noire les mettait mal à l'aise, c'était le vêtement d'une fanatique. J'ai donc pris l'habitude de passer mes fins d'après-midi chez Farah Gouré, où, sous l'œil perçant mais bienveillant de sa femme Fadumo, vivait toute une troupe d'adolescentes somaliennes – les filles de la maison et de jeunes Osman Mahamud fraîchement arrivées du pays.

C'était mon premier contact avec des jeunes filles élevées en Somalie. Beaucoup venaient de la campagne et des provinces et avaient été fiancées selon la tradition à de braves hommes du clan. Ma mère pensait qu'elles auraient une bonne influence sur moi, et elle me laissait aller les voir aussi souvent qu'il me plaisait.

L'une de ces filles, qui s'appelait Jawahir, était vive, jolie, un peu excitée. Elle avait vingt-cinq ans et elle était venue à Nairobi pour épouser l'un des camionneurs de Farah Gouré, Ali, qui devait revenir bientôt d'une mission de cinq mois dans le sud de l'Afrique. Ali était un employé exemplaire, et Fadumo, qui ne voulait pas le perdre, s'efforçait de rendre la vie agréable à Jawahir afin qu'elle ne soit pas tentée de repartir avec lui en Somalie après leur mariage. Elle m'a donc demandé de faire visiter la ville à la jeune fille et de lui tenir compagnie.

Jawahir était minuscule mais très exubérante, tout en minauderies ; elle écarquillait les sourcils et faisait de grands gestes, tout en racontant des histoires d'une voix suraiguë. Ses inflexions étaient très théâtrales : elle me rappelait les Issaq que j'avais vues se lamenter à Mogadiscio le jour de l'enterrement de ma tante. De fait, Jawahir avait passé une partie de son enfance près de Hargeisa où elle avait pris non seulement les manières, mais aussi l'accent issaq. Elle n'était jamais allée à l'école et ne savait pas lire, mais je la trouvais vraiment amusante.

Nous passions beaucoup de temps toutes ensemble, avec les autres filles. Chaque jour, pendant que les adultes faisaient la sieste avec les plus petits, nous avions de longues discussions, ponctuées de gloussements. Nous parlions surtout du mariage imminent de Jawahir et de nos propres perspectives. Et bien sûr nous parlions d'excision. Toutes ces filles savaient qu'elles seraient bientôt mariées : le sujet était inévitable. On nous avait cousues pour ça.

Cela donnait lieu à beaucoup de fanfaronnades. Chacune se vantait d'être cousue plus serré que les autres, ce qui la rendait plus pure, doublement virginale. Jawahir, surtout, était très fière de sa circoncision – elle en parlait sans cesse. « Tu vois la paume de ma main ? disait-elle. C'est comme ça, sur moi. Plat. Fermé. »

Un jour, en parlant d'une autre fille qu'elle n'aimait pas, elle m'avait dit : « Celle-là, il suffit de l'entendre faire pipi pour savoir qu'elle n'est pas vierge. Elle ne goutte pas, elle urine fort, comme un homme. »

Nous discutions aussi de nos règles, qui pendant quelques jours faisaient de nous des êtres répugnants, trop vils pour prier ou même toucher le Coran. Mes amies se sentaient coupables de saigner tous les mois. C'était la preuve qu'elles valaient moins que les hommes.

Nous parlions rarement de l'acte sexuel lui-même, celui qui aurait lieu le soir de nos noces. Pour les Somaliens, c'est un sujet honteux et sale. Mais parfois, en nous promenant dans les rues du voisinage avec Jawahir, nous tombions sur des couples – des Kényans – en train de s'embrasser goulûment devant tout le monde. Ma délicate petite amie avait alors un mouvement de recul : c'était vraiment un pays de dégoûtants.

Certains après-midi, Jawahir me demandait de lui lire des passages des livres que j'avais toujours avec moi. C'étaient le plus souvent des thrillers ou des histoires sentimentales, et tous comportaient des scènes de sexe. Jawahir les écoutait avec une moue dédaigneuse. « Ça ne se passe pas comme ça chez les musulmans, affirmait-elle. Nous sommes purs, nous. »

*

Le mariage de Jawahir eut lieu chez Farah Gouré. On avait préparé un gigantesque banquet, plusieurs chèvres et moutons ayant été tués pour l'occasion. Toutes les femmes, vêtues de longues *dirha* de gaze, les mains ornées d'arabesques peintes au henné, dansèrent au son du tambour. Les hommes, de leur côté, n'avaient pas de musique. Après le dîner, Jawahir fit son apparition dans une robe blanche de style occidental, les cheveux coiffés en choucroute. Tout le monde la regardait, et elle etait ravie : elle adorait se mettre en scène.

La semaine qui suivit la cérémonie, Ma m'interdit de rendre visite à mon amie : ce n'aurait pas été convenable. J'allai la voir le week-end suivant. Assise sur le sofa, elle se balançait avec précaution d'une fesse sur l'autre. Après quelques minutes, je lui ai demandé comment c'était, finalement, de faire l'amour.

Elle a éludé la question, m'arrachant des mains le livre que j'avais apporté, un roman Harlequin emprunté à Aluwiya.

— Qu'est-ce que c'est encore que cette saleté ?

— Allez, tu sais comment ça se passe, maintenant. Raconte-moi.

— Pas avant que tu m'aies lu ça.

C'était une histoire à peu près décente : un homme, une femme, une idylle impossible, un ou deux passages érotiques. Mais quand les personnages s'embrassaient, l'homme caressait le sein de la femme, avant d'y poser les lèvres. Jawahir était horrifiée.

— Ces chrétiens sont répugnants ! glapit-elle. C'est

interdit de faire ça ! Chez les musulmans, ça ne se passe pas du tout comme ça !

Maintenant, elle devait vraiment me dire comment ça s'était passé pour elle.

— Pas terrible, m'avoua-t-elle.

Après la cérémonie, Ali l'avait emmenée dans la chambre de l'appartement qu'il avait loué pour eux. Elle s'était couchée tout habillée sur le lit. Il avait éteint les lumières, et elle l'avait senti qui lui retroussait sa robe, lui retirait sa culotte, lui écartait les jambes et essayait de la pénétrer. Au bout d'un long moment, il avait fini par déchirer sa cicatrice, pas avec un couteau, juste avec son sexe. Elle avait eu horriblement mal.

Ça recommençait tous les soirs, et chaque fois c'était presque aussi douloureux, et toujours pareil : Ali la pénétrait, allait et venait un peu en elle et éjaculait. Rien d'autre. Ensuite, il allait prendre une douche pour se purifier, et elle aussi, en appliquant du désinfectant sur ses plaies. Voilà en quoi consistait sa vie sexuelle.

Ça n'avait rien à voir avec les scènes sur lesquelles je m'attardais dans mes romans. J'allais sur mes dix-huit ans, je m'étais gavée d'histoires à l'eau de rose et j'avais embrassé Kennedy. Ce que me décrivait Jawahir était tellement en deçà de ce que j'avais imaginé ; j'étais horriblement déçue. J'ai dit que je ne me marierais jamais.

Jawahir a éclaté de rire.

— Attends un peu que ton père revienne, m'a-t-elle dit.

Elle paraissait parfaitement résignée à son sort. Ali ne semblait ni violent ni mesquin ; il avait l'air d'un homme bon et capable de subvenir à ses besoins. Et je crois qu'elle était convaincue que Dieu interdisait aux femmes vertueuses de ressentir du plaisir.

Je savais déjà ce que sœur Aziza aurait à dire au sujet du sexe et du mariage. Elle conseillait beaucoup de jeunes époux. Quand les femmes lui racontaient l'horreur de leur vie sexuelle, elle leur répliquait qu'elles ne se plaignaient que parce qu'elles avaient lu des descriptions licencieuses et anti-islamiques de rapports sexuels dans des livres occidentaux. Nous, musulmans, ne devions pas imiter le comportement des infidèles. Nous ne devions pas nous habiller comme eux, ni faire l'amour comme eux, ni rien de ce qu'ils faisaient. Nous ne devions pas lire leurs livres : ils nous feraient sortir du chemin droit et vrai qui mène à Allah.

Une femme ne pouvait pas rompre un mariage parce qu'elle le trouvait atroce ou ennuyeux : c'était un acte strictement interdit qui portait la marque de Satan. « Si votre mari vous fait mal, ajoutait sœur Aziza, vous devez le lui dire et lui demander de s'y prendre autrement. Si vous coopérez, ce sera toujours moins douloureux. Et s'il ne vous fait pas mal, alors, estimez-vous heureuses. »

*

Chez Abdellahi Ahmed, la situation se détériorait. Hanan et Ma avaient failli se heurter à plusieurs reprises, mais Ma s'était retenue : elle savait qu'une grosse dispute nous obligerait à quitter la maison. Mais quand les affrontements reprirent en Somalie, début 1988, et qu'en mai de la même année les forces de Siyad Barré se mirent à bombarder les territoires issaq, Hanan se mua en une véritable sorcière. Elle ne voulait pas d'une Darod chez elle.

Nous n'avions jamais considéré Siyad Barré comme un parent. Il était darod, c'est vrai, mais du sous-clan des Marehan – rien à voir avec les Osman Mahamud, du côté de mon père, ni avec la famille Dhulbahante de ma mère. Ma essaya de raisonner Hanan. Ce que le dictateur faisait aux Issaq, il l'avait déjà fait, dix ans plus tôt, au peuple de mon père. « Nous sommes tous des victimes de Siyad Barré, lui dit-elle. C'est pour ça que nous sommes partis de chez nous – c'est pour ça que je dois mendier dans ce pays, avec mes enfants. »

Mais, pour ne rien arranger, Siyad Barré offrit un armistice aux combattants macherten du FDSS, armistice qu'acceptèrent plusieurs huiles du mouvement, parmi lesquels certains de nos parents osman mahamud. Le frère de Jim'o Musse capitula et devint ministre des Télécommunications. Hanan, elle, devint impossible.

Tous les après-midi, à cinq heures, juste quand je rentrais de l'école, le service somali de la BBC, allumé à plein volume dans la cuisine, lui annonçait combien d'Issaq avaient été tués, combien avaient été contraints de fuir. Dans notre chambre, Ma et grand-mère écoutaient la même chose. Hanan se mettait à hurler, maudissant les Dhulbahante, les Macherten et tous les Darod, et parfois ma mère perdait son sang-froid et se ruait dans la cuisine. On voyait alors ces deux femmes vieillissantes s'affronter au milieu des casseroles, ma mère crachant un poème tout juste inventé, accusant Hanan de lâcheté, Hanan mugissant en retour que ma mère était bien plus lâche qu'elle, puisqu'elle avait quitté la Somalie beaucoup plus tôt. Ma grand-mère les suppliait de se calmer, quant à moi, je sortais discrètement prendre l'air en attendant que les cris cessent.

Jawahir m'avait implorée de venir habiter avec elle pour lui tenir compagnie quand Ali partait travailler loin et pour l'aider dans la maison. Fadumo connaissait ma situation – aucun Somalien ne fait rien en secret – et intercéda en ma faveur. Elle convainquit Ma qu'une jeune mariée comme Jawahir était la compagne idéale pour une fille de mon âge et qu'il me serait plus facile d'étudier là-bas, ce que Ma ne pouvait nier. J'ai donc emménagé chez Jawahir, juste pour quelques mois, le temps de préparer mes examens.

Je me sentais adulte. La maison se trouvait dans Eastleigh, le quartier somalien, et, même si j'y vivais sous l'œil vigilant du clan, j'y étais plus libre et plus au calme que chez Abdellahi Ahmed. Quand son mari rentrait, Jawahir se parfumait à l'encens et voltigeait de-ci, de-là dans ses plus jolis vêtements. Ali ne semblait jamais remarquer ses efforts, mais au moins il se montrait aimable et respectueux.

Pendant mon séjour chez eux, deux des collègues d'Ali m'ont fait leur demande. Je ne m'y attendais pas du tout et mon air interloqué a beaucoup fait rire Jawahir, mais, sur la forme, il n'y avait rien à redire. Ces hommes étaient d'abord allés parler de moi à Ali, l'un après l'autre, puis Ali était venu me voir. Chaque fois, il m'avait décrit le prétendant en détail : un homme travailleur, relativement aisé, osman mahamud bien sûr, qui m'installerait dans une maison toute proche et prendrait soin de moi. Il n'était question que d'argent et de sécurité. Jamais d'amour.

L'un de ces deux hommes se montra particulièrement insistant. Il n'avait pas trente ans et c'était un musulman sérieux, mais je le trouvais bête, laid et sans aucune éducation. Il me supplia de l'épouser. Il me dit qu'il était prêt à tout pour me protéger : c'était sa meilleure carte. Si j'acceptais, il partirait en Somalie à la recherche de mon père, ou au moins de mon frère, et obtiendrait leur consentement, lequel était, évidemment, le seul avis qui comptât vraiment. Il se moquait de savoir s'il me plaisait ou si nous pouvions bien nous entendre.

Je trouvais tout cela invraisemblable. Ce n'était pas ainsi que j'avais envie qu'on me fasse la cour. Je voulais de l'émotion. Un homme splendide, avec de l'allure, des yeux sombres et le sens de l'humour. Et tomber à la renverse. Le mariage me terrifiait. Je ne voulais pas de la vie de Jawahir. Ni devenir grosse et vieille comme mon amie Zainab. Et surtout pas finir comme Ma.

Les deux fois, j'ai refusé, très poliment. J'ai expliqué à Ali que je préférais terminer mes études avant même de songer à me marier. À mon grand soulagement, ma mère m'a soutenue. Elle a dit à Ali que je ne pouvais être fiancée en l'absence de mon père et de mon frère. Cela ne se faisait pas, et elle ne voulait pas enfreindre les règles ; les gens allaient s'imaginer des choses. Je suis sûre qu'en réalité elle considérait ces unions au-dessous de ma condition.

*

Les parents d'Aluwiya s'étaient fait construire une maison dans l'une des cités chics qui poussaient un peu partout à Nairobi. Ils proposèrent à ma mère de lui louer un appartement dans le petit immeuble qu'ils venaient de quitter, sur Park Road. Quelques jours avant notre déménagement, Haweya revint de Mogadiscio avec une valise pleine de jupes courtes et un éclat nouveau dans le regard. Quand Ma la vit arriver, elle se couvrit les yeux. « Allah ! Qu'est-ce que c'est que ça ! » La Somalie aurait dû rendre Haweya plus docile, elle en revenait au contraire avec une assurance tout adulte.

Ce qu'elle avait découvert au pays ne coïncidait pas du tout avec les attentes de ma mère. Bien sûr, les Somaliennes jugent essentiel d'être *baari* – des femmes soumises mais fortes, qui servent leur mari sans se plaindre. Et, à la différence des Arabes, elles sont presque toutes excisées. Mais, en général, les Somaliennes travaillent, ce qui fait qu'elles sont différentes des femmes de la péninsule arabique ; plus libres, peut-être. L'islam n'a jamais été aussi puissant en Somalie qu'en Arabie Saoudite, son pays d'origine, et certaines femmes de la génération de mon père avaient une vision très moderne du monde. Notre tante Ibado Dhadey Magan, et même, dans une certaine mesure, notre belle-mère Maryan Farah étaient ainsi des exemples pour Haweya. Elles étaient très différentes de ma mère, qui s'était enfermée dans un ressentiment passif et amer le jour où mon père l'avait quittée.

Haweya était bien décidée à devenir une femme active. Ibado l'avait convaincue d'obtenir des qualifications, et elle était revenue au Kenya dans ce but : l'enseignement y était meilleur. Comme elle ne voulait pas retourner au collège, elle décida de s'inscrire dans une école de secrétariat, où elle pouvait entrer sans diplôme.

Mes propres examens eurent lieu quelques mois après son retour, et je décrochai tout juste la mention « passable ». Je savais qu'avec de tels résultats je ne serais jamais admise dans la classe supérieure, et j'étais trop fière pour seulement imaginer de redoubler et de repasser mes examens.

Nous irions donc toutes les deux à l'école de secrétaires. Nous savions qu'il ne serait pas facile de convaincre Ma de nous laisser faire. Elle voulait m'envoyer dans une pension islamique pour filles, pas très loin de chez nous, où j'apprendrais à faire la cuisine et le ménage et à lire le Coran. Je lui dis que je faisais déjà tout ça et qu'elle n'avait rien à craindre de l'école de secrétaires qui, en fin de compte, ressemblerait beaucoup au lycée.

Nous évitions consciencieusement de mentionner une évidence : nous allions nous qualifier pour travailler dans un bureau, nous avions donc l'intention de gagner notre vie. Nous avons dit à Ma qu'Ibado paierait les frais de Haweya, et le HCR une partie des miens, parce que j'étais réfugiée, que j'avais fini le collège et que c'était une formation professionnelle. Finalement, de mauvaise grâce, elle a accepté de payer le reste.

Au début de l'année 1988, Ma avait reçu de Somalie une lettre de Mahad. Mon frère avait rencontré Abdellahi Abdi Aynab, le fils aîné du directeur de prison fusillé pour avoir aidé notre père à s'évader. Cet homme vivait à Aden, au Yémen. Âgé de vingt-quatre ans à peine, travailleur et pieux, il avait monté une affaire. Et il me demandait respectueusement en mariage.

Ma mère me fit asseoir pour m'en parler. C'était une belle union, me dit-elle, avec une symétrie. Mon père l'approuverait sûrement. Elle faisait de son mieux pour me persuader de suivre l'idée de Mahad, mais cette perspective me glaçait. Bien sûr, je respectais le père de cet homme : pour nous, c'était un saint. Mais mon frère s'attendait-il vraiment à ce que je dise oui, à ce que j'épouse un inconnu et parte vivre dans un pays où je n'avais jamais mis les pieds ?

J'étais très fière de la réponse que je lui fis. « Mon cher frère, je n'ai que dix-huit ans et ne pense pas encore au mariage. J'entre à peine dans l'âge adulte et j'ai besoin d'avancer un peu plus loin, seule, sur ce chemin, pour ne pas passer sans transition de l'enfance à la maison de mon mari. » C'était poli et respectueux, mais clair.

Mahad m'a alors écrit directement en me disant de bien réfléchir. Quelques jours plus tard, j'ai reçu une belle lettre d'Abdellahi Abdi Aynab lui-même, écrite dans un somali élégant – il était d'une famille très cultivée –, où il se présentait et décrivait sa façon de voir la vie, et à laquelle il joignait deux photos de lui à Aden. On aurait dit la lettre d'un correspondant de classe – il ne manquait que les petits dessins. L'idée d'épouser cet homme ne m'enthousiasmait toujours pas, mais je devais admettre qu'en termes de demande en mariage à une parfaite inconnue il avait fourni un effort remarquable.

Ma mère, elle, tomba en admiration devant les photos d'Aden, la ville où sa propre vie d'adulte avait commencé. Elle me dit que ce mariage était mon destin. J'eus beau lui expliquer que je ne me sentais pas prête à prendre cette décision, que je me sentais piégée rien que d'y penser, cela ne l'empêcha pas de décider, avec Mahad, que le jour où je me marierais ce serait avec cet homme.

Je ne voyais pas cela comme une bien grande menace. Abdellahi Abdi Aynab vivait à Aden, Mahad en Somalie, et aucune disposition n'avait encore été prise. J'écrivis à mon prétendant que je ne le rejetais pas en tant que personne – je ne le pouvais pas, ne l'ayant jamais rencontré –, mais que, pour le moment, le mariage ne faisait simplement pas partie de mes projets. Et cela ne posait pas de problème. Rien n'avait été signé. Personne ne me forçait.

*

Je n'allais presque plus aux débats islamiques du jeudi soir. Je les trouvais de plus en plus prévisibles et de moins en moins motivants. L'argumentation des intervenants ne tenait souvent pas debout, et mes questions restaient sans réponse. On nous exposait les fondements de l'islam et la nécessité de vivre notre foi de façon plus active, mais il n'y avait pas de progrès de leçon en leçon. Jamais personne n'essayait de reconsidérer ces bases ou de les interpréter.

Encore une fois, j'avais l'impression que ma vie était partagée en deux. Dans le monde de sœur Aziza, j'étais dévote et humble, je me contentais du rôle insignifiant dans lequel m'enfermaient les innombrables règles de l'islam. Dans l'autre monde, celui de mes romans, j'étais bien plus téméraire. Je me mettais dans la peau des personnages et vivais leurs aventures, empruntais leur volonté individuelle et leur pouvoir de décision.

Et les dilemmes moraux au centre de ces livres me passionnaient, tout autant que leur résolution, souvent inattendue et complexe, mais toujours cohérente. Je passais mes nuits plongée dans ces histoires. Lire *Docteur Jekyll et Mister Hyde*, et comprendre, petit à petit, que les deux personnages ne font qu'un et que le bien et le mal cohabitent en chacun de nous : je trouvais cela nettement plus intéressant que de lire les hadiths.

Je continuais à faire le mur de temps en temps pour aller au cinéma avec Haweya ou des Somaliennes que j'avais rencontrées. Je ne voyais pas cela comme un péché, c'était juste de l'amitié. À cette époque, je priais moins souvent, presque jamais cinq fois par jour, et, quand je le faisais, je sautais beaucoup de versets.

Un jour, en février 1989, la BBC a diffusé la nouvelle que l'ayatollah Khomeyni avait mis à prix la tête d'un homme nommé Salman Rushdie qui avait écrit un livre sur les femmes du prophète Mahomet : *Les Versets sataniques*.

La parution de l'ouvrage avait causé des émeutes à travers tout le monde musulman. L'ayatollah avait déclaré Rushdie, lui-même musulman, coupable de blasphème et d'apostasie, crime de celui qui renie sa foi, et l'avait condamné à mort. Un soir, quelques semaines plus tard, sœur Aziza et son mari sont passés chez nous pour me proposer de les accompagner au centre communautaire musulman, à côté de l'école, où avaient lieu nos débats. Une petite foule était déjà assemblée sur le parking. Une voiture est arrivée, remplie de jeunes garçons qui brandissaient par les fenêtres de petits drapeaux en feu : celui des États-Unis et celui d'Israël. Puis ils ont attaché le livre de Rushdie au bout d'un bâton, l'ont arrosé de kérosène et l'ont enflammé avec un briquet. Sous la pluie fine, le livre s'est racorni piteusement tandis que les garçons poussaient des hourras.

Sœur Aziza, à côté de moi, s'était jointe aux acclamations et psalmodiait des prières, mais je ne me sentais pas l'envie d'en faire autant. J'étais très mal à l'aise. Je me demandais si ce n'était pas un peu idiot d'avoir acheté ne serait-ce qu'un exemplaire de ce livre pour le brûler : après tout, l'argent de sa vente irait quand même à son auteur. Il ne me venait pas à l'idée de contester sa condamnation à mort : si Salman Rushdie avait insulté le Prophète, il la méritait. Apparemment Rushdie avait écrit quelque chose de tellement horrible que je ne savais même pas ce que c'était. Mais brûler un livre... Cela me rappelait ce que faisaient les Blancs en Afrique du Sud. Je n'arrivais pas à mettre le doigt sur la cause de mon malaise, mais je suis partie tôt. Je crois qu'après ce jour-là je ne suis jamais retournée au centre communautaire.

*

Avec Haweya, nous avons trouvé une école de secrétariat dans un quartier proche. Mais, dès le premier jour, nous avons compris que nous n'y apprendrions rien. Les cours

179

avaient lieu dans une salle au-dessus d'une boutique, où s'entassaient cinquante à soixante filles et où il n'y avait pas assez de machines à écrire pour tout le monde. La première leçon se résumait à : « Main gauche, premier doigt. Taper ffff. Main droite, premier doigt. Taper jjjj. » À la fin de la journée, nous avons demandé le remboursement de nos frais. C'était une sensation extraordinaire d'exiger une telle chose d'un parfait inconnu. Ensemble, ai-je constaté, nous pouvions être fortes.

Nous nous sommes mises à la recherche d'un autre établissement, menant notre enquête auprès de filles qui travaillaient déjà. D'où venaient les meilleures secrétaires ? Elles nous ont recommandé le Valley Secretarial College, qui n'acceptait que quinze étudiantes par classe, proposait des cours de sténographie et était équipé d'ordinateurs. Il se situait à Kilimani, dans la banlieue de Nairobi : de chez nous il fallait prendre deux bus pour s'y rendre, et il était cher, mais nous sommes quand même allées nous y inscrire.

Les cours de secrétariat n'étaient pas stimulants sur le plan intellectuel, mais les suivre nous permettait de rompre notre isolement. Pour la première fois, je voyais vraiment à quoi ressemblaient les rues de Nairobi. Un jour, comme je sortais de l'école et me dirigeais vers l'arrêt du bus, j'ai entendu crier « Au voleur ! » et j'ai vu un Kényan d'à peu près mon âge, vêtu d'un simple short, me dépasser en courant, bientôt rattrapé par une foule en furie qui l'a mis à terre. Quand je suis arrivée à leur niveau, il était recroquevillé sur le sol au milieu d'un cercle de badauds qui s'acharnaient sur lui.

La foule, très mélangée, a grossi et s'est faite plus féroce. Les jeunes filles poussaient des acclamations aussi réjouies que si l'équipe kényane avait gagné la Coupe du Monde. Il y a eu des jets de pierres, des cris, des coups de pied, d'autres jets de pierres. Les gens hurlaient : « *Mwizi ! Mwizi !* » – « Voleur ! Voleur ! » Le garçon était grièvement blessé. Il avait une plaie à la tête qui saignait de plus en plus à chaque coup qu'on lui portait. Ses paupières étaient si gonflées qu'on ne voyait plus ses yeux. Puis quelqu'un l'a frappé fort, à la bouche ; il a cessé de se débattre et s'est mis à convulser.

Prise d'une violente envie de vomir, je me suis détournée. C'était la chose la plus répugnante que j'avais jamais vue. Je me sentais coupable rien que d'avoir regardé : c'était comme si j'avais participé. J'imagine que le garçon a fini par mourir. Ces lynchages étaient monnaie courante à Nairobi, et j'en avais souvent entendu parler, mais c'était la première fois que j'assistais à l'un d'entre eux.

À l'école de secrétaires, l'ambiance était aussi beaucoup plus corsée qu'au lycée de jeunes filles musulmanes. À l'école, nos camarades kényanes gloussaient beaucoup quand elles parlaient de sexe et elles trouvaient naturel de séduire, mais toutes étaient chrétiennes, pratiquantes, et attachées aux idéaux du mariage. À Valley, en revanche, les filles assumaient pleinement leur lascivité. Elles admettaient sans honte avoir des relations sexuelles. Elles vivaient la vie que notre mère nous interdisait, ce qui me les rendait à la fois profondément méprisables et fascinantes.

Lucy était la plus délurée de toutes. C'était une vraie pipelette, très amicale, qui portait des vêtements si moulants qu'on voyait tous les bourrelets de ses cuisses. Elle disait : « Les hommes aiment bien pouvoir s'accrocher à quelque chose. » Elle allait en boîte de nuit tous les week-ends pour boire de la bière et rencontrer de nouveaux amants. « On ne peut pas manger la même chose tous les jours », lançait-elle avec un mépris rieur quand nous lui faisions des réflexions.

Elle parlait tout le temps de sexe. Pour elle, une fille qui n'avait pas encore perdu sa virginité était forcément trop laide ou trop bêcheuse pour que les garçons s'intéressent à elle, ou bien c'était une fanatique. Rester vierge était ridicule. « Pourquoi se promettre à un seul homme quand on peut les avoir tous ? Sors donc de ta cage », me dit-elle un jour.

La religion l'ennuyait, et l'islam en particulier lui semblait malsain, ce dont elle ne faisait aucun secret. Elle n'aspirait pas à se marier mais à s'amuser, et à ses yeux le sexe était le meilleur moyen d'y parvenir. Parfois, disait-elle, les hommes vous donnent de l'argent, ce qui est très bien, parfois ils savent danser, ce qui est formidable, mais ce qui compte vraiment, c'est le sexe. Lucy adorait ça, et quand l'un de ses amants cessait de la satisfaire elle en trouvait un autre.

Nous la connaissions depuis quelques mois quand elle nous annonça qu'elle était enceinte. Elle nous dit qu'elle l'avait fait exprès, parce que le type était magnifique et qu'elle voulait un joli bébé. Je trouvais un tel discours invraisemblable ; à cette époque, je mettais encore ma robe noire tous les soirs pour rentrer chez moi. Nous avons demandé à Lucy si ses parents n'allaient pas la punir trop sévèrement quand ils apprendraient la nouvelle, mais elle a ri et nous a dit que non, ses parents prendraient soin du bébé et la féliciteraient même s'il était particulièrement mignon.

Suffoquée par son irresponsabilité – mon père à moi me manquait encore –, je lui ai fait la morale, et nous avons fini par nous disputer. Pourtant je commençais à partager ses doutes sur l'utilité de mon immense robe noire. Je me rendais compte que, de toute façon, je ne pourrais plus la porter très longtemps. Si je voulais travailler dans un bureau de Nairobi, il me faudrait très certainement la retirer.

Moi-même, d'ailleurs, je la trouvais maintenant encombrante et à la limite du ridicule. J'ai décidé que ce qui comptait, c'était mon intention de me comporter avec discrétion, et j'ai troqué mon hidjab contre un manteau long et ajusté semblable à celui d'Aluwiya. Je me suis aussi mise à éviter sœur Aziza : je savais qu'elle n'approuverait pas.

*

En septembre 1989, nous avons reçu les résultats de nos examens. Lucy, dont le ventre s'était bien arrondi, était recalée, mais Haweya et moi obtenions notre diplôme de secrétaire de Valley College avec mention « très bien ». De retour chez nous, transportées de joie, nous avons annoncé à Ma qu'elle n'avait plus à s'inquiéter de rien : nous pouvions travailler, maintenant, subvenir aux besoins de la famille et payer tous les loyers en retard.

Ma a bondi de son tabouret, les traits raidis par la rage. Nous n'allions pas travailler. Hors de question. Nous n'étions pas des prostituées : jusqu'à notre mariage, notre place était à la maison. Grand-mère abondait en son sens.

— Argent gagné par une femme n'a jamais enrichi personne, a-t-elle déclaré, citant encore un de ses proverbes surannés.

Furieuse, je me suis tournée vers Haweya et je lui ai glissé, en anglais :

— Dans ce cas, on déménage.

Je savais qu'il existait des endroits corrects, comme les auberges de jeunesse, où nous pourrions louer une chambre et vivre notre vie.

Mais Ma comprenait sûrement mieux l'anglais que je ne le pensais. Pendant que nous boudions, enfermées dans notre chambre, elle est allée acheter une énorme réserve de nourriture et trois cadenas. Lorsque, le soir venu, nous avons voulu sortir faire une promenade, elle avait condamné toutes les portes.

— Vous n'allez nulle part, nous a-t-elle dit. Vous avez toute la nourriture qu'il vous faut ici : si vous avez faim, faites-vous à manger.

Haweya est sortie de ses gonds. Elle a arraché son manteau et son foulard et s'est mise à hurler :

— C'est mon but dans la vie de devenir prostituée ! Je sais exactement comment tomber enceinte ! Regarde mes seins et mes fesses ! Je vais appeler un homme par la fenêtre et lui demander de me donner son sperme et je tomberai ENCEINTE !

Elle a vociféré pendant des heures. Ma semblait éprouver une certaine fierté à entendre sa fille manier avec virtuosité le langage le plus aiguisé, mais cela ne diminuait en rien sa colère.

Plusieurs journées se sont écoulées, pleines d'ennui et de ressentiment, sous les verrous. Je découvrais en moi une rage insoupçonnée. Nous passions des mots aux voisins, par la fenêtre, pour qu'ils les portent à Sahra ou à Aluwiya. La mère d'Aluwiya vint voir Ma pour tenter de la convaincre de nous libérer : elle ne pouvait pas nous garder cloîtrées dans notre chambre jusqu'à notre mort. Nous étions des filles intelligentes, et après tout, notre père étant parti, elle n'avait pas d'autre source de revenus. Nous réussirions sûrement à trouver une entreprise honnête, musulmane, où l'on nous autoriserait au moins à porter un foulard.

Ma alla consulter les Osman Mahamud, et en particulier Farah Gouré, qui reconnut qu'elle avait parfaitement le droit de nous interdire de travailler si elle jugeait que cela valait mieux pour nous. Mais notre réclusion n'allait pas durer indéfiniment, et, puisque nous ne pouvions être mariées en l'absence de notre père, la seule solution était de nous renvoyer toutes les deux en Somalie, bon pays musulman. Là-bas, nous trouverions sûrement un emploi honorable, et, dans tous les cas, la vie au contact d'autres Somaliens nous serait profitable.

Ma n'avait d'autre choix que de suivre le conseil de Farah Gouré. J'étais ravie, ma sœur plus modérée. « Ne te réjouis pas trop vite, Ayaan, me dit-elle. Ça ne te plaira pas. » Elle savait ce que j'attendais de ce retour au pays : j'espérais être reconnue et aimée. Je croyais que la Somalie n'était peuplée que de braves gens respectueux les uns des autres. Les Somaliens de Somalie, j'en étais convaincue, étaient différents de tous ceux que je connaissais au Kenya.

Jawahir m'avait dit qu'il n'y avait là-bas ni crime ni violence. Et il y faisait toujours beau, pas froid et brumeux
comme à Nairobi. Toute mon enfance, j'avais entendu ma
mère rejeter le moindre de ses problèmes sur le dos des
Kényans et se languir de la Somalie, où régnaient confiance
et justice. Là-bas, mon malaise disparaîtrait, tout prendrait
du sens.

J'avais par ailleurs appris aux informations que les forces
du FDSS avaient progressé sur le front nord jusqu'à Bari.
Mon père était retourné une fois en Somalie, mais il avait
refusé d'abandonner la lutte et de céder au grand sourire de
Siyad Barré, comme certains de ses compagnons. Le tyran
semblait à présent sur le point de s'effondrer. La paix était
en marche, et très bientôt tous les exilés somaliens pourraient rentrer chez eux.

Nous sommes parties en mars 1990 ; j'avais vingt ans. Je
n'avais pas peur d'aller à Mogadiscio. J'étais ravie de
quitter ma mère et Nairobi, et de retourner à mes racines.

7

Désillusion et tromperie

Dès la descente de l'avion à Mogadiscio, je fus assaillie par la chaleur. Et ravie. Mon excitation était telle que l'assistant de Farah Gouré qui nous accompagnait éclata de rire. Mais ma joie retomba très vite lorsque je découvris le chaos ambiant. La piste d'atterrissage n'était qu'un vague chemin tracé dans le sable. Les passagers se bousculaient pour extraire leurs bagages d'une énorme pile de valises fatiguées entassées en vrac sous l'avion. À la sortie de l'aéroport, une nuée d'hommes s'abattit sur nous, insistant à grands cris pour nous conduire en ville. Le désordre, la confusion régnaient partout.

Mais, bon, ce n'était que l'aéroport, et je me sentais prête à tout pardonner au pays où j'allais enfin me sentir chez moi.

Mogadiscio resplendissait dans la lumière du crépuscule. Ce n'était pas le champ de ruines qu'est devenue la ville aujourd'hui, dévastée par la violence des clans. Pendant le trajet en taxi jusqu'à la maison de Maryan Farah, les rues que je découvrais me paraissaient familières. Il y régnait une atmosphère douce et plaisante. Les bâtiments italiens du bas de la ville avaient de la majesté ; dans les rues, le sable blanc était fin. Et les passants me ressemblaient tous. De haute taille, ils marchaient, très droits, et les femmes portaient de longues *dirha* imprimées. Oui, j'étais bien rentrée chez moi.

Maryan Farah, la première femme de mon père, habitait une grande villa blanche du quartier Casa Populare, tout près de la place Tribunka. Je ne sais plus quelle image je me faisais d'elle, mais je ne m'attendais certainement pas à rencontrer une femme prospère et sûre d'elle.

Ses deux filles étaient aussi différentes l'une de l'autre que peuvent l'être des sœurs. Arro, vingt-cinq ans, ressemblait à mon père – donc à moi –, avec son front bombé et ses pommettes hautes. Petite, de stature délicate, elle portait une *dirha* en gaze vert pâle et mauve si transparente qu'elle laissait voir son soutien-gorge en dentelle, une jupe vert pâle et des chaussures à talons mauves. Arro étudiait la médecine. Sa sœur cadette, Ijaabo, venait de finir le lycée ; plutôt boulotte, elle était vêtue, à la mode islamiste, d'une longue robe marron en tissu épais.

Lorsque Mahad vint nous souhaiter la bienvenue, ce soir-là, je le reconnus à peine. Au Kenya, sans avoir jamais été gros, il était un peu mou ; après deux ans passés à Mogadiscio il me parut plus grand, plus musclé et plus noir, à cause du soleil. Il venait de rentrer en ville après avoir séjourné à Bari et vu notre père.

Abeh en Somalie ! À quelques kilomètres de Mogadiscio, et Mahad lui avait rendu visite ! Mon cœur battait la chamade.

Mahad nous dit que notre père se trouvait dans un endroit nommé Ayl, sur la côte, non loin de Bari. Il avait passé la frontière avec les forces du FDSS qui contrôlaient, après de violents combats, une grande partie de l'ancien territoire des Isse Mahamud. Et, poursuivit Mahad, il s'occupait de mettre sur pied une nouvelle administration pour ce qu'on appelait le « territoire libre des Somalis ».

Ayl était calme, mais la route qui y menait tellement peu sûre que Mahad ne pouvait prendre le risque de nous y conduire. Nous devrions attendre qu'une liaison aérienne soit établie. Des bandits infestaient la zone des combats – et il pouvait même être dangereux de passer les postes de contrôle de l'armée. À la saison des pluies, les 4×4 s'embourbaient, restant parfois immobilisés pendant plusieurs jours. Les voyageurs étaient dévalisés, violés en chemin, et Mahad ne voulait pas risquer d'apporter à notre père deux corps sans vie. Mais Abeh se portait bien. Il fallait nous montrer patientes.

Le premier soir, nous sommes allés nous promener au bord de l'océan où une brise fraîche soufflait du large. J'emplissais mes poumons des senteurs de mon pays – ail, encens, air marin. Nous avons mangé de l'agneau enveloppé dans un pita. En marchant dans les rues, je me suis rappelé que je jouais autrefois dans un sable semblable à celui-là, et je me suis déchaussée pour continuer pieds nus.

Le contact de ce sable sec et fin sous mes pieds me procura un immense plaisir. À Nairobi, ville poussiéreuse, on n'avait jamais l'impression d'être propre. Quand il pleuvait – c'est-à-dire souvent –, le sol se transformait en boue gluante. Et, à Nairobi, tout le monde se couchait tôt, tandis qu'à Mogadiscio les rues s'animaient à la nuit tombée. Toutes les boutiques restaient ouvertes, et les ampoules nues qui les éclairaient dessinaient des îlots de lumière dans l'obscurité – il n'y avait pas d'éclairage public dans ce quartier. Des groupes de gens déambulaient tranquillement, des jeunes, des familles, des enfants.

Comme nous passions un jour devant les devantures des tailleurs, une panne d'électricité plongea toute la rue dans une obscurité complète. Puis des bougies et des lanternes s'allumèrent progressivement et un générateur démarra en toussotant. La Somalie était décidément beaucoup plus pauvre que le Kenya. Je n'y avais jamais pensé avant.

Mahad nous demanda de rester chez Maryan pour ne pas donner une mauvaise impression. Si nous allions ailleurs, les gens diraient qu'il y avait de la jalousie dans la famille de Hirsi Magan. Ce n'était pas un ordre, bien que Mahad ait parlé avec autorité, mais une requête, et même plus que cela. Par loyauté envers notre mère, Haweya ne supportait pas de vivre sous le toit de Maryan, malgré le respect et l'affection qu'elle portait à sa belle-mère. Même s'il lui arrivait de haïr Ma, elle éprouvait pour elle une loyauté farouche et se sentait coupable d'apprécier Maryan.

Je vivais assez mal cette situation. En présence de Maryan, je ressentais toujours une certaine tension et une ombre de ressentiment. Elle n'y était pour rien – elle se montrait aimable et parfaitement respectueuse des conventions –, mais je sentais toujours passer entre nous quelque chose que nous n'aurions pas dû éprouver et encore moins exprimer.

L'atmosphère de la maison était de toute façon électrique. Notre « sœur » aînée, Arro, nous manifestait un certain mépris et se chamaillait en permanence avec Ijaabo. Celle-ci ne quittait jamais son foulard de tête, même dans la maison, et s'habillait de gris et de marron terne. Quand elle sortait, elle mettait en plus un *jilbab*, tissu noir couvrant les yeux. Assez affable avec moi – elle approuvait ma façon de m'habiller –, elle dégageait néanmoins quelque chose de mielleux que j'avais du mal à supporter. À l'égard de Haweya, l'attitude des deux sœurs était contradictoire : elles paraissaient envier son caractère rebelle, mais ne l'aimaient visiblement pas.

Arro et Ijaabo nous traitaient comme des attardées mentales. Notre étrangeté les faisait ricaner ; le fait d'avoir grandi à l'étranger nous rabaissait à leurs yeux. Ce qui n'empêchait pas Arro de convoiter tous les objets occidentaux que nous possédions. Ni elle ni sa sœur ne lisaient beaucoup. Les livres étaient difficiles à trouver en Somalie, et la lecture de romans ne faisait pas partie des habitudes, comme à Nairobi. Elles regardaient d'interminables films indiens et des feuilletons arabes à la télévision, ce qui nous étonnait car elles comprenaient encore moins bien l'hindi et l'arabe que nous.

Arro passait beaucoup de temps à l'université. Ijaabo, qui allait encore au lycée, s'impliquait beaucoup dans le mouvement des Frères musulmans. Maryan estimait que c'était sans doute une lubie passagère mais l'autorisait à étudier avec un *ma'alim* qui venait à domicile une fois par semaine.

Ijaabo m'invita plusieurs fois à suivre son cours de Coran avec elle, jusqu'au jour où je lui dis que son *ma'alim* ne lui apprenait rien. Il se contentait de lui lire le Coran en arabe tandis qu'elle opinait de la tête. Ijaabo se mit en colère. Qui étais-je – moi qui parlais anglais, la langue des infidèles – pour prétendre que cet homme, formé à Médine, n'était pas un bon professeur ?

J'attendais avec impatience les visites de Mahad pour pouvoir quitter la maison. Il venait souvent, avec son ami Abshir – le fils cadet du directeur de prison autrefois exécuté pour avoir aidé mon père à s'enfuir. Abshir était donc le frère d'Abdallah Abdi Aynab, le jeune homme auquel j'étais plus ou moins promise. Il nous paraissait tout naturel d'aller nous promener ensemble, avec Haweya et Ijaabo. Nous rendions visite à d'autres membres du clan.

J'appréciais énormément la sensation d'appartenance que me donnait le clan. C'était tellement agréable de ne pas avoir à justifier son existence ni à expliquer quoi que ce soit, de se sentir acceptée. Nous plaisantions. Nous étions gais. Mahad se montrait toujours aimable et galant, même avec Ijaabo. Abshir, noir de peau, beau garçon, poli, raffiné et très intelligent, était imam chez les Frères musulmans, ce mouvement qui enflammait depuis peu l'imagination des jeunes de la ville. Profondément pieux, il se consacrait à l'étude afin de devenir un bon musulman, un exemple pour les autres. J'admirais sa détermination.

Comme moi, il cherchait des explications. Chaque fois que nous étions seuls tous les deux, nous discutions longuement, en somali ou en anglais, langue qu'il avait apprise tout seul. Je le trouvais profond, très différent des imams que j'avais rencontrés jusque-là.

Pour les jeunes Somaliens, le mouvement des Frères

musulmans était cool. La dictature de Siyad Barré s'opposait aux clans et à la religion. La génération qui avait grandi sous son gouvernement, très peu attachée aux clans, voulait le retour à l'islam. Aux lois de l'islam. Les Frères musulmans se disaient au-dessus de la politique – et des clans ; ils se battaient pour la justice de Dieu, pour promouvoir l'islam pur et vrai. Et ils étaient soutenus par les pays arabes producteurs de pétrole qui leur fournissaient de l'argent en abondance.

À l'époque où je suis arrivée, ils avaient formé de petites congrégations un peu partout. Les gens les appelaient les *Assalam Aleïkum* – les « Soyez-bénis ». C'était la formule arabe qu'ils employaient pour vous saluer dans la rue ce qui, dans le contexte somalien, sonnait comme du latin d'église. Les plus fanatiques parmi eux n'adressaient la parole qu'à d'autres membres de la confrérie. Presque tous très jeunes, ils se réunissaient dans les mosquées et les medersas installées dans des appartements, dédaignant les grandes mosquées officielles où les imams risquaient de les dénoncer aux autorités. Pendant leurs réunions, on se renseignait, on conspirait, on murmurait contre Siyad Barré et on se criait aux oreilles des points de doctrine.

Abshir entraînait Mahad dans ces assemblées afin de fortifier sa foi. J'approuvais son influence sur mon frère. Au bout de quelques semaines, comme nous passions presque toutes nos soirées ensemble, j'ai commencé à lui parler du Kenya, et de moi. Abshir m'aimait bien et recherchait ma compagnie. Un soir où, assis sur la véranda de Maryan, nous regardions tomber la nuit, il me dit :

— J'aimerais beaucoup rencontrer une fille comme toi.

Je l'ai regardé dans les yeux pour lui répondre :

— Et moi, j'aimerais beaucoup rencontrer un homme comme toi.

Il m'a pris la main et, très poétiquement, m'a exprimé son désir.

Par la suite, nos jambes et nos mains se frôlaient souvent,

comme par hasard. Nous étions souvent seuls ensemble, comme par hasard. Il me prenait les mains. Au bout de quelques semaines, je décidai d'informer Mahad et Haweya de cette inclination réciproque ; ainsi, Mahad pourrait mettre les choses au clair avec le frère d'Abshir.

Mahad se mit en colère. Il n'avait pas du tout envie d'écrire à Aden pour expliquer que je n'épouserais pas Abdellahi. Je lui dis qu'il avait eu tort d'engager sa parole. Il cria beaucoup. Mais ce n'était plus l'ancien Mahad qui me tordait le bras. Il me fit la morale, parlant de l'honneur, du clan, de l'impact qu'aurait ce revirement sur notre parentèle. Il valait mieux, me dit-il, que certaines décisions soient prises par les hommes de la famille.

Ijaabo et les autres furent scandalisés par mon aveu. Beaucoup de jeunes flirtaient, s'embrassaient et se caressaient en cachette, mais il n'était pas convenable d'en parler. Tomber amoureux était choquant, contraire à la religion et à la tradition somalienne. Il fallait s'en cacher. Quelqu'un s'en apercevait toujours, évidemment, et la rumeur circulait, mais la fille devait attendre que la famille du garçon la demande à son père, et elle devait pleurer. Je violais tous les codes. Tout le monde allait jaser.

À Mogadiscio, je percevais une tension évidente entre les Frères musulmans et ceux pour qui la religion, bien qu'importante, n'excluait pas tout le reste. Les adultes s'inquiétaient du mélange des sexes mais avaient appris à accepter les changements : quelques femmes très modernes s'habillaient même à l'occidentale. Aussi, les jeunes Somaliens ne respectaient pas tous la tradition. Beaucoup avaient envie de tomber amoureux et de se fréquenter, comme les Occidentaux. Ils étaient en fait scindés en deux blocs : ceux qui regardaient vers l'Occident pour trouver des modèles, et surtout des divertissements, et ceux qui adoptaient la ligne de conduite prêchée par les Frères musulmans. Quand j'accompagnais Arro à l'université où elle étudiait la médecine, je voyais des foules de jeunes gens déambuler en couples sur le campus ; des filles belles, habillées à la dernière mode italienne, tenaient leur petit ami par la main. Arro devait me pincer pour que je cesse de les regarder.

Elle m'expliquait que seuls les ploucs débarquant de leur cambrousse fixaient les autres avec une telle insistance. Elle s'était vantée de recevoir ses sœurs venues de l'étranger, et je ne devais pas la décevoir. Dans son milieu, il était bien vu d'avoir de la famille à l'étranger ; cela rehaussait votre statut.

À l'université que fréquentait à présent Ijaabo, les étudiants semblaient divisés par moitié entre ces deux tendances, caractérisées par la façon de s'habiller. Certaines filles portaient des jupes courtes, des talons hauts, et laissaient sur leur passage une traînée de Dior, Chanel ou Anaïs, Anaïs. Leurs copains avaient des chemises étroites, rentrées dans leurs pantalons, et pavoisaient en voiture.

Dans l'autre groupe, les filles se cachaient même les yeux ou s'enveloppaient dans une pièce de tissu. Les garçons portaient de longues tuniques blanches ou bien des pantalons au-dessus desquels flottaient les pans de leur chemise, mais pantalons et tuniques s'arrêtaient au-dessus de la cheville. Avec leur barbe clairsemée et leurs mollets maigres, ces jeunes gens avaient une drôle d'allure ; mais leur habillement était une manière d'affirmer leur foi, et ils se comportaient avec autant d'assurance que ceux qui frimaient au volant de leur voiture.

Pour aller voir Arro à l'université, j'avais dû, à sa demande, m'habiller comme Iman, le célèbre mannequin somalien. Pour aller voir Ijaabo, j'avais dû me couvrir le visage. Quand les deux sœurs se trouvaient à la maison en fin de semaine – et pendant deux longs mois de vacances en été –, j'avais l'impression de vivre en pleine guerre de Religion. Arro critiquait les vêtements d'Ijaabo, ses amis et sa façon de vivre, et Ijaabo se croyait investie de la mission sacrée de remettre Arro dans le droit chemin.

Personne n'informa les « adultes » de la relation qui

s'était nouée entre Abshir et moi. Mais comme Mahad, Haweya, Ijaabo et le reste de la famille respectaient Abshir, on nous laissait souvent en tête à tête.

Nous parlions surtout du Prophète, en qui Abshir voyait un croyant pur. Il réussit à me persuader de porter une robe encore plus épaisse que mon hidjab, taillée dans une étoffe assez rigide pour effacer toutes les courbes de mon corps. Je lui avouai combien j'avais du mal à respecter les cinq prières quotidiennes et à empêcher mon esprit d'entretenir des pensées coupables.

J'en avais d'ailleurs de plus en plus. Dès que nous étions seuls, Abshir m'embrassait, et il embrassait vraiment bien. Nos baisers, tendres et prolongés, ne pouvaient être que coupables. Je lui disais ensuite que nous avions péché et que la honte de trahir Allah me tourmentait. Abshir répondait : « Si nous étions mariés, ce ne serait pas un péché ; nous devons faire preuve de volonté et nous abstenir. » Ensuite, nous restions sages pendant un jour ou deux, mais le troisième jour un regard suffisait à rallumer notre désir, et nous nous embrassions longuement. Il m'avouait : « Je suis trop faible ; je pense à toi toute la journée. »

J'aurais pu dire la même chose. Notre attirance était mutuelle. Mais je commençais à penser que nous menions Dieu en bateau. Nous Lui demandions souvent pardon, mais, incapables de nous retenir très longtemps, nous recommencions à pécher, parfois même avant la prière suivante.

Je savais, par sœur Aziza et par mes lectures, que l'intention comptait autant que l'acte. L'interdiction divine ne portait pas seulement sur les baisers − ou sur la rupture d'une promesse à Allah − mais sur le désir que j'en avais. J'aimais nos baisers, j'y pensais en permanence, j'en voulais toujours plus. Je combattais ce désir, mais il semblait incontrôlable. J'avais envie d'Abshir ; il avait envie de moi. Et c'était mal.

Le mois de ramadan commença – période de jeûne où tout musulman doit se conduire de la façon la plus pure possible. En Somalie, le ramadan est aussi l'époque des grandes réunions de famille, la plus belle fête de l'année. Mahad venait nous voir presque tous les jours ; quand nous entendions l'appel du muezzin au coucher du soleil, nous rompions le jeûne tous ensemble, avec trois dattes et un verre d'eau. Puis venaient la prière et le repas pris en commun, dans la joie et les rires, entre jeunes, à l'écart des adultes.

À vingt heures, pour la dernière prière de la journée, nous allions ensemble à la mosquée. Abshir, en tant qu'imam, aurait dû diriger la prière dans sa propre mosquée, mais il demandait parfois à un camarade de le remplacer pour nous accompagner. Toutes les boutiques étaient éclairées, les gens riaient dans les rues et se dirigeaient en masse vers la grande mosquée centrale. Là, l'endroit réservé aux hommes était recouvert de tapis et décoré, tandis que celui des femmes, plus simple, badigeonné de blanc, ne contenait que des nattes en sisal, mais l'ensemble donnait une impression de grandeur et de sainteté qui inspirait le respect.

À la fin de la prière, certaines des femmes rentraient chez elles, mais Ijaabo et moi restions toujours, de même que Mahad et ses amis, pour la Taraweh, prière spéciale et facultative du ramadan. Psalmodiée à l'unisson et accompagnée de prosternations, elle pouvait durer jusqu'à onze heures du soir. Dans la petite salle des femmes, on ne voyait pas l'imam, on priait devant un haut-parleur, mais, dans cette mosquée bondée, on éprouvait un sentiment d'unité, d'union. Lorsque des gens se réunissent dans un petit espace pour accomplir ensemble une chose, et le faire de bon cœur, cela provoque un formidable sentiment de communion.

Celui qui prie est censé ressentir la force de Dieu et Sa présence. Mais, malgré mes efforts pour l'accueillir, cette puissance ne pénétrait pas en moi. À vrai dire, je priais par devoir, mais sans ressentir grand-chose – à part l'inconfort de la natte sous mes pieds et l'odeur déplaisante de certains corps proches du mien. L'imam psalmodiait son texte pendant des heures d'une voix monotone, et je restais étrangère à tout sentiment de transcendance, à toute illumination intérieure.

Je ne ressentais pas la même exaltation qu'Ijaabo dont le visage, pendant la Taraweh, exprimait une béatitude mystique. Elle me disait ensuite qu'elle avait vu la lumière divine et senti la présence des anges, qu'elle s'était retrouvée en esprit dans un lieu qui ressemblait au paradis. Je n'éprouvais jamais ce genre d'extase. Je ne voyais jamais de « lumière ». Je me sentais vouée à l'échec.

*

Un soir, vers la fin du ramadan, j'allai assister au prêche d'Abshir dans un appartement de Wardhiigley, quartier pauvre où les gens commençaient à faire construire de jolies villas. Abshir avait une très belle voix ; il connaissait le Coran par cœur, et sa façon de le réciter vous captivait. Quant à sa façon de le commenter, elle prouvait qu'il en comprenait réellement le sens.

Un groupe de jeunes étaient venus l'entendre. Plus âgés que lui pour certains, ils appartenaient tous aux Frères musulmans. Les garçons à la barbe clairsemée portaient des sarongs ou des cafetans courts. Les filles, séparées d'eux par une cloison, restaient silencieuses. J'entendais Absir prêcher à travers un haut-parleur. Il disait que toute intimité avant le mariage était interdite ; il parlait de pureté – dans les actes et les pensées – et affirmait que le seul remède contre les mauvaises pensées était la prière.

Juste après, il essaya de m'embrasser.

Pendant le ramadan, le péché était trois fois plus grave. Je détournai la tête, éprouvant soudain pour lui une répulsion physique. Je ne supportais plus qu'il me touche. Nos relations me faisaient horreur. Je m'écartai de lui – il vit à quel point j'étais bouleversée – et lui demandai de nous raccompagner chez nous.

Avec le recul, je ne considère plus Abshir comme un goujat. Je me rends compte qu'il était aussi prisonnier que moi d'une représentation mentale. Comme tous les jeunes du mouvement des Frères musulmans, nous voulions vivre dans l'imitation de notre bien-aimé Prophète ; seulement les règles qu'il nous imposait étaient trop strictes, et leur rigidité nous poussait à l'hypocrisie. Mais, sur le moment, je me trouvais simplement face à un dilemme : soit Abshir avait tort, soit l'islam avait tort. Et j'ai évidemment rejeté la faute sur Abshir.

J'ai dit à Mahad que je voulais rompre avec Abshir, et il m'a reproché d'être comme toutes les femmes, incapable de savoir ce que je voulais. J'ai écrit à Abshir. Il m'a suppliée, suppliée de lui pardonner, et j'ai bien cru qu'il perdait l'esprit. Il passait tout son temps chez Maryan à se lamenter, à se plaindre, et Ijaabo l'écoutait. Toute la famille – tout le clan des Osman Mahamud – s'est alors occupée de lui.

Dans la famille, presque tout le monde – y compris mes tantes et mes cousines – attribuait mon revirement à l'indécision féminine. Les femmes étaient la proie de forces invisibles qui, manipulant leur esprit, les faisaient passer d'un extrême à l'autre. C'est pourquoi Allah imposait le témoignage de deux femmes pour contrebalancer celui d'un homme, c'est pourquoi les femmes n'avaient pas le droit de gouverner ni d'occuper un poste officiel, fonctions qui impliquent une réflexion profonde en préalable à tout jugement. Capricieuses et irrationnelles, les femmes en étaient incapables. Mieux valait, donc, que les pères et autres mâles responsables prennent à leur place les décisions concernant leur avenir.

Seule Haweya me comprenait. Elle aimait bien Abshir mais n'appréciait pas son influence sur moi – la façon dont il m'obligeait à m'habiller – et sur ma conduite. À ce moment-là, elle avait, je ne sais comment, réussi à se procurer des livres, et elle me les passa. Même les plus médiocres me changeaient les idées et me faisaient l'effet d'un courant d'eau fraîche irriguant le lit d'une rivière asséchée.

Sans oser l'admettre, j'étais déçue par la Somalie. J'avais espéré y trouver une réponse à toutes mes questions – un lieu où je me sentirais chez moi, acceptée, un lieu où planter mes racines et découvrir qui j'étais vraiment. Mais je n'arrivais pas à m'adapter, malgré la chaleur, le vent et les odeurs qui me plaisaient tant.

J'appréciais d'être reconnue par ma famille et par mon clan, mais, bien que prévenue par Haweya, je n'étais pas prête à payer le prix de cette reconnaissance et les limites qu'elle m'imposait. Chacun s'occupait des affaires de chacun, et cette totale absence d'indépendance, ce contrôle social permanent m'étouffaient.

Me conformer à mon rôle dans la société somalienne – un clan, un sous-clan, l'islam – m'aurait peut-être apaisé l'esprit, au sens où j'aurais eu un destin tout tracé et une place garantie au paradis. Mais je ne pouvais me satisfaire d'un destin semblable à celui de ma mère : épouser Abshir, porter ses enfants ne me suffisait pas. Je voulais relever des défis, me prouver ma propre valeur. Et je comprenais soudain que pour jouir d'une certaine tranquillité en Somalie je devais sacrifier l'idée que je me faisais de moi-même.

La foi m'apportait un semblant de paix dans la mesure où elle m'assurait une vie meilleure après la mort. Et les règles de bonne conduite imposées par l'islam – être polie, ne pas manger de porc, ne pas boire d'alcool – étaient faciles à suivre. Mais je venais de découvrir que j'étais incapable de respecter les préceptes régissant la sexualité et la vie intérieure. Je voulais être quelqu'un, exister par moi-même. Si je restais en Somalie et si j'épousais Abshir, je ne serais jamais qu'une silhouette sans visage. Cette perspective m'emplissait de panique, me plongeait dans une grande confusion morale et spirituelle.

J'en parlai à Mahad, qui s'efforça de me réconforter. Selon lui, cette crise était normale et faisait partie d'un processus d'évolution naturel. Mes questions, le sentiment de confusion et la crise morale que je traversais n'étaient qu'une transition vers l'âge adulte. « Reste sincère, conclut-il, et tout se passera bien, tu verras. »

Je pris l'habitude d'aller plus souvent à la mosquée, sans doute pour chercher des réponses à mes questions. J'assistais aux prières du vendredi à la grande mosquée, j'écoutais les sermons prononcés en somali par l'imam. Mais, intérieurement, je n'étais toujours pas d'accord – je me disputais avec lui.

Il ne faut pas s'opposer à un imam. Il ne faut absolument pas mettre en question la parole d'Allah. Islam veut dire soumission, comme je l'ai dit. On se soumet, sur terre, pour gagner sa place au paradis. La vie terrestre est une épreuve, et je n'arrivais pas à passer l'épreuve. Je faisais pourtant tous les efforts possibles, mais sans parvenir à être une bonne musulmane. Lorsque je priais, je sentais que l'ange de mon épaule gauche se fatiguait à force de noter tous mes péchés. Je m'imaginais arrivant au ciel avec un petit recueil de bonnes actions et un volume de péchés plus gros qu'un dictionnaire. J'espérais ressentir un sursaut de ferveur et percevoir la signification de Dieu, mais il ne se passait rien. Je me disais qu'Allah ne voulait sans doute pas de moi. Que j'étais indigne de Lui.

*

Lasse des disputes entre Arro et sa sœur, Haweya quitta la maison de Maryan pour s'installer chez Ibado Dhadey Magan, la tante qu'elle aimait bien. En tant que directrice de l'hôpital Digfeer, Ibado avait des relations aux Nations unies. Elle trouva un travail à Haweya.

Puis elle me procura un emploi dans un service dépendant du programme de développement des Nations unies et chargé d'installer des lignes téléphoniques en zone rurale. Le travail n'avait rien de passionnant. Officiellement, j'étais secrétaire, mais je servais plus souvent d'interprète à mon patron, un Anglais complètement désorienté. Il recevait des délégations provinciales auxquelles je tentais d'expliquer pourquoi il ne distribuait pas simplement l'argent permettant d'installer les lignes. Ou bien il s'efforçait de leur faire comprendre qu'il ne fallait pas découper les câbles qu'il venait de poser pour les revendre, pendant que ses interlocuteurs discutaient entre eux sans lui prêter la moindre attention. Il n'avait aucune autorité sur les membres de son équipe, mais, comme il s'agissait d'un projet « multilatéral », il était tenu de respecter leur point de vue et leurs manières de procéder, même s'ils n'avaient ni opinion ni méthodologie.

C'est à ce moment-là que j'ai pris conscience de l'ampleur des conflits qui agitaient le pays. De plus en plus d'antennes des Nations unies fermaient à cause de l'insécurité qui régnait dans les campagnes. Le clan des Hawiye avait formé son propre mouvement politique, le Congrès somalien uni, dirigé par Ali Mahdi et le général Muhammad Farah Aideed. La ville de Mogadiscio était encore tenue par Siyad Barré mais les Hawiye avaient lancé la rébellion contre le dictateur, dans le Sud, tandis que les Darod et les Issaq le combattaient dans le Nord.

Dans le cadre de mon travail je découvrais aussi la bureaucratie somalienne. Presque tous les fonctionnaires que je côtoyais étaient d'une ignorance abyssale et manifestaient un profond mépris pour tout ce qui était *gaalo* – y compris mon patron. Ils se désintéressaient complètement de leur travail et passaient leur temps à imaginer des moyens pour « transférer » les fonds publics, transférer n'étant qu'un euphémisme pour « détourner à son profit ».

À l'époque, avoir des intérêts dans le gouvernement

voulait dire avoir un parent à un poste stratégique où on répartissait l'argent. Ni plus ni moins. Et j'ai vu quelles répercussions cela avait sur la nation et sur la confiance populaire. Pourquoi diable les citoyens paieraient-ils leurs impôts quand ils savent que tout l'argent sera détourné ?

Dans un tel contexte de corruption, comment s'étonner de l'impact qu'avait le discours des prédicateurs affirmant que toutes les réponses se trouvaient dans l'Écriture sainte ? Les organisations gérées par les Frères musulmans, elles, n'étaient pas corrompues. Beaucoup de Somaliens avaient perdu toute confiance dans les banques et effectuaient leurs transactions financières dans des boutiques et des entrepôts appartenant à des Frères musulmans. Ceux-ci soignaient gratuitement les nécessiteux et ouvraient des écoles coraniques pour les jeunes désœuvrés qui traînaient dans les rues. Le vendredi, ils distribuaient du grain et de la viande à la sortie de la mosquée. Leurs rangs grossissaient et leur influence grandissait.

Une voiture de service venait me chercher et me ramenait à la maison. Je portais un foulard de tête au bureau, où je travaillais de huit heures à quatorze heures. Je trouvais mon travail facile mais fastidieux. Mon patron était poli mais distant et nous n'avions jamais d'échanges d'aucune sorte. Ma journée terminée, je rentrais chez Maryan et discutais avec la domestique.

Maryan accueillait chez elle de plus en plus de ses parents marehan. Ils arrivaient de leur village par petits groupes, fuyant les troubles qui agitaient la province. Ijaabo et Maryan s'efforçaient de faire régner l'ordre, d'apprendre à ces campagnards comment prendre l'habitude de tirer une chasse d'eau et s'asseoir sur une chaise, mais, si Ijaabo ou Arro leur parlaient d'un ton un peu vif, ils répondaient avec colère, accusant les filles de s'être détournées de « notre culture ».

La criminalité augmentait dans le quartier. L'un des oncles de Maryan qui venait d'arriver acheta un fusil.

*

Haweya et moi étions constamment invitées par des membres de la famille de mon père. On nous traitait avec les mêmes honneurs que si nous étions des dignitaires étrangers. Nous passions beaucoup de temps chez mon cousin Aflao, avec sa femme, Shukri, ses sœurs, Amran et Idil, et son cousin, Ainanshie – qui vivait avec eux et travaillait au café tenu par Aflao dans le bas de la ville. Ils formaient une famille exubérante et chaleureuse où les commentaires sur la famille de Maryan allaient bon train. Ainanshie, en particulier, détestait toute personne appartenant au clan de Siyad Barré, les Marehan, et en voulait à Maryan.

Amran nous emmenait nous promener en bord de mer où vivaient des Arabes, dans des maisons ceintes de hauts murs couleur de sable. Nous apercevions de temps en temps une silhouette drapée de noir longeant les murs à pas pressés. Les femmes arabes marchaient pieds nus : on ne voyait d'elles que leurs pieds. On ne pouvait pas leur adresser la parole. Elles auraient aussi bien pu être des automates. Amran les appelait « les confinées » et lâchait, d'un ton méprisant, « ne fais pas attention à elles ». Cela me rappelait l'Arabie Saoudite.

Après avoir rompu avec Abshir, j'abandonnai ma robe épaisse, rigide, horriblement chaude, pour revenir à celle, plus légère, que j'avais fait faire à Nairobi. Mais, la porter par-dessus une robe longue à manches longues paraissait excessif ; dans la rue, je me faisais remarquer. En Somalie, personne ne s'habille en noir. J'adoptai donc la *dirha*, que portent la plupart des femmes là-bas : une longue tunique de couleur claire avec un rabat sur le côté, et un châle de coton enveloppant la tête.

On voyait moins de femmes habillées à l'occidentale en 1990 que vingt ans plus tôt ; leur nombre diminuait de jour en jour. Ainanshie disait souvent : « Avant les Frères musulmans, on voyait les bras et les jambes de tout le monde sans y prêter attention. Maintenant que les femmes sont entièrement cachées, je ne peux plus penser à autre chose qu'à des mollets ronds, des bras soyeux, des chevelures parfumées. Autrefois, je ne remarquais jamais la nuque d'une femme, mais maintenant, oh, je ne connais rien de plus sexy ! »

Les amis étudiants d'Ijaabo, les copains d'Ainanshie au café, qui, avant, se moquaient ouvertement des Frères musulmans et dénonçaient l'influence culturelle des Arabes se mettaient du jour au lendemain à s'habiller comme eux et à baragouiner l'arabe. Le mouvement ne s'occupait pas uniquement de religion. Ses membres étaient intelligents et travailleurs. Ils recevaient sans doute de l'argent d'Arabie Saoudite mais dirigeaient aussi des entreprises florissantes, notamment dans les secteurs des transports et de la banque.

Après le déjeuner, Ainanshie nous raccompagnait toujours jusqu'au quartier de Maryan – il la haïssait tant, elle et tous les Marehan, qu'il nous laissait à quelques centaines de mètres de chez elle.

Un jour, en arrivant au coin de la rue où nous nous séparions généralement, une main me saisit violemment par le cou, et je sens la lame d'un couteau pointé contre ma gorge. Je regarde Haweya et je vois qu'un autre homme tout maigre aux grands yeux cernés de rouge la menace également d'un couteau. Je me rappelle avoir pensé : « Nous avons atteint dix-huit et vingt ans et nous allons mourir. » Ainanshie est armé, je le sais, mais dans les circonstances présentes cela ne nous sera d'aucun secours.

— Ton or ! ordonne l'homme qui tient Haweya.

Je réponds d'une voix rauque que nous ne portons pas de bijoux. Mon agresseur se met à me palper le cou et les oreilles sous mon châle sans éloigner son couteau de ma gorge. Il ajoute sur un ton méprisant :

— D'où viennent ces belles grandes filles et qui est le petit merdeux qui les accompagne ?

Je reconnais son accent ; l'homme est un Issaq. Ils sont nombreux en ville, venus du Nord pour fuir les combats. Je me dis qu'ils nous épargneront peut-être si nous sommes du même clan. Je commence donc à réciter la généalogie de ma grand-mère, comme elle me l'a appris. Ainanshie comprend. Il reste parfaitement calme. Il ne sort pas son arme – s'il l'avait fait, j'aurais eu la gorge tranchée en une seconde. Il dit à nos assaillants :

— Vous voyez ? Ces filles sont vos sœurs. Et je suis marié à une Issaq, moi aussi. Je les raccompagne chez elles.

Aussi vite qu'ils étaient apparus, les deux hommes disparaissent.

Il devenait imprudent de nous promener seules dans les rues. Chaque jour avait son lot de meurtres, de viols, de maisons incendiées par des voleurs armés. Les réfugiés étaient de plus en plus nombreux, des gens comme ceux qui nous avaient attaqués, partis de leurs villages pour préserver leur vie, qui avaient la rage au ventre et rien à perdre. Des soldats, aussi, et de nombreux déserteurs ralliés à diverses factions dirigées par les clans qui sévissaient dans tout le pays, impatientes de planter leurs crocs dans la gorge de Siyad Barré.

Par contraste avec cette guerre des clans, les Frères musulmans semblaient plus universels, puisqu'ils comptaient dans leurs rangs des gens de tous les clans. Ils apparaissaient aussi comme le groupe le plus fiable. Et plus leur nombre croissait, plus ils prenaient de l'assurance. Leurs imams délaissaient peu à peu la semi-clandestinité des appartements pour se mettre à prêcher dans les vraies mosquées. Le bruit courait qu'ils prononçaient des discours politiques annonçant la fin du régime et son remplacement par la loi islamique. Siyad Barré envoyait des troupes dans les mosquées pour disperser la foule qui s'y massait ; les soldats tiraient en l'air pour bien montrer qui avait le pouvoir et provoquaient des bousculades qui faisaient souvent des morts.

À la suite de ces interventions, la sympathie populaire pour les Frères musulmans augmentait encore. Le mouvement était maintenant une force avec laquelle il fallait compter, dans les affaires, le système hospitalier, les écoles et les universités. L'université de Lafoole que fréquentait Ijaabo était une enclave des Frères musulmans en bordure de la ville.

En mai 1990, un groupe de politiciens âgés représentant à peu près tous les clans publia un manifeste réclamant la démission de Siyad Barré. Le chaos régnait dans le pays, disaient-ils, et le président devait quitter le pouvoir pour que des élections puissent avoir lieu. Siyad Barré fit arrêter et emprisonner certains de ces hommes. Avec cet acte, tout espoir de rendre la paix et la stabilité au pays s'évanouit.

Les parents de Maryan, réfugiés, achetèrent des mitrailleuses. Ils restaient en faction jour et nuit devant sa porte avec des ceintures de munitions en travers du ventre. Chez d'autres membres de la famille, c'était la même chose. Des gardes armés jusqu'aux dents – souvent des membres du clan venant de la campagne – prenaient position devant la porte des parents qui les hébergeaient pour protéger leur vie et leurs biens.

*

Je me fâchai avec Arro et partis vivre chez Ibado Dhadey. Un samedi particulièrement lugubre, je décidai de rendre visite à ma tante Khadija, la demi-sœur de ma mère. Douée d'une forte personnalité, elle était presque aussi âgée que grand-mère, mais plus grande, plus majestueuse et encore plus caustique. Je redoutais déjà le sermon virulent qu'elle ne manquerait pas de m'infliger pour être si peu allée la voir depuis que j'étais à Mogadiscio.

Je pris soin d'être impeccablement propre et de lui acheter un cadeau. Khadija était très à cheval sur les convenances. Elle relevait la moindre maladresse de diction. Il fallait attendre qu'elle vous salue, et lui rendre son salut dans un style fleuri, en se tenant parfaitement droite.

Sur le seuil de sa maison, j'exécutai correctement le rituel des salutations, et elle m'invita à passer à la salle à manger pour prendre le thé. Là, je fus émerveillée par la splendeur du mobilier européen ancien et de l'argenterie. Khadija était sans doute la seule femme de Mogadiscio à vivre de cette façon – c'était surréaliste. Et dans ma stupeur, bien que je me sois juré d'être parfaite, je m'affalai sur une chaise. Erreur fatale.

Khadija en profita immédiatement. « Cette pauvre Asha ne t'a-t-elle pas appris à t'asseoir ? Serais-tu par hasard un petit singe ? » Et elle poursuivit la litanie de ses sarcasmes, me comparant à toutes sortes d'animaux naturellement dépourvus de bonnes manières et lançant des piques contre ma mère qui m'avait si mal élevée – un vrai morceau de bravoure. Je ne pouvais m'empêcher, tout en me sentant insultée, d'admirer la beauté du spectacle, une prose superbe, hautaine et sèche, déclamée par une vieille dame assise très droite, le buste raide et fixant sur moi le regard le plus impavide qu'il m'ait été donné de voir.

Inutile de se rebeller, de pleurer ou de protester, quand Khadija vous faisait la leçon, sauf à déclencher une nouvelle salve de reproches. Elle dissertait alors sur votre faiblesse de caractère, vous condamnait à rester ignorante et à mourir aussi stupide que vous étiez née. Il fallait au contraire la regarder dans les yeux, en prouvant par de petits signes de tête que vous entendiez la leçon, ce que je fis. Et je constatai que mon stoïcisme plaisait à mon auguste tante.

Elle finit par se taire et commençait à servir le thé lorsque, me tournant vers la porte, je découvris avec surprise qu'un jeune homme se tenait à l'entrée du salon. Sa beauté était saisissante, et son grand sourire malicieux indiquait qu'il avait assisté à toute la scène.

Khadija nous présenta. C'était mon cousin Mahmoud, le fils du frère de ma mère, l'oncle Muhammad. Quand il était en permission, il habitait chez Khadija. Après la mort de sa mère, comme il s'entendait mal avec sa belle-mère, il s'était engagé très jeune dans l'armée. N'ayant pas d'enfant, Khadija avait cherché à en adopter un parmi ceux de la famille et choisi Mahmoud.

Je donnai poliment à mon cousin des nouvelles de ma mère en contenant mon trouble devant l'intérêt manifestement sexuel qu'il me manifestait. Cet homme me regardait comme un homme peut regarder une femme, sans la moindre gêne, avec quelque chose de carnivore.

Ensuite, Khadija me posa des questions sur Abshir. Elle était au courant de notre relation, bien sûr. Ne sachant que répondre, je finis par dire :

— J'éprouvais pour lui des sentiments, mais je n'avais pas envie de passer toute ma vie avec lui.

C'était la vérité, mais une vérité qui, en Somalie, passe souvent pour de l'impolitesse. L'attitude de Khadija changea instantanément. La vieille dame se pencha vers moi, l'œil brillant, et roucoula :

— Ma chère enfant, j'ai exactement la personne qu'il te faut !

Puis, d'un gracieux geste du bras, elle indiqua l'extrémité de la table où Mahmoud s'était assis. Le jeune homme sourit tout en m'évaluant de la tête aux pieds. Je me sentis déshabillée du regard. Mais surtout jaugée. Étais-je assez disciplinée ? Assez conciliante ? Assez fière ? Ou n'étais-je qu'une faible femme, confuse, qui capitulait facilement et se laisserait vaincre par les difficultés de l'existence ?

Je réussis cette première épreuve. Khadija m'invita à dîner le jeudi suivant. Mahmoud était là. Au milieu du repas, elle nous annonça qu'elle se retirait pour prier et ne réapparut pas. Nous avons continué à manger, avec une politesse compassée, comme si de rien n'était. Mahmoud me demanda si j'avais déjà visité les alentours de la ville et offrit de m'y emmener. J'acceptai, à condition que Haweya nous accompagne. Nous nous appelions « cousin », « chère cousine », « mon très cher cousin », « ma jolie cousine ».

Le lendemain, Mahmoud vint nous chercher en voiture pour nous emmener à la campagne. Haweya l'avait déjà rencontré – et m'avait vanté sa beauté –, mais ses yeux s'agrandirent lorsqu'elle vit combien ses épaules s'étaient élargies.

— Alors, tu vas sortir avec lui ? me demanda-t-elle en anglais, et je répondis, dans la même langue :

— Ne sois pas stupide, ce serait de l'inceste.

Mahmoud demanda à ma sœur de traduire, ce qu'elle fit. Un large sourire découvrit ses belles dents blanches, et il dit :

— Mais pas du tout, ma jolie cousine. Les cousins forment des couples parfaits.

Haweya se léchait les babines.

Mahmoud était réellement très beau et plus viril que tous les hommes que je connaissais. Je suis tombée raide dingue de lui. C'était un homme habitué à prendre des responsabilités, pas un intellectuel raffiné, torturé, comme Abshir. Il citait des récits anciens, il éclatait de rire et marivaudait avec moi sans la moindre retenue.

Quand ses yeux se posaient sur moi, je m'enflammais. Mais jamais il ne me fit la moindre avance. Il respectait les conventions. Tout son être exprimait le désir de son corps pour le mien, mais il ne me touchait pas. J'étais sa cousine. L'honneur de la famille était en jeu. Tout contact physique entre nous était interdit, impensable. Je ne cessais d'y penser moi-même, mais je ne pouvais pas faire le premier pas.

Nous avons pris l'habitude de nous retrouver tous les week-ends chez tante Khadija. Celle-ci ne manquait pas une occasion de critiquer les mariages avec des hommes étrangers à la famille et de m'énumérer les avantages des mariages entre cousins : la famille est toujours prête à vous soutenir, vous êtes tellement proches que vous vous comprenez mutuellement. Elle soulignait aussi l'erreur qu'aurait été un mariage avec un Osman Mahamud comme Abshir : « Ils sont trop portés sur la politique, trop préoccupés d'eux-mêmes et se marient à une autre sans même t'en informer. » Jamais elle ne prononçait le nom de mon père, mais je comprenais l'allusion. Et j'étais contente qu'elle ne parle pas de lui, car, malgré l'autorité qu'elle dégageait, je ne l'aurais pas laissée critiquer Abeh.

Tante Khadija, toujours hautaine, me traitait avec bienveillance maintenant que j'étais tombée dans ses filets. Elle n'avait pas changé depuis l'époque où elle avait marié mon père et ma mère ; nul ne pouvait résister à son habileté, à ses ruses.

*

Mahmoud n'avait plus aucun avenir dans l'armée somalienne. En fait, il n'y aurait bientôt plus d'armée. D'importants groupes de soldats désertaient, détournant armes et munitions, pour rejoindre les milices de leurs clans.

Khadija était le seul membre de la famille proche à avoir toujours soutenu Siyad Barré. La chute de son régime « communiste » était imminente et allait, me dit un jour ma tante, entraîner celle de la Somalie, car seul le communisme était capable de vaincre la division des Somaliens en clans, et son renversement prouverait une fois de plus le caractère barbare, rétrograde et sectaire du système clanique.

Je gardai pour moi mes souvenirs du communisme : les longues files d'attente sous un soleil brûlant, l'obligation de ne rien dire à la maison, l'emprisonnement de mon père, les raclées que je prenais, à l'école, pour m'obliger à chanter les louanges de Siyad Barré. Je demandai plutôt à tante Khadija ce qu'elle pensait des Frères musulmans, mouvement pour lequel j'éprouvais encore de la sympathie.

Khadija le compara au cancer, maladie qui avait emporté

ma tante Hawo quand j'étais petite. Elle dit que les Frères musulmans ne représentaient pas l'islam véritable et ne connaissaient pas notre Prophète, qu'ils étaient encore petits mais qu'ils allaient grossir comme la tumeur de ma tante et dévorer notre pays de l'intérieur jusqu'à sa ruine complète. Elle me conseilla de les éviter.

Et puis, un jour, Mahmoud nous annonça qu'il avait reçu une bourse pour aller étudier en Russie. Il devait partir quelques jours plus tard, et peut-être pour longtemps. Il fallait donc, intervint tante Khadija, régulariser notre situation avant son départ. Pas d'émouvante demande en mariage à l'occidentale, pas de prétendant à genoux : tante Khadija s'occupait de la transaction. J'acquiesçai.

Nous nous plaisions, Mahmoud et moi, mais nous n'avions rien en commun. Nos conversations, contrairement à celles que j'avais avec Abshir et Kennedy, restaient superficielles. Avions-nous de l'affection l'un pour l'autre ? Je n'en suis même pas sûre. Et je n'avais certainement pas réfléchi à la possibilité de passer le reste de ma vie avec lui. J'étais consumée de désir pour lui, voilà tout. Esclave d'une tempête hormonale, j'ai accepté de l'épouser uniquement pour coucher avec lui.

L'ablation du clitoris ne supprime pas le désir, ni même le plaisir. L'excision des femmes est cruelle et douloureuse à plusieurs égards. Elle condamne les filles à des souffrances infinies ; de surcroît, dans la mesure où elle ne supprime pas le désir, elle est inefficace. Ce que j'avais pu ressentir pour Kennedy et pour Abshir ne m'avait absolument pas préparée à affronter la puissance de mon désir pour Mahmoud.

Mahmoud voulut que le mariage ait lieu très vite, avant son départ. Ainsi je lui resterais réservée – aucun autre homme ne pourrait plus m'approcher. Je savais que mon frère n'accepterait jamais une cérémonie à la va-vite. Le mariage d'une fille de Hirsi Magan devait être un grand événement pour tout le clan. Si Mahad avait connaissance de notre projet, il insisterait pour que mon père l'approuve, et cela pouvait prendre plusieurs mois.

Il fallait donc nous marier en secret. Mahmoud s'occupa de tout. La cérémonie aurait lieu la veille de son départ. Un cousin commun, Ali Wersengeli, accepta de me servir de témoin et de protecteur. Je savais que ce rôle aurait dû être celui de mon père ou de mon frère, mais Mahmoud affirma que ça irait. Khadija arrangerait les choses avec ma famille maternelle. Quant à ma famille paternelle, elle désapprouverait notre union mais ne pourrait s'opposer à un mariage entre cousins du côté maternel.

Je sais, aujourd'hui, que nous risquions d'avoir des enfants anormaux, mais à l'époque nous n'en avions ni l'un ni l'autre la moindre idée. En Somalie, comme dans une grande partie du Moyen-Orient et de l'Afrique, les mariages entre cousins sont souvent considérés comme les plus sûrs : la richesse familiale ne se disperse pas et tout conflit entre époux se résout au sein de la famille.

Le jour de notre *nikah* – fiançailles et mariage –, l'émotion me nouait la gorge. J'avais vingt ans et j'épousais en secret l'homme que je désirais. Je ne l'avais même pas dit à ma sœur. Seule Khadija était au courant. J'ai passé la journée chez Khadija, à décorer mes pieds et mes mains de dessins au henné. Quand Mahmoud est venu me chercher, j'avais mis une longue robe rouge et des escarpins à talons hauts – vêtements que je n'avais jamais imaginé porter un jour – et je m'étais parfumée. En me regardant dans un miroir, j'ai pour la première fois vu en moi une vraie femme.

Nous sommes d'abord allés chez un photographe pour immortaliser l'événement, puis chez le *qali* qui devait nous marier. Comme il faisait nuit dans les rues – l'électricité avait sauté, une fois de plus –, nous avons arrêté la voiture et continué à pied, une lanterne à la main. Le cheikh nous attendait à la porte de sa maison, sa robe et sa calotte blanche luisant dans l'obscurité de la ruelle. Mon cousin éloigné Ali Wersengeli et un autre homme que je ne connaissais pas étaient déjà là. J'ai commencé à comprendre que je m'engageais dans quelque chose de très grave, mais il était trop tard pour faire marche arrière. Mes chevilles tremblaient tant que je trébuchais à chaque pas.

Le *qali* nous salua d'un signe de tête avant de nous poser les questions rituelles.

— Es-tu Mahmoud Muhammad Artan ?

— Oui.

— Es-tu Ayaan Hirsi Magan ? Inutile de répondre, ta présence suffit.

Je ne dis rien.

Le *qali* énuméra les noms d'Ali Wersengeli. Puis les âges. Ensuite, il se tourna vers moi et demanda :

— Es-tu vierge ?

Je restai muette, comme le veut la coutume, et il enregistra « vierge ».

Il nous déclara ensuite mari et femme selon la loi de l'islam et voulut connaître le « prix de la mariée ».

Nous nous sommes regardés – nous n'y avions pas pensé – et Mahmoud a donné la réponse symbolique :

— Un saint Coran.

Il n'y avait personne à qui payer le prix de la mariée, la mariée secrète. Mahmoud signa le contrat et en demanda une copie, mais le *qali* répondit que le document devait d'abord être tamponné et remis aux autorités. Il serait disponible la semaine suivante.

Les hommes se serrèrent cordialement la main, et les deux témoins disparurent. Je me suis retrouvée seule dans un Land Cruiser avec mon cousin – euh, mon mari. Abasourdie par l'énormité de ce que j'avais fait, je lui lançai un regard. Il ne tourna pas la tête vers moi. Il ne me toucha pas, il ne m'embrassa même pas. Mais je savais ce qui m'attendait : ma nuit de noces.

Mahmoud se gara sur le parking du plus bel hôtel de la ville. Il n'avait pas réservé mais voulait une chambre pour lui et sa femme. L'employé de la réception lui demanda son certificat de mariage – l'influence des Frères musulmans se faisait partout sentir. Mahmoud revint vers la voiture furieux, les maudissant.

— Pour qui se prennent-ils ? grogna-t-il. Je ne comprends pas ce qui se passe dans ce pays.

La même scène se reproduisit dans l'hôtel suivant, puis dans le suivant. Je suggérai que je devrais peut-être l'accompagner et il hurla :

— As-tu perdu la tête ? Demain matin il y aura une affiche te dénonçant comme prostituée – une femme avec un homme sans certificat de mariage. Pense au nom que tu portes !

L'hôtel où il m'emmena finalement était sans doute le plus minable de Mogadiscio, le genre d'endroit où on ne réclame pas de papiers. L'électricité étant toujours coupée, nous avons monté une lanterne dans la chambre. Un cafard a filé sous le lit quand la porte s'est ouverte. Mahmoud m'a tendu la lanterne en me regardant en face pour la première fois de la soirée. Il m'a fait signe d'aller dans la salle de bains me préparer.

Je me suis lavée, mécaniquement, dans cette salle de bains malpropre. Et puis je me suis couchée sur le lit tout habillée ; je ne savais pas quoi faire d'autre. Je voulais une nuit de noces follement érotique où j'aurais été Marilyn Monroe ou lady Chatterley, mais je ne savais même pas comment me dévêtir. Quand Mahmoud est rentré dans la chambre, il a dit :

— Ah, tu veux jouer les saintes nitouches ?

Non, c'était la dernière chose que je voulais ! Je lui ai demandé ce qu'il souhaitait que je fasse.

— Mais enlève tes vêtements, bien sûr.

Je me déshabillai donc, maladroitement, raide comme un pantin de bois. Rien ne se passait comme je l'avais rêvé. Je tentai de l'entraîner dans des jeux préliminaires, comme dans les livres, mais il me regarda d'un air interrogateur en disant :

— Hé, tu as déjà fait ça ?

J'ai chuchoté « Non » et l'ai laissé faire. Si je lui avais menti, disant que j'avais une certaine expérience, nos ébats auraient peut-être été plus tendres ; mais il m'aurait probablement répudiée. Admettre que j'étais vierge me condamnait à des rapports sans plaisir. Jawahir, Sahra et les autres avaient raison. Une fille bien est une vierge qui souffre pendant les rapports avec son mari.

Mahmoud ne m'a pas violée. J'avais envie de faire l'amour avec lui – mais pas comme ça. Ahanant, poussant et transpirant, il a fini par forcer ma suture. La douleur était atroce et l'exercice interminable. J'ai serré les dents, me forçant à ne pas pleurer, jusqu'à ce que je ne sente plus rien. Après, Mahmoud a sombré dans un sommeil lourd et je suis retournée dans cette hideuse salle de bains pour me laver. Ma nuit de noces s'était déroulée exactement comme celle de Jawahir, l'année précédente, au Kenya.

De très bonne heure, le lendemain matin, Mahmoud m'a reconduite chez Ibado Dhadey. Il prenait l'avion pour la Russie dans l'après-midi ; je ne devais plus le revoir. Nous nous sommes dit adieu. Mon esprit était toujours sur pilote automatique, mais je pense que, vue de l'extérieur, ma conduite paraissait normale – un peu farouche, peut-être, mais en accord avec mon rôle de jeune mariée.

Ibado était dans tous ses états. Je lui ai expliqué que j'avais passé la nuit chez tante Khadija puis suis montée au premier pour me laver et appliquer du désinfectant sur ma blessure, comme Jawahir me l'avait conseillé. Je savais que je ne voulais plus jamais revoir Mahmoud. La douleur entre mes jambes était si violente que j'avais du mal à me tenir debout. Je dis à Ibado que j'étais malade et me mis au lit. Quand Haweya monta me voir, elle paraissait tellement inquiète que je fondis en larmes et lui racontai tout. J'avais trop honte de moi et de ma conduite abominable pour continuer à porter seule le poids de ma culpabilité. Après avoir cédé à la tentation et trahi ma famille, je me retrouvais liée pour toujours à cet homme. Par ma propre faute.

Haweya fut parfaite. Apparemment séduite par l'aspect romanesque de mon histoire, elle ne me jugea pas. Et quand je lui dis combien je souffrais, elle s'occupa de moi. D'après elle, mon mariage n'était pas légal – Ali Wersengeli ne pouvait absolument pas être considéré comme mon protecteur officiel alors que mon père et mon frère se trouvaient dans le pays. Ensemble, nous avons prié Allah pour que je ne sois pas enceinte.

Quelques jours plus tard, Ali Wersengeli m'apporta une copie du certificat de mariage ; il avait envoyé l'autre exemplaire à Mahmoud, en URSS. Je rangeai le papier sans même le regarder. Ma blessure était encore douloureuse, mais j'arrivais à me tenir debout et à m'asseoir. Deux semaines plus tard, l'arrivée de mes règles me confirma la bienveillance d'Allah.

*

La violence qui faisait rage dans toute la ville devenait tellement banale que les gens ne s'intéressaient plus aux comptes rendus des attaques, sauf s'ils connaissaient les personnes nommées. Les pires exactions étaient commises par l'armée ; les soldats n'étaient plus payés et s'organisaient en bandes pour piller les maisons des simples citoyens. Des fusillades éclataient parfois, faisant sortir des maisons des enfants attirés par le bruit comme par un feu d'artifice.

Dans les campagnes, la rébellion contre Siyad Barré s'intensifiait. Les Macherten et les Issaq affrontaient son armée dans l'Est et le Nord ; la révolte des Hawiye, dans le Sud, tournait également à l'affrontement armé. Les gens se moquaient ouvertement de Siyad Barré et de son armée affaiblie. On disait que les combattants hawiye avaient presque encerclé la ville ; on ne l'appelait plus Afwayne, mais « le maire de Mogadiscio » parce qu'il ne contrôlait plus que la capitale.

À la mi-octobre 1990, l'agence de télécommunications où je travaillais fut fermée. Il devenait trop dangereux pour des étrangers de rester dans le pays, et tout le personnel des Nations unies qui n'était pas indispensable fut rapatrié. Mon patron, entre autres. Ma mère, de plus en plus affolée par les nouvelles que diffusait la radio kényane, insista pour que nous rentrions à Nairobi, Haweya et moi.

Je ressentis alors une vague de nostalgie pour le Kenya. Les livres, le cinéma me manquaient, et aussi ma mère – aussi bizarre que cela puisse paraître, son honnêteté morale me manquait. Elle avait ce sens très clair de la conduite à tenir en toutes circonstances que j'avais espéré retrouver en Somalie. Mais je ne l'avais pas trouvé, et j'avais en plus bousillé ma vie et ma relation avec Dieu. Je me sentais moche, perdue, et la requête de Ma m'apparut comme un soulagement.

8

Réfugiés

À la mi-novembre 1990, Haweya et moi quittions Moga-discio, entassées avec une trentaine d'autres Darod à l'ar-rière d'un camion. Nous étions accompagnées de Qubqac, le neveu de notre tante Ibado, qui avait de la famille dans une ville kényane toute proche de la frontière. Le voyage allait être long. Nous ne pouvions pas passer par la côte : la route qui la longeait, vers Kismaayo, était déjà aux mains des rebelles hawiye. La seule façon d'arriver sans encombre au Kenya était d'aller jusqu'à Baidoa, au nord, en passant par les collines, puis de virer à l'ouest et de traverser le désert. Cela faisait un grand détour, et même sur cette route on risquait de rencontrer des bandits ou des rebelles soli-taires surexcités par le qat et en quête d'aventure.

Après quelques heures, comme nous arrivions à Afgooye, l'une des principales villes marchandes de la Somalie du Sud, le paysage devint soudain verdoyant. Le fleuve était bordé de rizières et de vergers où poussaient papayes, goyaves, mangues et bananes. Dans les rues de la ville, les étals des échoppes débordaient de nourriture, et la viande était merveilleuse.

Les habitants d'Afgooye n'avaient pas la même tête qu'à Mogadiscio : ils ressemblaient davantage aux Kényans. C'étaient les descendants d'esclaves et de paysans – des parias, des *sab*. Même s'ils nourrissaient tous les Somaliens en cultivant les seules terres arables du pays, ils étaient

217

considérés comme nos inférieurs. Ils descendaient du trottoir pour nous laisser passer. Un Darod de haute naissance qui voyageait avec nous alla même jusqu'à pousser violemment une vieille femme *sab* qui ne s'était pas ôtée assez vite de son chemin. Je ne regrettais pas de partir. Ce sectarisme ouvert était l'une des choses que je détestais chez les Somaliens. Pour moi, appartenir à un haut clan impliquait un sens moral supérieur. Jamais il ne me serait venu à l'idée de maltraiter des gens parce qu'ils m'étaient inférieurs socialement. Mais quand je m'élevais contre les préjudices flagrants de mes compagnons à l'égard des *sab*, ils me traitaient de communiste.

À vrai dire, je trouvais l'attitude des *sab* exaspérante. Je ne comprenais pas que dans un endroit comme Afgooye, où ils formaient la majorité, ils se montrent aussi serviles. De quoi avaient-ils peur ? Des avions des clans supérieurs, de leurs bombes ? Ou de sombrer dans la misère si les Somaliens du Nord interrompaient leur commerce avec eux ? Se pouvait-il qu'ils aient à ce point intériorisé l'idée de leur propre infériorité, martelée par une humiliation quotidienne ? Pourquoi ne se révoltaient-ils pas ?

Nous avons atteint Baidoa juste après le coucher du soleil. La ville se situait à environ deux cent cinquante kilomètres au nord-est de Mogadiscio ; il nous en restait plus de trois cents à parcourir jusqu'à la frontière. Nous y avons passé la nuit et sommes repartis le lendemain matin à bord d'un autre camion branlant en direction de Luuq, vieux comptoir marchand installé sur la rive du fleuve Juba. Petit à petit, le paysage se dénudait, et bientôt nous roulions dans une immense étendue de sable où poussaient çà et là des broussailles, des buissons d'épines, quelques rares baobabs. C'était dans ce décor que ma grand-mère avait grandi. De temps en temps, nous croisions un troupeau de chameaux conduit par un jeune garçon qui nous regardait passer avec des yeux curieux, ou nous distinguions au loin la silhouette d'une femme drapée dans un morceau d'étoffe qui marchait, son bébé sur le dos, un fagot de petit bois ficelé contre le ventre.

À Luuq, j'ai été frappée par le délabrement du village et la maigreur de ses habitants. Des réfugiés dormaient dans les rues ; les murs des maisons étaient grêlés de traces de balles. Les minuscules chambres de notre hôtel étaient de vraies fournaises : tout le monde a donc dormi dehors, sur des nattes, les femmes dans la cour intérieure, les hommes dans la cour extérieure.

Le lendemain, nous avons fait notre toilette au broc. Nos compagnons ont bien ri en voyant nos brosses à dents : tous employaient, pour le même usage, une simple brindille d'acacia. Pour le petit déjeuner, on nous a servi du foie de chèvre à l'ail et à l'oignon. Je ne me sentais pas capable d'avaler ça si tôt le matin, mais les autres m'ont conseillé de manger. Nous approchions des terres où régnait la faim : plus nous avancerions, plus la nourriture se ferait rare.

Le camion progressait en vrombissant sur le sable brûlant. Il suivait bien sûr un itinéraire défini, mais j'avais l'impression qu'il roulait au hasard. Nous étions assis dans la remorque, en plein soleil, sur des bancs en bois très dur qui nous meurtrissaient à chaque cahot. Au début, nous avions essayé de discuter, mais la chaleur, le bruit et les gaz d'échappement nous y avaient fait renoncer.

Nous avons passé la nuit suivante à Bulo Haawo, petit village proche de la frontière kényane composé de quelques cabanes au toit de chaume et d'une boutique pourvue d'un placard à glace. À peine avions-nous repris notre route, le lendemain, que nous avons vu se dresser, à quelques centaines de mètres, la petite ville kényane de Mandera, avec ses immeubles en béton et ses lumières. L'électricité était si précieuse à Mogadiscio que nous étions stupéfaits de la trouver ici. Nous avons passé un point de contrôle officiel sans recours aux pots-de-vin, grâce à nos cartes d'identité kényanes.

C'était à Mandera que vivaient la belle-mère et les demi-sœurs de notre cousin Qubcaq, dans une maison avec l'électricité et l'eau courante. Nous sommes allés leur présenter nos respects, et elles nous ont invités à rester dormir chez elles. Dans le centre-ville, il y avait des boutiques, une école, et même un conseil municipal et un poste de police. À tous les égards, cette petite ville du Kenya, méprisée par les Somaliens, fonctionnait mieux que presque tout en Somalie.

Mandera était habitée par des Somaliens Sejui qui parlaient une langue musicale enrichie de nombreux mots swahilis. Les seuls « véritables » Kényans de la ville étaient les policiers chargés de maintenir l'ordre et les soldats qui surveillaient la frontière. Mais, malgré leur présence, les tensions qui agitaient la Somalie ne s'arrêtaient pas aux limites administratives du pays. Sans cesse, des bandes armées venaient piller les maisons et voler le bétail, et des contrebandiers tentaient de faire entrer du qat et toutes sortes d'autres marchandises au Kenya, ainsi que des gens.

Nous avons passé deux nuits à Mandera avant que Qubcaq n'accepte de repartir. Finalement, nous avons pris un car et traversé la campagne pour rejoindre, à cinq cent cinquante kilomètres au sud, la gare routière de Garissa, grande ville aux rues goudronnées avec des feux de circulation, qui comptait plusieurs hôtels et une mosquée. Là, nous sommes montés à bord d'un autre car, direction Nairobi. La fin de notre long voyage approchait : nous étions presque chez nous.

Quand nous sommes enfin arrivés à Eastleigh, j'ai retrouvé avec plaisir les odeurs et les couleurs de la ville ; rien n'avait changé. Même la puanteur du *sukumawiki* était la bienvenue : elle m'était devenue familière. J'avais hâte de revoir ma mère, pourtant, au fur et à mesure que nous approchions de notre voisinage, je devenais de plus en plus anxieuse, la gorge nouée par l'émotion. J'appréhendais ses scènes de ménage.

*

Quelques jours après notre retour à Nairobi, à la fin du mois de novembre 1990, la guerre éclata à Mogadiscio. L'armée de Siyad Barré, qui contrôlait encore le centre-ville, se trouvait complètement encerclée par les rebelles hawiye. Des hommes en armes parcouraient la périphérie en pick-up, drogués au qat, tirant sur tout et tout le monde, brûlant fermes et vergers.

Pour diviser ses opposants, le dictateur avait mis à profit l'hostilité toujours latente entre les clans. Ses soldats atta-quaient les Darod selon une mise en scène qui laissait croire à un méfait des Hawiye, et vice versa. Ils laissaient derrière eux des slogans assassins qui semblaient porter la patte du clan adverse, et, de part et d'autre, les rancœurs grossis-saient.

Dans sa chute, Siyad Barré entraînait toute la Somalie : le combat pour le déloger s'était transformé en véritable guerre civile. Les Hawiye ne voulaient plus seulement la tête du tyran, mais celles de tous les Darod. À mesure que Mogadiscio s'enfonçait dans le chaos, les pillages et les meurtres se multipliaient. Des bandes de rebelles rava-geaient des quartiers entiers, incendiant les maisons ; les parents fuyaient en abandonnant leurs enfants.

Tous les Darod qui le pouvaient quittaient la ville ; les autres contre-attaquaient, et dans ces batailles, de quelque clan qu'ils soient, les hommes tombaient comme des mouches. Siyad Barré n'avait plus d'autre armée que les soldats qui gardaient son palais présidentiel. Le 27 janvier 1991, en plein milieu de cette boucherie, le service somali de la BBC nous apprit que le dictateur avait été évacué, pour sa sécurité, vers Nairobi.

Un soir, comme nous écoutions la radio avec angoisse dans notre appartement de Park Road, on frappa à la porte. En ouvrant, je fus surprise de me trouver nez à nez avec

Abdellahi Yasin, l'un des meilleurs amis de Mahad à Mogadiscio. Il était accompagné du fils de sa sœur aînée, un jeune
homme qu'il nous présenta comme Osman Abdihalin
Osman Youssouf Kenaidiid, autrement dit, le fils d'Osman,
l'homme qui avait appris à mon père à lire et à écrire, et
l'arrière-petit-fils du roi que mon grand-père Magan avait
servi. Nous étions remplies de respect. C'était un honneur
que d'accueillir cet homme chez nous.

La description qu'Abdellahi et Osman nous firent de la
situation à Mogadiscio nous inquiéta plus encore que ce que
nous avions entendu à la radio. La ville était pratiquement
paralysée. Seules des voitures remplies d'hommes armés
circulaient encore dans les rues. Dans les quartiers tombés
aux mains des Hawiye, des miliciens allaient arrêter tous
les hommes darod chez eux. Mahad, nous dirent-ils, était
parti plus tôt pour Bari, maintenant solidement sous le
contrôle du FDSS. Ma mère était morte de peur.

Les deux jeunes hommes s'installèrent dans notre salon ;
c'est là qu'ils dormaient, deux semaines plus tard, quand
Mahad est arrivé. Ma, Haweya et moi avons éprouvé un
énorme soulagement. Mahad avait voulu aller à Bari, mais
le clan avait insisté pour qu'il retourne au Kenya. Il avait
pris la même route que nous, juste à temps : le lendemain
du jour où il était passé à Afgooye, la ville était tombée aux
mains des rebelles.

Mahad avait fait le voyage avec notre cousin Warsame,
fils de la sœur jumelle de Ma, et deux de ses demi-frères.
Nous avions à présent six hommes, tous plus ou moins de
la famille, qui dormaient sur des matelas dans le salon. Il
en est arrivé encore un, le frère aîné d'Osman, Mahamud.
C'était un grand honneur que de lui offrir l'hospitalité, mais
Ma s'est décomposée, terrifiée, quand il lui a raconté qu'à
son départ de Mogadiscio la ville était presque tombée. Les
Hawiye avaient assiégé le palais de Siyad Barré, et partout
des bandits pillaient, violaient et tuaient à tour de bras. Ils
traînaient femmes et enfants darod dans la rue pour les

assassiner, incendiaient les maisons avec leurs habitants à l'intérieur. L'eau se raréfiait, et la population, déjà affaiblie par le manque de nourriture, n'avait plus la force de se défendre ni de s'enfuir. Plus tard, j'appris que tante Khadija avait pu rejoindre Kismaayo, où elle mourut d'une maladie.

Ibado Dhadey Magan, dont la mère était hawiye, avait rassemblé plusieurs de ses parents pour monter la garde autour de sa maison. Les Darod continuaient à quitter la ville, en voiture ou à pied, pour échapper à l'hécatombe. Ils descendaient la côte, rejoints en chemin par ceux qui fuyaient les villages au sud d'Afgooye, où les Hawiye brûlaient toutes les cultures. Il y avait à présent des centaines de milliers de personnes sur les routes. L'exode massif des Somaliens vers le Kenya, l'Éthiopie et au-delà avait commencé.

*

Mahamud nous expliqua qu'il était venu par la mer, dans un bateau bondé de réfugiés, pour trouver un endroit où vivre en sécurité avec sa femme et ses enfants, qu'il avait laissés à Kismaayo avec des parents. Maintenant, il devait retourner les chercher. Il avait calculé qu'il leur restait assez d'essence pour couvrir les cent cinquante kilomètres de désert qui les séparait d'un point de rassemblement des réfugiés près de la frontière kényane, un endroit que tout le monde appelait Dhobley : Champ de boue. C'est là qu'ils étaient convenus de se retrouver.

Tous les jours, Mahamud suppliait mon frère, qui avait des papiers kényans et parlait anglais et swahili, de l'y accompagner. Le gouvernement kényan essayait d'empêcher plus de réfugiés d'entrer dans le pays, et Mahamud savait qu'il aurait besoin d'aide, ne serait-ce que pour s'orienter.

Mais Mahad tergiversait. Tous les jours, il lui répondait par un geste agacé : promis, demain, ils partiraient. La douleur et l'angoisse de Mahamud devenaient tangibles. Finalement, un soir, au dîner, il nous annonça qu'il partirait seul. Je trouvais cela ridicule. « Moi aussi, lui dis-je, je parle anglais et swahili, et je connais le chemin. Je t'accompagne. »

Bien sûr, ma mère ne l'entendait pas de cette oreille : une jeune fille n'est pas à sa place dans une zone de combat. Mais je rétorquai que si je restais du côté kényan je ne courais aucun danger. On en discuta pendant des jours. Tout le monde prit parti. Chaque matin, Mahad renouvelait sa promesse, puis il sortait en disant qu'il allait à la mosquée et il ne rentrait qu'à la tombée de la nuit. Il était clair que Mahamud devrait faire le voyage avec moi, ou seul.

Nous sommes partis fin janvier. J'étais au Kenya depuis deux mois.

Quand nous avons atteint la ville frontalière de Liboyé, Mahamud était si nerveux qu'il pouvait à peine parler. Il portait, cachée sous sa chemise, une bourse en cuir remplie de dollars américains qui devaient servir à payer des pots-de-vin. Ce serait à moi de négocier avec la police des frontières. Je n'avais jamais essayé d'acheter qui que ce soit, et je n'avais pas la moindre idée de ce que pouvait valoir un dollar aussi loin de la capitale.

Un désordre incroyable régnait à la frontière. L'endroit grouillait de soldats en uniforme vert, mitraillette à la main et ceinturon en bandoulière. Nous avons trouvé un officier qui se disait commandant. J'ai pris une profonde inspiration et je lui ai dit, en swahili :

— Cet homme cherche sa famille. Ils étaient en vacances en Somalie et ils se sont retrouvés coincés là-bas. Nous devons aller les chercher.

Il m'a examinée d'un œil peu amène.

— Combien de personnes voulez-vous ramener ?

— Une femme et quatre tout petits enfants. Juste une femme, en fait : les enfants sont si petits, ils ne comptent pas.

Il m'a jeté un regard narquois : ce devait être le moment de lui donner de l'argent. Je me suis tournée vers Mahamud.

— Tu as quelque chose comme cinq cents shillings ? lui ai-je demandé, complètement au hasard. C'était l'équivalent d'une semaine de loyer pour notre appartement de Nairobi. Mahamud m'a fourré un billet dans la main, que j'ai tendu à l'officier.

— Deux autres, m'a-t-il dit – deux autres billets de cinq cents shillings.

Quand il a eu tout empoché, il nous a laissés passer.

Je lui ai demandé son nom. « Mwaura », m'a-t-il répondu – un nom kikuyu très répandu. Mais cet homme ne ressemblait pas à un Kikuyu : il était trop grand. J'ai prévenu Mahamud qu'il ne m'inspirait pas confiance. Nous n'avions absolument aucune garantie. Quand nous aurions retrouvé sa femme et ses enfants, si nous les retrouvions, nous n'étions pas sûrs qu'à notre retour cet officier nous laisserait vraiment rentrer au Kenya, ni même qu'il serait encore là. Il ne nous avait donné ni contrat écrit ni poignée de main pour sceller notre accord. Nous ne pouvions compter que sur ce nom douteux, « Mwaura », et sur mon swahili.

Nous avons descendu une colline nue : nous entrions dans la zone frontalière. Devant nous, un gigantesque campement de réfugiés offrait un spectacle de désolation profonde. Tentes et abris de fortune s'entassaient à perte de vue. On aurait dit que toute la population somalienne était cantonnée là. Quelque part, plus loin, se cachait encore le campement de Dhobley, et quelque part à Dhobley, Mahamud espérait retrouver sa femme et ses enfants.

Il soufflait un vent poussiéreux, et il n'y avait absolument aucun arbre, aucune ombre. L'agence des Nations unies pour les réfugiés avait installé ses tentes en toile goudronnée bleu vif au plus près de la frontière, en bas de la colline. Devant le pavillon central, en plein soleil, des gens commençaient à faire la queue pour s'inscrire. Nous avons passé une infirmerie – ou plutôt un endroit où déclarer les décès. Tout autour, il y avait des milliers et des milliers d'autres tentes serrées les unes contre les autres.

Plus nous progressions, plus les tentes devenaient miteuses. Les premières, faites de bâches bleues tendues sur de simples branches, abritaient des familles entières, mais très vite les bâches disparaissaient, remplacées par des châles ou des chemises fournissant juste assez d'ombre pour qu'un ou deux enfants puissent s'y asseoir. Les tentes étaient groupées autour de petits points d'eau creusés dans le sable, dont certains n'étaient que des flaques boueuses. L'odeur de la pluie flottait encore dans l'air, mais l'eau commençait déjà à s'évaporer.

Nous avons marché jusqu'à un grand parc de stationnement où se trouvaient garés pick-up et Land Cruisers. Tous les réfugiés étaient darod – macherten, marehan, wersengeli ou ogaden, mais avant tout darod –, je ne me sentais donc pas inquiète : même s'il y avait des tensions entre les sous-clans, elles ne risquaient pas de dégénérer en massacre. Mahamud voulait qu'on le conduise à Dhobley, à dix-huit kilomètres de là. Il a trouvé un chauffeur macherten disposé à nous y emmener pour un prix raisonnable, mais nous avons dû attendre pour partir qu'il ait rempli sa voiture.

Il était seize heures quand nous sommes arrivés à Dhobley. Il y avait du monde partout, une mer d'êtres humains, avec une famille installée sous chaque arbre un peu haut, accroupie sur des nattes ou parfois à même le sable blanc. Les quelques tentes plantées là, faites de bâtons et de chiffons, étaient encore plus minables que celles de l'autre campement.

Non loin de l'endroit où la voiture nous avait déposés, deux hommes se disputaient un jerrycan. Juste comme nous passions à leurs côtés, l'un d'eux, excédé, a sorti un pistolet. Mon cœur s'est emballé. Je me suis rendu compte que tous les hommes autour de nous sortaient des armes. Le sable était parsemé de balles. J'ai alors vu trois ou quatre hommes plus âges s'avancer, les bras levés, vers l'homme qui venait de dégainer.

— Prends l'eau. Elle est à toi, vas-y, lui ont-ils dit en lui tendant le jerrycan.

Mais l'homme s'est assis par terre et s'est mis à pleurer, la tête dans les mains. Ses vêtements étaient en loques, ses orteils dépassaient de ses chaussures percées ; il avait vraiment l'air misérable.

On a essayé de lui faire lâcher son arme, en vain. On a donné à l'autre homme un autre bidon d'eau. L'essentiel était d'éviter les conflits, et tout le monde semblait devenu expert en la matière.

— Dis donc, ils sont dangereux, ai-je glissé à Mahamud.

— Oui, ils sont dangereux, m'a-t-il répondu en me regardant dans les yeux. Ils ont faim et soif, ça fait des semaines qu'ils marchent : ils n'ont plus rien à perdre. C'est comme s'ils étaient déjà morts.

Il avait raison. Tous ces gens ressemblaient à des fantômes. Ils avaient marché, marché, et tout perdu en chemin. Certains avaient vu mourir leurs enfants, et les bébés qui restaient étaient maigres, épuisés. Ils avaient dû affronter des bandits, traverser des champs de bataille. Dans leurs yeux, on ne lisait plus que le chaos. On aurait dit qu'ils revenaient d'un voyage en enfer.

Je me sentais terriblement impuissante. J'étais venue là pour aider Mahamud, et je me retrouvais face à cette multitude de gens qui tous avaient besoin de moi. J'étais la seule à avoir l'air reposée et bien nourrie : chaque famille, sous chaque arbre, voyait en moi son dernier espoir. Tout le monde s'accrochait à moi et me suppliait de l'emmener jusqu'à la frontière. « Vous pourriez parler aux gardes, j'ai de la famille au Kenya... » Et je devais répondre : « Non. Non, je ne peux pas, je ne peux rien faire pour vous. » J'étais là pour Mahamud, et il n'avait qu'un seul objectif : secourir sa famille.

Nous avons continué notre marche, en demandant à ceux

que nous croisions s'ils avaient vu une femme du nom de Si'eedo Mahamud Osman Youssouf Kenaidiid – l'épouse de Mahamud était sa cousine, ils avaient le même grand-père. Sur notre passage, on nous demandait nos noms, bien sûr, et il était naturel de répondre par la version longue : « Je suis Ayaan Hirsi Magan Isse. » Dans ce camp qui ressemblait à une très grande assemblée clanique, votre nom, c'était votre carte d'identité.

« Sous cet arbre, là-bas, il y a des Jama Magan », m'a dit quelqu'un, et, en m'approchant, je les ai vus : Ainanshie, Aflao, Amran et Idil, de Mogadiscio. Ils ne ressemblaient plus à ce qu'ils étaient à peine dix semaines auparavant, au moment de mon propre départ : des gens riches aux corps lourds et puissants. Ils n'étaient plus que l'ombre d'eux-mêmes, des figures décharnées flottant dans des tuniques trop grandes.

À côté d'eux, j'ai reconnu Abdiwahab, un autre cousin éloigné qui travaillait dans le café d'Aflao. Naguère extrêmement gros, et grand, il n'avait plus que la peau sur les os, ce qui le faisait paraître immense. Avec ses yeux exorbités et ses joues creuses, sa tête ressemblait à un crâne. On aurait dit un mort vivant.

Ils sont tous venus à ma rencontre, m'ont serrée dans leurs bras et se sont mis à pleurer, et moi aussi. Les deux filles, Amran et Idil, qui devaient avoir dix-sept et dix-huit ans, m'ont suppliée de les aider. « Je t'en prie, ne nous laisse pas ici, emmène-nous avec toi. » Mais je savais que je ne pouvais pas.

Je n'avais pas apporté d'argent, et Mahamud en avait juste assez pour sauver sa propre famille. J'avais dit au soldat à la frontière que nous ne ramènerions qu'une seule femme, et nous ne l'avions même pas encore retrouvée. Tout ce que je pouvais promettre à mes cousines, c'était que j'allais retourner à Nairobi, réunir des fonds et envoyer Mahad pour qu'il les sorte de là.

Elles ont redoublé de sanglots. « Tu es ici avec cet

homme pour sauver *sa* famille, et nous, nous sommes *ta* famille, mais tu ne nous aides pas – nous croyions que tu étais venue pour nous. » Elles étaient hystériques, elles n'avaient plus rien à voir avec les grosses filles rieuses que Haweya avait surnommé les Tonneaux ; à présent elles étaient frêles, rongées par la peur et le désespoir.

La femme d'Aflao avait fait une fausse couche sur la route. Ainanshie, quant à lui, avait dû laisser à Mogadiscio son épouse, qui était hawiye, avec leur tout petit bébé : si elle l'avait accompagné, les autres réfugiés darod l'aurait massacrée. Ainanshie m'a raconté qu'il s'était lui-même battu contre des Hawiye et qu'il en avait tué. Et il y avait pris du plaisir : c'était bon de leur faire payer tous leurs crimes. « Un homme a voulu m'attaquer avec un couteau : je l'ai abattu d'un coup de pistolet, et je lui ai tranché la gorge d'une oreille à l'autre », m'a-t-il dit avec une sorte de satisfaction. Je me suis mise à trembler : ce ne pouvait pas être vrai, j'étais en plein cauchemar. Je me souviens d'avoir pensé : c'est l'enfer, c'est la première porte de l'enfer.

Mahamud me pressait de me remettre en marche ; il voulait trouver sa famille avant la nuit. J'ai promis à mes cousins de m'arrêter auprès d'eux à notre retour et je les ai quittés avec émotion. Nous avons repris notre recherche, interrogeant un à un les groupes de réfugiés. L'ombre des plus grands arbres était occupée par les familles avec des hommes et des armes ; les femmes qui voyageaient seules devaient se contenter de buissons sous lesquels elles avaient à peine la place d'abriter leurs enfants. Mahamud rencontrait de plus en plus de gens qu'il connaissait – des collègues de bureau, des voisins – et tous lui indiquaient un point plus lointain. « Continue. Ils sont par là. »

Puis Mahamud a repéré Fadumo, la femme de son frère aîné Mahamed, qui était aussi la sœur de sa propre épouse. Quand Fadumo l'a vu, elle s'est agrippée à son bras. Son mari l'a rejointe en courant ; il était pieds nus. Il avait encore sa moustache et ses sourcils broussailleux, mais il avait terriblement maigri. Derrière lui, j'ai vu arriver leurs quatre enfants, qui ont levé vers moi des yeux brillants d'espoir, comme si j'étais un ange descendu du ciel.

Mahamed a rassuré son frère : sa femme n'était pas loin, et ses enfants allaient bien. Accroché au bras de Mahamud, il nous a accompagnés auprès d'eux. Quand Si'eedo a aperçu son mari, elle s'est mise à courir et s'est jetée dans ses bras en sanglotant.

C'était la première fois que je voyais des époux somaliens se témoigner autant d'affection – ils s'étreignaient et se caressaient le visage, tous deux en larmes, refusant de se lâcher. Leurs enfants se sont précipités vers eux et se sont serrés contre leurs jambes : c'était un moment de joie pure, très personnel, et Mahamed et moi nous sommes détournés par respect.

Toujours cramponnée au bras de son mari, Si'eedo nous a emmenés jusqu'à l'arbre où elle campait. Assise sous l'arbre, il y avait la petite sœur de Mahamud, Marian, et ses deux enfants : une petite fille de trois ans, la plus jolie que j'aie jamais vue, et un nouveau-né que Marian tenait dans ses bras. Mais celui-ci était bien mal en point : ce n'était qu'une minuscule forme humaine, toute ratatinée, accrochée à un sein vide. Sa maigreur, plus encore que celle des autres, me terrifia. Les proportions des bébés sont telles qu'avec la malnutrition elles prennent un aspect monstrueux, la tête devenant presque plus grosse que le reste du corps. Je ne pouvais détacher les yeux de cet enfant amorphe et au visage inexpressif qui semblait regarder à travers moi. C'était épouvantable.

Mais peu à peu je me suis rendu compte qu'il y avait tout au fond de lui un reste de vigueur : il luttait encore pour survivre.

— Nous devons sauver ce bébé, ai-je dit à Marian. Il est vivant, il faut le ramener au Kenya.

— Allah m'a donné cet enfant, m'a-t-elle répondu, et si c'est Sa volonté, Allah me le reprendra.

Elle faisait partie des vrais adeptes des Frères musulmans, et elle restait complètement passive face aux événements. Allah la mettait à l'épreuve : s'Il avait décidé que son fils devait mourir, elle l'accepterait. Montrer de l'amertume ou du désespoir aurait été un signe de faiblesse. Et, de fait, tout le monde semblait attendre patiemment que le bébé expire sur ses genoux. Après tout, pourquoi pas ? D'autres bébés mouraient tout autour. Le plus jeune fils de Mahamud, âgé d'un an et demi, était malade, lui aussi : ses petites fesses étaient maigres et ridées à cause de la déshydratation.

— Il faut partir dès demain, ai-je dit. On ne peut pas laisser mourir ce bébé.

Tout le monde m'a regardée d'un air incrédule : il n'était pas possible que cet enfant survive. J'étais sous le choc, sûrement, et c'était ma façon de ne pas me laisser submerger par l'horreur. Nous avons préparé du thé, et j'ai réservé un verre d'eau bouillie pour le bébé, que j'ai laissée refroidir avant de le tendre à Marian. Quand elle l'a approché des lèvres de l'enfant, elles se sont mises à remuer vite, comme une machine.

Ce soir-là, Si'eedo a préparé une sorte de bouillie liquide avec du gros mil et de l'eau sale – un repas sans valeur nutritionnelle, sans même de sel. Nous avons dormi là où nous avions mangé, à même le sol, enveloppés dans des châles. C'était étrangement confortable : le sable était doux, l'odeur du vent me rappelait Mogadiscio. Mais tout le monde avait la gale et toutes sortes de parasites. On m'a avertie que je les attraperais moi aussi. Les enfants avaient des poux jusque dans le cou et j'étais là, avec mon joli petit sac marin, ma brosse à dents, mon dentifrice, et un change de vêtements propres. C'était surréaliste.

Le lendemain matin, pendant que les autres rangeaient leurs affaires, j'ai décidé de retourner voir mes cousins. Sur le chemin, les gens m'arrêtaient pour me demander mon nom. Je répondais que j'étais la fille de Hirsi Magan, et à un moment quelqu'un a lancé :

— Quelle épouse ?

— La Dhulbahante, Asha Artan, ai-je répondu.

Ils m'ont envoyée sous un autre arbre, où j'ai rencontré une autre cousine. Je ne connaissais pas Zainab Muhammad Artan, mais j'ai tressailli en comprenant qu'elle était la demi-sœur de Mahmoud, l'homme que j'avais épousé secrètement à Mogadiscio seulement trois mois plus tôt. J'avais l'impression que ce mariage remontait à des siècles.

Zainab m'a dit qu'après avoir quitté Mogadiscio par la côte elle était partie se réfugier à Kismaayo avec sa famille. Quand les rebelles hawiye avaient attaqué la ville, son mari et elle s'étaient enfuis, et, dans la panique, ils n'avaient eu d'autre choix que d'emmener avec eux, en même temps que leurs propres enfants, ceux d'une autre femme, deux garçons qui jouaient avec les leurs lorsque les rebelles avaient surgi, et dont les parents devaient maintenant se demander avec angoisse où ils étaient.

Elle me les a désignés, et je les ai reconnus. C'était Ahmed et Aidarus, les deux plus jeunes fils de la plus jeune sœur de ma mère. Ils avaient sept et cinq ans. Ils ont couru à ma rencontre et se sont suspendus l'un à ma main droite, l'autre à ma main gauche, m'adressant un regard confiant. Ils n'ont pas eu à ouvrir la bouche – ce n'était pas nécessaire : je les prenais avec moi, j'étais responsable d'eux. Je suis retournée auprès de Mahamud et je lui ai expliqué la situation. Il s'est contenté de hocher la tête : il savait que nous devions les emmener avec nous.

Il nous fallait à présent retourner à la frontière aussi vite que possible, avant que notre officier, M. Mwaura, n'oublie notre marché. Nous lui avions parlé d'une femme et de quatre enfants, et nous allions revenir avec le frère de Mahmud et sa famille, sa sœur, ses deux enfants et mes deux petits cousins. En outre, les deux épouses étaient accompagnées de jeunes parentes dont elles ne voulaient pas se séparer. Au total, il fallait donc faire rentrer au Kenya non plus sept personnes mais vingt : deux hommes, six femmes et douze enfants.

Nous avons décidé de tenter le coup, même si nous savions que nous n'aurions peut-être pas assez d'argent pour payer le passage de tout le monde. Mahamud a demandé à un camionneur de nous ramener jusqu'au premier campement, près de la frontière. Tout son argent somalien est passé dans le prix de la course. Il n'avait plus sur lui que des dollars, et il n'avait pas intérêt à les montrer s'il voulait rester en vie. Le camion nous a déposés au milieu du no man's land. Il y avait une marée humaine entre nous et la grande tente de l'agence des Nations unies pour les réfugiés, à l'entrée du camp. Mahamud est parti seul vers la frontière pour négocier avec les gardes ; nous l'attendions assis par terre au soleil.

Au bout de plusieurs heures, nous avons vu arriver quatre hommes qui en portaient un cinquième : c'était Mahamud, il avait été piqué par un scorpion et était presque paralysé par la douleur. Nous l'avons installé sur un morceau d'étoffe, et nous nous sommes efforcés de le réconforter – il n'y avait rien d'autre à faire. Sa jambe était déjà bleue et gonflée.

C'était donc à mon tour d'aller jusqu'à la frontière pour parler aux gardes. Il fallait aussi trouver des vivres pour le temps que nous aurions à patienter avant que Mahamud ne puisse se remettre en route. S'il ne guérissait pas – s'il mourait de sa piqûre –, la situation serait vraiment désespérée.

Les gardes m'ont laissée entrer à Liboyé avec ma carte d'identité, et j'ai acheté de la nourriture et du lait : ma grand-mère m'avait toujours dit que le lait de chamelle neutralisait le venin des scorpions ; à défaut, j'ai décidé d'essayer avec du lait de vache. À mon retour, j'en ai réservé un peu pour le bébé, en dépit des marmonnements des autres qui jugeaient que c'était du gâchis, et j'en ai donné aussi à Marian pour l'aider à faire venir son propre lait. Mais quand je lui ai proposé de donner un nom au bébé elle a refusé. Elle ne voulait pas s'attacher à lui. Elle s'était préparée : il allait mourir.

Nous sommes restés coincés plusieurs jours dans ce campement sans ombre, au milieu des tentes et des gens désespérés. Mahamud fut pris d'une fièvre. Les enfants pleuraient sans discontinuer, unissant leurs voix affaiblies en une seule longue plainte. Le plus jeune de mes cousins avait développé une infection respiratoire. Nous avions tous la diarrhée. Nous buvions de l'eau de pluie que nous récupérions dans un creux du sol recouvert d'algues vertes. Le bébé était si petit et décharné, si vulnérable, que je n'osais pas le prendre dans mes bras. Marian le gardait serré contre elle, emmailloté dans un tissu.

Le HCR se mit à distribuer de la nourriture : en fait, les équipes confiaient des rations à des hommes qui se prétendaient chefs de clan, mais ils revendaient la nourriture ou la gardaient pour leur famille. Les réfugiés qui voulaient obtenir directement leur ration devaient faire la queue, par centaines, devant le pavillon central pour s'inscrire sur les registres. Le HCR avait aussi mis en place un réservoir, mais il était presque impossible de s'en approcher : l'eau était la denrée la plus rare de toutes, et seuls les plus forts pouvaient s'en procurer. Tout autour de nous, des gens mouraient. Le HCR avait recruté des gardes kényans et somaliens pour aider à enterrer les corps.

Le camp grouillait de scorpions, de serpents et de toutes sortes de reptiles dont je ne savais s'ils étaient ou non dangereux. J'essayais désespérément de me souvenir des leçons de ma grand-mère. En attendant de trouver une solution pour nous sortir de là, je devais nous maintenir en vie. Les autres étaient devenus inertes, comme si, à bout de forces, ils s'étaient résignés à mourir. Mais la plupart des réfugiés avaient l'air de croire que je pouvais les sauver. Moi qui, avec mes chaussures, passais de l'autre côté de la frontière et revenais avec des bananes ou un sac de farine de maïs, j'étais comme l'émissaire d'un autre monde – le monde de la vie normale, qui existait encore quelque part.

Un matin, comme je tentais à nouveau de me faufiler parmi les centaines de personnes qui encerclaient le réservoir, j'entendis dire qu'une femme avait été attaquée pendant la nuit. Arrivée seule, membre d'un sous-clan de peu d'influence, elle n'avait pas d'homme pour la protéger. Des soldats kényans l'avaient fait sortir de son abri en pleine nuit et l'avaient violée.

J'allai trouver cette femme dans la petite cabane miteuse qu'elle s'était construite. Elle était très abîmée. Son visage était gonflé et maculé de sang séché, ses vêtements déchirés, ses jambes couvertes de marques. Elle tremblait de tout son corps. Je lui touchai la main et lui offris mon aide, mais elle resta sans réaction. Tout ce qu'elle semblait pouvoir dire, c'était *Ya'Allah, Ya'Allah* : « Allah, aie pitié de moi. »

En sortant de son abri pour aller lui chercher de l'eau, je rencontrai plusieurs regards désapprobateurs. « Vous ne devriez pas fréquenter cette femme, me dit quelqu'un. Elle est impure. Les gens vont penser que vous êtes comme elle. » Cette femme, en qui je ne voyais qu'un être humain maltraité et agonisant, était pour tous les autres une pestiférée.

Je savais que si elle restait là elle ne survivrait pas longtemps. J'ai marché jusqu'à la tente du HCR et j'ai expliqué à une volontaire sri-lankaise qu'une femme venait d'être violée, qu'elle était seule, et que personne parmi les Somaliens ne lui viendrait en aide. Aussitôt, la volontaire a réuni une escorte et est allée chercher la jeune femme pour la mettre en sécurité. En rentrant, j'ai raconté l'histoire à Mahamed et aux autres. « Bien sûr que ce n'est pas sa faute, m'ont-ils dit, mais tu sais, il y a tant de problèmes ici. On ne peut pas sauver tout le monde. »

Je le savais, oui, mais j'aurais aimé qu'on prenne un peu plus soin les uns des autres. Deux jours plus tard, une deuxième femme était violée. Puis une autre, une autre, et encore une autre : chaque nuit, des soldats kényans s'en prenaient aux femmes qui n'avaient pas de protecteur, et celles-ci se voyaient ensuite rejetées par la communauté, qui les laissait mourir.

Cela me rappela ce que nous répétait ma grand-mère quand nous étions petites : qu'une femme somalienne seule est comme un morceau de graisse de mouton au soleil assailli par les fourmis. Elle ne peut ni chasser ses agresseurs ni se cacher d'eux ; elle en est réduite à se laisser dévorer jusqu'au néant. À présent je comprenais mieux ce qu'elle avait voulu dire, et je me rendais compte qu'elle nous avait prévenues : s'il nous arrivait quelque chose, ce serait notre faute.

C'était horrible. Tous ces réfugiés se disaient musulmans, et il n'y en avait pas un pour à aider ces femmes au nom d'Allah. Ils priaient mais semblaient incapables de compassion.

*

La fièvre de Mahamud avait commencé à tomber quand, un jour, j'aperçus mon frère au milieu des réfugiés. Il avait fait la quête auprès des Osman Mahamud de Nairobi et il venait nous chercher, les poches pleines de shillings kényans.

J'avais l'impression que Mahad arrivait après la bataille, mais il se comportait comme s'il était commandant en chef. Se déclarant très inquiet pour mon bien-être, il m'ordonna de rentrer directement à Nairobi avec Mahamud, sa femme et ses enfants ; de son côté, il irait chercher Aflao, Ainanshie et tous les autres à Dhobley et reviendrait plus tard prendre Mahamed et sa famille ainsi que Marian et ses deux enfants. Mais je connaissais Mahad : parfois, il ne savait pas tenir ses promesses. Je lui dis que je restais. Je tenais trop à ces deux familles, et au petit bébé sans nom, pour les abandonner.

Mahad ne protesta pas. Il partit pour Dhobley et en revint trois jours plus tard avec tous nos cousins. Deux jours après, Mahamud se relevait. La fièvre était tombée. Tout le monde était encore en vie, même le bébé. Une bonne partie de l'argent censé payer les pots-de-vin était passée dans les courses de nourriture, et les gens qui campaient autour de nous commençaient à lorgner nos réserves avec envie. Il était temps de partir.

Mais nous étions trop nombreux : quinze adultes et seize enfants. Nous avons décidé de nous séparer. Mahad attendrait un jour ou deux avec la famille d'Aflao et d'Ainanshie ; je partirais tout de suite avec Mahamud et le groupe que nous avions réuni.

Il fallait maintenant retrouver Mwaura. Mahamud et moi avons pris le chemin de Liboyé. Chaque fois que des soldats nous interpellaient, je leur répondais en swahili, et ils nous faisaient signe de passer. Nous avons pisté Mwaura, que nous avons fini par repérer sur un terrain vague où des centaines de réfugiés essayaient de négocier avec des Kényans le prix d'un trajet en pick-up ou en car. Mwaura m'a reconnue et s'est même montré amical. Je lui ai glissé quelques milliers de shillings en plus pour qu'il promette de nous laisser tous passer. La transaction n'avait plus rien d'angoissant : elle avait lieu d'adulte à adulte, les yeux dans les yeux. Ce Mwaura n'était pas un mauvais homme, et plus tard je me suis rendu compte que nous l'avions largement surpayé ; peu après nous, Mahad a fait le même voyage pour beaucoup moins cher.

Mahamud a mis plusieurs jours à trouver quelqu'un qui accepte de tous nous emmener. Nous étions trop nombreux, et les prix étaient trop élevés à cause de la concurrence avec les quelques Somaliens capables d'offrir des sommes astronomiques à qui les rapprocherait le plus de Nairobi. Nous attendions Mahamud du côté somalien de la frontière, et tous les soirs, à son retour, il nous annonçait la même chose : « Peut-être demain. » Finalement, il a réussi à s'entendre avec un chauffeur de car, mais il a dû lui donner presque tout l'argent qu'il nous restait.

Le car nous a déposés quelque part sur les contreforts de Garissa, et c'est là que nous avons passé la nuit. Le lendemain, nous avons pris un autre car pour Garissa, puis encore un autre pour Nairobi. À ce moment-là, les enfants avaient cessé de pleurer : ils ne remuaient presque plus.

*

Il était dix heures et demie, ce matin de février 1992, quand nous sommes arrivés chez ma mère. J'étais partie depuis quatre semaines. Ma est restée sans voix quand elle m'a vue entrer, crasseuse, grouillante de vermine et suivie d'une foule immense de gens presque morts de faim. Elle avait le visage émacié, défait : elle s'était fait un sang d'encre.

Sitôt après avoir mangé et bu quelques verres d'eau propre, avant même de penser à me laver, j'ai appelé un taxi et ai demandé au chauffeur de nous emmener, Marian, le bébé et moi, à l'hôpital de Nairobi. Nous n'avions presque plus d'argent et je savais que l'hôpital était cher – c'était là qu'on m'avait opérée quand le *ma'alim* m'avait fracturé le crâne. Mais je savais aussi que là-bas on se soucierait d'abord de nous aider et que nous pourrions toujours payer plus tard. La seule chose qui comptait pour moi, à présent, c'était de sauver le bébé.

En arrivant à l'hôpital, je me suis précipitée au guichet de la réception. J'ai dit à l'infirmière : « Ce bébé va mourir », et j'ai vu ses yeux s'agrandir d'horreur. Elle l'a pris, lui a posé un goutte-à-goutte et, lentement, la minuscule créature a commencé à se défriper. Au bout de quelques instants, le bébé a ouvert les yeux.

« Il vivra », a déclaré l'infirmière, et elle nous a dit d'aller voir au guichet pour régler la note. Je lui ai demandé qui dirigeait le service ; elle m'a désigné un docteur indien à qui je suis allée raconter toute l'histoire. Je lui ai dit que je ne pouvais pas payer les soins, alors il a déchiré la facture : cela n'avait pas d'importance. Il m'a expliqué comment m'occuper du bébé, où trouver des sels de réhydratation, puis nous avons repris un taxi pour rentrer à la maison.

À notre arrivée, Ma a payé le chauffeur et m'a adressé un regard plein de respect. « Bravo », m'a-t-elle dit. Venant d'elle, c'était un sacré compliment.

Dans les jours qui suivirent, le petit s'étoffa jusqu'à devenir un vrai bébé, attentif et plein de vie. Un soir, au dîner – le bébé devait avoir six semaines –, je suggérai de lui donner enfin un nom. Juste comme je disais cela, on frappa à la porte, et un nouveau réfugié entra. C'était le plus jeune frère d'Osman, de Mahamud et de Mahamed : Abbas Abdihalin. Il avait dix-huit ans. « Prénommez-le comme moi, le grand Abbas ! » s'exclama-t-il. Et il en fut ainsi.

Tout le monde adorait le petit Abbas. Cet enfant sans père ni avenir, cet enfant qui n'avait survécu que par la grâce d'Allah était irrésistible, une vraie merveille. Nous le cajolions à longueur de journée. La maison était pleine et tout le monde exultait du simple fait d'être en vie. Les deux petits cousins que j'avais ramenés étaient devenus les chouchous de ma mère, elle les traitait avec douceur et leur cuisinait des repas à part. Assez étrangement, la vie au milieu de cette immense tribu semblait la rendre heureuse. Notre appartement était le lieu permanent d'une sorte d'assemblée clanique des Osman Mahamud, et Ma se réjouissait d'être ainsi entourée, surtout pendant le mois du ramadan, le mois des familles.

Des Somaliens installés dans le monde entier se sont mis à nous envoyer de l'argent par *hawala*. Ce système est un bel exemple de l'ingéniosité somalienne. Vous allez voir un homme à Toronto, à Stockholm, à Kuala Lumpur, n'importe où ; vous lui confiez une somme ; il appelle une épicerie d'un quartier somalien de Nairobi ou d'Amsterdam, là où vit votre ami, et s'arrange pour qu'il vienne y chercher l'argent. Il y a une commission, mais aucun papier à remplir. La transaction est réglée en quelques coups de téléphone et repose entièrement sur la confiance au sein du clan, ou vis-à-vis des Frères musulmans, qui ont mis en place le système le moins cher et le plus sûr de tous. L'argent est disponible au bout d'un jour ou deux. À l'époque, la plupart des familles somaliennes du Kenya qui, comme nous, hébergeaient des réfugiés, subsistaient ainsi grâce aux dons de leur clan.

Nous avions donc assez d'argent pour nourrir tous nos hôtes, mais notre appartement devenait invivable. À un moment donné, nous devions y dormir à trente-cinq ou quarante. Le bruit seul suffisait à rendre fou. Les hommes censés maintenir l'ordre passaient leurs journées dehors. Les parasites continuaient à nous harceler ; la teigne surtout. Nous achetions les tubes de crème par caisses entières à la clinique. Mais pour que le traitement ait de l'effet, il fallait que tout le monde l'applique et lave ses draps et ses vêtements en même temps, ce que la moitié des gens négligeaient de faire, sans parler des nouveaux réfugiés qui arrivaient chaque jour, ravivant l'épidémie. C'était une vraie plaie.

Un après-midi, Mahad est revenu à la maison avec deux hommes hawiye qu'il voulait héberger. C'étaient des amis à lui de Mogadiscio, il ne pouvait pas les laisser à la rue. Mais notre appartement était bondé de Darod qui, à longueur de journée, maudissaient les bouchers hawiye.

Mahad leur a présenté ces deux hommes. C'étaient ses amis, ils n'avaient nulle part où aller et rien à se reprocher, ils logeraient donc chez nous. « Et que je n'entende personne dire du mal des Hawiye », les a-t-il avertis. Les Darod étaient sous le choc, mais ils ont obéi. Les deux hommes sont restés une semaine.

Un matin de mars, j'ai reçu une lettre de Finlande, écrite en anglais par une femme qui se disait amoureuse de Mahmoud Muhammad Artan. Elle joignait une photo d'eux : lui, superbe, en chemise blanche, enlaçant une femme aux cheveux blond-blanc, devant la mer. Elle m'expliquait qu'elle avait trouvé dans ses affaires une photo encadrée de lui et de moi, mais que Mahmoud lui avait assuré que j'étais sa cousine. N'étais-je vraiment que cela ? me demandait-elle. Il fallait qu'elle sache car elle se préparait à épouser Mahmoud.

Je n'aurais pu rêver meilleure surprise : j'avais presque oublié Mahmoud, et maintenant cette Finlandaise m'offrait de m'en débarrasser. Je lui ai écrit une réponse polie. Oui, j'étais bien la cousine de Mahmoud, et non, évidemment, je n'étais pas son épouse –, ç'aurait été de l'inceste. S'il lui avait laissé entendre que nous étions mariés, c'était juste pour la taquiner. Après avoir soigneusement rangé le courrier de cette femme, je suis allée poster ma lettre, très fière de l'adresse et de la maturité avec lesquelles je réglais mes problèmes personnels.

9

Abeh

Mon père revint à Nairobi en avril 1991. Les frères Abdi-halin nous apprirent la nouvelle un soir, après le repas du ramadan : ils venaient de chez Farah Gouré où ils avaient entendu dire qu'Abeh était en ville. Je me levai d'un bond en criant de joie et me mis à danser. Haweya aussi était heureuse. Mahad réagit peu, et Ma prit cette expression incrédule qui signifiait : « Je me demande comment vous pouvez lui pardonner aussi facilement. »

Je lui dis que j'allais le chercher pour le ramener à la maison, et elle répondit :

— Il n'en est pas question. Il ne peut pas habiter ici.

Sans tenir compte de ses sentiments, je rétorquai :

— Nous verrons cela plus tard.

Et elle ne fit pas de scène parce qu'elle ne le pouvait pas : une mère n'a pas le droit de séparer ses enfants de leur père. Nous appartenions à notre père.

Après nous être enveloppées d'un châle, Haweya et moi avons couru jusqu'à la maison de Farah Gouré qui était, comme la nôtre, pleine de réfugiés. Dans toutes les pièces que nous traversions des gens dormaient. Parvenant enfin à trouver Fadumo, nous lui avons demandé : « Où est Abeh ? » Avec un sourire aussi radieux qu'un soleil levant, elle nous répondit qu'il était arrivé la veille et qu'il était, comme tout le monde, à la mosquée pour la prière de la Taraweh ; il rentrerait plus tard. Fadumo était si heureuse pour nous que ses yeux brillaient de larmes. Elle nous expliqua que tout le monde attendait notre père et voulait passer un moment avec lui, mais que nous étions évidemment prioritaires.

Comme les autres, nous l'avons attendu. Il était presque minuit lorsque sa silhouette est apparue dans l'encadrement de la porte. Nous nous sommes jetées sur lui, nous accrochant à ses vêtements comme le jour de son arrivée à La Mecque, sauf que nous étions au moins deux fois plus grandes. Il se laissa tirer vers le sol en riant. Il criait : « Mes filles, mes filles, mes enfants ! » en nous serrant contre lui. Puis il nous regarda et dit : « Vous êtes devenues des femmes, mais vous n'avez absolument pas changé. » Il y avait tant d'affection dans son regard !

Fadumo nous invita à prendre place dans le salon, mais nous voulions ramener notre père chez nous. Abeh se releva, lui sourit et dit : « Il y a un moment pour partir et un moment pour rester, et ce n'est pas le moment de rester. » Il avait vieilli, ses cheveux grisonnaient mais c'était toujours le même homme. Je reconnaissais même son odeur – la tête au creux de son cou, je la respirais avec tant de plaisir qu'il finit par ôter son écharpe pour me la donner. Nous étions aux anges, et tous ceux qui nous entouraient rayonnaient de joie – au milieu de l'horreur, des meurtres, de l'afflux de réfugiés, des maladies, des deuils, il y avait cette joie. Tout le monde lui disait : « Va avec tes enfants. » Nous avons entraîné Abeh vers la porte et quelqu'un nous a accompagnés en voiture.

Devant la maison, dans la rue obscure, se tenaient Ma et Mahad. Je compris que Ma ne voulait pas accueillir notre père devant tout le monde et qu'elle avait passé des heures à nous attendre sur le trottoir. Mon père descendit de la voiture, ouvrit largement ses bras et lança d'une voix claire : « Ah, Asha ! » Elle détourna la tête en disant : « Non. » Mon père la prit tout de même dans ses bras, mais elle n'était qu'un bloc de refus glacial.

Puis Mahad donna l'accolade à son père – manière assez sobre de l'accueillir – avant de passer son bras autour des épaules de Ma et de la ramener dans la maison.

En nous voyant arriver avec Abeh, tout le monde se mit à crier des paroles de bienvenue et à raconter des histoires. Ma s'isola dans la cuisine.

Le premier soir, Abeh dormit dans le salon avec tous les hommes. À cinq heures trente, le lendemain matin, il s'éveilla, alluma toutes les lampes et lança l'appel à la prière, comme à la mosquée : *Allah ou'Akbar*. Les hommes qui dormaient par terre, réveillés en sursaut, se levèrent, l'air un peu gênés, pour faire leurs ablutions. Dans notre chambre, Ma nous tira du sommeil en disant : « Votre père appelle à la prière. » Et toute la maisonnée se mit à prier.

Ma se demanda à voix haute si cet empressement soudain n'avait pas pour but de plaire à Abeh plutôt qu'à Allah. Car avant son arrivée personne ne manifestait une telle ferveur religieuse. La remarque était si pertinente qu'elle nous fit pouffer. Mais il y avait dans ce moment quelques chose de très beau que, malgré notre fatigue, nous ressentions tous.

Ma semblait définitivement fermée à toute tendresse envers Abeh. Chaque matin, celui-ci la saluait – « Asha, comment vas-tu ce matin ? » – et chaque matin elle se détournait. Jamais, pendant les six mois que notre père passa sous notre toit, elle ne le regarda en face, et jamais elle ne lui adressa la parole. Pourtant, elle me réveillait tous les jours de bonne heure afin que je prépare un petit déjeuner spécial pour lui, meilleur que celui des autres ; et tous les soirs avant d'aller se coucher, dans la cuisine hyper-encombrée, je devais ranger à part son assiette, son verre et ses couverts sur une étagère réservée, avec la vaisselle et les casseroles utilisées pour lui seul. Mais jamais elle ne lui dit le moindre mot.

J'admirais son sens de l'honneur et sa dignité, mais je n'aimais pas la façon dont elle traitait Abeh, même si je la comprenais. Il l'avait négligée, abandonnée seule avec trois enfants à élever et l'obligation de réclamer de l'argent au clan. Elle ne se considérait plus comme son épouse. Elle le nourrissait, elle faisait en sorte que les autres respectent son besoin d'intimité et de paix, elle observait toutes les règles de conduite appropriées, mais elle se retirait en elle-même, froide, et comme absente de la situation.

Je vidai et nettoyai un réduit que nous utilisions comme garde-manger – une petite pièce éclairée par une minuscule fenêtre. Il s'y installa, dormant sur un matelas posé à même le sol, ses vêtements empilés sur un tabouret en peau de vache, avec son Coran, qu'il lisait à la lumière d'une ampoule nue.

J'appréciais l'ordre que faisait régner mon père dans la maison. Les gens se comportaient mieux en sa présence ; ils se tenaient plus droits et l'écoutaient – c'était lui qui parlait. Avant son arrivée, les hommes passaient leurs après-midi à jouer aux cartes en mâchant du qat, dont ils faisaient disparaître toute trace dès que Ma s'approchait. Mais, maintenant, la maison ressemblait à une medersa : elle était propre, chacun pliant ses vêtements et rangeant ses chaussures devant la porte ; tout le monde se couchait et se levait tôt ; tout le monde priait.

Abeh passait le plus clair de son temps à l'extérieur, à la mosquée, en réunion avec des aînés, avec des membres du clan, pour essayer de reprendre les choses en main, de trouver un arrangement quelconque. Il était toujours inspiré par le projet d'une Somalie indépendante, mais il croyait désormais que seul l'islam pourrait réconcilier les clans opposés et mettre fin à la violence qui faisait rage dans le pays. Il avait renoncé à toute idée d'une démocratie à l'américaine.

Abeh me parla de sa petite fille, qui vivait à Addis-Abeba. Elle s'appelait Marian et ne connaissait pas encore le somali, mais il allait le lui apprendre. Sa mère ne parlait que l'éthiopien. Par politesse, il resta discret au sujet de cette femme, car on ne doit jamais s'entretenir d'une épouse avec les enfants d'une autre. Mais il évoquait leur fille avec tant de tendresse que je lui pardonnai.

Le ramadan prit fin, et nos hôtes commencèrent à se dire qu'ils ne pouvaient pas rester éternellement chez nous. J'entrepris de visiter le quartier, avec l'un ou l'autre des hommes, pour chercher des appartements à louer et discuter avec les propriétaires. Très vite, Mahamud trouva un endroit où s'installer avec sa famille, celle de Mahamed et Marian et ses enfants. Warsame et quelques jeunes gens louèrent des chambres au mois dans un hôtel.

Mais nous étions toujours nombreux et je m'occupais de régler les divers problèmes de notre famille élargie : continuer de trouver des appartements, organiser des transferts d'argent, traduire ou servir d'interprète. En plus, je faisais le ménage, travail qui incombe à la fille aînée, j'emmenais les enfants chez le docteur, j'allais au siège de la compagnie payer la note d'électricité. J'aidais ceux qui voulaient émigrer à l'étranger – dans les pays qui accueillaient des Somaliens éduqués – à faire les démarches nécessaires. Je me dépêchais de les conduire à l'ambassade de Somalie demander des passeports avant que l'appareil d'État tout entier ne s'écroule et que les représentations diplomatiques ne ferment, les bloquant au Kenya pour je ne sais combien de temps.

Et puis, au bout d'un mois ou deux, d'autres jeunes gens arrivèrent, des amis de Mahad. Plus les hommes sont nombreux dans une maison, moins on est aidé, et Mahamud avait emmené avec lui toutes les femmes qui participaient aux tâches ménagères. Depuis, tout le travail m'incombait, et je n'y suffisais pas. Je dis à Ma qu'il fallait engager une domestique, une Kényane qui s'occuperait du linge et de la maison. Dans les circonstances actuelles, ajoutai-je, ce ne serait pas du luxe. Ma refusa.

Je lui tins tête, disant : « Si tu ne veux pas de domestique, tu feras le travail toi-même. » Et j'allai voir mon père pour lui réclamer trois cents shillings afin de payer une domestique. Nous avions de l'argent maintenant qu'Abeh était là. Il payait le loyer et me donna volontiers de quoi engager une servante.

Quelques semaines plus tard, Ma la chassa, sous prétexte qu'avoir des domestiques était contraire à ses principes. Je lui réexpliquai que je ne pouvais pas tout faire seule – m'occuper des uns et des autres et en plus de la lessive, du ménage, de la cuisine. Elle ne levait jamais le petit doigt pour m'aider. Mais lorsque je refusai de laver les vêtements elle me frappa à coups de rouleau à pâtisserie pour me punir de mon insolence.

Dépressive, Ma était redevenue amère et irrationnelle. Elle se renfermait sur elle-même. Les gens quittaient la maison à cause de son attitude désagréable. Elle avait le sentiment que tout allait mal dans sa vie tandis que, dehors, les gens s'entre-tuaient comme des animaux.

Je n'assistais plus aux réunions de jeunes musulmans et j'évitais de croiser sœur Aziza. L'idée que tout s'arrangerait lorsque serait réalisée la Demeure de l'islam – un merveilleux califat où tout le monde respecterait et aiderait les autres, où chacun vivrait selon la loi, où tout marcherait parfaitement –, cette idée me paraissait presque niaise.

Lorsque mon père dirigeait la prière, je me contentais de reproduire les gestes en pensant au petit déjeuner, au travail à faire, à la journée qui m'attendait.

*

Quelques mois plus tard, pendant l'été, Maryan Farah arriva de Mogadiscio avec Arro et Ijaabo. Maryan ne s'installa pas chez nous, bien sûr. Elle avait de vagues parents à Eastleigh chez qui elle habita d'abord avec ses filles. Mais il régnait dans cette famille une atmosphère de péché intolérable pour Ijaabo : les gens mâchaient du qat et regardaient des chaînes occidentales à la télévision. Elle vint donc s'installer chez nous pour être avec Abeh, son père.

Ce qu'elle nous raconta de Mogadiscio était horrible. Dans les rues, les chiens dévoraient les cadavres, et partout s'exhalait la puanteur atroce des corps en décomposition. Si Ijaabo avait survécu, c'était uniquement parce que sa grand-mère – la mère de Maryan – appartenait au même clan que les forces qui assiégeaient la ville. Maryan, bien que darod, n'était pas snob et avait toujours respecté ses parents hawiye. Lorsque la ville était tombée, les Hawiye de sa famille avaient protégé sa maison pendant que le reste du quartier était plongé dans le sang.

Lorsque Maryan et ses filles avaient quitté la capitale, elle était à moitié vide . seuls les plus faibles et les Hawiye y vivaient encore. C'était devenu un véritable coupe-gorge. En l'absence de pouvoir, personne n'était capable de faire respecter l'ordre.

Je retrouvai ma demi-sœur plus maigre et encore plus dévote. En un sens, on pouvait la comprendre. Pour elle, la mort était devenue une réalité : n'importe lequel d'entre nous pouvait succomber d'un moment à l'autre, et il était urgent de nous préparer à rencontrer Dieu. Mais elle se comportait comme un robot, nous reprochant sans cesse de ne pas observer les préceptes de la foi. Au bout d'un mois, personne ne la supportait plus. Bien souvent, Haweya lui ordonnait d'arrêter. Ijaabo prenait alors sa petite voix geignarde et haut perchée pour répondre : « Je suis ta *sœur* et je t'aime *tellement*. Ce n'est pas pour t'embêter que je te dis de prier, mais parce que je veux que tu ailles au *ciel*. Allah a dit, tel verset, tel verset : "N'oublie pas que ceux qui ne prient pas seront transformés en charbon pour le *feu*." »

Un après-midi, juste après l'arrivée d'Ijaabo chez nous, une jeune femme frappa à notre porte et demanda Abdellahi Yasin. Elle lui dit qu'elle n'avait nulle part où aller avec son petit garçon de trois ans. Cet enfant était le fils d'un homme que connaissait Abdellahi, un Osman Mahamud, mais il étai *garac*, bâtard, né hors des liens du mariage. Fawzia était seule et elle supplia Abdellahi de demander pour elle si nous pouvions l'héberger.

Abdellahi Yasin était embarrassé mais nous raconta tout de même son histoire, à Ma et à moi. Ma prit une expression dégoûtée, comme si une mauvaise odeur offensait ses narines. Elle ne pouvait héberger une prostituée, dit-elle. Je m'insurgeai : rien ne prouvait que cette personne fût une prostituée. Je revoyais l'image de la femme dans son maigre campement, parmi les réfugiés. Je dis à Ma : « Si tu refuses de l'héberger, c'est moi qui m'en vais. »

La bagarre fut longue, mais Haweya et Mahad me soutenaient et nous avons fini par gagner. Ma a dit : « Elle peut rester, mais je ne veux pas la voir. » Je trouvai un drap propre ainsi qu'une serviette – objets rarissimes dans notre maison –, et Fawzia vécut chez nous pendant quelques mois avec son fils. Nous étions si nombreux, à ce moment-là, que Haweya, Ijaabo et moi devions partager le même matelas.

Ijaabo voyait en Fawzia l'image vivante du péché et entreprit immédiatement de la réformer en l'exhortant à se repentir de sa conduite coupable et à adhérer aux Frères musulmans. Elle lui répétait : « La seule manière de te laver de tes péchés est de prier, prier, prier et de t'en remettre à Allah pour qu'Il te pardonne. » Un soir où elle la chapitrait une fois de plus, je lui ordonnai de se taire – elle était vraiment exaspérante. Je lui dis qu'Allah ne nous jugerait pas sur notre capacité à condamner une personne qui avait eu un enfant hors mariage mais plutôt sur notre hospitalité et notre charité.

Ijaabo cita le Coran pour la cinq centième fois de la journée :

— L'homme et la femme qui ont commis l'adultère, donne-leur cent coups de bâton.

Je lui dis :

— D'accord, voilà un bâton. Puisque le Kenya ne reconnaît pas la loi coranique, veux-tu la punir toi-même ?

Abeh, qui se trouvait dans la pièce, se mit à rire et prit mon parti. Ijaabo conserva son attitude offensée et ses manières hargneuses pendant plusieurs semaines. Mahad et Haweya savaient que j'étais la préférée de notre père, mais ils avaient depuis longtemps appris à ne pas s'en plaindre. Comme je l'ai dit, chez nous la jalousie est un sentiment interdit.

Tous les Somaliens méprisaient Fawzia. Quand nous sortions faire des courses, elle était sans cesse attaquée. Les hommes lui touchaient les seins, lui lançaient des œillades lascives. Jamais ils n'auraient osé me regarder comme ça : j'étais la fille de Hirsi Magan. Mais Fawzia était connue de tous comme une « dévergondée » et n'avait pas de protecteur de clan. C'était une proie facile, et son fils aussi.

Les gens de ma famille évitaient ce gamin et n'intervenaient jamais pour empêcher les autres enfants de le traiter comme un paria. Aidarus et Ahmed, mes jeunes cousins, ne cessaient de l'embêter. Il était comme marqué par la honte. C'était la première fois que je côtoyais l'enfant d'une femme non mariée.

Apparemment, Fawzia ne se laissait pas démonter par les attaques verbales ; elle me dit de ne pas tenir compte des remontrances d'Ijaabo. Et, contrairement à ma demi-sœur, elle m'aidait à faire la cuisine et le ménage. Après la prière du matin, elle ne se recouchait pas comme les autres, elle venait préparer le petit déjeuner avec moi.

La plupart des jeunes Somaliennes qui tombaient enceintes se suicidaient. À Mogadiscio, j'avais entendu parler d'une fille qui, après s'être inondée d'essence, dans le salon, devant toute sa famille, s'était immolée vivante. Si elle ne l'avait pas fait, son père et ses frères l'auraient probablement tuée de toute façon. Fawzia, elle, ne vivait que pour son fils, elle me l'avait clairement dit.

*

Une lettre arriva de Suisse pour Fadumo, la femme de Mahamed Abdihalin. Sa sœur, qui vivait en Europe, avait pu réunir tous les papiers nécessaires à l'obtention d'un visa pour Fadumo et ses enfants. Il ne restait plus qu'à aller retirer le visa à l'ambassade de Suisse et acheter les billets.

Le plan était le suivant : Fadumo prendrait l'avion pour l'Europe avec les enfants, mais au lieu d'aller en Suisse, où les Somaliens obtenaient rarement le statut de réfugiés, elle s'arrêterait aux Pays-Bas. À l'aéroport d'Amsterdam, elle déchirerait son billet et demanderait le droit d'asile, car, comme nous le savions tous, il est relativement facile d'être reconnu comme réfugié aux Pays-Bas et de bénéficier d'aides versées par le gouvernement.

Mahamed resterait à Nairobi où il essayait de monter une affaire. Pour lui, envoyer sa femme et ses enfants en Europe était une sorte d'assurance – si ses projets n'aboutissaient pas, et si Fadumo obtenait le statut de réfugiée, il pourrait aller la rejoindre.

Quelques semaines après son départ, Fadumo écrivit qu'elle se trouvait aux Pays-Bas, dans un camp. Un *camp* – cela ne donnait pas envie de s'y rendre. Quelques mois plus tard, Mahamud nous quitta à son tour pour s'installer à Abu Dhabi avec Si'eedo et monter une affaire. Ces gens avaient tout perdu, parents, maison, travail, vie sociale, projets d'avenir, mais ils était prêts à repartir de zéro dans un pays étranger. J'admirais leur courage et leur aptitude à rebondir.

*

À l'automne, un ou deux mois après l'arrivée de Maryan Farah à Nairobi, Abeh décida de l'épouser à nouveau. Il allait donc quitter notre appartement de Park Road pour habiter avec Maryan et leurs filles. Je suppose qu'en voyant comment Ma traitait Abeh, Maryan lui avait proposé cet arrangement, d'ailleurs parfaitement logique. Une fois sa décision prise, Abeh nous fit venir, Mahad, Haweya et moi, pour nous l'annoncer. Il nous demanda notre bénédiction et nous la lui donnâmes, tout en refusant d'assister à la cérémonie. Je sais que Mahad et Haweya lui en voulaient. Quant à moi, sans me réjouir de sa décision, je ne souhaitais que son bonheur.

Maryan et Abeh louèrent une petite maison à Buruburu. Abeh m'invita à leur rendre visite aussi souvent que je voudrais. Il me proposa même d'habiter avec eux. C'était absurde, bien sûr. Jamais je n'aurais pu abandonner ma mère pour vivre avec une autre épouse de mon père.

Le jour de son départ, Ma ne manifesta pas la moindre émotion. Elle dit simplement : « Bon, le garde-manger est libre, maintenant », et nous avons recommencé à l'utiliser. Elle était sèche et dure, mais je sais qu'intérieurement elle souffrait mille morts – après avoir vécu et dormi seule pendant toutes ces années, après avoir été moralement abandonnée, elle subissait une nouvelle humiliation publique.

Agressive, elle me parlait comme à un chien et me battait. Je crois qu'elle était devenue un peu folle à un moment. Elle avait pris le contrôle de sa vie lorsqu'elle était jeune, à Aden, mais elle l'avait rapidement perdu ; et elle se retrouvait dans un pays qu'elle n'aimait pas, sans aucune autonomie. Elle avait été flouée, abandonnée, livrée à elle-même – c'est ce qui la rendait tellement furieuse, je pense.

*

Un vendredi après-midi de la fin janvier 1992, mon père vint chez nous en sortant de la mosquée, alors qu'il ne venait jamais nous voir pendant cette période. Il exultait littéralement.

— Ayaan, ma fille, j'ai une bonne nouvelle pour toi – la meilleure des nouvelles –, mes prières ont été entendues ! s'écria-t-il. Aujourd'hui, à la mosquée, un homme, béni soit-il, m'a approché pour me faire une proposition de mariage, et je lui ai donné ta main.

Je me souviens qu'en l'entendant parler je me suis sentie rentrer sous terre. Après m'être éclairci la voix, j'ai dit « Non », mais il ne m'a pas entendue. J'ai repris :

— Je n'épouserai pas un étranger !

Et Abeh, au comble de l'enthousiasme, a rétorqué :

— Mais ce n'est pas un étranger, pas du tout ! C'est ton cousin ! Un Osman Mahamud !

Et il s'est mis à réciter la généalogie de cet homme.

— Ce n'est pas ce que je voulais dire en parlant d'étranger.

— Que voulais-tu dire, alors ?

— Que je ne l'ai jamais vu !

— Fort bien, tu le verras demain !

L'homme auquel mon père m'avait promise, un jeune Somalien élevé au Canada, s'appelait Osman Moussa. Il était venu à Nairobi pour chercher et secourir des membres de sa famille victimes de la guerre civile et pour trouver une femme. Les Somaliennes du Canada étaient trop occidentalisées à son goût : elles s'habillaient de façon indécente, désobéissaient à leurs maris et se mêlaient trop librement au monde des hommes – elles n'étaient pas *baarri*, donc pas épousables. Par ailleurs, la guerre civile mettait les filles de bonne famille à la disposition des candidats au mariage pour pratiquement rien.

Mon père avait rencontré ce jeune homme à peine deux heures plus tôt, à la mosquée. Osman, « nourri de lait et de viande en Amérique », me dit-il, était grand, solidement bâti, et il avait les dents blanches. Je suppose qu'il avait abordé Abeh et qu'après la récitation de leurs lignages respectifs il lui avait dit : « Vous avez des filles, et je cherche une femme. » J'imagine la scène, je devine le bonheur de mon père.

Arro était plus âgée que moi, il aurait dû la lui proposer. Mais non. Il m'avait choisie moi, sa fille pieuse, obéissante, *méritante*. Il m'offrait cette chance, et Osman Moussa m'acceptait. Les deux hommes s'étaient sans doute empressés de parader dans la mosquée en annonçant cette merveilleuse alliance, ce cadeau de Dieu, aux aînés du clan. Pas un instant il ne leur était venu à l'idée de me demander mon avis.

Osman n'aurait même pas à payer le « prix de la mariée ». En période de guerre civile, il aurait été indécent de le demander. Mais l'objectif de l'accord était stratégique : Osman pourrait se vanter d'épouser une Magan, et nous aurions de la famille au Canada. Mon père avait de nombreuses raisons de se réjouir d'une telle union.

Je rassemblai tout mon courage pour dire à mon père : « Abeh, et si j'étais déjà avec quelqu'un d'autre ? » mais il ne m'écoutait pas. Ravi de l'habileté avec laquelle il avait réglé l'affaire, il se contentait de répéter : « Allah nous a envoyé la réponse. » Il exultait littéralement.

Après son départ, j'allai tout raconter à Ma. Elle se contenta d'un lapidaire : « Tiens, tiens, on se sent suffisamment père tout à coup pour s'occuper de marier ses filles ? Très bien. » Rien d'autre.

J'étais folle de panique, mais je ne pleurai pas. Je pleurais rarement à l'époque. Je voyais seulement d'un œil froid, dépassionné, les barreaux de la cage se refermer autour de moi.

Le lendemain, mon père vint à la maison avec Osman Moussa. Le salon était propre et tout le monde très excité. Sauf moi. Je portais mes vêtements habituels, une robe large et un foulard de tête. Je n'allais pas m'habiller pour ça.

L'homme entra. Il voulut me serrer la main. Il était très grand et portait un blue-jean incroyablement long – il ressemblait à un basketteur, avec son crâne rasé et sa casquette de base-ball. Je lui dis poliment : « Bonjour, entre, je suis Ayaan », sans le regarder dans les yeux, puis j'allai chercher Ma. Mon père et ma mère restèrent avec nous – j'étais assise sur le lit avec Ma – tandis que cet homme parlait du Canada où il vivait depuis sa petite enfance, des réfugiés et de la guerre.

Nos regards ne se rencontrèrent même pas. Il s'adressait à Ma en essayant de paraître à son avantage. Lorsque j'osais lever les yeux, je l'examinais minutieusement – sa façon de parler, son visage – en me demandant : « Aurai-je de l'estime, de l'affection pour cet homme ? » J'étais censée fonder un foyer et passer ma vie avec lui ; faire la cuisine, porter ses enfants, me plier au moindre de ses désirs, et que savais-je de lui ? Il parlait mal le somali. Il paraissait sérieux.

Une croyante sincère, une bonne musulmane, aurait prié pour qu'Allah la guide, lui inspire sagesse et force. Je n'en fis rien. J'estimais que je devais régler moi-même la question. J'évoquais ma nuit de noces avec Mahmoud en essayant d'imaginer cet Osman Moussa à sa place. Avais-je envie de coucher avec lui ? Je ne pouvais tout de même pas demander à Allah de m'aider à en décider.

Kennedy était généreux et tendre. Un courant passait entre nous – nous partagions certaines choses. Il me voyait laver par terre, cuisiner, et en toute occasion il m'appréciait et me respectait. Même avec Abshir, tellement à cheval sur la religion, l'attirance était forte et mutuelle. Mais cet Osman Moussa m'était complètement étranger. Il ne m'inspirait ni attirance ni répulsion. Je n'éprouvais pour lui qu'une totale absence de sentiments. Et je ne le sentais pas non plus particulièrement intéressé par moi.

La date du mariage était fixée au samedi suivant. Six jours plus tard.

Notre deuxième rencontre fut plus intime. Osman Moussa vint avec sa sœur, et je demandai à Mahad et à Haweya d'être présents pour m'aider à l'évaluer. Je l'interrogeai sur la prière – pour me faire une idée de sa foi. J'éprouvais le besoin de prendre rapidement une sorte de décision, même si je n'avais pas les moyens d'empêcher ce qui allait arriver. Ses convictions l'attiraient nettement vers les Frères musulmans, bien qu'il y fût moins impliqué qu'Ijaabo, à en juger par son jean et sa casquette de base-ball. Mais s'il manifestait une piété moins exemplaire que ma sœur, il paraissait tout aussi enclin à réformer la conduite religieuse des autres.

Je lui demandai :

— Qu'attends-tu d'une épouse ?

Sa sœur, gênée, intervint :

— Peut-être devrions-nous vous laisser si vous discutez de ce genre de choses !

Mais Osman Moussa éclata d'un rire énorme en disant :

— Tu vas me donner six fils. Notre foyer sera la maison de tous les Osman Mahamud.

Et il se lança dans de grands discours sur les filles soma-liennes élevées au Canada qui étaient pratiquement toutes des putains, buvaient de l'alcool, sortaient en boîte, ne se voilaient pas et couchaient avec des Blancs. Elles échap-paient à tout contrôle ; aucune n'était digne d'être la mère de ses enfants. Pour lui donner six fils, cet homme avait besoin d'une femme comme moi, qui s'habille comme moi, qui soit obéissante, irréprochable : la fille d'un homme pieux, le merveilleux Hirsi Magan.

Nous le testâmes discrètement sur les poèmes épiques appris de notre mère – dont certains avaient été composés par l'arrière-grand-père des frères Abdihalin. Il n'en connaissait aucun. Pis encore, au lieu d'admettre son ignorance, il fit semblant de savoir de quoi nous parlions. Nous lui posâmes les énigmes anciennes de grand-mère ; il ne sut pas les résoudre.

Nous passâmes à l'anglais, croyant qu'Osman le parlerait mieux que le somali, et Haweya lui demanda quel genre de livres il lisait. Il répondit :

— Hum. Je lis, vous savez, des trucs.

Je constatai que sa connaissance de l'anglais était aussi

Mon combat : prendre la parole pour ne pas être complice de l'injustice.
Dénoncer les violences dont je fus témoin lorsque je travaillais comme interprète.
Voilà pourquoi je suis entrée en politique – ici, lors d'une intervention au Parlement
néerlandais, où je fus élue en janvier 2003.

J'ignore quand cette photo de mon père a été prise, mais je l'adore. Quelle détermination dans son regard ! Aujourd'hui encore, elle est dans mon portefeuille, je ne m'en sépare jamais.

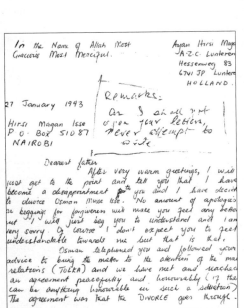

Voici la lettre que j'ai écrite à mon père après la réunion de clan qui s'était tenue dans la caravane de Hindi, une amie somalienne. Quelques jours plus tard, elle m'était retournée, assortie d'une fin de non-recevoir rédigée par mon père à l'encre rouge.

Mon père m'avait demandé
d'accompagner Osman, auquel
il m'avait mariée de force, à l'aéroport.
Je ne le connaissais que depuis
deux semaines. L'homme assis
à gauche est un de ses amis,
qui nous servait de chaperon.
Je me souviens encore dans quel état
de prostration je me trouvais.
Tous mes rêves de liberté et d'amour
m'avaient été volés. J'étais condamnée
à un destin prévisible, l'absolue
soumission aux volontés d'un homme
qui m'était étranger.

Cette photo a été prise
en 1993 par des amis,
à Veluwe, aux Pays-Bas.
L'idée que mes parents
puissent me voir
comme ça me terrifiait.
Mes cheveux courts
les auraient choqués.

Quand ma sœur Haweya m'a demandé
une photo de moi, en 1993, j'ai revêtu
cette robe brodée et couvert mes cheveux
d'un foulard pour faire plaisir à ma famille.

Cette photo a été prise
à l'époque où Haweya
travaillait pour les Nations
unies au Kenya.
Seul l'homme de droite
est un vrai paysan.
Cette image me fait toujours
rire. Haweya regarde le champ
comme si son sourire
pouvait inciter le maïs
à pousser tout seul,
de même qu'autrefois
elle regardait la vaisselle sale
dans l'espoir que,
miraculeusement,
elle se retrouverait propre.

Je pense que
cette photo a été
prise au centre
d'accueil
des réfugiés,
probablement
à l'automne 1994.
Haweya était
aux Pays-Bas
depuis le mois de
janvier. Aujourd'hui
encore, je vois
de la tristesse
dans ses yeux.

C'est la photo de Mahad,
mon frère, qu'Haweya m'avait apportée.
Elle a été prise à Nairobi en 1992.
Le bâtiment situé en arrière-plan
est un symbole national pour les Kényans.
Il porte le nom du président Jomo Kenyatta,
dont on aperçoit l'énorme statue
sur la gauche.
J'ignore qui est l'homme placé à droite.

Les premières vacances de ma vie ! En 1994, Ellen et moi sommes allées passer trois jours à Londres. Séjour épatant, bien que chaotique. Comme nous avions oublié de noter le nom de notre hôtel, nous avons erré dans la ville pendant des heures avant de le retrouver. Quelle enfant j'étais, à l'époque !

Photo prise en 1996, lors de ma première rencontre avec les parents de Miriam. Son père possède une collection de chapeaux que nous sommes en train d'essayer. Je porte une casquette de policier…

En juin 2000, j'ai rendu visite à ma cousine Sa'diyo, chez elle, à Düsseldorf. Accusée de succomber à l'impérialisme culturel occidental dans mes idées comme dans ma façon de m'habiller, j'ai rétorqué que le port du voile était une soumission à l'impérialisme culturel arabe. Alors, Sa'diyo s'est précipitée dans sa chambre pour aller chercher ce vêtement typiquement somalien. J'ai revêtu la « guntina » (neuf mètres de tissu que l'on enroule autour de soi), démontrant ainsi l'impossibilité pour la Somalie d'imposer son propre impérialisme culturel !

Cette photo a été prise le 30 novembre 2002 au congrès du VVD qui marquait le début officiel de la campagne électorale. Le même jour, le premier gouvernement Balkenende tombait, et j'étais officiellement déclarée candidate sur la liste du VVD. Comme vous pouvez le constater, j'étais déjà en proie à la fièvre électorale !

Soixante-quinze jours après le meurtre de Théo Van Gogh, je suis retournée au Parlement. Sur cette photo, on me voit chaleureusement accueillie par certains des membres du parti D-66. Dix-huit mois plus tard, en juillet 2006, ce même parti faisait chuter le cabinet à propos du débat sur ma citoyenneté.

Le 16 mai 2006, j'ai annoncé que je quittais le Parlement. L'homme qui se tient à mes côtés est Gerrit Zalm, mon parrain et protecteur en politique. L'après-midi, nous avons regardé le débat télévisé sur ma citoyenneté dans son bureau.

En tant que commissaire européenne,
Neelie Kroes a présenté ma candidature
pour le Prix de la personnalité européenne
de l'année décerné par le *Reader's Digest*.
Neelie est un des plus ardents défenseurs
de la cause européenne que je connaisse.
C'est aussi elle qui m'a convaincue
de me présenter aux élections
et de siéger au Parlement.

Photo prise en 2005 lors de mon arrivée
au dîner des « 100 du *Time* ».
Cette année-là, j'avais en effet été désignée
par le magazine comme l'une
des cent personnalités
les plus influentes du monde.
Je partageais cet honneur
avec des gens aussi différents que Dan Brown
et Ousama Ben Laden.
Je porte une robe aimablement prêtée
par la maison Viktor & Rolf,
fierté de la haute couture néerlandaise.

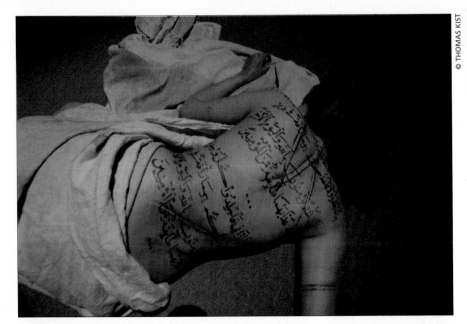

Une image du film *Submission*.
Sur le corps de la femme, ces versets du Coran: «La femme et l'homme coupables d'adultère ou de fornication, punis-les chacun de cent coups de fouet; et ne sois point pris de pitié pour eux dans l'exécution de la loi de Dieu, si tu crois en Dieu et au Jour dernier; et qu'un groupe de croyants assiste à leur punition.» (Chapitre 24, verset 2) La plupart des musulmans qui ont vu *Submission* n'éprouvaient aucune pitié pour les femmes fouettées, battues ou tuées parce que soupçonnées d'adultère ou de fornication.

Théo était souvent considéré comme un provocateur. Il avait en effet l'esprit frondeur, mais réfléchissait plus que d'autres aux dangers qui menacent la société et les valeurs occidentales. Cette photo montre un aspect de lui qu'il s'efforçait désespérément de cacher.

approximative que celle du somali et compris qu'il ne lisait visiblement rien.

Je rassemblai assez de courage pour lui demander d'ôter sa casquette, ce qu'il fit. Je me disais que j'allais peut-être tomber amoureuse de ses cheveux, allez savoir. Mais son crâne était aussi chauve que les fesses d'un bébé. En Somalie, on associe la calvitie à la sagesse, mais cet homme n'avait rien à présenter en compensation d'une calvitie complète, malgré ses vingt-sept ans.

Mahad voulut parler politique – on discutait beaucoup des perspectives de paix à ce moment-là. Il lui demanda :

— Quand nous rentrerons tous en Somalie, que feras-tu ?

Osman Moussa répondit :

— J'aurai une place au gouvernement, cela va de soi. J'ai vécu à l'extérieur du pays et je suis un Osman Mahamud. La seule solution pour la Somalie, c'est d'être gouvernée par les Osman Mahamud. Nous sommes les seuls à avoir l'expérience du pouvoir.

La conclusion s'imposait d'elle-même, sans que nous ayons à nous consulter : ce type était un crétin. Il prenait les Osman Mahamud pour le peuple élu, il était ennuyeux, banal et aligné sur les positions les plus stupidement bigotes. Non, ai-je pensé, non, Abeh ne pouvait pas me faire ça.

Une fois Osman Moussa parti, je m'armai de courage, bien résolue à prendre les choses en main. J'enfilai mon manteau et me rendis à Buruburu, où habitait mon père. Dès qu'il ouvrit la porte, je lançai :

— Osman Moussa est venu chez nous aujourd'hui et nous l'avons testé, Mahad, Haweya et moi. D'après nous, il a un pois chiche à la place du cerveau. Sa conversation est nulle, il n'a même pas le cran de reconnaître son ignorance, et en plus c'est un bigot.

C'était dit. Mon père ne pouvait pas faire celui qui n'a

pas entendu, comme à son habitude. Il me pria d'entrer et de m'asseoir.

— Là, maintenant, raconte.

— Je ne crois pas que cet homme et moi soyons compatibles.

— Après avoir passé un seul après-midi avec lui ? demanda-t-il avec un grand sourire.

— Tu as jugé que nous étions compatibles en deux minutes, non ? Alors je suis bien capable de juger du contraire en un après-midi !

— Non, ma fille, car j'en sais plus que toi. C'est le fils du fils du fils de... – il me donna toute la liste de ses ascendants. Il a une bonne place au Canada, il ne mâche pas le qat, il est propre, travailleur et consciencieux, il est fort. Je te donne à lui pour assurer ta sécurité. La cérémonie aura lieu samedi chez Farah Gouré. Les moutons sont achetés, le *qali* engagé. Tu dis que tu ne veux pas de ce mariage, mais personne ne te demande ton avis. Nous vivons des temps difficiles. Tu ne vas tout de même pas rejeter l'homme que je t'ai choisi pour la simple raison qu'il ne lit pas de romans.

Il réduisait mon opposition à ce détail. Imaginez ce qu'il aurait pensé si j'avais ajouté : et en plus il est chauve !

Pourtant, je ne cédai pas. Je dis :

— Je refuse.

— Je ne peux accepter ton refus d'une chose que tu n'as même pas essayée.

— Tu veux dire que je n'ai pas le droit de dire non avant le mariage ?

— Exactement. Toutes les dispositions sont prises.

Je n'étais ni ligotée ni enchaînée. Personne ne me menaçait avec une arme. Ce n'était pas un mariage forcé dans ce cas-là, mais je n'avais aucun moyen réaliste d'y échapper.

*

La *nikah*, cérémonie d'union légale musulmane, comprend la signature du contrat, mais pas toujours l'union charnelle des époux. La nuit de la défloration a généralement lieu après une fête qui se termine au futur domicile du couple. Mon père décida que la cérémonie du samedi ne serait pas immédiatement suivie de la fête et de la nuit de noces, qui seraient célébrées, avec la famille d'Osman, au Canada.

Il m'annonça ces dispositions le lendemain, chez Ma.

— La *nikah* aura lieu samedi, mais vous pourrez organiser une autre fête au Canada pour la nuit de noces. Comme ça, vous aurez toute la semaine, avant le départ d'Osman, pour apprendre à vous connaître, me dit-il, tout joyeux. Et quand il sera parti vous pourrez vous écrire et vous parler au téléphone. Tu vois ? Cela vous donnera l'occasion de faire vraiment connaissance.

Je réagis avec froideur :

— Je ne viendrai pas à la cérémonie, dis-je à mon père, qui répliqua simplement :

— Tu n'y es pas obligée.

Ce qui, légalement, était vrai.

Abeh se trouvait maintenant au centre de l'attention générale : quelle alliance il avait conclue ! quelle bonne nouvelle en ces temps difficiles ! Et ce qu'il appelait mes « couinements » l'irritait.

*

Pour ajouter à l'atmosphère de drame qui régnait dans notre maison, le lendemain après-midi – le mardi –, Ali Wersengeli sonna à notre porte, rempli d'une vertueuse indignation. Ali m'avait servi de témoin lors de mon mariage avec Mahmoud, à peine dix-huit mois plus tôt. Il avait entendu parler de ma prochaine union avec Osman Moussa et venait revendiquer la propriété de Mahmoud sur ma personne.

Lorsque Ma vint lui ouvrir, il lui dit que j'avais épousé Mahmoud, le fils d'oncle Muhammad, et que Hirsi Magan devait en être informé : le mariage ne pouvait avoir lieu.

Heureusement, Mahad était là. Il demanda :

— De quel mariage parles-tu ? C'est impossible. Qui était son protecteur ? Je n'étais pas présent et son père non plus. Il n'y a pas eu de mariage.

Ma mère, d'abord troublée, s'était reprise. De l'air très digne qu'elle affichait toujours en public, elle demanda :

— Et qui a servi de témoin lors de cette prétendue cérémonie ?

— Moi, reconnut Ali.

— Tu n'avais aucun droit de le faire, intervint Mahad avec véhémence. J'étais à Mogadiscio. M'as-tu appelé ? As-tu appelé son père ? Tu aurais pu venir me chercher ! Pourquoi ne l'as-tu pas fait ?

— Peu importe, répliqua Ali. Le mariage a eu lieu.

— En as-tu la preuve ? As-tu un papier ?

Ali n'en avait pas. Ils discutèrent encore un moment. Quand Ali annonça qu'il allait partir, Ma ne le pria pas de rester, comme l'exigeaient les convenances.

— Personne ne fera courir des bruits sur mes enfants, affirma-t-elle avec hauteur.

Mahad s'en prit à moi dès le départ d'Ali.

— Où est le certificat ? demanda-t-il.

Comme il était inutile de nier, j'avouai tout – ou presque. Que j'avais épousé Mahmoud à Mogadiscio la veille de son départ pour la Russie, qu'il était tombé amoureux d'une Finlandaise et voulait se marier avec elle. J'allai chercher la photo et la lettre de la jeune fille.

— Tu vois, Mahmoud désire oublier notre mariage, et je lui ai écrit que cela me convenait, dis-je sans conviction. C'était une erreur.

Je sortis le document remis par Ali à Mogadiscio. Mahad s'en empara et le considéra d'un œil soupçonneux.

— Ce certificat n'est pas légal, il ne vaut rien, annonça-t-il. Il n'est pas signé par un protecteur légal.

Il le déchira, jeta les morceaux par terre et se lança dans une longue tirade sur mon irresponsabilité. Ma ne dit presque rien. Je savais qu'intérieurement elle bouillait de rage mais qu'elle était soulagée d'apprendre que mon mariage avec Mahmoud n'était pas valide. Dans l'immédiat, elle n'était préoccupée que par la manière dont elle allait pouvoir éviter le scandale à notre famille.

Quant à Mahad, il n'avait plus qu'un but dans la vie, empêcher Ali Wersengeli d'intervenir avant la *nikah* – quatre jours plus tard. Il alla voir mon père pour lui dire qu'un de nos cousins maternels était arrivé à Nairobi – un sale type qui, par dépit, répandait toutes sortes de rumeurs infondées sur moi. Abeh se montra bien évidemment révolté qu'il existe des êtres aussi malfaisants sur terre.

Ensuite, Mahad se renseigna sur le lieu de résidence d'Ali et alla le trouver. Il lui dit que mon mariage aurait lieu dix jours plus tard et promit de lui organiser une entrevue avec mon père le lundi suivant.

Ce serait trop tard. Je serais déjà mariée.

Le jour de la cérémonie, habillée comme d'habitude, je fis exactement ce que je faisais tous les jours : les tâches ménagères. Je ne voulais rien savoir de ce qui se passait chez Farah Gouré : l'enregistrement par le *qali* de mon union avec Osman Moussa, en présence de Mahad, de mon père et d'une foule d'autres hommes. Il y aurait ensuite un festin, du mouton rôti, pour les hommes seulement. Je n'y assisterais pas, mais ni ma présence ni ma signature n'étaient requises, selon la loi islamique.

Je préparai le déjeuner et sortis en début d'après-midi avec Haweya. Nous allâmes à l'Arboretum en discutant des bouleversements intervenus dans notre existence au cours des huit derniers jours.

*

261

Après la *nikah*, nous avions donc, mon mari et moi, une semaine pour faire connaissance. J'allai me promener avec lui au parc Uhuru. Je rencontrai ses amis. Il me parla de sa jeunesse, de ses rêves – propos tellement insignifiants qu'ils ont presque entièrement disparu de ma mémoire. Nous discutions beaucoup de religion : Osman Moussa était très dévoué à l'islam et attentif au renom de sa famille. Pour lui, la guerre civile avait éclaté en Somalie parce que nous avions déserté les voies d'Allah. Jamais il n'esquissa le moindre geste charnel vers moi, parce qu'il me respectait, en tant que fille de mon père, son cousin éloigné. Nous attendrions la fête de mariage au Canada.

Quand nous étions seuls tous les deux, je me sentais froide comme un glaçon. Je ne m'imaginais pas éprouver du désir pour cet homme et encore moins me réveiller chaque matin auprès de lui.

Toutes les traditions ne furent pas respectées. Aucune belle-mère n'inspecta ma virginité. Nous étions au-dessus d'une procédure aussi indigne. L'essentiel était dans les apparences. En présence de ses amis, je me conduisais comme il convenait à la fille de Hirsi Magan, et je portais mon hidjab noir, ce qu'ils appréciaient beaucoup. Nous parlions de tout et de rien, de la guerre et des événements du jour. Je me concentrais sur ma conduite – parler d'une voix douce, me montrer polie, éviter de faire honte à mes parents. Je me sentais complètement vide.

Lorsque les amis d'Osman s'emportaient, ce n'était pas contre les mensonges ou la trahison de quelqu'un mais contre les femmes qui ne portaient pas de foulard ou les hommes qui ne priaient pas assez souvent. Leur attitude, qui me rappelait celle d'Ijaabo, commençait à me porter singulièrement sur les nerfs.

Au bout de six jours, j'accompagnai Osman à l'aéroport. Il rentrait à Toronto et enverrait le plus vite possible les papiers nécessaires pour que je le rejoigne là-bas dès que je le pourrais ; tel était le plan. Il me serra dans ses bras et dit :

— Je suis impatient de te revoir.

J'inclinai solennellement la tête et répondis « Bon voyage » en me dégageant de son étreinte.

J'étais froide, je m'en rendais bien compte, et je le regrettais, mais je ne pouvais pas faire mieux.

*

Ali Wersengeli finit par aller voir mon père. Abeh lui claqua la porte au nez et vint me trouver. Pendant cette période, il débarquait souvent chez nous avec un papier à signer, des questions à régler pour mon visa, toujours très excité par sa propre habileté et par la préparation de mon voyage.

— J'ai entendu raconter des histoires sur toi et Mahmoud, le fils du frère de ta mère, me dit-il. Quelle part de vérité y a-t-il là-dedans ?

Je répondis :

— Aucune.

Et il repartit en chantonnant. Il rayonnait de bonheur.

Ali Wersengeli n'avait pas grand-chose pour étayer ses allégations. Pas de certificat de mariage ; Mahad avait déchiré mon exemplaire, et Mahmoud avait manifestement renoncé à ses prétendus droits sur moi. La plupart des gens en conclurent rapidement que, comme l'affirmait Mahad, la rumeur était sans fondement. Personne ne souhaitait causer de difficultés à Hirsi Magan. Dans l'ambiance déprimante et le chaos de la guerre civile, je représentais un symbole d'espoir – une fille pieuse, obéissante, qui méritait bien l'union merveilleuse arrangée par son père.

Quelques semaines après ma *nikah*, mon père m'apporta le certificat rédigé par le *qali* – les *qali* sont officiellement qualifiés pour pratiquer des mariages –, il fallait maintenant l'enregistrer auprès du bureau des mariages kényan. Abeh m'avait montré ce document officiel, rédigé en arabe et en anglais, où une case était réservée à la mention « Vierge ou non » et une autre au « Montant de la dot ». Les réponses « Vierge » et « Dix exemplaires du Saint Coran » y figuraient déjà, et il était spécifié que j'étais représentée à la cérémonie par mon père. Abeh me dit que je devais signer ce document kényan.

J'hésitai, mais je savais que j'étais déjà mariée à Osman Moussa aux yeux de l'islam et de tous les musulmans que je connaissais, alors, quelle différence cela faisait-il que je signe ? Je signai donc, au-dessous du paraphe de mon père, en arabe : A. H. Magan

Abeh fit des pieds et des mains pour que le HCR me délivre des papiers. Après avoir obtenu mon passeport, il demanda mon visa. Il en parlait avec Osman Moussa au téléphone tous les deux ou trois jours. L'ambassade du Canada à Nairobi était envahie par des Somaliens candidats à l'émigration, et il semblait impossible d'arriver à quoi que ce fût étant donné la corruption et le chaos qui régnaient dans la bureaucratie kényane. Mon père réussit à s'assurer l'aide d'un parent qui vivait à Düsseldorf, un certain Mursal, qui lui conseilla de m'envoyer d'abord en Allemagne, où j'attendrais mon visa. C'était la solution la plus rapide et la plus pratique.

Abeh me faisait venir régulièrement chez lui afin de me donner des leçons de religion et des conseils pour être une bonne épouse. Nous passions la matinée à étudier les chapitres du Coran traitant des devoirs de la femme et à en discuter. Concernant l'obligation de demander au mari la permission de quitter la maison, par exemple, mon père me dit : « Voilà comment vous pouvez procéder : mettez-vous d'accord dès le début sur le fait que cette autorisation t'est accordée une fois pour toutes. Ce sera de sa part une preuve de confiance et cela t'évitera de lui demander la permission chaque fois que tu sortiras faire des courses. »

Le Coran enjoint aux femmes d'être en permanence sexuellement disponibles pour leur mari. Mon père n'entra pas dans les détails mais me lut le passage concerné : *Vos épouses sont vos labours, allez en vos labours quand et de la manière qu'il vous plaira.* Il dit ensuite : « Tu dois toujours être là pour ton époux, au lit et en dehors du lit. Ne l'oblige pas à te supplier ; ne te refuse pas à lui ; ne l'oblige pas à regarder ailleurs. C'est aussi une permission que tu lui accordes dès le début. Tu dois être toujours disponible. Il n'en abusera certainement pas car il appartient à une bonne famille. Il ne va ni te forcer ni te violer, c'est un musulman fervent et un Osman Mahamud. »

Nous parlions aussi de la difficulté de vivre en musulman dans un pays occidental. La question de l'amitié avec des infidèles n'est pas très claire, disait mon père – elle est déconseillée, mais si tu noues des relations amicales honnêtes avec des infidèles, tant que tu ne n'imites pas leur façon de vivre, ce n'est pas interdit.

Puis nous évoquions l'enseignement à donner aux enfants : il n'y a qu'un seul Dieu, pas de djinns ni de saints, pas de magie ni d'intercession. Il est interdit de solliciter l'aide d'un djinn ou d'un esprit, car ce serait mettre ces entités au même niveau qu'Allah. Avant de faire quoi que ce soit, demande-toi ce que ferait le Prophète à ta place. Certaines choses sont clairement permises, d'autres clairement interdites, mais pour tout ce qui reste imprécis, estimait mon père, le Prophète était libéral – il n'imposait aucune obligation qui nuise au fidèle. « Il n'existe pas de coercition dans l'islam, me disait-il. Aucun être humain n'a le doit d'en punir un autre parce qu'il ne respecte pas ses devoirs religieux. Seul Dieu peut le faire. »

Ces conversations me rappelaient les cours de l'école coranique, mais en plus intelligentes. Nous avons même parlé du martyre. Pour mon père, la guerre sainte n'était acceptable que du temps du Prophète – et uniquement parce que les infidèles avaient commencé par l'attaquer. De nos jours, on ne pouvait appeler à la guerre sainte, seul le Prophète était habilité à le faire, disait-il.

Tel était l'islam de mon père – une religion essentiellement non violente et une interprétation personnelle des paroles du Prophète ; une religion fondée, du moins en partie, sur sa propre notion du bien et du mal. Un islam plus intelligent que celui que m'avaient enseigné les *ma'alim*, mais aussi beaucoup plus humain. Je n'en continuais pas moins à me poser des questions et à éprouver un sentiment d'injustice : pourquoi seules les femmes avaient-elles l'obligation de demander à leurs maris la permission de quitter la maison ? Pourquoi pas les hommes ?

L'islam de mon père était aussi une interprétation du Coran. Or il n'est pas permis d'interpréter la volonté d'Allah ni les paroles du Prophète, le Coran l'affirme clairement. On ne peut que le lire, sans le remettre en question ni opérer de sélection. On doit obéir, un point, c'est tout. « Je vous ai clairement indiqué la conduite à suivre ; personne ne doit en dévier, sous peine d'être détruit », affirme le Prophète. Un fondamentaliste aurait pu dire à mon père : « La phrase : "Seul le Prophète peut déclarer la guerre sainte" n'est pas dans le Coran. C'est toi qui l'y mets. C'est un blasphème. »

*

Osman Moussa payait tous les frais occasionnés par mon voyage puisque, maintenant, j'étais à lui. C'est la règle : le mari paie pour sa femme. Je fis la tournée des adieux pour prendre congé de tous – Aluwiya et Ainanshie, la famille de Farah Gouré, désormais des cousins puisqu'ils étaient apparentés à mon mari.

J'allai dire au revoir à Abeh la veille de mon départ. Il me serra dans ses bras en disant que nous ne nous reverrions peut-être pas avant longtemps. « Quand on se sépare, me dit-il, c'est souvent avec l'intention de se revoir, mais beaucoup de choses peuvent empêcher cette intention de se réaliser. » Je lui renvoyai un regard sceptique ; je savais qu'il parlait d'expérience.

Le jour de mon départ, Ma nous entendit discuter, Haweya et moi, de ce que je pouvais faire. Le mieux, d'après Haweya, serait que je divorce d'Osman Moussa le plus vite possible après mon arrivée au Canada. Ensuite, je pourrais me rendre aux États-Unis et vivre ma vie. Elle brossait un tableau tout à fait romantique de mon avenir.

Ma entra dans la pièce et nous accusa d'être immorales. Elle me traita de putain et d'hypocrite, me reprocha d'avoir ruiné ses relations avec son frère et de vouloir salir aussi l'honneur de sa famille et de celle de mon père. Elle dit : « Je ne te ferai mes adieux et je ne te donnerai ma bénédiction qu'à deux conditions. La première, que tu me promettes de rester mariée à Osman Moussa, d'être une bonne épouse, de prier Allah et de Le remercier pour le destin que ton père t'a choisi. La seconde, que tu ailles trouver ton père et que tu lui racontes tout. »

Je me dis qu'elle avait raison, qu'il fallait que j'avoue tout à mon père et qu'ensuite il trouverait une solution. Je mis mon foulard sur ma tête et repartis chez lui. Il m'accueillit à bras ouverts :

— Ah ! Ayaan, ma fille chérie est revenue me voir !

— Père, j'ai quelque chose à t'avouer, à propos de Mahmoud, le fils du frère de maman.

— Mais nous avons déjà réglé cette affaire, non ? Allons, tout va bien, ma fille. Tu t'inquiétais déjà pour ton pauvre père ? Tu devrais aller préparer ton départ, ma chérie.

Et il continua à m'abreuver de paroles, tandis que ma langue restait collée à mon palais. Je crois qu'il avait deviné que mes aveux ne lui feraient pas plaisir. Je rentrai à la maison et racontai la scène à ma mère. Elle m'ordonna de retourner à Buruburu et de recommencer. Je lui fis remarquer que j'allais manquer l'avion et elle dit : « Alors promets-moi au nom d'Allah que tu resteras avec cet homme, ton mari. »

Je refusai. Non, je ne pouvais pas le lui promettre.

Elle se détourna sans un mot et c'est à son dos raide que je dis au revoir, avant de monter dans un taxi pour me rendre à l'aéroport.

Deuxième partie

MA LIBERTÉ

10

En fuite

Mon avion a atterri à Francfort au petit matin. En entrant dans l'aéroport tout de verre et d'acier, j'ai été sidérée par son immensité et son aspect harmonieux et *fini*. Les aéroports africains sont des lieux de désordre, à moitié construits, en expansion constante. Ici, même les gens m'impressionnaient : tous marchaient d'un pas assuré, avec l'air de savoir exactement où ils se rendaient. Je croisais des femmes de l'âge de ma mère, et même de celui de ma grand-mère, un petit sac à la mode sous le bras, poussant avec énergie et détermination des chariots pleins de valises assorties.

De mon côté, j'étais perdue. J'étais censée aller à Düsseldorf, mais mon billet indiquait Munich. J'errais à la recherche du guichet où je pourrais échanger mon billet, demandant mon chemin aux passants – je n'avais pas remarqué les panneaux indicateurs. L'aéroport était aussi vaste qu'un quartier de Nairobi, et comme tout se ressemblait d'un endroit à un autre je ne parvenais absolument pas à m'orienter. Je me sentais comme une rustre de la *miyé* au beau milieu d'une grande métropole.

Quand je suis finalement arrivée à Düsseldorf, j'ai changé des dollars contre des marks et j'ai appelé le numéro que Mursal, l'oncle éloigné qui avait accepté de veiller sur moi, avait donné à mon père. C'est un autre homme qui a décroché : Omar, l'associé de Mursal. « Donc vous êtes la fille de Hirsi Magan, m'a-t-il dit. Vous pouvez noter une adresse et la montrer à un chauffeur de taxi ? »

J'ai dit oui, j'ai écrit l'adresse et je suis sortie. Dehors, tout était propre, j'avais l'impression d'être dans un film. Les routes, les trottoirs, les gens – je n'avais jamais rien vu de tel, sauf peut-être l'hôpital de Nairobi. Un décor si moderne qu'il semblait stérile. Les immeubles, en forme de cubes et de triangles, me donnaient la même impression effrayante de neutralité que les figures géométriques tout en lignes droites, d'une précision extrême, qu'on me faisait tracer en classe. Les panneaux portaient des inscriptions dans une langue qui ressemblait un peu à l'anglais, mais que je ne déchiffrais pas.

Tout m'était radicalement étranger. Je comprenais ce que ma grand-mère avait dû ressentir la première fois qu'elle était allée en ville et qu'elle avait vu une ampoule électrique, une radio, une rue pleine de voitures.

J'ai repéré la file d'attente pour les taxis : le mot était en anglais. Mais il n'y avait que des Mercedes de couleur crème. À Nairobi, les taxis de ce genre ne s'arrêtaient que devant les grands hôtels ; ils constituaient l'option la plus luxueuse, réservée aux touristes et aux ministres. Avant de m'installer dans une voiture pareille, il valait mieux que je demande au chauffeur combien me coûterait la course.

— Environ vingt marks, me dit-il, ce qui était dans mes moyens.

— Mais vous allez m'emmener dans cette voiture-ci ? lui demandai-je, incrédule.

Il éclata de rire. Il était très sympathique, et il parlait anglais. Je me suis assise sur le siège avant, à côté de lui, et il m'a fait la conversation, me vantant la beauté de Düsseldorf et la gentillesse des Allemands.

Nous sommes entrés dans la vieille ville, magnifique en effet. Les clochers pointus des églises ressemblaient un peu à des minarets. Et les rues pavées donnaient au cœur de Düsseldorf un air plus humain que son aéroport futuriste.

Le taxi me déposa à l'adresse que je lui avais indiquée. Omar m'attendait sur le trottoir. C'était un homme plutôt grand, moustachu, très à l'aise. Il portait un costume gris, sans cravate. Il m'a dit que j'étais formidable. D'habitude, personne ne trouvait son chemin si facilement depuis l'aéroport. En plus, j'avais réussi à changer d'avion à Francfort. J'étais un vrai prodige. « Vous n'aurez pas de mal à vous adapter ici, a-t-il ajouté. La plupart des Somaliens m'appellent en pleine nuit pour que je vienne les chercher. Quand je leur demande où ils sont, ils me disent : "À côté d'un grand immeuble." Ils sont désespérants. »

Omar n'a pas eu l'air inquiet en apprenant que mes bagages n'étaient pas arrivés. Il m'a dit qu'en Allemagne rien ne se perdait jamais. Nous avons marché jusqu'à l'hôtel où j'allais passer la nuit ; mon oncle, retenu par ses affaires, ne pouvait pas me rencontrer avant le lendemain. Omar m'a laissée en me disant qu'il reviendrait me chercher à vingt heures, pour le dîner.

Dans ma chambre, tout était blanc et impeccable. Je me souviens d'avoir examiné la couette en me promettant de parler à Haweya de cette merveilleuse invention. La pièce était petite, mais conçue de façon intelligente : les placards étaient intégrés dans un mur, la télé placée sur l'une des étagères. Ça alors ! ai-je pensé, c'est génial.

Une autre surprise m'attendait dans la salle de bains. Dans notre appartement de Park Road, nous avions une douche, mais pas d'eau chaude : nous devions faire bouillir de l'eau et nous laver avec un seau et une louche. Mais, dans cet hôtel, l'eau ne manquait pas : elle jaillissait de tous les côtés de la cabine. J'ai pris une douche. Puis, comme il faisait encore jour dehors, j'ai décidé d'aller me promener. Il fallait que j'explore cette ville.

J'ai noté le nom de l'hôtel – je savais que je me perdrais –, j'ai mis mon foulard et mon grand manteau, et je suis sortie dans la rue. Je n'avais jamais vu autant de Blancs. Les femmes avaient les jambes, les bras, les épaules, le visage et les cheveux entièrement découverts, elles semblaient *nues*. J'avais déjà vu des Kényanes vêtues de cette manière, mais je crois que la peau pâle des Allemandes attirait plus mon attention. Aux terrasses des cafés, hommes et femmes étaient assis ensemble et discutaient avec familiarité, comme s'ils étaient égaux. Certains se tenaient la main devant tout le monde, et personne ne semblait s'en indigner.

Au bout d'un certain temps, j'ai retiré mon manteau, en me disant qu'ainsi je me fondrais dans la masse. J'avais encore mon foulard et ma jupe longue, mais c'était la première fois depuis bien des années que je me découvrais autant en public. Et, pourtant, je me sentais anonyme. Personne ne me jugeait. Aucun regard ne m'accusait d'être une prostituée. Aucun homme ne me proposait, l'air lubrique, de coucher avec lui. Aucun membre des Frères musulmans ne brandissait devant moi la menace des flammes de l'enfer. Je me sentais en sécurité, je pouvais consacrer toute mon attention à ce qui m'entourait.

J'ai marché jusqu'à en avoir mal aux pieds. Tout était si bien entretenu. Les sillons entre les pavés des rues étaient propres, les vitrines des boutiques, reluisantes. Je me souviens d'avoir pensé : « C'est incroyable, comment est-ce possible ? » J'avais l'habitude des tas d'ordures nauséabonds et des rues pleines d'énormes nids-de-poule où l'on ne peut marcher sans finir par être couvert de poussière et où rien ne reste jamais propre. À Nairobi, en dehors des quelques enclaves où résident hauts fonctionnaires et hommes d'affaires millionnaires, les gens vivent les uns sur les autres, dans des cabanes insalubres aux murs de parpaings nus ou de tôle et de carton. Il y a des mendiants, des voleurs et des orphelins qui dorment sur des montagnes de détritus, les radios beuglent toute la journée, la circulation est chaotique et les chauffeurs de *matatou* s'arrêtent n'importe où pour vous faire monter à bord. J'avais l'impression d'avoir été projetée dans un autre monde, calme et ordonné.

Ce monde, je l'avais entrevu dans les romans que j'avais lus et dans certains films, mais je n'avais jamais vraiment cru à son existence.

En rentrant à l'hôtel, j'ai trouvé Omar qui m'attendait, très inquiet. Il m'a dit qu'il était déjà vingt et une heures. Je lui ai répondu que c'était impossible : la nuit n'était pas encore tombée. Avec un soupir, il m'a alors expliqué qu'en Europe on ne peut pas se fier à la position du soleil pour connaître l'heure, parce qu'il y a une saison chaude, où il fait jour jusque tard le soir, et une saison froide, où il fait nuit très tôt dans la journée. Il m'a donné sa montre en me demandant si j'avais besoin qu'il m'apprenne à m'en servir.

J'avais honte de mon ignorance. Je me suis dit que j'aurais pu me douter que dans un lieu si étrange le système solaire lui-même fonctionnait différemment. J'étais Alice au pays des merveilles.

Omar a déclaré que les Africains ne supportaient pas la cuisine allemande, et il m'a emmenée au restaurant chinois. En essayant de repérer notre itinéraire, je me suis rendu compte que le nom des rues était écrit, de façon très pratique, sur de petites plaques vissées aux murs. « Comme c'est agréable et ingénieux », ai-je pensé. Dans notre quartier, à Nairobi, seules quelques grandes routes comportaient ce genre d'indication. Quand j'ai demandé à Omar qui avait posé les plaques, il a levé les yeux au ciel.

« L'Allemagne est un pays civilisé », m'a-t-il répondu, l'air atterré.

Le lendemain, j'ai rencontré mon oncle Mursal. Il semblait gêné de l'admettre, mais je ne pouvais finalement pas séjourner chez lui : son épouse, une Allemande, n'appréciait pas vraiment d'héberger les Somaliens errants. Mursal avait donc trouvé une autre famille somalienne disposée à m'accueillir, à Bonn. Ce n'était pas loin. Il appellerait tous les jours l'ambassade du Canada pour savoir si mon visa était arrivé, et il me tiendrait au courant : que j'habite ou non avec lui revenait au même.

En fin d'après-midi, juste après que mes bagages eurent été déposés à mon hôtel par une fourgonnette de l'aéroport, Mursal et Omar m'ont conduite à Bonn. Nous nous sommes arrêtés dans un grand champ de maisons toutes identiques – un lotissement construit par l'État, m'a dit Mursal. La femme chez qui j'allais habiter, Amina, était une Osman Mahamud, mais elle se sentait rejetée par son clan parce qu'elle avait épousé un Hawiye et que par conséquent ses enfants étaient hawiye. Mursal l'avait beaucoup aidée – je pense qu'il dépensait une énorme partie de son salaire pour ses compatriotes en détresse.

Chez Amina, il y avait une télé allumée dans chaque pièce et des enfants partout. L'aîné, Ahmed, qui devait avoir quatorze ans, me proposa de me faire visiter Bonn le lendemain. C'était en juillet, pendant les grandes vacances, et Ahmed, qui n'avait rien d'autre à faire, se réjouissait à l'idée de me montrer comme il connaissait bien la ville.

Contrairement à son fils, même si elle vivait là depuis un certain temps, Amina était restée complètement somalienne. Elle ne pouvait pas s'éloigner de sa maison sans se perdre : elle emmenait toujours Ahmed avec elle quand elle allait faire les courses. La ville ne me faisait pourtant pas l'effet d'un labyrinthe. Quand je me suis promenée avec Ahmed le lendemain, il m'a expliqué comment m'orienter dans le métro, et je me suis dit que je devrais réussir à sortir seule.

Les Blancs ne me faisaient pas peur. C'est vrai qu'ils ne s'intéressaient pas à moi, mais cela ne me dérangeait pas, au contraire. Dans ce pays où tout m'était étranger, réussir à me débrouiller sans l'aide de personne me donnait un sentiment de pouvoir et de liberté. J'avais pris deux avions, j'avais flâné dans les rues d'une ville inconnue, et il me semblait que le monde était bien moins dangereux que ne me l'avaient laissé entendre ma mère et ma grand-mère.

Depuis des mois, je réfléchissais de plus en plus frénétiquement à un moyen de rompre le mariage que mon père avait arrangé pour moi. Je ne voulais pas partir au Canada et vivre auprès d'Osman Moussa la vie à laquelle on me destinait depuis ma naissance parce que j'étais une fille. J'avais pensé y aller et jouer si mal mon rôle d'épouse que mon mari me renverrait tout simplement chez ma mère. Le problème, c'était que si je tombais enceinte entre-temps cela ferait échouer mon plan. Mais, en ce premier après-midi à Bonn, je commençais à entrevoir une autre solution. Rien ne m'obligeait à aller au Canada. Je pouvais disparaître ici même. Je pouvais échapper à cet avenir dont je ne voulais pas, me cacher, et réussir, d'une manière ou d'une autre, à vivre ma vie comme je l'entendais, telle une héroïne de roman.

Je ne savais pas encore comment j'allais m'y prendre, et je n'avais pas réfléchi aux conséquences d'une telle fuite : rupture avec ma famille, solitude. Je me disais que ce serait comme descendre du *matatou* à un feu rouge et le regarder s'éloigner en cahotant. J'attendrais le bon moment, et je partirais.

Je ne resterais pas en Allemagne : Mursal me retrouverait trop facilement. J'irais en Angleterre. Je savais parler la langue et je connaissais la culture : les prairies, les vaches, la reine, Mayfair et Whitechapel, je pensais avoir tout appris dans les livres et en jouant au Monopoly. J'irais là-bas. J'avais apporté mon diplôme de secrétaire de Valley College : je travaillerais, j'économiserais, j'étudierais. Personne ne saurait où je serais.

Je n'avais aucune idée de la vie qui m'attendait dans un pays étranger ni de tout ce qu'impliquait la liberté, mais je savais à quoi ressemblerait mon existence si j'allais au Canada : à celle de Ma, de Jawahir, et de cette femme qui m'accueillait chez elle à Bonn. Je ne l'aurais pas formulé ainsi à l'époque, mais je sentais que, parce que j'étais née femme, je ne pourrais jamais devenir adulte. Je resterais mineure, éternellement sous tutelle. Et je ne serais jamais qu'une petite entité dans une ruche immense. Peut-être vivrais-je correctement, mais je serais toujours dépendante de quelqu'un, je devrais toujours me réjouir que quelqu'un me *traite bien*.

Et je savais que je pouvais avoir une autre vie. Je l'avais découverte au travers de mes lectures, et à présent elle était là, sous mes yeux, tout autour de moi – la vie dont j'avais rêvé. Je voulais de vraies études, un vrai travail, un vrai mariage. Je voulais prendre mes décisions toute seule. Je voulais devenir une personne à part entière, avec une vie qui m'appartienne.

*

Ahmed m'a fait faire le tour de Bonn. Il était très gentil, nous avons parlé de toutes sortes de choses. Comme nous prenions le chemin du retour, je lui ai demandé : « Dis-moi, tu sais si c'est compliqué d'aller en Angleterre ? » Il m'a répondu que ce n'était pas facile : comme il y avait une mer entre l'Allemagne et la Grande-Bretagne, il fallait un visa. Il valait mieux aller dans un pays frontalier, comme les Pays-Bas ou la Belgique : on ne contrôlait jamais vos papiers à la frontière.

Où étions-nous, exactement ? De mes leçons de géographie, tout ce qui me revenait en mémoire, c'était un chapitre sur les riches pays rhénans : l'Allemagne, les Pays-Bas et la Belgique, si je ne me trompais pas. Notre professeur nous avait fait remarquer que, pris tous ensemble, ces pays couvraient un territoire plus petit que la Tanzanie. C'était la seule chose dont je me souvenais. Je m'en voulais de ne pas avoir mieux écouté en classe : au moins, j'aurais su où je me trouvais.

Mais, aux Pays-Bas, je connaissais quelqu'un, Fadumo, la femme de Mahamed Abdihalin, que j'avais aidée à sortir du camp de réfugiés de Dhobley : c'était là qu'elle vivait, dans un centre d'accueil pour demandeurs d'asile.

Ahmed m'a dit qu'il était très simple de se rendre aux Pays-Bas : il suffisait d'acheter un billet de train, et en une heure et demie on y était.

Cet après-midi-là, dans la cabine téléphonique du coin de la rue, j'ai composé le numéro du centre qui hébergeait Fadumo. Elle était très contente de me parler : elle avait appris mon mariage et voulait me féliciter. Je lui ai proposé de venir la voir bientôt ; elle était ravie.

Je ne lui ai pas dit que je prévoyais de m'enfuir, et je ne lui ai pas annoncé ma venue pour une date précise. Je n'ai rien dit non plus à Ahmed. J'ai juste prévenu sa mère que j'allais rendre visite à une parente pour quelques jours et je lui ai demandé de m'accompagner à la gare pour acheter un billet. J'ai décidé de laisser mes bagages chez Amina : je ne prendrais que mon sac marin et mes papiers.

En quittant la maison, je me suis retournée une dernière fois sur la grosse valise qui contenait mon trousseau : mes *dirha* de soie, de l'encens, et toutes sortes d'objets somaliens que j'abandonnais. J'emportais deux jupes longues, quelques tuniques, mon manteau : ce que je pouvais transporter. Je me suis dit qu'un jour j'expliquerais tout à mon père. Et je suis partie pour la gare.

C'était le vendredi 24 juillet 1992. J'y repense chaque année. Je vois cette date comme mon véritable anniversaire : le jour où je suis née en tant que personne, où j'ai conquis mon autonomie. Il n'y avait pas de grandes idées derrière ma résolution : à l'époque, je n'avais pas le même recul. Je ne fuyais pas l'islam, je n'étais pas particulièrement attirée par la démocratie. Je voulais juste être moi-même, sans restriction, alors j'ai plongé dans l'inconnu.

*

Il était près de minuit quand je suis arrivée à la gare centrale d'Amsterdam. Un jeune homme maghrébin vint à ma rencontre et me demanda s'il pouvait m'aider ; il m'accompagna au bureau de change puis me montra où se trouvaient les téléphones publics. Il était très gentil, peut-être à cause du foulard que je portais, ou de mon air désorienté. Avant de me laisser, il m'a donné son numéro, au cas où j'aurais un problème.

J'ai appelé Fadumo. Elle m'a dit qu'il était trop tard et que son centre de réfugiés, à Almelo, était trop loin pour que je la rejoigne ce soir-là. Mais elle m'a donné les coordonnées de sa cousine Mudoh, qui habitait beaucoup plus près, à Volendam. J'étais seule dans la gare d'Amsterdam, en pleine nuit, et je n'avais nulle part où aller, alors j'ai appelé Mudoh. Je lui ai dit : « Je suis Ayaan, fille de Hirsi Magan, et je cherche un endroit où dormir. » Mudoh m'a dit quel car prendre, combien cela me coûterait et où descendre.

Vu l'heure tardive, je me suis retrouvée seule dans le car au bout de quelques arrêts. J'étais terrifiée – je demandais sans cesse au chauffeur si nous n'étions pas arrivés à Volendam. Il conduisait très vite et m'emmenait loin, loin : je craignais qu'il n'ait une horrible idée derrière la tête. Mais en fin de compte, il ne m'a ni découpée en morceaux ni violée comme je le redoutais. Il m'a déposée devant une cabine téléphonique verte, à l'endroit exact que m'avait décrit Mudoh.

C'est son mari qui est venu me chercher. Il était néerlandais. Mudoh s'était donc mariée hors de son clan, mais aussi hors de la nation somalienne et hors de l'islam. Elle avait épousé un *gaalo*. Même moi, j'étais un peu déconcertée : je ne connaissais aucune autre Somalienne qui avait fait ce choix. Je lui ai demandé comment sa famille avait réagi en apprenant la nouvelle, et elle m'a dit qu'ils l'avaient maudite : elle était répugnante, elle avait souillé l'honneur de son clan, elle brûlerait en enfer pour l'éternité. Après la chute de Mogadiscio, ils étaient soudain devenus extrêmement polis et n'avaient cessé de lui demander de l'aide et de l'argent. Mais Mudoh ne rendait plus service qu'à ses plus proches parents, ses frères. Le clan semblait ne plus faire partie de sa vie.

J'ai donc décidé de lui faire confiance. Je lui ai tout dit : je ne voulais pas rester mariée à Osman Moussa, et j'avais l'intention d'aller en Grande-Bretagne. Mais Mudoh m'a confirmé qu'il était très difficile de s'y rendre. Elle m'a conseillé de rester aux Pays-Bas : ici aussi, je pouvais parler anglais, et Fadumo m'expliquerait comment faire une demande d'asile.

J'ai passé le week-end chez Mudoh. Elle m'a fait visiter son quartier, qui consistait en des rangées et des rangées de maisonnettes neuves, toutes identiques et de la même couleur : on aurait dit de jolis petits gâteaux à peine sortis du four. À leurs fenêtres flottaient des volants de dentelle blanche, et l'herbe de leurs petits jardins était partout tondue de façon égale, comme une chevelure courte et soignée. Cela aussi, c'était nouveau pour moi : à Nairobi, presque toutes les maisons, à l'exception de celles des quartiers chics, étaient peintes de couleurs criardes, et les grandes demeures côtoyaient les baraques inachevées dans l'anarchie la plus totale.

Le dimanche soir, Mudoh a sorti les poubelles. Dans sa rue, je voyais d'autres gens faire la même chose. Elle m'a expliqué qu'il y avait des règles : on devait trier ses ordures – les déchets organiques dans le bac à couvercle marron, le plastique dans le bac à couvercle vert – puis les sortir au bon moment. Il y avait aussi une poubelle spéciale pour les journaux, qu'on sortait un autre soir. Si l'on respectait ces règles, un camion de l'État passait le lendemain matin et emportait tout. Incroyable, ai-je pensé. Au Kenya, l'État n'aidait pas les gens : le pouvoir en place était d'autant plus craint qu'il s'approchait de chez vous. Quant aux ordures, on les entassait simplement au bout de la route. Je me suis dit que je n'aurais pas de mal à m'habituer à ce genre de vie.

Le lundi, je suis allée rendre visite à Fadumo, à Almelo. Elle était si heureuse de me voir : elle m'a serrée dans ses bras en pleurant. Le camp dans lequel elle vivait ne ressemblait pas à celui de Dhobley. À Almelo, il n'y avait pas de tentes, c'étaient des maisons, préfabriquées, mais vivables, et tout était propre et ordonné. Fadumo habitait avec ses cinq enfants, dont un nouveau-né, dans un grand préfabriqué.

Nous nous sommes assises pour discuter et je lui ai tout raconté. Horrifiée, Fadumo m'a demandé – suppliée – de ne pas aller jusqu'au bout de mon plan. « Pense à ton père », m'a-t-elle implorée. Elle était sincère : elle voulait m'empêcher de faire une terrible erreur, de prendre une décision qui ruinerait à jamais ma réputation et salirait l'honneur de notre clan. C'étaient ses parents qui avaient arrangé son propre mariage, et son union était heureuse. Les mariages arrangés valaient mieux que tous les autres. Épouser un riche parent avec la bénédiction de son père, on ne pouvait rêver plus belle destinée.

J'ai insisté pour qu'elle m'explique quand même comment demander l'asile. Elle m'a répondu que c'était facile. Il existait des centres d'accueil spéciaux pour les nouveaux réfugiés : le plus proche était à Zwolle. Il fallait y aller le plus tôt possible et dire qu'on avait fui la guerre civile et qu'on venait d'arriver aux Pays-Bas car il y avait un délai à ne pas dépasser.

Je suis allée à Zwolle. Je n'ai pas eu de mal à trouver le centre : la majorité des passants à qui je demandais mon chemin parlaient anglais, et tous faisaient de leur mieux pour m'aider. À la réception, il y avait un policier en uniforme. Une peur soudaine m'a saisie, le temps qu'il se tourne vers moi et m'annonce poliment : « Notre centre est plein, nous n'acceptons plus personne pour l'instant, mais vous pouvez aller à Zeewolde. »

Il m'a tendu une carte de car et m'a expliqué comment m'y rendre. Il m'a conseillé de passer au bureau d'aide aux réfugiés avant de faire ma demande d'asile et m'a félicitée pour mon anglais.

J'avais toujours vu les policiers comme des oppresseurs tout juste bons à vous extorquer de l'argent, jamais comme des gens *serviables*.

— Pourquoi m'aidez-vous ? ai-je demandé à celui-ci.

— C'est mon travail, a-t-il répondu en souriant.

— Est-ce que tous les policiers sont aussi gentils que vous ?

— J'espère bien que oui.

Après cela, rien ne pouvait plus m'étonner. Pour moi, l'État et tous ses représentants étaient mauvais. Ils ne cherchaient jamais qu'à vous escroquer, à vous tromper et à vous humilier. Alors voir ces gens se montrer si affables, et avec des étrangers, en plus ! J'aurais bien voulu savoir comment ils traitaient ceux de leur clan.

Le car qui m'emmenait à Zeewolde était propre et rapide, ses portes s'ouvraient toutes seules. À travers la vitre, je regardais défiler le paysage : les plaines, les routes de terre menant aux fermes, les moulins, et les gros moutons blancs laineux, plus laine que moutons, me disais-je, habituée que j'étais à nos troupeaux efflanqués à têtes noires. Les champs étaient partout entrecoupés de longues rigoles remplies d'eau. Près de Zeewolde, la végétation se faisait plus sèche, les constructions plus rares, et sur les plaines s'entrecroisaient des canaux plus larges. Je ne le savais pas à l'époque, mais nous étions sur un polder, une terre conquise sur la mer.

J'étais sur le point de changer de vie. C'était excitant mais aussi très intimidant. J'avais vingt-deux ans et je devais me prendre en charge pour la première fois de ma vie. J'allais devoir essayer d'assumer mon choix sans donner raison à ma famille qui, comme la plupart des musulmans, était convaincue qu'une fille seule finissait forcément prostituée, ou bonne à tout faire, ou mariée en dessous de sa condition à un homme qui l'exploitait et salissait son honneur.

J'ai attendu, à l'entrée de Zeewolde, le bus qui devait me

rapprocher du centre. Il est arrivé exactement à l'horaire indiqué : quatorze heures trente-sept. Cette ponctualité extrême m'a donné le frisson : comment qui que ce soit pouvait-il prévoir qu'un bus arriverait à quatorze heures trente-sept, à la minute près ? Est-ce qu'ils contrôlaient aussi le cours du temps, ici ?

Le centre d'accueil de Zeewolde se présentait comme un village de bungalows, dont chacun était entouré d'une petite haie. Il y avait un court de tennis, un terrain de volley-ball où des gens étaient en train de jouer et, près de l'entrée, un panneau indiquant la direction d'une piscine.

J'ai pénétré dans un petit bureau près du portail et ai montré au réceptionniste le papier que m'avait donné le policier de Zwolle. L'homme m'a serré la main en me souhaitant la bienvenue et m'a demandé de le suivre. Il a pris mon bagage dans une main et dans l'autre deux sacs contenant des draps, des couvertures et des serviettes de toilette, et nous nous sommes mis en marche.

Tout autour de nous, il y avait des demandeurs d'asile. Beaucoup de Kurdes, d'Iraniens et d'Irakiens, que les Néerlandais appellent « Noirs » malgré leur peau pâle. Beaucoup d'Africaines en minijupe et tee-shirt qui venaient sûrement du Liberia ou du Congo, deux pays déchirés par la guerre civile. Et puis, ici et là, ce qui ressemblait à des tas de tissu : c'étaient des femmes arabes entièrement voilées, assises en cercle sur le sol, qui regardaient les hommes.

Il y avait aussi de nombreux Blancs parmi les réfugiés. L'homme qui m'accompagnait m'a dit que c'étaient les « musulmans ».

« De Bosnie », a-t-il ajouté, en voyant ma surprise.

Il m'a conduite au bungalow 28, que j'allais, m'a-t-il dit, partager avec trois Éthiopiennes. Tous les jeudis, je pouvais apporter mes draps à la laverie pour qu'on me les échange contre des propres. Je n'en revenais pas. Il a continué : le dîner avait lieu à dix-neuf heures à la cantine. Le lendemain, quelqu'un d'autre m'en dirait plus sur la façon dont les choses allaient se passer et me ferait visiter les lieux pour que je repère l'endroit où se déroulerait mon entretien, ainsi que le bureau de l'avocat et le centre médical. Les soins étaient gratuits, de même que la pension : tout était pris en charge par l'État. Je recevrais aussi une allocation hebdomadaire pour couvrir mes dépenses de base.

Je n'avais jamais entendu parler de l'État providence. Je ne comprenais pas pourquoi de parfaits inconnus dépensaient tant d'argent pour moi. Et puis où trouvaient-ils cet argent ? Et comment se faisait-il qu'il ne vienne jamais à manquer ?

Le lendemain matin, on m'a conduite dans les bureaux de la police de l'immigration. Les policiers se comportaient de façon complètement différente de ce à quoi je m'attendais. Ils m'ont accueillie avec amabilité et m'ont offert à boire, du thé et du café, ensuite ils m'ont expliqué chaque étape de la procédure – le relevé d'empreintes, les différents formulaires à remplir. Ils m'ont même proposé de faire venir un traducteur. Pour finir, ils m'ont donné une carte verte qui confirmait officiellement ma demande d'asile ; je devais maintenant passer un entretien qui déterminerait si je pouvais ou non bénéficier du statut de réfugiée.

Ils m'ont envoyée au bureau d'aide aux réfugiés, où j'ai été reçue par deux femmes. Elles m'ont informée que je pouvais demander une assistance juridique gratuite et m'ont expliqué comment bénéficier de ce service. Puis elles m'ont demandé pourquoi je voulais vivre aux Pays-Bas, et je leur ai raconté mon histoire, en toute honnêteté : mon père m'avait obligée à épouser un homme qui ne me plaisait pas, et je ne voulais pas aller au Canada vivre avec lui.

— Ce qui vous arrive est horrible, m'a dit l'une des deux femmes, mais combien y a-t-il de jeunes filles, en Somalie, mariées comme vous contre leur gré ?

— Une majorité. C'est notre culture.

— Et dans les autres pays ? Cela arrive-t-il ailleurs ?

— Dans tous les pays musulmans, je crois.

— Vous voyez où est le problème ? Nous ne pouvons pas accorder l'asile à toutes les jeunes femmes mariées de force par leur famille.

Elle m'a lu la convention de Genève sur les réfugiés et m'a dit : « Si votre histoire n'est pas vraie ou pas cohérente ou si elle ne s'inscrit pas dans l'une de ces catégories, alors vos chances sont minces. Pour obtenir le statut de réfugiée, vous devez prouver que vous craignez avec raison d'être persécutée dans votre pays. »

J'ai regagné mon bungalow. J'avais rendez-vous le lendemain avec un avocat. J'ai commencé à élaborer une histoire en mélangeant des souvenirs de ma propre fuite de Mogadiscio en 1991 et les récits des réfugiés qui vivaient avec nous sur Park Road – une histoire détaillée, cohérente, et fausse. Non, je n'en suis pas fière, mais c'est vrai que si j'ai pu rester aux Pays-Bas, c'est parce que je n'ai pas dit toute la vérité.

Pour éviter que ma famille ne retrouve trop facilement ma trace, j'ai choisi le nom de naissance de mon grand-père, Ali, celui qu'il portait avant que les gens ne se mettent à l'appeler Magan, le Conquérant. Un nom modeste qui m'aiderait à disparaître. Je serais Ayaan Hirsi Ali, née le 13 novembre 1967.

Le 6 août, j'avais un entretien avec le Service d'immigration néerlandais. Mon avocate, une femme soignée aux longs cheveux noirs, m'accompagnait. Quand je suis entrée dans le bureau de l'employé de l'immigration, il a bondi de sa chaise pour venir me serrer la main. Il s'est montré poli tout au long de l'entretien, mais j'avais l'impression qu'il me testait, qu'il essayait de me coincer. Il me posait mille questions sur mon histoire, cherchant les failles, et je suis repartie avec le sentiment qu'il m'avait percée à jour.

J'ai vécu les semaines qui ont suivi dans un état de tension permanente. À chaque instant je m'attendais à voir surgir Mursal, ou Osman Moussa lui-même – je me doutais que la traque avait commencé. Je regardais les cars remplis de réfugiés s'arrêter les uns à la suite des autres devant le centre, je suivais les informations sur CNN et sur la BBC, et je me sentais méprisable. Le lit que j'occupais était destiné à quelqu'un d'autre, quelqu'un qui venait du Liberia ou de Bosnie et qui le méritait vraiment parce qu'il avait souffert. J'étais une enfant gâtée, stupide et ingrate qui aurait dû remercier son père de lui avoir trouvé un mari vivant dans un pays riche.

J'étais écrasée de culpabilité quand je pensais à ce que j'infligeais à ma famille. Et j'avais peur non de la solitude, mais de l'inconnu : qu'allais-je devenir ? En même temps, je me sentais libre. Ce que j'étais en train de découvrir, c'était la vie, la vraie. Je me souviens de m'être dit : « Si je tombais morte en cet instant, au moins j'aurais vu le monde. » À aucun moment je n'ai envisagé de retourner en Allemagne et d'aller chercher mon visa pour le Canada . cette période-là de ma vie était bel et bien finie.

Mes colocataires éthiopiennes me semblaient frivoles. Au début, je les ai même trouvées complètement idiotes. Elles m'enviaient parce que je venais d'un pays embourbé dans la guerre civile – cela signifiait que j'avais beaucoup plus de chances qu'elles d'obtenir le statut de réfugiée et le droit de vivre en Europe. Elles mettaient un temps fou à s'habiller le matin, et il fallait voir les vêtements qu'elles portaient. Choisir leur minijupe, se prêter des ceintures, se maquiller, tout cela leur prenait des heures. Puis elles sortaient, pour ainsi dire nues, tout à fait contentes d'elles-mêmes.

La plus sympathique de ces trois filles s'appelait Mina. Un jour, elle m'a dit :

— Allez, retire donc ton foulard et enfile une jupe plus courte. Tu es jolie.

— Jamais ! me suis-je écriée. Je suis musulmane.

C'était exactement ce contre quoi l'on m'avait mise en garde : le diable, sous la forme de cette jeune Éthiopienne, venait me tenter. Jusque-là, pourtant, Mina s'était montrée très accueillante et agréable. Elle m'a demandé :

— Mais pourquoi ? Pourquoi est-ce que les musulmanes doivent cacher leur corps et ne jamais faire l'amour et tout ça ? Qu'est-ce que c'est, votre problème ?

À Nairobi, tout le monde savait que les Éthiopiens forniquaient chaque fois que l'envie leur en prenait. Sur notre route, il y avait une maison où vivaient de jeunes réfugiés éthiopiens, et la rumeur disait qu'ils faisaient ça comme des chèvres, toute la journée. Les Éthiopiens insultaient les Somaliens en retour : ils ne savaient pas bien faire l'amour, ils étaient tous frustrés, c'était pour ça qu'ils éprouvaient toujours le besoin de se battre. Ce genre de caricature résumait bien l'image que nous nous faisions des chrétiens en général et celle que les Éthiopiens se faisaient de tous les musulmans. L'inimitié entre les deux peuples est si ancienne et si grande que chacun méprise tous les attributs de l'autre, en premier lieu sa religion.

— Pourquoi est-ce que je devrais découvrir ma peau ? ai-je demandé à Mina. Tu n'as donc aucune pudeur ? Qu'est-ce que tu essaies de prouver en te promenant toute nue ? Tu ne sais pas que ça trouble les gens ?

— Je porte des jupes courtes parce que j'aime bien mes jambes. Elles ne resteront pas jolies longtemps et je veux en profiter. Et si d'autres en profitent en même temps que moi, tant mieux ! m'a-t-elle répliqué en agitant un pied dans ma direction.

Je n'arrivais pas à y croire.

— *Justement*, on m'a appris tout le contraire.

— Mais pourquoi ? ont-elles repris toutes les trois en chœur. Pourquoi est-ce que vous êtes si rigides, vous, les musulmans ?

— Mais parce que si un homme voit une femme habillée comme vous, jambes, bras, épaules nus, il risque de perdre la tête et de céder à la tentation. D'être aveuglé par le désir.

Les filles ont éclaté de rire, et Mina a dit :

— Je ne crois pas que ce soit vraiment comme ça que ça se passe. Mais tu sais, même s'ils se laissent tenter, ce n'est pas dramatique.

Voyant la tournure que prenait la conversation, je suis devenue hystérique :

— Mais si ! me suis-je écriée. Parce qu'ils ne pourront plus se concentrer sur leur travail ! Tous les chauffeurs de bus auront des accidents, et ce sera la *fitna*, le chaos total !

— Mais il y a des millions de femmes comme nous en Europe, alors comment ça se fait que ce ne soit pas déjà le chaos total ?

Bonne question. Tout, en Europe, fonctionnait parfaitement, et sans le moindre signe annonciateur de chaos.

— Je ne sais pas, ai-je répondu. Ce doit être parce que les hommes d'ici ne sont pas de vrais hommes.

— Ah bon ? Ce ne sont pas de vrais hommes, tous ces grands blonds musclés ?

À présent, les Éthiopiennes pleuraient presque de rire : quelles absurdités je pouvais débiter ! C'étaient vraiment des âneries de musulmans. Nous étions toujours à nous vanter d'une chose ou d'une autre, mais nous étions complètement attardés sur le plan sexuel. Est-ce que je croyais vraiment que le monde allait sombrer dans la *fitna* simplement parce que je me dévêtirais ? Elles sont restées amicales, car elles savaient que ce n'était pas ma faute si je raisonnais ainsi, mais elles m'ont bien remise à ma place.

Je me suis levée et je suis sortie sur le pas de la porte. Non loin de chez nous vivait un groupe de réfugiées bosniaques, et ce matin-là elles étaient dehors, en train de discuter au soleil. On disait ces femmes musulmanes, mais elles sortaient presque nues, en short très court, en tee-shirt et sans soutien-gorge, si bien qu'on voyait leurs tétons. Il y avait des hommes qui travaillaient autour de leur bungalow, et parfois certains venaient même s'asseoir pour discuter avec elles, mais jamais ils ne semblaient troublés par quoi que ce soit. J'ai observé le petit groupe, longtemps, en réfléchissant. Pouvait-il y avoir un fond de vérité dans ce qu'avaient dit mes colocataires ?

Le lendemain, j'ai décidé de faire une expérience. J'allais sortir sans mon foulard. Je portais ma longue jupe verte sous une longue tunique ; je fourrai mon foulard dans mon sac en cas de problème. Je voulais voir ce qui pouvait se passer. Je transpirais. Sortir tête nue était vraiment *haram*, et c'était la première fois que je le faisais depuis l'âge de seize ans.

Il ne s'est absolument rien passé. Les jardiniers ont continué de tailler les haies. Aucun n'a fait de crise de désir. Mais c'étaient des Néerlandais, ai-je pensé, donc peut-être pas de vrais hommes. Je suis passée près d'un groupe d'Éthiopiens et de Zaïrois, et personne n'a fait attention à moi. Mais ces hommes-là non plus n'étaient pas musulmans. Alors, je me suis approchée d'un groupe de Bosniaques. Aucun ne m'a regardée. J'ai dû admettre que je me faisais encore moins remarquer ainsi que quand je me couvrais les cheveux. Pas un homme n'était pris de folie à ma vue.

Petit à petit, dans les jours qui ont suivi, j'ai cessé de porter le voile. « J'expliquerai à Allah que je l'ai fait avec précaution, me suis-je dit, et que personne n'en a souffert. » Allah ne m'a pas foudroyée. J'en ai conclu que là où le Coran dit que les femmes doivent couvrir leur corps, cela signifie qu'elles ne doivent pas tenter d'attirer les regards sur elles. De cette façon, je n'avais pas l'impression de pécher. En fait, avec mes cheveux au vent, je me sentais plus grande.

À présent, ma seule angoisse était de rencontrer des Somaliens. Je savais qu'ils reconnaîtraient en moi une compatriote. L'un d'entre eux était déjà venu me demander à quel clan j'appartenais. Je m'étais servie de mon nouveau nom, et, comme il n'était pas darod, l'homme ne s'était pas rendu compte que je mentais. Néanmoins, je savais qu'on finirait par me démasquer : ce n'était qu'une question de temps.

*

Un jour, mes colocataires m'ont annoncé qu'un ami à elles allait venir leur apprendre à faire du vélo. Cet homme, un réfugié éthiopien, leur avait acheté trois bicyclettes d'occasion avec l'allocation de subsistance de vingt florins que nous recevions tous chaque semaine. Elles prévoyaient d'aller faire une promenade avec lui dans le village : ce serait une aventure. Je les ai suivies.

Je les regardais faire, consternée : elles étaient en mini-jupe et roulaient jambes écartées avec une indécence, pensais-je, typiquement éthiopienne. Pourtant, j'avais assez envie de faire du vélo moi aussi, mais, quand j'ai essayé, ma jupe longue m'a empêchée de m'asseoir sur la selle autrement qu'en amazone. « Ce n'est pas un cheval, tu sais, m'a lancé l'Éthiopien d'un ton moqueur. Il vaudrait mieux que tu changes de tenue. Va donc t'acheter un jean. »

Je venais de recevoir mon allocation vêtements de cent cinquante florins. Le lendemain, je suis montée au village avec Mina et j'ai essayé des pantalons bon marché. Seuls les modèles pour homme étaient assez longs, me semblait-il, pour bien dissimuler mes jambes. J'ai choisi un immense jean ample qui ne laissait rien deviner de leur forme. Je le portais avec une tunique qui me tombait jusqu'à mi-cuisses. Personne n'aurait pu décrire cette tenue comme impudique. Puis j'ai essayé le vélo. Je n'arrêtais pas de tomber, mais je me sentais libre.

J'ai commencé à m'amuser énormément, sûrement plus que je ne m'étais amusée de toute ma vie. Les Éthiopiennes inventaient sans cesse de nouvelles distractions. Un jour, elles m'ont demandé si je voulais aller à la piscine. « Je ne sais pas nager, leur ai-je répondu. Je vais me noyer. » Mais elles m'ont dit que c'étaient des bêtises et que si je n'avais pas de maillot je pourrais en emprunter un sur place. Ainsi, moins d'un mois après mon arrivée en Europe, je me suis retrouvée dans un maillot de bain trop grand au bord d'un bassin rempli d'autres demandeurs d'asile des deux sexes.

J'étais très mal à l'aise. Je n'étais pas prête pour ça. J'ai sauté dans l'eau en pensant à Allah et aux anges qui m'observaient de là-haut. Mais quand j'ai regardé autour de moi je n'ai pas eu l'impression que qui que ce soit m'avait vraiment remarquée. Et si, de temps en temps, un homme tournait les yeux vers moi, je ne semblais jamais lui faire assez d'effet pour qu'il finisse en enfer ou noyé au fond de la piscine. Les grands Bosniaques et les Zaïrois au torse magnifique, je les remarquais moi aussi. Cela ne me plongeait pas pour autant dans un état second.

Je passais mon temps à essayer de justifier à mes propres yeux ce que j'étais en train de faire. On m'avait appris que je devais me voiler parce que, comme toute femme, j'étais si séduisante que je détournerais les hommes du Droit Chemin. Je ne pouvais même pas mettre du parfum ou porter des talons hauts sous mon hidjab noir : cela risquait de déchaîner chez eux un désir incontrôlable. Mais, manifestement, tout cela était faux : depuis que je ne portais plus mon foulard, rien n'avait changé.

Je passais beaucoup de temps avec les Bosniaques. Je les trouvais fascinants, en partie parce que les employés néerlandais du centre les appelaient les « musulmans », comme si c'étaient les seuls. J'ai engagé la conversation à ce sujet avec une Bosniaque. Elle m'a dit que oui, bien sûr, elle était musulmane, et pourtant elle ne portait jamais de foulard et arborait ce jour-là un minuscule tee-shirt. Elle ne lisait jamais le Coran non plus, elle ne savait même pas dire *Bism'Allah Al-Rahman Al-Raheem* : « Au nom d'Allah le Très Gracieux, le Très Miséricordieux ». Je ne voyais pas comment cette femme pouvait se dire musulmane. Pour elle, apparemment, l'islam n'était pas une religion, mais plutôt un genre d'attribut ethnique. Cela me laissa perplexe.

À la fin du mois d'août 1992, j'ai reçu un courrier officiel du Bureau néerlandais des réfugiés. Mon cœur s'est serré :

les autorités avaient dû refuser ma demande d'asile. On allait m'envoyer au Canada, ou à Nairobi, ce qui revenait au même. Je ne méritais pas le statut de réfugiée, tout était fini. J'ai dit à Mina, qui s'était approchée en voyant mon air accablé, que j'avais menti lors de mon entretien. Elle a haussé les épaules : elle avait menti elle aussi, comme beaucoup d'autres. Le camp était rempli de gens terrifiés à l'idée qu'on découvre leur fraude et qu'on les jette dehors.

Mina a ouvert la lettre pour moi. C'était une annonce de transfert vers le centre de séjour de longue durée de Lunteren où je serais hébergée dans l'attente d'une réponse définitive du Bureau néerlandais des réfugiés.

*

J'ai écrit à Haweya à une boîte postale qu'elle avait ouverte récemment à Eastleigh. Je lui ai donné mon adresse en lui demandant de la garder pour elle. Elle m'a répondu :

La nouvelle de ta fuite a déclenché une tempête. Père m'a demandé de lui donner ton numéro, mais j'ai refusé. Depuis, nous ne nous parlons plus. Ton mari est en Allemagne, bien décidé à te retrouver. Père, d'ici, coordonne toutes les recherches. C'est à toi de décider si tu préfères t'enfuir ou rentrer, mais je t'avertis, si tu ne le sais pas déjà, que presque tous les Osman Mahamud d'Europe sont sur tes traces. Prends garde.

Elle me demandait de lui envoyer des vêtements et un passeport pour qu'elle aussi puisse quitter le pays. Mais je n'arrivais plus à me concentrer sur sa lettre. Mon cauchemar était en train de se réaliser : j'étais traquée.

*

J'avais pris un train pour Lunteren à la fin du mois d'août 1992. Autour de la charmante petite gare s'étendait un village aux rues pavées et aux pelouses irréprochablement tondues. Tout le monde était blanc, bien habillé, et avait l'air heureux. J'avais fait le voyage avec une autre fille, Rhoda, qui prétendait être somalienne mais dont j'avais compris, à son accent, qu'elle venait de Djibouti. Le centre de séjour se trouvait à plusieurs kilomètres de la gare, dans la forêt, et nous n'avions d'autre choix que d'y aller à pied. Il faisait nuit noire quand nous sommes arrivées à un camping ; le centre était juste à côté. Il se composait de dizaines de caravanes vert et blanc – je n'en avais jamais vu – et d'un bâtiment blanc qui abritait la réception.

Nous avons été accueillies par un assistant social iranien qui nous a annoncé que nous partagerions une caravane avec deux autres Somaliennes. Mais, quand nous avons frappé à la porte, elles ont refusé de nous laisser entrer. Ces femmes étaient hawiye et avaient compris, à mon accent, que j'étais darod : il était hors de question que je vive sous le même toit qu'elles. L'homme qui nous accompagnait les a sommées d'ouvrir la porte, mais elles l'ont ignoré. Alors il est allé chercher une collègue néerlandaise prénommée Sylvia et deux gardes. Sylvia a prévenu les femmes que si elles ne respectaient pas les règles du camp elle défoncerait la porte et les ferait transférer.

J'ai trouvé cette réaction confondante de naïveté. J'ai expliqué à Sylvia qu'en Somalie Hawiye et Darod s'entre-tuaient, et que par conséquent on ne pouvait pas imaginer de les faire vivre ensemble dans un endroit aussi exigu. Mais Sylvia a répliqué : « Ici, on est aux Pays-Bas. Il va falloir que vous appreniez à vous supporter. Vous êtes adultes, ça ne devrait pas être trop difficile. »

Finalement, la porte s'est ouverte. Nous avons un peu discuté, et il s'est trouvé que l'une des deux Hawiye, Yasmin, avait une grand-mère Isse Mahamud, comme la mère de mon père. Je lui ai expliqué que j'avais grandi au Kenya et que je n'éprouvais aucune hostilité envers son clan. Peu à peu, nous avons appris à nous comprendre et nous sommes devenues amies.

Yasmin n'avait jamais eu l'intention de s'installer aux Pays-Bas. Elle s'était fait arrêter à l'aéroport d'Amsterdam alors qu'elle tentait d'embarquer pour les États-Unis avec de faux papiers. Elle avait donc réclamé l'asile, déclarant aux agents qu'elle était mineure, même si, en réalité, elle avait mon âge. De cette façon, elle pouvait rester dans le pays – elle savait comment tout cela fonctionnait.

Yasmin n'aimait pas les Pays-Bas. Les policiers à l'aéroport l'avaient traitée comme une criminelle, disait-elle. L'air empestait la bouse de vache et la langue lui semblait stupide. Elle traitait les Néerlandais de *gaalo* et de *kufr*. En Somalie, quelqu'un est gentil quand il vous donne ce que vous lui demandez. Ici lorsqu'on refusait poliment de faire quelque chose, même si on en expliquait les raisons, Yasmin et les autres voyaient cela comme de l'arrogance ou du racisme.

Comme tous les demandeurs d'asile, je devais me présenter chaque semaine au poste de police pour faire tamponner ma carte. J'y suis allée le lendemain de mon arrivée à Lunteren, le matin du 1er septembre 1992. La policière, à la réception, m'a regardée, puis elle a disparu quelques instants sous son bureau et s'est relevée en roucoulant :

— Oooh, félicitations !

Elle agitait une carte rose. Je ne comprenais pas ce qui se passait, mais elle m'a serré la main et m'a dit :

— Vous pouvez rester aux Pays-Bas toute votre vie, à présent. Vous avez été officiellement reconnue réfugiée. Je vais vous lire vos droits.

J'étais en sueur. Je me répétais : « Merci Allah, Merci. »

La policière m'a dit que j'avais obtenu le statut A : il n'y en avait pas de meilleur. En tant que réfugiée de statut A, je n'aurais plus jamais à faire tamponner ma carte. Je pouvais travailler ou m'inscrire au chômage, acheter ou louer un bien immobilier, aller à l'université, profiter de la gratuité des services médicaux, et, après cinq ans, demander ma naturalisation et voter. Je ne savais même pas qu'il y avait des élections aux Pays-Bas. Pour quoi les gens pouvaient-ils bien voter ? Tout semblait fonctionner de façon si efficace et si harmonieuse.

— Avez-vous des questions ? m'a demandé la policière.

— Oui, ai-je répondu. Pourquoi faites-vous tout ça pour moi ?

— Les autorités ont déterminé que vous couriez un réel danger de persécution. C'est la loi.

Elle s'est levée et m'a donné un ticket de car pour la ville d'Ede, où je pouvais faire une demande de logement auprès de la mairie. Les réfugiés étaient si nombreux là-bas qu'il y avait une liste d'attente. La policière s'en est excusée. En attendant qu'un appartement se libère, je pourrais continuer de vivre au centre de Lunteren.

— Est-ce que je peux vraiment aller à l'université ? ai-je demandé.

Elle m'a dit que oui, une fois que j'aurais appris la langue, bien sûr.

Je suis repartie béate, incapable de détacher les yeux de la carte rose où, sous ma photo, étaient imprimées quelques lignes indéchiffrables, en néerlandais. On m'autorisait à rester dans ce pays, avec tous ces gens adorables. Je croyais rêver.

11

Le tribunal des anciens

Ce fut un énorme soulagement, au début. Le cauchemar d'un renvoi au Kenya ou en Allemagne se dissipait et cela me rendait euphorique. Je faisais souvent des démarches à Ede, dans différents bureaux, ce qui m'obligeait à prendre le bus, jusqu'au jour où l'Aide aux réfugiés me procura une bicyclette, qui n'était pas neuve mais qui m'appartenait. Je m'achetai un nouveau jean. Je ne portais plus de jupes longues ; je me déplaçais tout le temps à vélo pour m'inscrire ici ou là.

Ma première urgence était d'apprendre le néerlandais. Avec mon statut de réfugiée, j'avais droit à des cours dispensés au centre une fois par semaine par une bénévole du village. Mais un cours par semaine ne me suffisait pas ; j'en voulais davantage. Cette Néerlandaise bénévole, bénie soit-elle, réussit à m'obtenir une place dans un vrai cours de langue à Ede et offrit de payer mes cours – je la rembourserais en versements hebdomadaires avec mon argent de poche. Trois fois par semaine, j'allais donc à Ede en vélo prendre mes cours au Midlands College. Les feuilles commençaient à changer de couleur, je m'en souviens, et j'étais réellement heureuse lorsque je traversais la forêt, tendue vers mon but et consciente de ma bonne fortune.

Dans ses lettres, Haweya me parlait de ses bagarres perpétuelles avec Ma, du fossé qui se creusait entre notre mère et Abeh, et elle me réclamait des vêtements. Elle disait que tous les Somaliens de Nairobi évitaient notre mère, la tenant pour responsable de ma disparition. Ma n'adressait plus la parole à personne car toute la communauté – la famille de Farah Gouré, mes demi-sœurs Arro et Ijaabo, tout le monde – pensait qu'elle avait organisé ma fuite pour se venger de mon père. On me croyait trop obéissante pour avoir imaginé moi-même un tel stratagème. Cette nouvelle me bouleversa.

Le froid s'installait. La pluie tombait sans cesse, et les caravanes, secouées par le vent, se couvraient de givre pendant la nuit. Je me souviens d'un jour où il pleuvait trop pour circuler à vélo et où, en attendant l'autobus, j'avais tellement froid que j'en ai pleuré.

Un triste soir de novembre – c'était le jour de mon vingt-troisième anniversaire –, un demandeur d'asile iranien s'est immolé par le feu à la cantine, au moment où je faisais la queue pour avoir mon dîner. Il s'est versé de la paraffine sur le corps et y a mis le feu pour exprimer son désespoir, après avoir appris qu'on lui refusait le statut de réfugié. C'était absolument horrible. Des gens, qui le méritaient bien plus que moi, attendaient pendant des années d'être admis comme réfugiés, et recevaient des réponses négatives. Lorsqu'ils appartenaient à des pays en guerre, ils obtenaient souvent le statut C, autorisation temporaire de rester aux Pays-Bas pour raisons humanitaires, mais les Iraniens, les Russes, les Irakiens, la plupart des autres demandeurs d'asile se voyaient le plus souvent refuser le droit d'asile.

J'avais eu de la chance, et je me sentais coupable d'avoir obtenu aussi rapidement mon permis de séjour, grâce à un faux témoignage, alors que tant de personnes ne l'obtiendraient jamais. Je m'efforçais de rendre des services – pour me rassurer, pour avoir l'impression que j'étais toujours quelqu'un de bien. Je voulais rembourser ma dette d'une manière ou d'une autre, rendre le bien pour le bien, selon la vision de l'islam qui était la mienne. Je me suis inscrite au centre comme volontaire. Je travaillais deux jours par semaine à la buanderie et je m'occupais de la bibliothèque. Sylvia, l'employée que j'avais vue à mon arrivée au centre, me proposa de faire partie d'une équipe de volley-ball. C'était amusant.

J'aimais beaucoup les personnes qui travaillaient là, et elles m'aimaient bien. Je leur rendais service par ma connaissance de l'anglais, la langue véhiculaire du centre. Chaque fois qu'un Somalien était malade et n'arrivait pas à se faire comprendre, chaque fois que quelqu'un avait du mal à remplir un formulaire, on faisait appel à moi au lieu d'attendre l'arrivée d'un interprète officiel. Au moindre problème concernant mes concitoyens – et il y en avait : bagarres, résistance aux transferts, demandes particulières –, soit un Somalien, soit un membre de l'équipe venait me chercher.

Heureusement, aucun des Somaliens du centre n'était Osman Mahamud. Mais tous regardaient néanmoins mes jeans avec une hostilité manifeste. Ils trouvaient tout à fait normal de me faire la morale, de jouer les redresseurs de torts. Il y en avait toujours un pour me dire de couvrir mes cheveux ou de m'habiller autrement. L'un d'eux m'a dit un jour : « Tu es une honte pour nous tous avec ton vélo. Quand tu roules dans notre direction avec les jambes écartées, on peut voir ton sexe. »

Je lui ai répondu que, comme lui, je portais des pantalons et que s'ils ne cachaient pas mon sexe ils cachaient encore moins celui des hommes. Sylvia m'avait prévenue : si quelqu'un me menaçait physiquement, il serait transféré ailleurs, sinon, je devais me défendre toute seule. « Les Somaliens dépendent de ta bonne volonté, m'avait-elle dit. Ils viennent frapper à ta porte pour réclamer ton aide. Ils ont *besoin de toi*. Dis-leur simplement que ta façon de t'habiller ne les regarde pas. »

C'est ce que je faisais. Je parlais sans détour, en les regardant droit dans les yeux. Et je ressentais un certain plaisir à dire haut et fort ce que je pensais.

*

Au début du mois de décembre, je reçus une lettre de mon père adressée au centre. Il m'avait cherchée et trouvée. *Mon cher petit foie*, écrivait-il. Mon père m'appelait toujours son foie, terme symbolique en somali puisqu'on ne peut pas vivre sans cet organe. (Haweya était ses yeux et Mahad son cœur.) *À ton petit jeu de cache-cache, j'ai fini par gagner.*

Sa lettre avait pour but de m'inciter à rentrer dans le droit chemin, mais elle était formulée de manière que je puisse le faire en gardant la tête haute – et en préservant son honneur. Abeh feignait de croire que j'avais l'intention de vivre avec le mari qu'il m'avait choisi – après une simple et brève escapade – et il m'annonçait qu'il avait besoin de trois cents dollars pour se faire opérer des yeux. *Bien que tu ne jouisses pas encore de l'ensemble de tes ressources, je ne doute pas que tu puisses réunir quelques centaines de dollars, car ton influence est grande*, écrivait-il.

Il savait très bien que la nouvelle d'une détérioration de sa vue, qui avait toujours été faible, me serait insupportable. Il supposait que j'irais trouver Osman Moussa pour lui demander de l'argent, car, autrement, comment aurais-je pu lui envoyer une telle somme ? Un mari entretient sa femme et, si besoin, la famille de sa femme. La lettre se terminait par ces mots : *Ton foyer sera pour moi soit une source d'honneur, soit une source de disgrâce [...]. Que Dieu t'assiste.* Il me connaissait bien. Il me savait capable, pour sauver ses yeux, de retourner vers mon mari.

Quelques jours plus tard, quelqu'un vint me chercher et me dit que j'avais un appel du Canada. C'était Osman. Je me mis à trembler. Au téléphone, je mentis encore. J'inventai une histoire : je n'avais jamais eu l'intention de m'enfuir, je voulais simplement passer quelques semaines aux Pays-Bas pour rendre visite à ma chère amie Fadumo. Il me gronda – « Mais tu ne peux pas disparaître comme

ça ! » – et me conseilla de retourner au plus vite en Allemagne. Je dis que je le ferais. Puis j'évoquai la lettre
d'Abeh. Osman Moussa répondit qu'il était en contact permanent avec mon père et qu'il lui enverrait de l'argent – ce
qu'il fit, apparemment.

Je savais à présent que ma liberté ne tenait plus qu'à un
fil. Mon père, mon frère et mon mari connaissaient mon
adresse. Je ne pouvais aller nulle part. Un jour ou l'autre
ils viendraient me chercher, ce n'était plus qu'une question
de temps. Et j'avais peur – peur de la violence physique qui
pouvait en résulter. Mais je n'avais absolument pas l'intention de les suivre. Ce centre, la petite bourgade d'Ede
représentaient ma seule chance de vivre ma vie, et je n'y
renoncerais pas. Je trouverais bien un moyen d'échapper à
ce nouveau piège.

*

Un après-midi de janvier particulièrement frisquet,
Yasmin et moi nous étions rendues à la piscine couverte du
camping voisin qui était réservée aux femmes une fois par
semaine. Nous ne savions pas nager, mais nous adorions
jouer dans l'eau. En rentrant à la caravane, je m'étais
enfermée directement dans la salle de bains pour essayer de
discipliner mes cheveux qui ne ressemblaient à rien. Je les
avais fait couper afin de simplifier leur entretien.

Nous discutions avec entrain, Yasmin et moi, et la radio
marchait à plein volume quand un coup violent retentit sur
la porte. Yasmin me cria d'aller ouvrir et je sortis de la
salle de bains avec les cheveux mouillés et les yeux rouges.
Derrière la porte se tenaient Osman Moussa et trois autres
Somaliens dans la faible lumière des derniers rayons du
soleil.

Face à lui, avec mes cheveux en bataille, mon jean, ma
peau brunie par la vie au grand air, je suis restée sans voix.
Mais la situation fit renaître en moi l'ancienne Ayaan – la

fille docile, bien élevée, habituée depuis des années à offrir l'hospitalité. « *Assalaam Aleikum*, dis-je pour les saluer. Donnez-vous la peine d'entrer. »

Je me suis écartée pour laisser passer ces quatre costauds qui ont bientôt rempli tout l'espace vital de la caravane. Je ne savais absolument pas quoi faire. J'ai attrapé une Thermos en disant que j'allais leur chercher du thé, avant de disparaître dans la chambre de Yasmin. Je lui ai expliqué que cet homme était légalement mon mari et l'ai suppliée de s'occuper de nos hôtes. Je serais bientôt de retour. Avant de sortir, j'ai mis un foulard sur ma tête.

J'allai d'abord trouver Hindi, une Somalienne d'une quarantaine d'années qui vivait dans une caravane proche de la nôtre. C'était une commère et une fouineuse, mais elle connaissait les usages et saurait me conseiller sur la conduite à tenir. Elle proposa d'inviter mes hôtes à prendre le thé chez elle, où il y avait davantage de place, et commença à s'affairer. Mon problème d'hôtesse ainsi réglé, j'allai voir Sylvia et lui racontai tout : j'avais menti pour obtenir le statut de réfugiée ; en réalité je fuyais un mariage arrangé ; mon mari était venu me chercher pour m'emmener au Canada.

Je pensais que Sylvia serait obligée de me dire que je ne pouvais pas rester aux Pays-Bas, que je devais rentrer au Kenya ou partir avec cet homme, mais elle m'a répondu : « Ce que tu as fait pour obtenir ton permis de séjour ne regarde que toi. N'en parle pas. Quant à cet homme, si tu n'as pas envie de le suivre au Canada, dis-le-lui. Même si tu es sa femme, il ne peut pas t'y contraindre. Et, s'il devient violent, j'appelle la police. »

En retournant à ma caravane, je me sentais bien plus sûre de moi. Avec tact, Hindi invita Yasmin et les trois hommes à sortir pour me laisser seule avec Osman Moussa. Il balaya d'un geste dédaigneux du bras le minuscule espace dans lequel je vivais.

— C'est tout ? demanda-t-il d'un ton méprisant. C'est ça que tu voulais ?

— C'est ça, oui.

— Et maintenant, tu vas venir avec moi ?

— Non.

J'étais très calme. Il n'y eut ni cris ni larmes ; pas le moindre drame. Je savais que j'étais une énigme pour Osman, mais moi je lisais en lui à livre ouvert. Ses yeux exprimaient l'arrogance, le dédain. Il offrait la lune à une écervelée qui préférait vivre dans un camp minable au milieu d'étrangers. Il estimait avoir des droits sur moi – je lui appartenais. Mais ce n'était pas vrai, j'en prenais conscience. J'avais désormais des droits dans ce pays. Je lui fis comprendre que les autres nous attendaient dans la caravane de Hindi et je sortis la première.

Hindi nous accueillit en disant à Osman : « Je vais lui parler », et elle m'entraîna dans sa chambre.

— Tu es folle ? me demanda-t-elle. Tu es idiote ? Débile mentale ? Cet homme est beau et riche, que pourrais-tu souhaiter de mieux ? Qu'espères-tu ?

— Avoir bientôt mon propre appartement. Grâce à mon travail.

— Pourquoi te condamner ainsi ?

Hindi m'expliqua que je serais maudite, vouée à la misère et aux maladies, et énuméra une trentaine de malédictions possibles. Je la laissai parler, puis je dis :

— C'est trop pour moi. Je n'arrive plus à penser.

Finalement, Osman accepta de partir. Je me rendis compte qu'il ne savait vraiment pas quoi faire. Ici, dans ce centre surveillé par des gardes, il ne pouvait recourir à la violence pour me contraindre à partir avec lui. J'étais nerveuse mais en même temps très sûre de moi.

J'étais prête à affronter le clan. J'avais découvert en moi des forces insoupçonnées. J'avais testé mes capacités et senti que je pouvais m'en sortir. J'étais prête à résister et au courant des lois. Il y avait aussi des prédateurs potentiels aux Pays-Bas, mais je pouvais les éviter en demandant de l'aide à la police ou à Sylvia. Elle connaissait mon histoire et ne désapprouvait pas ce que j'avais fait, bien au contraire : elle m'avait offert son soutien.

Quelques jours plus tard, Osman est revenu, disant qu'il avait pris l'avis de mon père et qu'ils étaient d'accord pour demander une *tolka* : la réunion des plus âgés et des plus importants parmi nos proches parents. La *tolka* se tiendrait au centre des demandeurs d'asile le 26 janvier. Je dis que j'étais d'accord.

*

Pendant les jours qui suivirent, je crois bien que toutes les femmes darod du camp ont défilé dans ma caravane pour me persuader d'aller au Canada. Elles m'expliquaient que je faisais la plus grosse erreur de ma vie. Mon père m'avait trouvé un mari idéal. Elles auraient fait n'importe quoi pour avoir une telle chance. Ici, en Europe, toute seule, je n'étais rien. Elles me racontaient des histoires de djinns qui se terminaient toutes par des morts affreuses, me menaçaient des pires tourments si je désobéissais. Elles me citèrent tous les cas récents de Somaliennes devenues prostituées, malades, stériles, immariables après avoir quitté leurs familles – ajoutant qu'à vingt-trois ans, je ne rajeunissais pas.

Une énorme pression s'exerçait sur moi de la part de gens qui ne me connaissaient même pas. J'écoutais. Je savais ce que j'allais faire.

Deux jours plus tard, Hindi revint me voir. Elle appartenait au sous-clan des Ogaden mais avait épousé un Osman Mahamud, ce qui faisait d'elle ma plus proche parente dans le camp. Elle me dit de m'habiller : le clan allait se réunir dans sa caravane après le dîner.

Le soir du 26 janvier, Osman Moussa revint, accompagné de huit anciens du clan et de deux Macherten. Leur groupe sombre était massé dans l'obscurité devant la caravane d'Hindi. Nous avions beau être en territoire néerlandais, cette réunion serait un véritable conseil des anciens, traditionnel. Ma conduite avait causé une telle honte que la famille des Osman Mahamud ne pouvait me permettre de prendre ma décision toute seule.

Je les accueillis, avec Hindi. Osman Moussa avait suivi la procédure à la lettre. Certains des hommes qu'il avait convoqués étaient de grands personnages – je ne savais même pas qu'ils vivaient en Europe. C'étaient les anciens de ma famille, la noblesse des Osman Mahamud. Nous avions en commun un aïeul à la cinquième ou à la huitième génération ; il y avait même un Boqor, le descendant direct du roi pour lequel avait combattu mon grand-père Magan.

Ce serait une vraie confrontation, je le savais, et j'avais décidé de respecter le code des bonnes manières. Mais je ne portais pas de jupe longue. J'avais mis un jean, une tunique, mes cheveux étaient tressés, mais je ne les avais pas couverts. J'étais correctement vêtue – ma peau était couverte –, mais le message était clair : les choses avaient changé.

Les hommes entrèrent en se baissant, s'installèrent dans l'espace réduit de la caravane sur des bancs et des chaises, leurs visages sombres faiblement éclairés par la lueur des bougies. Abdellahi Musse Boqor – prince héritier de tous les Osman Mahamud de Somalie – parla le premier. Son allure majestueuse et son autorité semblaient remplir tout l'espace. Il parla pendant une demi-heure, d'abord pour expliquer comment se déroulerait la réunion, ensuite pour rappeler les valeurs du clan. Il fit l'éloge de mon père ; dit combien le mariage était précieux, combien notre honneur et notre nom étaient importants. Puis, s'adressant à moi, il insista sur le fait qu'au moment où le pays courait à sa ruine nous, les membres des clans supérieurs, ne devions pas nous trahir mutuellement. Lorsqu'il eut terminé, un autre homme prit la parole, et tous les huit s'exprimèrent, selon l'ordre de préséance.

Je restai silencieuse, assise, le buste droit, tenant ma tasse à deux mains et buvant mon thé à petites gorgées. J'avais violé la règle la plus sacrée du clan – j'avais gravement, irrémédiablement souillé le renom paternel –, mais je savais me tenir. Je n'allais ni me montrer impolie ni me laisser aller à l'hystérie. Mes pieds étaient posés exactement comme il le faut et je regardais les hommes au niveau de la bouche, pas des yeux, ce qui aurait été inconvenant. De temps en temps seulement je relevais brièvement le regard pour montrer que j'écoutais et j'approuvais de la tête. J'étais devant un tribunal qui allait statuer sur mon droit à mener ma propre vie, et je le savais.

Ensuite, Abdellahi Musse Boqor dit :

— Je pense qu'il est temps, maintenant, pour Osman Moussa de s'exprimer.

Et celui-ci se mit à discourir sur l'honneur, la famille, le clan et la guerre ; il reconnut aussi qu'il ne me connaissait pas, qu'il s'était montré un peu trop sûr de lui, mais qu'il était prêt à découvrir qui j'étais – en tant qu'individu et plus seulement en tant que fille de.

Et puis Abdellahi Musse Boqor me questionna directement – je n'avais toujours pas prononcé un seul mot.

— Tu comprends bien que, même si nous sommes en terre étrangère, cette réunion est parfaitement officielle ? J'acquiesçai d'un signe de tête. Maintenant, il va falloir que tu réfléchisses avant de donner ta réponse. Nous ne pouvons pas te permettre de dire oui et de disparaître à nouveau dans un autre pays. Si tu dis oui, tu dois être sûre de toi. Ta réponse sera définitive.

J'acquiesçai à nouveau.

Il ajouta :

— Nous allons interrompre la réunion pour te donner le temps de réfléchir. Nous sommes tous disposés à revenir demain pour entendre ta réponse, mais nous pouvons aussi tenir une réunion chez moi ou chez un voisin.

Je répliquai :

— Je connais déjà ma réponse.

En le regardant bien en face, je dis :

— C'est non.

Mon calme et ma détermination me surprenaient moi-même. Jamais je n'avais été aussi sûre d'avoir raison. J'ajoutai :

— Je ne veux pas rester mariée avec Osman Moussa, bien que je le respecte et qu'il ne m'ait jamais maltraitée d'aucune façon. Je comprends ce que vous faites pour moi, je comprends que c'est extraordinaire et je comprends que ma réponse est définitive.

Visiblement sidéré, le Boqor resta un moment silencieux. Puis il dit :

— Pouvons-nous te poser quelques questions ?

Je fis signe que oui.

— Osman Moussa a-t-il été violent ?

— Non. Il s'est toujours conduit avec la plus grande correction vis-à-vis de moi.

— Est-il avare ?

— Non, il s'est toujours montré généreux.

— Sais-tu quelque chose à son sujet que nous ignorons ?

— Non, je ne le connais absolument pas.

— Y a-t-il quelqu'un d'autre ?

— Non.

Il m'offrait, avec chaque question, l'occasion de m'expliquer intelligiblement – de justifier ma conduite, de minimiser ma faute, d'épargner l'honneur de la famille, le renom de mon père. Mais j'étais décidée à dire la vérité. Je ne voulais pas accuser Osman Moussa de m'avoir violée, ou trompée d'une manière ou d'une autre. Ç'aurait été injuste. Je ne voulais pas de lui, voilà tout.

Finalement, Abdellahi Musse Boqor me demanda :

— Alors pourquoi fais-tu cela ?

Après un instant de silence, je répondis :

— C'est une décision de l'âme. L'âme ne peut pas être contrainte.

J'employais un vocabulaire grandiloquent, pas du tout celui qu'on attendait d'une femme et encore moins d'une fille de vingt-trois ans. Abdellahi Musse Boqor me regarda fixement, puis il dit :

— Je respecte cette réponse. Je pense que nous devons tous la respecter. Puis, se tournant vers Osman Moussa, il demanda : La respectes-tu ?

Osman répondit :

— Je n'ai pas le choix.

Alors, le prince héritier invita l'assemblée à considérer que la réponse d'Osman était honorable et courageuse, qu'elle devait être portée au crédit de sa sagesse. Il serra Osman dans ses bras en lui donnant de petites tapes dans le dos. Tous les hommes présents l'imitèrent.

Je regrettais le mal que je lui avais fait. Ce n'était pas sa faute, le pauvre. Je dis :

— Je te rembourserai un jour tous tes frais, le billet d'avion et le reste, parce que j'étais gênée de lui devoir de l'argent.

Mais Osman Moussa se sentit insulté. Il rétorqua :

— Après tout ce que tu m'as fait, tu retournes encore le couteau dans la plaie...

Je compris que son honneur était blessé ; je n'aurais pas dû dire ça. Je m'excusai.

Tous les hommes se levèrent. L'un après l'autre, ils prirent ma main dans les leurs avant de s'en aller. Ils me manifestaient beaucoup de respect. Il n'y avait eu aucune violence – nous étions des Osman Mahamud, pas des Arabes, et les Osman Mahamud ne frappent généralement pas les femmes. Mais, en les regardant s'éloigner dans la nuit, je savais que je venais de me couper de tout ce qui comptait pour ma famille.

*

J'avais tellement changé en l'espace de quelques mois. À Nairobi, j'avais été incapable d'affirmer mon droit de refuser cet homme. J'avais dit à mon père que je ne voulais pas me marier, mais sans faire ce qu'il fallait pour l'empêcher. Je savais que cela m'aurait isolée, que le clan m'aurait reniée, privée de son invisible protection, et que ma mère et ma sœur auraient été punies, elles aussi. J'aurais été une proie facile, comme Fawzia et les autres Somaliennes célibataires, obligée de mendier abri et protection, potentiellement victime de toutes sortes de prédateurs. Je ne croyais pas avoir la force de m'y résoudre.

Mais j'avais à présent un permis de séjour aux Pays-Bas, le droit d'y rester et d'autres droits aussi. Personne ne pouvait me contraindre à aller où je ne voulais pas aller. Ce morceau de papier rose, mon statut de réfugiée, avait tout changé. Je savais que d'une manière ou d'une autre je trouverais la force de défier ces hommes et de ne pas leur obéir.

Je n'en étais pas moins terrassée par la honte. La culpabilité que j'éprouvais vis-à-vis de mon père m'empêcha de dormir, cette nuit-là.

Le lendemain matin, de bonne heure, je m'installai à ma table pour écrire ce qui fut sans doute la lettre la plus difficile de ma vie. Je commençai par les mots :

Au Nom d'Allah le Tout Miséricordieux,
le Très Miséricordieux,

et enchaînai :

Mon très cher père,

Reçois d'abord mes meilleures salutations. Apprends ensuite que je viens de te décevoir profondément en décidant de divorcer d'Osman Moussa Isse. Je sais que rien de ce que je pourrais dire pour m'excuser ou réclamer ton pardon ne saurait te réconforter, mais je te demande simplement de me comprendre, et je suis désolée de te causer du tort. Je ne m'attends pas à ce que tu me comprennes, bien sûr, mais c'est ainsi.

Osman t'a consulté par téléphone et il a suivi ton conseil en portant la question à l'attention de nos parents mâles ; nous nous sommes réunis et nous sommes arrivés à un accord dans un climat de paix et d'honneur (si l'on peut parler d'honneur dans une situation comme celle-là). Selon cet accord, le divorce va avoir lieu.

Je suis absolument désolée, père, mais c'est ainsi. Je rentrerai au Kenya dès que j'aurai gagné assez d'argent pour payer mon billet et dès que j'aurai mon visa de retour. Pour le moment, je vais à l'école.

Père, je sens combien je te rends malheureux mais réponds-moi, je t'en supplie, et essaie, quand ta colère sera calmée, de me comprendre et de me pardonner. C'est peut-être trop demander, mais j'ai aussi besoin de ta bénédiction.

Avec tout l'amour de ta fille.

Ayaan

Une semaine plus tard, je recevais une lettre de mon père datée du 26 janvier – le jour où la *tolka* s'était réunie. Je lus :

Chère Ayaan, je n'arrive pas à croire ce qu'Osman me dit de toi. Si c'est vrai, non seulement tu jettes la disgrâce sur moi et sur notre famille, mais tu me causes douleur et chagrin. Je ne peux plus ni prier ni dormir depuis le coup de téléphone d'Osman. Écoute, Ayaan, je ne peux supporter plus longtemps ce genre de situation. En conséquence, soit tu obéis de bonne grâce à ton époux, soit tu m'obliges à venir aux Pays-Bas pour régler la question avec toi en tête à tête.

Sa colère m'a fait l'effet d'une gifle et permis de mesurer la violence du coup que je venais de porter à sa réputation. Alors j'ai eu peur, vraiment peur : s'il venait aux Pays-Bas, mon père pouvait me battre et peut-être me tuer. J'avais souillé son honneur et je savais qu'il devait me punir.

Quinze jours après la réunion du clan, je reçus une autre lettre de lui. Elle était rédigée sur les pages de celle que je lui avais envoyée le 27 janvier ; il avait utilisé de l'encre rouge – couleur qui sert pour écrire à ses ennemis. Sur la première page était inscrit :

Comme je n'ouvrirai pas tes lettres, n'essaie plus jamais de m'écrire.

Au verso, en travers de ma signature, je lus :

Chère renarde déloyale, tu n'as pas besoin de moi et je n'ai pas besoin de toi. Je viens de supplier Allah de te déshonorer comme tu m'as déshonoré. Amen ! Ceci est le dernier message que tu recevras de moi, de même que ta lettre était le dernier message que j'acceptais de toi. Va en enfer ! et que le diable soit avec toi.

Et il avait ajouté, en grandes majuscules rageuses :

PUISSE ALLAH TE PUNIR POUR M'AVOIR TRAHI. AMEN ! LE PIGEON !

Je n'avais plus aussi peur qu'il me tue. Pour lui, j'étais déjà morte. Et, bien qu'il ne m'ait pas touchée, j'eus la sensation d'avoir reçu un direct dans l'estomac. J'étais une paria.

J'achetai une carte téléphonique pour appeler la famille indienne qui vivait à côté de chez nous. Je demandai qu'on aille chercher Haweya. J'avais terriblement besoin d'elle. C'était la première fois que je lui parlais depuis mon départ. Elle me dit qu'elle avait lu ma lettre à Abeh et qu'elle était fière de moi. Mais en même temps elle me plaignait et me conseillait de rester sur mes gardes : Abeh pouvait encore venir me chercher. Il était dans un tel état de fureur que même elle en avait peur.

Je lui demandai de faire venir Ma chez nos voisins la

semaine suivante. Je voulais lui parler, à elle aussi, et je suppliai ma sœur de faire tout son possible pour que notre mère ne me rejette pas.

Lorsque j'entendis sa voix, il y avait tellement de friture sur la ligne que Ma aurait aussi bien pu se trouver sur une autre planète. Elle me dit :

— Alors, tu as fait ce que je te soupçonnais de vouloir faire ?

Je répondis :

— Oui. Je ne l'ai pas caché.

Élevant la voix, elle poursuivit :

— Est-ce que tu sais comment on me traite ici ?

— Haweya m'en a parlé.

— Tu as fait une terrible erreur, mais tu seras toujours ma fille. Ton père est très en colère. Tu ne crains pas qu'il te maudisse ? Ce serait pire que d'être maudite par ta mère.

— Eh bien nous verrons.

Ensuite, Ma me souhaita bonne chance, et avant de raccrocher elle m'assura que je pouvais la rappeler.

Étais-je en train de vivre le dernier épisode de ma vie ? J'avais rompu les liens avec mon père, et déçu ma mère. J'ai pensé à ma mort et à mon réveil dans l'au-delà, où nul ne peut échapper au jugement d'Allah. La liste de mes péchés était interminable. J'avais déshonoré mes parents, rejeté un mari légitime, négligé mes prières quotidiennes ; je m'habillais comme un homme et je m'étais coupé les cheveux. Le livre où l'ange de mon épaule gauche inscrivait mes méfaits pèserait sûrement beaucoup plus lourd que le mince volume de mes bonnes actions. Mon père m'avait maudite ; à présent j'étais damnée.

12

Haweya

Pendant plusieurs mois, je me suis sentie très déprimée. Je n'avais d'autre choix que d'avancer, seule, dans la direction que j'avais choisie. Peu à peu, le soleil est revenu, et ma maîtrise du néerlandais s'est améliorée. Les employés du centre de demandeurs d'asile m'encourageaient à traduire directement du somalien vers le néerlandais. Ils corrigeaient patiemment mes erreurs. C'était comme pour le vélo : chaque jour, je faisais des progrès.

Sylvia, en particulier, me poussait à aller de l'avant. Elle disait que j'étais quelqu'un de très prometteur et me conseillait de demander une équivalence de mon diplôme kényan : cela me permettrait de reprendre des études et peut-être même d'aller à l'université, si c'était vraiment ce que je voulais.

Quelques mois après mon arrivée au centre, une jeune Somalienne me demanda de l'accompagner à un examen gynécologique. À l'hôpital, le médecin me pria de lui expliquer qu'elle devait se déshabiller et qu'il allait examiner son utérus avec un long instrument en métal.

— Je veux bien le faire, m'a-t-elle répondu, mais je ne crois pas qu'il va réussir à voir mon utérus.

J'ai compris ce qu'elle voulait dire : elle était fermée, cousue.

J'ai essayé de le dire au médecin, mais il m'a interrompue, brusquement.

— Qu'elle fasse ce que j'ai dit.

Mais quand elle a écarté les jambes il a eu un violent mouvement de recul et a laissé échapper un juron. Il a arraché ses gants avec colère : ce n'était même pas la peine d'espérer examiner cette femme. Elle n'avait pas de sexe du tout, rien qu'une bande de peau cicatrisée et parfaitement lisse.

C'était un *farooni* – la plus radicale des excisions, celle où tout l'organe génital de la petite fille est coupé puis gratté avant d'être cousu. Je n'en avais jamais vu – seules les Issaq du Nord sont infibulées de cette façon – mais j'étais au courant de cette pratique. Le médecin, lui, a cru que c'était une brûlure. Toute l'équipe médicale semblait en état de choc. C'est à ce moment-là que j'ai compris qu'en Europe aucune femme n'était excisée.

En mai 1993, j'ai reçu un courrier officiel m'annonçant que la municipalité d'Ede m'offrait un studio. Je bénéficierais d'une allocation chômage qui couvrirait le loyer.

J'étais heureuse de quitter le centre. Je ne supportais plus les disputes qui éclataient sans cesse entre les demandeurs d'asile pour des histoires de femmes ou de politique ni les commérages permanents. Mais, en apprenant la nouvelle, Yasmin a éclaté en sanglots. « Alors, tu vas me laisser toute seule ? »

Sa demande d'asile avait été rejetée, mais, comme elle avait déclaré qu'elle était mineure, on l'avait autorisée à rester aux Pays-Bas. Elle ne se réjouissait pas pour autant, car elle devait continuer à vivre au centre et à suivre des cours dans une école pour étrangers, ce qu'elle détestait. Je suis retournée au bureau du logement pour demander si elle pouvait venir habiter avec moi, mais on m'a dit que non : c'était un appartement pour une personne. Si je voulais un appartement pour deux personnes, il faudrait que j'attende.

J'y ai bien réfléchi. Je m'étais montrée tellement égoïste jusque-là. Si j'abandonnais Yasmin maintenant, je risquais de devenir quelqu'un de vraiment méprisable. J'ai refusé le studio qu'on me proposait et j'ai demandé un trois-pièces.

*

Je commençais à avoir des amis parmi les employés du centre. J'avais sympathisé avec Hanneke, une conseillère d'orientation, un peu plus âgée que moi ; elle m'avait présenté sa colocataire, Ellen, qui avait mon âge et suivait des études pour devenir assistante sociale à l'université professionnelle chrétienne de la ville. Toutes deux m'avaient aussi fait rencontrer leurs amis et leur famille. Ensemble, nous louions des cassettes ou bien nous faisions des promenades, des pique-niques et toutes sortes de trucs de filles. J'étais ravie.

Hanneke et Ellen étaient chrétiennes, et elles semblaient prendre leur religion au sérieux. Mais cela ne les empêchait pas d'aller au pub. Je me souviens de la première fois qu'Hanneke m'a convaincue de les accompagner : j'ai cru que les foudres d'Allah allaient s'abattre sur moi. Même si je n'avais pas prié depuis longtemps, entrer dans un bar restait vraiment *haram*. Mais je me suis vite rendu compte que ce n'était qu'un endroit où les gens, au milieu d'une foule d'autres gens, buvaient, fumaient et discutaient en hurlant par-dessus la musique. Dans la calme petite ville protestante d'Ede, les pubs n'étaient pas des lieux de dépravation. Il ne s'y passait rien d'extraordinaire. Du coup, je comprenais encore moins leur attrait. Quel intérêt avait-on à aller bavarder dans un endroit aussi bruyant ? Quand mes amis devaient choisir un bar, ils allaient toujours vers le plus bondé. Leur logique m'échappait.

En plus, comme j'avais encore des difficultés à comprendre le néerlandais, je ne suivais jamais bien les conversations. Je m'imaginais retournant au Kenya et partageant mes impressions avec Haweya : « Du lever au coucher du soleil, ils sont normaux, mais la nuit ils ont de drôles de coutumes. » Vraiment, les bars me laissaient perplexe.

Mais j'y retournais, parce que les autres aimaient y aller. Je ne buvais pas, et pourtant, en rentrant chez moi, je me sentais coupable. Comment pouvais-je passer du temps dans des endroits pareils, qui m'avaient naguère paru si dangereux ? « Je n'ai rien fait de mal, me répétais-je. Je n'ai séduit personne, je n'ai encouragé personne, j'ai juste bu du Coca-Cola, en jean. Il n'y a rien de mal à cela. » Non, Allah ne pouvait pas me punir pour si peu.

Hanneke jugeait important que je visite les Pays-Bas. Un samedi de printemps, elle a décidé de m'accompagner à Amsterdam pour la journée. Nous avons flâné le long du Herengracht – le canal des Seigneurs –, admirant les élégantes demeures et les délicats petits ponts. Toutes les villes des Pays-Bas possédaient, me semblait-il, un centre ancien et ravissant, à la préservation duquel on avait consacré d'immenses efforts. Il se dégageait des rues une impression d'ordre et de propreté, et l'on pouvait y marcher, la nuit, sans se faire importuner. Comment expliquer qu'à quelques heures d'avion de ce pays où tout fonctionnait à la perfection il y avait tant de crasse, de haine et de souffrance ?

Hanneke m'a aussi emmenée dans le quartier rouge, juste pour me montrer à quoi il ressemblait. Je me souviens d'avoir eu un coup au ventre en découvrant une enfilade de femmes nues ou moulées dans des vêtements obscènes, debout derrière des vitrines. Cela m'a rappelé les carcasses d'animaux suspendues à des crochets dans la boucherie du marché de Kariokor. C'était de l'exploitation d'humains, je trouvais cela honteux. Hanneke n'a pas réussi à me persuader que ces femmes avaient choisi ce métier et qu'elles ne faisaient que leur travail.

Ce quartier était en rupture totale avec l'image que j'avais du pays. Les Néerlandais, je le voyais bien, n'étaient pas du genre à se complaire dans la débauche. La plupart des demandeurs d'asile somaliens les considéraient comme

316

d'abominables paillards, mais j'étais convaincue, peut-être parce que j'avais plus de contacts avec eux, qu'ils étaient tout à fait respectables.

Avec Ellen, nous discutions souvent de religion. Sa relation avec Dieu, fondée sur le dialogue et l'amour, formait un contraste frappant avec la peur et la soumission qui caractérisaient la mienne. Ellen avait grandi dans une famille protestante fondamentaliste : ses parents étaient membres d'une secte réformiste très stricte. Ils allaient à l'église deux fois tous les dimanches et l'obligeaient à porter des jupes longues. Elle avait eu besoin de prendre de la distance ; à présent, elle cherchait une nouvelle façon de vivre sa foi et se posait beaucoup de questions. De mon côté, je trouvais sa religion beaucoup moins restrictive que l'islam que je connaissais – beaucoup trop commode et attrayante, en fait, pour être vraie.

Ellen ne priait que lorsqu'elle en ressentait le besoin. Son Dieu était une figure paternelle et bienveillante qui, de façon curieuse, ne l'aidait pas directement : Il voulait que Ellen s'aide elle-même.

Elle tenait à rester vierge jusqu'à son mariage. Cela ne l'empêchait pas d'avoir un petit ami – Badal Zadeh, un demandeur d'asile iranien – qu'elle embrassait sur la bouche sans aucune retenue, devant tout le monde. « Mais c'est normal ! » s'exclamait-elle quand je m'indignais. C'était en effet la règle dans ce pays : je voyais sans cesse des jeunes gens, dans la rue, se comporter de la même façon. La plupart des réfugiés somaliens considéraient cela comme un vice typique des immondes *gaalo*. Si Ellen s'y adonnait, pourquoi voulait-elle rester vierge ? Je trouvais cela très paradoxal.

Un jour, Hanneke et Ellen nous avaient invitées, Yasmin et moi, dans l'appartement qu'elles partageaient à Ede, et nous regardions une émission de télévision, *All You Need Is Love*, où les participants déclaraient leur flamme à quelqu'un devant des milliers de téléspectateurs tandis que le présentateur jouait les Cupidon. Après une courte page de publicité, on découvrait si l'amour était réciproque ou non. Cela nous semblait complètement barbare, à Yasmin et à moi.

Avec Ellen, nous nous sommes mises à parler d'amour, de séduction et de virginité. J'avais compris qu'aux Pays-Bas les femmes n'étaient pas excisées, alors je lui ai demandé :

— Comment est-ce que ton mari pourra savoir que tu es vierge ? Il le vérifie ?

— Bien sûr que non, m'a-t-elle répondu. Il le saura parce que je le lui dirai. Pourquoi, chez vous, on vérifie ?

Je lui ai expliqué : nous étions coupées, puis cousues, et la barrière de peau ainsi formée saignait quand un homme nous pénétrait. On ne pouvait pas faire semblant.

Ellen et Hanneke étaient consternées.

— Ça vous est arrivé, à vous ?

Nous avons acquiescé. En vraie snob, Yasmin a ajouté :

— Si tu n'es pas coupée, tu n'es pas pure, tu sais.

— Pure de quoi ? a demandé Ellen avec innocence, en ouvrant ses grands yeux bleus.

Pure de quoi ? Oui, de quoi exactement ? J'y ai réfléchi, et je me suis rendu compte que je n'avais pas de réponse. Ce n'était pas vraiment l'islam qui justifiait l'excision des femmes, mais il était clair qu'en Somalie la culture islamique de la virginité l'encourageait. Je ne connaissais aucune fatwa qui dénonce la mutilation génitale des femmes ; en revanche, les imams consacraient de nombreux sermons à la nécessité d'anéantir la sensualité, le désir et le plaisir féminins. Boqol Sawm et les autres *ma'alim* avaient insisté sur le fait que les femmes devaient prendre conscience de leur dangereux pouvoir sexuel, voiler leur corps et ne plus sortir de chez elles. Mais jamais ils n'avaient suggéré qu'il était peut-être inutile de couper et de coudre le sexe des petites filles.

Nous étions la propriété de quelqu'un. Ce que nous

avions entre les jambes ne nous appartenait pas. Nous étions cadenassées. Mais de quoi voulait-on nous garder pures ?

Je ne savais pas quoi répondre à Ellen. Je suis restée un instant sans voix, puis j'ai balbutié :

— C'est notre tradition.

Et, parce que sa foi était profonde, elle a voulu en savoir plus.

— Mais tu crois que c'est Dieu qui t'a créée, n'est-ce pas ?

— Oui, bien sûr.

— Dieu nous a créés, et Il nous a fait tels qu'Il nous voulait. Pourquoi ne pas rester ainsi ? Pourquoi chercher à parfaire l'œuvre de Dieu ? Tu ne crois pas que c'est un blasphème ?

Je l'ai dévisagée. Incontestablement, il y avait du vrai dans ce qu'elle disait.

Elle a ajouté qu'aux Pays-Bas, ni les femmes ni les hommes n'étaient circoncis. Yasmin a fait une grimace de dégoût. Dès que nous sommes parties, elle s'est mise à se frotter la peau, et en arrivant au centre elle s'est précipitée sous la douche. Puis elle est venue me voir, l'air toujours aussi écœuré.

— Je me suis assise chez cette fille, et j'ai mangé dans ses assiettes alors qu'elle n'est pas purifiée ! Elle est sale ! Tout ce pays est répugnant !

Mais Ellen n'était pas sale, pas plus que les Pays-Bas. À vrai dire, je n'avais jamais vécu dans un endroit aussi propre. Je ne comprenais pas comment Yasmin pouvait mépriser ce pays quand tous ses habitants nous traitaient avec bonté et honnêteté. J'étais en train de me rendre compte que leur système de valeurs était plus cohérent et plus apte à rendre les gens heureux que celui dans lequel j'avais grandi. Malheureusement, il ne semblait pas compatible avec la pratique de l'islam.

— Tu sais quoi, Yasmin ? lui ai-je dit. Tu ferais bien de t'y habituer. Parce que la personne qui te fait cours à l'école n'est pas circoncise, ni celle qui prépare tes repas à la cantine. Si tu veux rester complètement pure ici, il va falloir que tu t'enfermes chez toi et que tu évites tout contact avec les Blancs.

— Mais il y a bien une différence entre eux et nous, a-t-elle répliqué. C'est pour ça que le Coran nous ordonne de ne jamais nous lier avec des impies.

*

En juillet 1993, j'ai finalement reçu la nouvelle qu'on m'attribuait un trois-pièces. Aux yeux de l'État, Yasmin avait seulement quinze ans, elle était donc placée sous ma tutelle. Le loyer était de six cents florins, mais je recevrais une allocation chômage de mille deux cents florins par mois, ainsi qu'un prêt de cinq mille florins, que je devrais rembourser, pour l'achat des meubles.

L'appartement était situé sur James Wattstraat, dans un quartier de petits immeubles en brique, peut-être un peu miteux mais pas du tout sordide. Je trouvais l'endroit joli. Mais, dans l'appartement voisin du nôtre, il y avait une Turque que son mari battait presque tous les soirs. Nous l'entendions se cogner au mur de notre salon et demander grâce en hurlant. Sur les conseils d'Ellen et d'Hanneke, nous avons appelé la police. Les agents nous ont dit qu'ils allaient intervenir, mais un peu plus tard ils nous ont rappelées, très poliment, pour nous informer qu'ils ne pouvaient rien faire : la femme en question n'avait pas souhaité déposer plainte. Le lendemain, les cris ont recommencé.

Son mari montait le son de la télé pour que les voisins n'entendent pas ce qui se passait. Je croisais rarement sa femme : elle ne sortait presque jamais de chez elle. Je crois qu'elle avait honte : tout le voisinage savait qu'elle était maltraitée. Elle avançait à pas pressés, la tête dans les épaules.

Un jour, un employé du centre est venu chez nous pour faire un bilan de notre intégration.

« Ayaan, comment se peut-il que ton hollandais ne soit pas meilleur mais pire que quand tu nous as quittés ? » m'a-t-il demandé.

Depuis que j'avais déménagé, je ne parlais presque plus néerlandais. Avec Yasmin, je discutais en somali, et en anglais avec Ellen et Hanneke. J'arrivais à comprendre ce que me disaient les gens, mais je n'osais pas parler : ma langue fourchait dès que j'ouvrais la bouche.

L'employé du centre m'a proposé de mettre une annonce dans son église pour trouver quelqu'un qui nous donnerait à toutes les deux une heure de cours de conversation hebdomadaire. C'est ainsi qu'environ un an après mon arrivée aux Pays-Bas j'ai rencontré Johanna.

Dans ce pays étrange mais agréable auquel je commençais seulement à m'adapter, Johanna est devenue comme une mère pour moi. Avec Yasmin, nous allions chez elle une fois par semaine, puis deux, puis aussi souvent que nous le désirions. Nous pouvions passer à l'improviste, comme en Somalie. Nous l'aidions à faire la cuisine et jouions avec ses enfants. Johanna nous enseignait bien plus que la langue : elle nous apprenait à vivre en Occident.

Certains de ses conseils portaient sur de petits détails. Comment économiser : au supermarché, toujours choisir les articles les moins chers, placés sur les étagères du bas ; chez soi, baisser le chauffage et mettre un pull. Comment se comporter en société : aux Pays-Bas, on ouvre son cadeau devant celui qui nous l'a offert, et, même si on est une femme, on regarde son interlocuteur droit dans les yeux quand on lui parle.

Mais elle nous a aussi appris de vraies règles de vie. Lorsqu'on voulait demander quelque chose à quelqu'un, on devait le faire avec franchise, sans tourner autour du pot. Si on n'avait plus d'argent, on le reconnaissait et on s'efforçait de comprendre comment on en était arrivé là. On n'avait pas à préserver son honneur ni, donc, à avoir honte de quoi que ce soit : quand on avait un problème, on l'admettait, et on faisait ce qu'on pouvait pour s'en sortir. On ne devait compter que sur soi-même. Toute ma vie, j'avais vu ma mère ignorer ses problèmes en espérant qu'ils disparaîtraient tout seuls par la grâce d'Allah. Johanna affrontait les siens. Et elle disait ce qu'elle avait à dire : au lieu d'éviter les sujets épineux, elle les abordait de façon directe et claire. Dire non, nous répétait-elle, n'avait rien d'impoli.

Elle vivait dans un pavillon moderne en brique grise avec un jardin très soigneusement entretenu. Sa maison était presque collée à celles de ses voisins, petite, mais bien conçue et remplie de quantité de gadgets fascinants. Dans le jardin, il y avait un poteau avec des branches repliables qu'on pouvait déployer en éventail pour y étendre le linge. Même la râpe à fromage me semblait merveilleusement ingénieuse.

Chez Johanna, ce n'était pas son mari, Maarten, qui commandait. Ils prenaient les décisions ensemble, après en avoir discuté. Leurs enfants avaient le droit de les interrompre, et Johanna et Maarten les écoutaient. Maarten participait aux tâches ménagères.

Les petits se couchaient tous les soirs à huit heures précises. Ils menaient une vie structurée avec soin par Johanna, qui consultait beaucoup de livres sur le développement des enfants. Quand ils faisaient une bêtise, elle les punissait, mais je ne crois pas qu'elle les ait jamais frappés. Sa famille était comme un reflet miniature des Pays-Bas, où tout était si parfaitement ordonné, planifié, efficace, attrayant. Parfois, cette tendance extrême à l'organisation pouvait paraître un peu contraignante, mais elle faisait du pays un lieu accueillant et rassurant.

C'était cette chaleur qui me plaisait dans la famille de Johanna. Elle m'avait accueillie à bras ouverts. Johanna était pince-sans-rire, pleine de bon sens, très aimante et encourageante. Peu à peu, elle est devenue ma confidente et mon guide.

Je lui ai dit que j'avais des remords quand je pensais à ce que j'avais fait à mes parents : je m'étais montrée si égoïste. Mais elle m'a répondu que j'avais eu raison de faire passer mon intérêt en premier. Prendre sa propre vie en main n'a rien d'égoïste : tout le monde a droit au bonheur. J'avais fait le bon choix. Cela m'a réconfortée : après tout, je n'étais peut-être pas si mauvaise.

Pour les musulmans, la vie sur terre est une mise à l'épreuve. L'objectif n'est pas d'être heureux mais de montrer au contraire qu'on peut renoncer à son intérêt personnel, servir Allah, et gagner ainsi sa place au paradis. Plus notre abnégation est profonde, plus notre vertu est grande. Mais Johanna, Ellen et tous les autres semblaient penser le contraire : pour eux, il était naturel de chercher le bonheur ici-bas.

*

Après notre emménagement à Ede, j'ai décidé de me mettre à travailler. J'avais honte de toucher l'aide sociale. Sylvia et les autres employés du centre ayant pris le temps de répondre à mes questions incessantes, j'avais à peu près compris comment fonctionnait un État providence : une partie du salaire de ceux qui pouvaient travailler était redistribuée à ceux qui ne le pouvaient pas ou plus. J'avais deux bras et deux jambes : je pouvais travailler. Je ne voulais pas continuer de recevoir sans rien donner.

Je suis allée au bureau national pour l'emploi. Là, une femme m'a inscrite sur la liste des demandeurs d'emploi, tout en me disant que je n'aurais pas vraiment d'intérêt à travailler : cela m'empêcherait d'assister à mes cours de néerlandais, et le peu que me rapporteraient les emplois forcément précaires et sporadiques que je trouverais serait soustrait de mon allocation.

Mais je voulais quand même essayer, et cet après-midi-là je suis allée m'inscrire dans toutes les agences d'intérim de la ville. Je disais que j'avais un diplôme de secrétaire, et, même s'ils voyaient bien que mon néerlandais était franchement insuffisant, les employés des agences enregistraient mon nom dans leur banque de données. Deux jours plus tard, j'ai reçu un appel de l'un d'entre eux : l'usine de jus d'orange Riedel d'Ede cherchait une femme de service.

Je devais faire le ménage dans l'usine de six heures à huit heures du matin, avant l'arrivée des ouvriers. Cela n'avait rien de plaisant, mais ce n'était pas difficile. Plus tard, j'ai travaillé à la chaîne dans une fabrique de teintures, Akzo Nobel, où j'avais pour tâche unique de placer d'immenses écheveaux dans des boîtes plates, que l'ouvrière suivante scotchait. J'ai occupé un poste similaire dans une usine de biscuits, Delacre, où j'emballais des gâteaux secs dans des boîtes en plastique. J'ai travaillé plusieurs fois dans ces deux entreprises : je remplaçais des gens malades ou en vacances pour deux ou trois semaines. J'ai fait aussi de l'intérim au bureau municipal du logement, où je glissais des lettres dans des enveloppes.

Ces emplois étaient loin d'être nobles, mais je ne les trouvais pas non plus déshonorants. Ils étaient ennuyeux mais pratiques : si j'étais de l'équipe du matin, je pouvais suivre des cours de néerlandais en fin d'après-midi. Et même s'ils ne payaient pas beaucoup, c'était toujours ça de gagné. Je les voyais comme un tremplin : quand je travaillais assez, je gagnais plus que le montant de l'allocation chômage, et j'utilisais le surplus pour payer les cours.

Travailler à l'usine m'a aussi donné l'occasion de découvrir une nouvelle classe de Néerlandais. Jusque-là, je n'avais rencontré que des membres de la classe moyenne : assistants sociaux et volontaires dans les centres de réfugiés. Ceux de la classe ouvrière s'exprimaient différemment et entretenaient des relations plus tendues avec les immigrés. À l'usine de biscuits, les ouvriers étaient presque tous des ouvrières, qui se divisaient en deux groupes ethniques bien distincts : les Néerlandaises d'un côté, les Marocaines et les Turques de l'autre. Elles ne se mélangeaient ni à la cantine ni au travail. Quand une Marocaine et une Néerlandaise de souche se retrouvaient en équipe, on pouvait être sûr qu'elles passeraient leur temps à se disputer et laisseraient les boîtes s'empiler et tomber par terre, tandis que quand deux Marocaines travaillaient ensemble elles s'appliquaient. La xénophobie était mutuelle : les Néerlandaises trouvaient les Marocaines paresseuses et désagréables, et les Marocaines se plaignaient que les Néerlandaises sentaient mauvais et s'habillaient comme des prostituées. Chaque groupe s'estimait supérieur à l'autre.

Dans l'usine de teinture, les ouvriers étaient, en grande majorité, néerlandais. Certains avaient dix ans, voire vingt ans d'ancienneté. Ils aimaient leur usine ; leur travail comptait beaucoup pour eux, et ils éprouvaient du plaisir à bien le faire.

*

J'étais en train de changer. Il y avait en moi une force que je n'avais pas soupçonnée, la force qu'il fallait à une jeune Somalienne du Kenya pour s'adapter à un pays étranger et pour organiser son temps, travailler, aller à l'école sans la supervision de sa mère.

Six mois après mon inscription au bureau pour l'emploi, on me convoqua pour un test de QI. Ce test était très long et, j'en suis sûre, très coûteux. Il comprenait beaucoup d'exercices de maths, matière pour laquelle je n'ai jamais été douée, et des questions destinées à évaluer ma maîtrise de la langue, néerlandaise, bien sûr.

À l'issue de ce test, auquel j'obtins des résultats très médiocres, la conseillère d'orientation m'informa que j'étais apte à suivre une formation professionnelle de niveau moyen à un métier administratif, comptable, par exemple, ou réceptionniste. Une formation peu théorique qui me rendrait très vite opérationnelle. Je lui dis que je voulais étudier les sciences politiques, elle répondit que c'était impossible : cette discipline n'était enseignée qu'à l'université, et je n'avais pas les capacités pour y entrer. Le mieux, conclut-elle, serait que j'aille prendre des cours de comptabilité à Wageningen, un village proche d'Ede. Ces cours coûtaient très cher, mais elle ne voyait pas d'autre possibilité. Sans doute pensait-elle que le langage universel des chiffres serait plus facile pour une étrangère !

Évidemment, ça ne m'a pas profité du tout. Je ne comprends rien aux chiffres. Après quatre semaines de cours, je n'avais pas réussi à faire correspondre une seule fois la colonne des passifs avec celle des actifs.

— Ce n'est vraiment pas un métier pour vous, a lâché mon professeur dans un soupir.

— Je sais bien, lui ai-je répondu. C'est ce que je leur avais dit.

Il m'a fait une lettre où il expliquait que la comptabilité ne me convenait pas, et j'ai cessé d'assister à ses cours.

J'ai refusé de m'arrêter là. Je tenais vraiment à étudier les sciences politiques, et, si cela impliquait d'aller à l'université, alors c'était là que j'irais. Pour Ellen et Hanneke, j'avais perdu la tête : un diplôme universitaire, c'était une belle ambition, mais en sciences politiques, quelle idée ! J'ai essayé de leur expliquer que je voulais comprendre pourquoi la vie aux Pays-Bas était si différente de la vie en Afrique. Pourquoi la paix, la sécurité et la richesse prédominaient en Europe. Quelles étaient les causes de la guerre, et comment construire la paix.

Je n'avais pas de réponses, seulement des questions. Elles m'occupaient l'esprit en permanence. Chaque fois que j'avais un contact avec les autorités, je m'étonnais de leur bienveillance et me demandais sur quoi elle reposait. L'État était extrêmement présent dans ce pays. Il pouvait être très bureaucratique, parfois complexe jusqu'à l'absurde, mais il semblait aussi rendre de grands services à la population. Je voulais comprendre comment on créait ce genre d'État, soucieux du bien-être de ses citoyens.

Je regardais Ellen, Hanneke et leurs colocataires établir chaque semaine par écrit la répartition des tâches : qui ferait le ménage, les courses, la cuisine. Et c'était comme le tableau des horaires de bus : toutes les filles s'y tenaient. Elles ne cherchaient même pas à discuter, ne se disputaient jamais. Comment devenait-on comme elles ?

Je découvris qu'aux Pays-Bas, il y avait des règles pour tout. Un soir, je m'étais fait arrêter par un policier parce que je roulais à vélo sans lumière. J'étais paralysée par la peur, persuadée que quelque chose d'horrible allait m'arriver. Pourtant le policier s'est contenté de m'infliger un sermon ferme mais courtois et une amende de vingt-cinq florins. Je n'avais pas à la payer sur-le-champ : on me l'enverrait par courrier. En effet, un mois plus tard, j'ai reçu une facture détaillée. J'ai réfléchi à ce système, à la façon ingénieuse dont il évitait aux policiers la tentation d'empocher l'argent des amendes.

J'avais une autre question. Les Pays-Bas étaient un pays infidèle, dont le peuple avait adopté un mode de vie barbare que nous autres musulmans étions censés condamner et rejeter. Alors comment se faisait-il que ce pays soit tellement mieux dirigé que ceux d'où nous venions et qu'il offre à ses citoyens une vie tellement plus agréable ? N'aurait-il pas été plus logique qu'il sombre dans l'ignorance, la misère et la guerre, puisqu'il ne respectait pas les lois d'Allah ? Et que les pays musulmans, en récompense de leur obéissance, accèdent à la richesse et à la paix ?

Je voulais comprendre le monde, et les conflits qui le déchiraient. En 1992 et 1993, on voyait éclater, dans des tas de pays, luttes tribales et guerres civiles. Avec la fin de la guerre froide et le dégel, les failles au sein du bloc de l'Est réapparaissaient, les haines anciennes refaisaient surface. Et, parmi les pays qui basculaient dans la guerre, beaucoup étaient musulmans. Qu'est-ce qui clochait, chez nous ? Pourquoi les infidèles devaient-ils connaître la paix et les musulmans s'entre-tuer, alors que nous étions ceux qui vénéraient le seul vrai Dieu ? En étudiant les sciences politiques, me disais-je, je comprendrais cela.

Mais j'avais encore du chemin à faire avant de pouvoir commencer ce cursus. L'État avait accepté mes diplômes kényans comme équivalents du diplôme hollandais du Havo Plus[1], mais cela ne suffisait pas pour entrer à l'université : je devais faire une année préparatoire et passer un autre examen. J'étais terrifiée à l'idée que cette formation comprenne une épreuve de maths : si c'était le cas, je risquais de ne jamais obtenir mon diplôme. Avec l'aide d'Ellen, j'ai examiné mes différentes options, et j'en ai conclu que le plus simple serait d'étudier l'assistance sociale, comme elle, pendant un an, et de me réorienter ensuite vers l'université. Cela m'éviterait de rencontrer trop de maths.

J'ai informé mon professeur de langues que je souhaitais passer le test de maîtrise du néerlandais requis pour entrer à l'institut professionnel. Elle m'a répondu avec condescendance qu'il était beaucoup trop tôt : je ne prenais des cours que depuis un an, il en fallait trois pour bien se préparer à cet examen. Je devais me montrer patiente et responsable. Je gaspillerais mon argent si je m'inscrivais maintenant.

Ellen m'a dit que ce n'était pas à mon professeur de décider si je pouvais ou non passer ce test, et que je faisais ce que je voulais de mon argent. Je suis donc allée m'inscrire toute seule au centre d'examens de Nijmegen. Et je l'ai réussi. L'étape suivante était l'institut professionnel.

*

Pendant tout ce temps, je m'étais beaucoup éloignée des autres Somaliens. Je n'avais jamais vraiment passé de bons

---

1. À peu près l'équivalent du BEP français. *(N.d.T.)*

moments avec eux. Au centre de demandeurs d'asile, tous ceux qui se réunissaient dans la caravane de Hindi, en particulier ceux qui vivaient aux Pays-Bas depuis des années et n'étaient là qu'en visite, passaient leur temps à se plaindre.

La plupart des Somaliens ne faisaient pas d'efforts pour s'intégrer dans la société néerlandaise. Il y en avait bien quelques-uns qui apprenaient à faire du vélo et montraient de l'ambition, étudiaient, travaillaient – je n'étais pas un cas unique –, mais ceux-là n'avaient pas le temps de voir du monde. La majorité de ceux qui se retrouvaient chez Hindi ne travaillait pas ; ils n'avaient rien d'autre à faire que de traîner au centre et de discuter, assis en cercle dans la caravane, de l'horrible pays qu'étaient les Pays-Bas, en mâchant du qat jusque tard dans la nuit.

Nous ressentions tous la même confusion. Nous avions toujours été persuadés qu'en tant que musulmans, que Somaliens, nous étions supérieurs aux infidèles, et nous nous rendions compte qu'ici ce n'était pas le cas. Nous n'arrivions même pas à nous en sortir dans la vie de tous les jours. Nous ne savions pas nous servir des distributeurs automatiques ni des autres appareils électroniques. Je me souviens d'un jour où j'avais pris le bus avec Dhahabo, une autre réfugiée somalienne. Elle ignorait qu'on ne pouvait pas descendre n'importe où, et qu'il fallait appuyer sur un bouton pour demander au chauffeur de s'arrêter. Quand le bus est passé en trombe devant l'endroit où nous voulions aller, elle a hurlé « STOP ! » et tous les passagers nous ont dévisagées. Ç'était très embarrassant.

Beaucoup de Somaliens évitaient ces aventures honteuses en se retirant dans une enclave exclusivement somalienne. Ils élaboraient un fantasme selon lequel eux, Somaliens, savaient tout mieux que les Blancs. « Inutile de m'apprendre à utiliser ce thermomètre, nos thermomètres somaliens sont bien plus perfectionnés », ce genre d'attitude. « Son haleine empeste le porc, il n'est que chauffeur de bus, comment ose-t-il croire qu'il peut m'apprendre à vivre ? »

Je me souviens qu'un jour, peu après mon arrivée au centre, alors que je bavardais avec un groupe de Somaliennes juste devant la caravane de Hindi, quelqu'un avait crié : « Il y a un homme qui pleure à la télé ! » Nous nous étions précipitées pour voir ça : c'était une émission intitulée *Je regrette* où les participants avouaient une faute. Un Néerlandais immense et carré d'épaules, le visage rougi et la voix tremblante, versait de vraies larmes en repensant à un moment d'égarement. « Je regrette tellement », articulait-il entre deux hoquets. Nous nous étions regardées les unes les autres, remplies d'un mélange d'horreur et de stupéfaction : je suis sûre qu'aucune d'entre nous n'avait jamais vu un homme pleurer. Puis nous avions éclaté de rire. Il se passait des choses si étranges, dans ce pays.

*

Lorsque j'ai emménagé à Ede, les Pays-Bas m'étaient devenus plus familiers. Cela m'irritait à présent d'entendre des Somaliens installés là depuis longtemps se plaindre qu'on ne leur offre que des emplois modestes. Ils voulaient un métier honorable : pilote de ligne, avocat. Quand je leur faisais remarquer qu'ils n'avaient pas les qualifications nécessaires pour exercer ces professions, ils me répliquaient que c'était la faute des Européens. Eux avaient colonisé la Somalie ; la pauvreté, la guerre, l'exil, le manque de qualifications : tout cela, c'était à cause d'eux. Je pensais exactement le contraire : nous en étions arrivés là tout seuls, à force de nous entre-déchirer.

L'arrogance derrière laquelle s'abritaient les autres Somaliens me rappelait celle des ruraux ayant immigré à la ville, à Nairobi ou à Mogadiscio. Par eux, aux Pays-Bas, ce n'était pas le snobisme des citadins mais le racisme qui nous maintenait au bas de l'échelle. Cette supposée discrimination sur la couleur mettait tous mes compatriotes en rage. Si un vendeur refusait de lui faire un prix sur un tee-shirt, Yasmin l'accusait de réserver des remises spéciales aux Blancs. Avec Hindi, elles n'achetaient jamais de tickets de bus : elles s'inventaient des rendez-vous en ville et demandaient des tickets aux employés du centre, et quand ils refusaient de leur en donner elles les traitaient de racistes.

— Si tu traites un Néerlandais de raciste, il te donne tout ce que tu veux, m'a dit un jour Hindi avec satisfaction.

Il arrive – je ne nierai jamais cela – que les étrangers soient victimes de discrimination aux Pays-Bas, mais beaucoup utilisent aussi cette allégation de façon stratégique.

Cela me faisait parfois du bien, malgré tout, de me retrouver avec des Somaliens. J'avais encore du mal à saisir les codes et les valeurs des Néerlandais, et je trouvais reposant de passer du temps avec des gens que je comprenais parfaitement. Mais, dès l'instant où je me levais en disant : « Je suis désolée, je dois y aller, je me lève tôt demain matin », ils devenaient hargneux. Je faisais ma « Blanche », mais pour qui je me prenais ? Je les traitais comme mes inférieurs, une vraie *gaalo*.

Dans la rue, je me faisais sans cesse aborder par de jeunes Somaliens qui avaient l'air de croire qu'ils pouvaient tout se permettre avec moi. Ils me faisaient des propositions obscènes : à leurs yeux, une femme non voilée était une femme dissolue, donc disponible. Les Somaliennes, elles, essayaient toujours de me soutirer de l'argent. Je ne cédais pas.

C'était très impoli, bien sûr. Mais je ne voyais pas pourquoi, si elles avaient besoin d'argent, elles n'iraient pas travailler à l'usine elles aussi. J'avais honte de voir tant de Somaliens empocher leurs allocations pour ensuite se retourner contre la société qui les leur offrait. Ils me décevaient. J'avais conservé de forts réflexes de clan : je me sentais responsable des leurs actions. Je n'aimais pas leur mauvaise foi, la façon dont ils niaient systématiquement leurs méfaits, même quand on les avait pris la main dans le sac. Je n'aimais pas leur vantardise, ni les mythes et les absurdes théories de complot qu'ils propageaient. Je n'aimais pas leurs commérages incessants, ni leurs plaintes et leur tendance à mettre tous leurs problèmes sur le dos des autres. Un Somalien ne dit jamais : « Excusez-moi », ou « J'ai fait une bêtise », ou « Je ne sais pas », il s'invente une excuse. Toutes ces stratégies de groupe pour éviter d'affronter la réalité me déprimaient. Je savais bien que la vie n'était pas toujours rose, mais je doutais que ces mensonges l'améliorent.

Alors je passais mon temps libre avec Ellen et Hanneke. De son côté, Yasmin, qui sortait tous les jours de l'école à quinze heures, se retrouvait donc seule à l'appartement, et peu à peu une bande de garçons hawiye et issaq du centre ont pris l'habitude de venir chez nous pour mâcher du qat. (Quand ils veulent quelque chose, les Somaliens n'ont aucun mal à l'obtenir : ainsi, ces garçons avaient réussi à trouver des feuilles de qat fraîches dans la petite ville d'Ede.) Ils restaient jusqu'au soir – Yasmin leur faisait la cuisine – et quand je rentrais je les trouvais couchés sur des nattes dans le salon, au milieu des feuilles et des tiges recrachées sur le sol.

Pendant un certain temps, je me suis tue, j'ai toléré cette invasion. Chez les Somaliens, il est très inconvenant de renvoyer ses hôtes. Mais, en fin de compte, j'ai réglé les choses à la hollandaise : j'ai dit à Yasmin de cesser de les inviter. Désormais, quand ils sonneraient à la porte, elle n'aurait qu'à faire semblant d'être sortie. Après cet épisode, dans la rue, tout le monde me reconnaissait : j'étais l'horrible Darod qui méprisait les Issaq et les Hawiye. Je m'en moquais : j'en avais assez d'observer le code de l'honneur.

Mon amitié avec Yasmin se détériorait. Un soir, elle est sortie, et elle n'est pas revenue. Je n'ai compris qu'elle était partie que deux jours plus tard, quand je me suis aperçue de la disparition de ma carte de crédit et de mes papiers de réfugiée de statut A. Il me manquait aussi les trois cents florins qu'elle venait de me donner pour le loyer. Quelques jours plus tard, j'ai reçu une lettre d'elle : elle était soi-disant en Italie – le cachet était danois. Elle était désolée, elle ne s'était pas servie de ma carte, quant aux trois cents florins, ce n'était pas vraiment du vol puisque au départ ils lui appartenaient. Elle se sentait seule, elle détestait les Pays-Bas. La facture de téléphone allait peut-être me surprendre, mais elle avait eu besoin de parler à sa famille.

Environ un mois plus tard, je reçus une facture de deux mille cinq cents florins qui me rendit folle de rage. Je n'avais pas cette somme en réserve. Johanna appela la compagnie pour demander le détail des communications : Yasmin avait passé des appels en Somalie, au Kenya, au Canada, en Australie ; je n'aurais jamais cru qu'elle connaissait tant de monde. « Apporte sa lettre à son assistante sociale, comme preuve, me dit Johanna : l'agence réglera la facture. » Je l'ai fait, et l'agence m'a envoyé un chèque de deux mille florins. Pour les papiers, ce n'était pas compliqué de s'en faire refaire. Une telle éventualité était prévue : il suffisait de s'en occuper, avec calme.

*

Un matin de janvier 1994, le téléphone a sonné. C'était Haweya. Elle m'appelait d'une cabine de l'aéroport de Francfort. Cela faisait des mois que je n'avais parlé à personne de ma famille, et à présent ma petite sœur était là, en Europe, elle venait d'arriver ! Je me suis sentie submergée par une immense vague de joie. J'ai demandé à Haweya si elle venait juste en visite, ou pour de bon.

— Pour de bon, m'a-t-elle répondu.

— Alors, viens en Hollande, viens vivre avec moi ! me suis-je exclamée.

Je lui ai dit que j'allais appeler mes amis Jan et Greetje pour leur demander conseil. Jan était retraité et travaillait comme bénévole à l'Aide aux réfugiés. Il m'a dit que le mieux pour Haweya serait de prendre un train jusqu'à la frontière allemande : il irait la chercher là-bas et la ramènerait aux Pays-Bas en voiture en évitant les points de contrôle. Ainsi, Haweya pourrait prétendre qu'elle était venue directement aux Pays-Bas, et y demander l'asile, plutôt qu'en Allemagne.

Quand j'ai vu revenir la voiture de Jan, je me suis précipitée sur le trottoir. Haweya était là, et nous nous sommes serrées dans les bras en hurlant, en riant, en sautant de joie, sans pouvoir nous détacher l'une de l'autre. Mais après quelques minutes Haweya s'est écroulée dans un fauteuil et a fondu en larmes. Elle m'a avoué qu'elle s'était fait avorter à Nairobi. Elle avait rencontré un homme qui venait de Trinidad, qui était divorcé et travaillait à l'ONU – elle l'avait aimé, elle était tombée enceinte.

Un homme de Trinidad, non circoncis, même pas musulman. Avec un visage rond, un nez épaté, des cheveux crépus. Ma mère l'aurait considéré comme un sous-homme, de la même race que les Kényans. Ce qu'avait fait Haweya était, du point de vue du clan, impardonnable. Fuir son mari était une chose, tomber enceinte hors des liens du mariage, et d'un tel individu, en était une autre, bien plus grave : c'était comme si tous les Osman Mahamud avaient reçu la semence répugnante de cet impie.

L'amant de Haweya avait pris rendez-vous pour elle avec un médecin indien discret qui avait accepté de pratiquer l'avortement. Après l'intervention, comme elle se sentait très mal, il lui avait dit : « Tu devrais te reposer un peu, aller voir ta sœur aux Pays-Bas », et il lui avait payé le billet.

J'ai ravalé en moi la Somalienne que cette histoire choquait. J'ai dit à Haweya de cesser de pleurer. Je lui ai dit qu'elle n'aurait pas pu garder un enfant dans ces conditions, qu'elle devait être raisonnable, cesser de se torturer. Le genre de choses qu'aurait dites Johanna. Puis je l'ai mise au lit dans l'ancienne chambre de Yasmin, exactement comme Johanna l'aurait fait.

Mais cela n'a pas suffi à la revigorer. Le lendemain, elle semblait ailleurs. Elle m'a dit qu'elle n'arrivait plus à dormir. Que les disputes avec Ma, à la maison, avaient atteint un niveau de violence extrême. Alors elle était venue me retrouver, mais elle n'avait aucune idée de ce qu'elle allait faire ensuite.

Je voulais absolument qu'elle s'installe avec moi. Je l'ai aidée à inventer une histoire qui lui permettrait d'obtenir, elle aussi, le statut de réfugiée. Je n'en suis pas fière, mais je me sens tenue de le mentionner. Haweya s'est inscrite comme demandeuse d'asile au centre de Lunteren, qui a accepté de la laisser vivre chez moi à condition qu'elle se présente au poste une fois par semaine pour signer le registre.

Elle a commencé à prendre des leçons de néerlandais, mais seulement une fois par semaine, au centre, avec un volontaire : elle n'avait pas le droit de suivre de vrais cours tant qu'elle n'avait pas ses papiers de réfugiée. J'ai essayé de la sortir un peu, je lui ai fait rencontrer mes amis. Nous faisions de longues promenades, nous regardions tous les films que nous voulions sans crainte d'être punies. Je l'ai emmenée à Amsterdam, je lui ai appris à faire du vélo. Nous avons eu beaucoup de moments très heureux. Mais, le plus souvent, Haweya ne voulait pas bouger. Elle restait couchée sur le canapé à regarder la télévision jusqu'à ce que l'écran se brouille de neige. Parfois, elle se mettait à pleurer sans bruit : des larmes coulaient sur ses joues. Parfois, le pas lourd, elle sortait se promener, et ne rentrait que des heures plus tard.

Nous appelions Ma de temps en temps, toujours chez ses voisins indiens. Nos conversations étaient prévisibles. Ma nous enjoignait de prier, de jeûner, de lire le Coran. Ou bien elle se plaignait. Elle nous répétait qu'elle avait sacrifié sa vie pour ses enfants, et qu'aucun d'entre nous ne lui faisait honneur. Elle avait les jambes couvertes de plaies ouvertes à cause de son psoriasis, elle souffrait de migraine. Tous ses maux empiraient et c'était notre faute, à nous qui l'avions abandonnée. Mahad ne prenait pas soin d'elle et ne travaillait jamais : il méritait toujours mieux que les emplois qu'on lui offrait. Appeler Ma n'était jamais un plaisir, mais je le faisais quand même, et je lui envoyais de l'argent, c'était mon devoir.

Mois après mois, Haweya se mit à passer de plus en plus de temps au centre de demandeurs d'asile. Je savais qu'elle sortait avec un Somalien de là-bas, et je les soupçonnais de ne pas faire que discuter. Un jour, elle m'annonça qu'elle était à nouveau enceinte. J'avais coupé presque tous les liens qui me rattachaient à la Somalie, et voilà que ma sœur les ravivait.

Cela me mit en rage. Je m'en veux quand j'y repense.

« Est-ce que ça va devenir une habitude ? ai-je hurlé. Tomber enceinte une fois, passe encore, mais deux ? Les préservatifs sont gratuits, au centre ! Tu ne peux pas te refaire avorter, ce serait un meurtre. Tu auras ce bébé, et je m'occuperai de lui. »

Je lui ai fait la morale. Elle a insisté : elle voulait absolument se faire avorter. Nous nous sommes disputées très fort. Je l'ai emmenée au centre pour avoir un avis médical. J'ai demandé à la psychologue, Josée, de parler à Haweya, parce que je me faisais du souci pour elle.

J'ai été surprise d'apprendre que Haweya était déjà venue la consulter.

« Il y a des problèmes profonds, me dit Josée, mais ne vous inquiétez pas pour elle. Je la vois toutes les semaines, et je crois que ça l'aide. »

Haweya ne m'avait jamais dit qu'elle suivait une psychothérapie. Josée m'a expliqué que c'était parce qu'elle avait peur de mon jugement.

Haweya s'est finalement fait avorter. Peu de temps après, elle a reçu le statut de réfugiée et a commencé les vrais cours de langue. Pendant quelque temps, elle a semblé plus gaie, je voyais son esprit vif et pétillant reprendre le dessus. Elle était à nouveau charmante, attentive, drôle, élégante. Mais très vite sa belle humeur est retombée, elle a cessé de faire attention à ses vêtements et à ses cheveux. Elle a commencé à s'en prendre aux autres de façon très agressive. Elle continuait de mal dormir.

*

Je ne pouvais pas m'inscrire au même institut que Ellen et Hanneke : c'était un établissement chrétien, et si l'on voulait y entrer il fallait d'abord reconnaître l'existence de la Trinité. Pour moi, à l'époque, c'était un blasphème absolu. Associer Allah à d'autres divinités, et affirmer qu'il avait un enfant : c'était l'enfer assuré. Allah n'est pas engendré et n'engendre pas. Il était hors de question que j'étudie dans un endroit pareil.

Je voulais aller à l'institut professionnel d'Arnhem, mais l'employé de l'Aide aux réfugiés à qui j'ai demandé conseil m'a dit que je n'y serais pas heureuse : je ferais mieux d'aller à celui de Driebergen, qui était laïque et beaucoup plus *multiculturel* – autrement dit, en termes politiquement moins corrects, fréquenté par des élèves d'origines ethniques plus mélangées. Ce conseil partait d'une bonne intention, mais il était fondé sur une idée préconçue du genre d'endroit où je me sentirais à l'aise en tant qu'immigrée, et ne pouvait que renforcer les enclaves.

À l'époque, pourtant, je l'ai écouté. Quand je suis allée m'inscrire à Driebergen, la secrétaire de l'administration m'a informée que je devrais passer un examen d'entrée en trois parties : néerlandais, histoire et instruction civique. Un peu ébranlée, je lui ai demandé où je pouvais trouver les livres pour le préparer. Elle m'a dit que les étudiants suivaient en général un cours préparatoire de quatre mois : je pouvais commencer ce cours en février et passer l'examen en juin.

Je suis retournée voir l'employée du bureau pour l'emploi pour lui dire que j'avais trouvé ce que je voulais faire. Étant donné que je n'avais pris que peu de cours de comptabilité, le bureau accepterait-il de me payer ce cours préparatoire aux études d'assistance sociale ? Réponse négative : le bureau ne pouvait pas financer une formation à une profession dont m'excluaient les résultats de mon test de QI. Elle m'a dit que je devrais demander une bourse, que je ne pourrais toucher qu'une fois admise à l'institut lui-même. Je me suis donc servie de mes économies pour payer cette préparation.

Les cours ne se déroulaient pas du tout de la même manière qu'au Kenya. Les tables étaient disposées en cercle et l'on appelait le professeur par son prénom. Il n'y avait pas de salut à l'unisson ni d'uniforme. Si l'on échouait à l'examen, on avait une deuxième chance, ce qui me semblait un peu idiot mais généreux. Et le tout ne coûtait que trois cents florins. Cela valait vraiment la peine de se serrer un peu la ceinture.

Le cours qui me fascinait le plus était celui d'histoire. Chaque semaine, nous abordions un nouveau chapitre de notre manuel, qui couvrait non seulement l'histoire des Pays-Bas mais aussi celle du monde contemporain. Chaque pays avait son chapitre, et je les ai tous dévorés. L'Allemagne : la fin de la monarchie, la république de Weimar, la montée au pouvoir de Hitler, la Seconde Guerre mondiale. La Russie : les tsars, la révolution, le régime bolchevique. L'Amérique : le mouvement pour les droits civiques, la guerre du Vietnam. Chaque pays avait sa vie : il luttait pour prendre forme, accueillait des systèmes dont il voyait l'essor et la chute – c'était comme des histoires.

Il y avait un chapitre sur la colonisation et la décolonisation qui se terminait sur l'idée d'un avenir radieux pour l'Afrique. Il y en avait un sur la fin de la guerre froide, la chute du mur de Berlin et du communisme soviétique, un autre sur les Nations unies. Ces chapitres composaient une vue très romantique, très optimiste de l'histoire contemporaine. Ils me passionnaient, mais j'avais du mal à me satisfaire de ce survol idéaliste. Je voulais comprendre pourquoi tant de pays s'étaient en réalité effondrés après leur décolonisation, et pourquoi ceux dans lesquels j'avais vécu fonctionnaient aussi mal.

Ce livre d'histoire m'a appris le néerlandais. Les cours d'instruction civique, en revanche, étaient truffés de termes que je ne comprenais pas, comme « municipalité » et « chambre haute ». J'ai réussi l'examen de justesse. J'ai échoué d'un point à celui de néerlandais : ma grammaire était encore trop mauvaise. Mais, comme j'avais eu une bonne note au test de langue préliminaire, l'institut m'a acceptée. C'était une victoire sans éclat, mais une victoire quand même.

*

Les cours commençaient en septembre. J'ai demandé et obtenu une bourse. À la fin du mois d'août, j'ai été invitée à un week-end de présentation. Les autres étudiants – surtout des étudiantes, en fait – me semblaient ouverts et amicaux, mais ils étaient beaucoup plus jeunes que moi. J'avais vingt-quatre ans, et j'avais l'air godiche dans mes vêtements mal ajustés, avec mes cheveux coupés très court, comme ceux d'un garçon.

Je les aimais comme ça. Prendre soin de cheveux longs, les huiler et les natter, était trop difficile aux Pays-Bas. Les coiffeurs d'ici ne comprenaient rien à mes cheveux, et ils étaient chers. En me tondant, je me libérais de cette contrainte d'entretien, et de bien plus encore. Je ne sentais plus aucun regard peser sur moi. Tête nue, cheveux ras, en jean, je n'étais la chose de personne.

Il n'y avait pas de Somaliens à l'institut professionnel.

Personne pour me dire ce que j'avais à faire. Il y avait bien quelques Marocains et quelques Turcs, mais je n'étais pas sous leur responsabilité.

Je me sentais sous pression : je devais vraiment me prouver que je pouvais réussir cette année. Le métier d'assistante sociale ne m'attirait pas en soi – je ne faisais ces études que pour rejoindre les sciences politiques –, mais je me suis découvert une passion pour les cours de psychologie. L'idée de prendre systématiquement de la distance par rapport à soi-même, de réfléchir à la personne que l'on est et à la façon dont l'esprit est construit, cela m'a permis de découvrir la vie sous un angle nouveau.

C'est l'œuvre de Freud qui m'a, pour la première fois, mise en contact avec un système de valeurs laïque. J'avais fréquenté beaucoup de chrétiens à Nairobi, et j'avais entendu parler des bouddhistes, des hindous, mais l'idée qu'il pût exister un système de repères moraux non religieux ne m'avait même pas effleurée. Il y avait toujours un Dieu. Si l'on n'acceptait pas ce Dieu, on ne pouvait avoir aucune moralité. C'est pour cette raison que les mots « infidèle » et « apostat » sont si insultants pour un musulman : il n'y a pas d'immoralité plus profonde que d'être incroyant.

La psychologie s'intéressait aux pulsions de l'homme, à son besoin de manger, de déféquer, de forniquer ou de tuer, et à la façon dont, en apprenant à comprendre ses pulsions, il parvenait à les maîtriser. Quand j'ai lu l'énoncé du premier devoir, je me suis demandé si le professeur cherchait à faire de nous des incroyants. Mais les textes qu'il nous faisait étudier – les théories du comportement humain de Pavlov, Skinner, Rogers – me fascinaient. J'y retrouvais tant de moi-même et de ma famille.

J'y trouvais aussi les informations sur la sexualité qui m'avaient si cruellement fait défaut à l'adolescence. Petit à petit, je me suis rendu compte que ce qu'on m'avait laissé entendre alors sur le sujet était faux et même dangereux.

L'excision des femmes ne supprimait pas les pulsions sexuelles, la peur des flammes de l'enfer non plus. La tentative de refoulement de ces pulsions ne menait qu'à l'hypocrisie et au mensonge et ne protégeait personne contre les risques de grossesse et de maladie.

Apparemment, les Néerlandais procédaient différemment. Ils expliquaient aux enfants ce qu'était la puberté en les prévenant que les changements physiques seraient accompagnés de sensations nouvelles liées à leur sexe. Les adolescents néerlandais étaient libres d'expérimenter des relations sexuelles, mais on s'attendait à ce qu'ils agissent avec raison et prudence ; ils étaient mieux informés sur la question que je l'aurais cru possible.

Je suivais aussi un cours sur le développement de l'enfant. Développement cognitif, sécurité émotionnelle, acquisition des aptitudes motrices et sociales : mes parents n'avaient jamais accordé la moindre attention à ces éléments cruciaux et je m'émerveillais d'avoir pu devenir malgré tout quelqu'un d'à peu près équilibré.

J'ai lu que les brutalités dont un enfant est parfois victime à l'école pouvaient lui faire perdre toute confiance en soi et le rendre introverti et antisocial, et je me suis souvenue des violentes brimades que Haweya avait subies en primaire. À l'époque, il ne m'est pas venu à l'idée que notre excision ait pu, de la même manière, nous traumatiser, mais j'ai repensé à la façon dont Ma nous battait. Je ne veux pas juger ma mère. Je l'aime. Tout le monde, à Nairobi, corrigeait ses enfants. Mais nous discipliner ainsi, sans jamais rien nous expliquer, cela ne pouvait causer que des dégâts.

Je m'étais fait une amie dans ma classe, Naima, une Marocaine qui arrivait chaque matin à vélo à la gare d'Ede et prenait le même train que moi pour Driebergen. Elle avait mon âge, et avec elle je retrouvais quelque chose du sentiment de familiarité que j'éprouvais en compagnie des Somaliens, la désapprobation en moins. Nous ne nous souciions pas de la ponctualité, si importante pour les

Néerlandais : ça aussi, c'était un soulagement. Nous cuisinions l'une pour l'autre des plats qui se ressemblaient beaucoup. Pendant le ramadan, nous jeûnions ensemble.

La famille de Naima s'était installée aux Pays-Bas quand elle était enfant, et elle y avait toujours vécu depuis. Elle ne portait pas de foulard, mais elle faisait partie d'un groupe de Marocaines qui organisait des soirées au centre culturel de son quartier. On y dînait, on y dansait ; quand Naima m'y a emmenée, cela m'a rappelé les bons moments passés avec Aluwiya et ses sœurs.

Naima était mariée. Un matin, elle est arrivée à la gare avec un œil au beurre noir. « Qu'est-ce qui t'est arrivé ? » lui ai-je demandé. D'un ton parfaitement neutre, elle m'a répondu que son mari l'avait battue. Au cours des semaines suivantes, il a recommencé plusieurs fois. J'ai dit à Naima qu'elle était folle de le laisser faire, qu'elle devait le quitter. Dans ce pays, elle pouvait demander le divorce.

Mais elle ne voulait pas, et elle savait que je comprenais pourquoi. Son mari venait du même village marocain que son père. Elle ne l'avait rencontré que le jour de leurs fiançailles. C'était ainsi qu'elle avait toujours vécu, et elle sentait qu'elle ne pourrait pas s'échapper si facilement. Rompre avec son mari signifiait rompre avec les siens. Ils seraient déshonorés, et elle se retrouverait à la rue. Où irait-elle ? Où pourrait-elle se cacher ? J'avais réussi à disparaître aux Pays-Bas, mais ma famille n'y vivait pas, contrairement à la sienne. On la retrouverait, elle le savait.

Naima se plaignait sans cesse, mais jamais des violences et des humiliations qu'elle subissait chez elle – seulement des Néerlandais. Elle était toujours persuadée que les commerçants la regardaient d'un air soupçonneux parce qu'ils étaient racistes et ne voulaient pas de Marocains dans leurs boutiques. Personnellement, je pensais qu'ils fixaient plutôt ses ecchymoses, et je le lui ai dit. J'étais beaucoup plus noire qu'elle, et jamais je n'étais l'objet de ce genre de regard. Naima a répliqué que pour moi c'était différent :

j'étais réfugiée, et les Néerlandais trouvaient cela romantique. Mais c'était absurde : comment auraient-ils pu deviner que j'étais réfugiée ?

Dans le train, chaque fois que le contrôleur venait vérifier nos titres de transport, Naima affirmait, fulminante, qu'il avait examiné le sien plus longtemps que celui des filles blanches. Aujourd'hui, je crois que cette obsession du racisme que je rencontrais si souvent aussi chez les Somaliens était en réalité un mécanisme de défense contre le sentiment de ne pas être à la hauteur : cela les soulageait d'attribuer aux autres la responsabilité de leur malaise.

Naima avait néanmoins raison sur un point : il n'était pas juste de la part des professeurs d'attendre la même chose d'elle que de nos camarades néerlandais, qui n'avaient rien d'autre à faire que d'étudier et de papillonner. Naima avait une vie nettement plus compliquée.

Je passais des après-midi entiers à lire des livres de psychologie ; de temps en temps je levais les yeux vers Haweya, allongée sur le canapé. Son comportement semblait relever de toutes les névroses existantes. Tous les élèves de psychologie pensent cela de leurs colocataires, mais tous ne sont pas assez maladroits pour le leur dire. Moi, je le faisais : je parlais toujours à Haweya quand je croyais avoir compris d'où venaient ses problèmes. Je l'ai aussi poussée à arrêter sa thérapie avec Josée. Je pensais qu'elle ferait beaucoup plus de progrès avec mon amie Hanneke.

Mes remarques ont beaucoup blessé Haweya. Elle avait l'impression que je la prenais pour une malade mentale. Elle a changé de conseillère, mais elle trouvait Hanneke trop superficielle pour la comprendre. Après quelques rendez-vous avec elle, elle a complètement arrêté sa thérapie.

Elle est devenue invivable. Elle a cessé d'aller en cours. Elle ne quittait plus le canapé, regardant la télévision jour et nuit, laissant son linge sale traîner par terre et la vaisselle s'empiler dans l'évier. Parfois, elle ne levait même pas les yeux quand je rentrais. Et elle pleurait sans cesse en pensant à la cruauté avec laquelle elle avait traité notre mère et au châtiment qui l'attendait en enfer. Elle n'avait pas dit au revoir à Ma. Elle était partie en criant : « Je te hais, à compter de ce jour, tu n'es plus ma mère. »

Je compatissais avec Haweya, mais nous nous disputions souvent. Je ne supportais pas la façon dont elle vivait, affalée toute la journée sur le canapé comme une forme humaine vidée de toute substance. Un jour, cela m'a tellement excédée que j'ai débranché le poste et que je l'ai jeté dans l'escalier. Haweya m'a dévisagée avant de me claquer la porte au nez. Elle n'a pas voulu me laisser rentrer.

Je suis sortie dans la rue. J'étais pieds nus et il faisait froid, mais j'avais décidé de marcher jusque chez Johanna et Maarten. Cela faisait longtemps qu'ils me répétaient que nous ferions mieux, Haweya et moi, de vivre chacune de notre côté. Ils savaient que nous nous chamaillions sans cesse, et ils pensaient que je passais trop de temps à m'occuper d'elle : j'étais en train de ruiner mes chances de réussir mes études. Ils m'ont reconduite chez moi en voiture, et Johanna a parlé très franchement à Haweya : il valait mieux qu'elle déménage.

L'idée lui a plu. Il y avait un studio disponible dans un immeuble tout proche de celui de Ellen et Hanneke, et à dix minutes du mien en vélo. Nous pourrions nous inviter l'une l'autre. Nous avons plaisanté sur le fait que, comme ça, personne ne lui demanderait plus de faire la vaisselle. Johanna a offert de lui prêter l'argent de la caution, et Maarten nous a aidées à déménager ses affaires et à fabriquer ses nouveaux meubles.

Après son départ, Haweya est retournée en classe. Elle avait l'air de vouloir reprendre sa vie en main. Nous nous voyions souvent, au début. Elle semblait avoir vraiment besoin de ma compagnie. C'était comme si le fait d'habiter un peu plus loin l'une de l'autre nous redonnait envie de passer du temps ensemble. Une Néerlandaise a emménagé chez moi, dans l'ancienne chambre de Haweya ; la vie a repris un cours plus paisible.

*

En mai 1995, j'ai décidé d'essayer de devenir interprète pour le Service néerlandais de l'immigration. D'après Sylvia, l'assistante sociale du centre de Lunteren qui me l'avait conseillé, mon néerlandais était bien meilleur que celui de la plupart des interprètes qu'elle connaissait, et c'était un travail bien rémunéré. Quarante-quatre florins de l'heure, plus vingt-deux de dédommagement pour le temps passé dans les transports, c'était en effet nettement plus intéressant que les treize florins de l'heure que je gagnais à l'usine de biscuits. Je m'inquiétais seulement de ne pas réussir à suivre mes cours en même temps, mais Sylvia m'a rassurée : justement, l'interprétariat était idéal pour moi, je pouvais choisir de n'y employer que mon temps libre, après l'école.

Je me suis rendue aux bureaux du Service de l'immigration, à Zwolle, pour déposer ma candidature. Ils ont testé mon néerlandais – même pas mon somali. Ils m'ont proposé de faire un essai de quelques mois pour voir comment je m'en sortais, et m'ont conseillé de m'acheter un biper. Je me souviens que tout le monde dans ma classe trouvait ça génial quand il sonnait à la fin des cours et que je devais me précipiter dans une cabine téléphonique.

Je me suis constitué une garde-robe professionnelle : jupe noire au genou, longue chemise près du corps, escarpins. Pour ma première mission, j'ai été appelée au commissariat : je devais servir d'interprète à un demandeur d'asile somalien et au fonctionnaire de police qui le recevait. Pour moi, c'était un événement capital.

Moins de trois ans s'étaient écoulés depuis mon propre entretien de demande d'asile, mais aujourd'hui j'occupais une position tout à fait différente. Le réfugié était un Darod avec une petite barbe et un pantalon aux chevilles. Quand je suis entrée, j'ai senti son regard sur moi. Il m'a demandé si j'étais l'interprète, et quand je lui ai dit oui il a eu un sourire méprisant.

— Mais vous êtes nue, m'a-t-il lancé. Je veux un véritable interprète.

J'ai traduit cela au policier, qui lui a répliqué :

— C'est moi qui décide qui traduit, pas vous.

On était bien loin de l'accueil courtois, avec thé et café, qu'on m'avait réservé lors de mon propre entretien. Le Darod a commencé à me demander la liste de mes ancêtres, pour savoir qui j'étais, mais le policier l'a fait taire – il ne plaisantait pas. Ni l'un ni l'autre n'a levé les yeux sur moi pendant l'entretien. Le mépris affiché du Somalien m'agaçait, mais je savais que je devais apprendre à contrôler mes émotions si je voulais devenir professionnelle. J'avais un rôle purement fonctionnel, comme une machine à écrire. Je trouvais ça reposant. C'était un travail, une simple transaction, comme emballer des biscuits. De toute façon, c'était cet homme qui avait besoin de moi, pas le contraire.

Après l'entretien, le policier m'a tendu un formulaire où figuraient le temps où j'avais travaillé et la somme que j'avais gagnée. Je suis repartie, aux anges.

Ma deuxième mission se déroulait dans un centre d'accueil à Schalkhaar. Je devais traduire le récit d'une femme galla qui venait d'un village près d'Afgooye. Des rebelles hawiye l'avaient enlevée et enfermée avec d'autres femmes de son clan dans le camp où ils vivaient. Ils les violaient régulièrement et les obligeaient à faire la cuisine, le ménage, et à aller chercher du bois pour le feu. En racontant son histoire, la femme s'était mise à trembler. Je m'efforçais de traduire au mieux ses phrases brèves, prononcées presque à voix basse, mais je ne pus retenir longtemps mes larmes.

— Excusez-moi, dis-je à la fonctionnaire qui conduisait

l'entretien, je sais qu'un professionnel ne doit pas craquer. Ce n'est que la deuxième fois que je fais ce travail, je suis désolée, il me faudrait juste une minute pour aller me rincer le visage.

Mais, quand elle tourna les yeux vers moi, je vis qu'elle pleurait aussi.

Cette femme avait vécu des choses tellement horribles ! Elle était tombée enceinte, avait accouché au camp. Elle gardait toujours son bébé près d'elle. Une nuit, pourtant, un soldat hawiye s'en était emparé et l'avait jeté dans le feu. Il l'avait forcée à le regarder brûler vif.

La femme était très maigre. Elle disait avoir vingt-huit ans, mais elle en paraissait plus de cinquante. Elle n'arrêtait pas de parler des autres femmes galla avec qui elle avait été fait prisonnière. Elle s'était échappée au moment où un autre sous-clan hawiye avait pris la caserne. Elle ne savait pas ce qui était arrivé aux autres femmes enfermées.

Deux mois plus tard, quand je suis retournée à Schalkhaar pour une autre mission, la fonctionnaire pour qui j'avais déjà traduit m'a aperçue et s'est précipitée vers moi pour m'annoncer que la femme galla avait obtenu le statut de réfugiée. Avec un grand sourire, nous nous sommes félicitées l'une l'autre. Mais pour une femme qui avait réussi à obtenir l'asile, combien d'autres se l'étaient vu refuser ?

Il y a tant de souffrances particulières en ce monde. Très souvent, dans mon travail d'interprète, j'ai partagé le désespoir des réfugiés et j'ai souhaité qu'on leur donne une chance, surtout aux femmes qui, aux Pays-Bas, pouvaient vraiment faire quelque chose de leur vie. Mais je savais, au moment même où je les traduisais, que certaines histoires ne permettraient jamais à leurs conteurs d'obtenir des papiers de réfugié.

J'ai servi d'interprète à des hommes qui avaient tué, et même à un tortionnaire notoire du Godka, le centre de torture de Siyad Barré à Mogadiscio. À présent, les familles de ses victimes le traquaient. Je n'ai rien dit : je n'étais que l'interprète.

À la fin du mois de juin, j'ai passé mes examens de première année à l'institut professionnel et je les ai réussis. Plus rien ne m'empêchait de m'inscrire à la plus prestigieuse université des Pays-Bas : celle de Leyde.

13

Leyde

Pour étudier les sciences politiques, j'avais le choix entre trois universités : Amsterdam, Nimègue et Leyde. Le programme de Nimègue – administration publique et géographie sociale – ne m'intéressait pas. À Amsterdam régnait apparemment le chaos – j'avais entendu dire que les étudiants notaient eux-mêmes leurs copies d'examen et réclamaient l'égalité avec les professeurs. Restait Leyde, la plus vieille université néerlandaise, d'excellente réputation. En visitant la ville, avec ses minuscules canaux et ses hordes d'étudiants circulant à bicyclette, j'ai immédiatement eu envie d'y habiter.

Tout était si joli, à Leyde. J'avais l'impression de me promener au milieu des illustrations du livre de contes de fées dans lequel j'avais appris l'anglais à Nairobi. Beaucoup de maisons avaient de hauts clochers pointus et des toits crénelés. Il y avait aussi ces étranges petits escaliers tournants que j'ai toujours trouvés si périlleux à descendre avec leurs marches plus étroites que le pied. Plus j'en gravissais, plus je me sentais étrangère. Mais l'aspect maison de poupée de la ville me ravissait.

Je m'inscrivis à Leyde alors que j'étais encore au lycée technique, et ce fut loin d'être agréable. La femme qui me reçut enregistra mon inscription en me disant qu'elle était légalement obligée de le faire mais en manifestant clairement sa désapprobation. Elle m'envoya discuter avec la doyenne des étudiants, qui émit elle aussi des doutes, me conseilla de rester trois ans de plus dans mon lycée technique et de passer mon diplôme d'assistante sociale ; cela me permettrait de trouver très vite du travail. À Leyde, je risquais l'échec. Les sciences politiques étaient peut-être trop abstraites pour être utiles. Mieux valait rester où j'étais, cela me convenait bien mieux. J'ai dû insister pour qu'on m'inscrive.

Je voulais au moins essayer. Ayant obtenu le diplôme indispensable pour entrer à l'université, j'ai commencé les cours à Leyde. Et je me suis immédiatement retrouvée submergée de travail. Les premiers cours étaient basiques : Introduction aux sciences politiques, Introduction à l'histoire, Introduction à l'administration publique. Il y avait des piles de livres à lire chaque semaine – sur l'art de gouverner, la nature de l'État, l'histoire des Pays-Bas et de l'Europe. On ne nous demandait pas d'en mémoriser le contenu mais d'en connaître le sujet, les théories et – chose entièrement nouvelle pour moi – de nous faire notre opinion. On nous demandait sans cesse ce que nous pensions de ces lectures.

J'adorais ça. Bien que tout le monde m'ait découragée de choisir les sciences politiques, je jubilais. Les sujets qui pouvaient paraître arides aux autres me passionnaient. Toute mon enfance j'avais entendu des bribes d'information sur ce qu'étaient la démocratie, la justice, la nation, la guerre, mais à présent, guidée par de bons professeurs, je découvrais la signification d'ensemble de ces notions et la manière dont elles s'étaient développées.

L'histoire de l'Europe a commencé dans le chaos, ce qui la rendait passionnante. Les Pays-Bas sont nés de rien – boue, misère et domination étrangère. Même la terre y est le résultat d'un effort collectif de réflexion. Les marées qui assaillaient la moitié du pays étant puissantes, les Néerlandais ont appris à être intelligents et à travailler en commun. Ils ont creusé des canaux dans la vase pour limiter

350

les inondations et créé de nouvelles terres dans les espaces libérés par la mer. Ils ont appris la patience, l'ingéniosité, la négociation. Ils ont appris que la raison vaut mieux que la force. Mais, surtout, ils ont appris l'art du compromis.

La moitié du pays était protestante, l'autre moitié, catholique. Dans tous les autres pays d'Europe cet état de fait a donné lieu à des décennies de massacres. Les Pays-Bas s'en sont accommodés. Après une courte période d'oppression et de conflits sanglants, les Néerlandais ont compris qu'une guerre civile ne peut être gagnée : les deux partis y perdent. Ils ont inventé un système où la séparation n'empêche pas l'égalité. Deux blocs se sont formés dans la société, celui des protestants et celui des catholiques. Plus tard un troisième bloc fut créé, la social-démocratie, qui réunissait catholiques et protestants, et une multitude de petits groupes, non confessionnels, furent fondés par des libéraux. Tels étaient les « piliers » de la société néerlandaise.

Ces piliers ressemblaient à des clans. Pendant des générations, catholiques et protestants ont fréquenté des écoles, des hôpitaux, des boutiques, des clubs différents ; chaque groupe avait même ses propres chaînes de télévision et de radio. En 1995 encore, ces piliers définissaient au moins partiellement qui l'on était, qui l'on connaissait, comme les clans en Somalie, mais dans un esprit de négociation, de partage et d'apparente équanimité.

Je découvris jusqu'où allait l'attachement des Néerlandais pour la liberté. J'ignorais que la Hollande avait été la capitale des Lumières. Il y a quatre cents ans, lorsque l'Europe secoua le joug imposé par le dogme de l'Église, la Hollande était le centre de la libre pensée. Les philosophes du siècle des Lumières libérèrent la culture européenne des concepts de magie, de monarchie absolue, de hiérarchie sociale, ainsi que de la domination des prêtres, afin d'instaurer l'égalité entre individus pour que plus personne ne puisse menacer ni la liberté d'autrui ni la paix civique. Et c'était à Leyde que cela s'était passé.

Quand j'étudiais, j'avais parfois l'impression d'entendre un petit volet se fermer – clic – dans mon cerveau pour m'empêcher d'établir un lien entre mes cours et ma croyance en l'islam. Chaque page de mes livres ou presque m'apparaissait comme une mise au défi de ma foi musulmane. Boire du vin et porter des pantalons n'était rien comparé à ces lectures où je découvrais l'histoire des idées.

Les peuples avaient contesté la notion même du pouvoir de Dieu sur terre, et ils l'avaient fait en se fondant sur la raison, sur des idées belles et convaincantes : Darwin déclarant que l'origine divine de la création n'était qu'une fable ; Freud affirmant que nous avions du pouvoir sur nous-mêmes ; Spinoza écrivant que ni les miracles ni les anges n'existaient et qu'il était inutile de prier une entité extérieure à nous, puisque Dieu était en nous et dans la nature ; Émile Durkheim disant que les hommes avaient inventé les religions pour se rassurer. Je lisais tout cela, mais il fallait ensuite que j'arrive à le faire passer derrière le petit volet dans mon cerveau.

Même l'histoire de la formation des États modernes allait à l'encontre de ma foi. La séparation de l'Église et de l'État en elle-même est *haram*. Il ne peut y avoir de gouvernement sans Dieu, dit le Coran. Le Coran contient les lois d'Allah pour la conduite des affaires du monde. Lire ces livres d'histoire occidentaux était donc, à tous les niveaux, un péché.

En février 1995, les Pays-Bas connurent d'énormes inondations. En cas de catastrophes naturelles, tous les musulmans se réunissent pour prier, car sécheresses et inondations sont des signes de Dieu pour rappeler aux hommes qu'ils se conduisent mal. Mais les Néerlandais, eux, ont accusé le gouvernement, lui reprochant de ne pas avoir entretenu correctement les digues. Personne, apparemment, n'a eu recours à la prière.

Quel étrange paradoxe ! Aux Pays-Bas, tout était organisé en fonction des religions, mais tout se passait comme si la nation était impie. L'existence de Dieu était sans cesse contestée. Les gens désobéissaient ouvertement aux préceptes religieux. L'aspect même de ce pays était un défi à Allah : conquérir des terres sur la mer, contrôler le niveau des eaux grâce à des canaux, c'était bafouer Sa volonté.

Presque tout y était profane. Partout on se moquait de Dieu. L'exclamation la plus commune était *Gotverdomme* – « Dieu me damne », ce qui pouvait m'arriver de pire. Je l'entendais tout le temps proférer et pourtant personne n'était frappé par la foudre. La société fonctionnait sans référence à Dieu, et elle semblait fonctionner parfaitement. Le système de gouvernement laïque était nettement plus stable, pacifique, prospère et heureux que les systèmes prétendument établis par Dieu que j'avais appris à respecter.

Certaines fois, le petit volet dans mon cerveau n'arrivait plus à se fermer tant j'avais fourré d'idées derrière. Assaillie par la culpabilité, je me voyais alors avec mes pantalons, mes cheveux courts, mes livres, toutes ces idées. Je pensais aux anges de sœur Aziza, sans doute postés sur mes épaules pour me surveiller et tout enregistrer. Et puis je me rassurais ; après tout, j'acquérais des connaissances. Si Allah avait tout prédéterminé, Il savait sans doute que cela m'arriverait.

Je me disais qu'un jour, quand j'en aurais le courage – quand je serais de nouveau dans un environnement musulman –, je trouverais la force de me repentir et d'obéir vraiment aux lois divines. Jusque-là, je me contenterais de rester honnête. J'essaierais de ne nuire à personne. Je n'adopterais pas les idées exposées dans mes livres. Mais je continuerais à les lire.

*

À l'exception des statistiques, qui décidément ne rentraient pas, tous les sujets enseignés à Leyde me plaisaient.

Les hommes ont accumulé tellement d'observations – j'étais heureuse de ne pas avoir à tout repenser par moi-même. Et c'était un réel privilège de suivre leur pensée. Les raisonnements de ces savants étaient habilement agencés, rationnels, des exemples de précision. Il fallait d'abord réfléchir à ce qu'on disait, construire son raisonnement et étayer ses arguments. Cela permettait d'améliorer des théories anciennes et d'élargir sa compréhension du monde.

Nos cours mettaient surtout l'accent sur les faits. Les faits, c'était déjà une belle idée. On apprenait la méthode, le raisonnement. Il n'y avait pas de place pour les émotions, pour l'irrationnel.

La lecture des livres d'histoire ou de philosophie me donnait littéralement la chair de poule. L'histoire de la Première Guerre mondiale, par exemple. À la fin du XIXe siècle, la science donne naissance à l'industrie, à la richesse, à la médecine. Puis, au tournant du siècle, les pays commencent à se méfier les uns des autres. Ils forment des alliances et stockent des armes. Ils veulent plus de pouvoir et de territoires. Une génération entière de jeunes gens à peine sortis de la misère et des maladies, appelés à un bel avenir, meurt dans les tranchées. Les peuples reprennent conscience et mettent fin à la guerre, mais pour s'affronter à nouveau vingt ans plus tard. C'était horrible et en même temps fascinant pour moi, comme un roman. J'établissais aussi des parallèles avec ce que j'avais connu.

Mais, quand je regardais les jeunes gens de ma classe, je les trouvais bien moins passionnés que moi. Cette histoire, ils la connaissaient depuis toujours, il s'agissait simplement pour eux de réussir l'examen. La plupart d'entre eux, âgés de dix-huit ans, n'avaient jamais vécu ailleurs que chez leurs parents. Tous étaient blancs, avec des cheveux blonds et des yeux bleus.

Pourtant il existait des distinctions très nettes entre eux. Il y avait les filles aux cheveux courts et raides, aux yeux maquillés en bleu, portant des pulls de marque Benetton :

les clones. Il y avait celles dont les cheveux teints laissaient voir la racine : les négligées. Et des filles à l'air glauque, aux cheveux gras, jamais lavés : elles se droguaient.

Chaque fois qu'une fille s'habillait un peu différemment et quittait un groupe, le clan de celles qui se ressemblaient toutes et portaient les mêmes marques se mettait à jaser. C'était comme en Somalie quand on cherche à savoir si tout le monde est Osman Mahamud, pour parler des Hawiye. À Leyde, l'habillement et l'accent, donc la classe sociale, remplaçaient le clan, mais le résultat était le même. Si je faisais une remarque à ce propos, on me répondait : « Il n'y a pas de problème de classes aux Pays-Bas, nous sommes une société égalitaire », mais je n'en croyais pas un mot.

C'était la bonne société, les P-DG, les dirigeants qui envoyaient leurs enfants à l'université de Leyde. Ils avaient leur propre association d'étudiants, Minerva, à l'intérieur de laquelle ils se divisaient entre héritiers de vieilles fortunes – l'ancienne noblesse – et enfants de nouveaux riches. La différence était visible. Ils vivaient tous dans le magnifique bâtiment du club et ne se fréquentaient qu'entre eux. Ils se destinaient majoritairement à la justice et à la banque. Ceux qui étaient en sciences sociales étudiaient ensuite l'administration. Les sciences politiques étaient apparemment considérées comme de gauche.

Il y avait d'autres associations : Catena pour les non-conformistes, les enfants d'intellectuels, avec leurs oreilles percées de multiples anneaux, leurs vêtements sales, leurs manifestations pour la défense de l'environnement ; Quintus, pour ceux qui auraient bien voulu être membres de Minerva mais ne le pouvaient pas.

Le premier mois, les étudiants me firent connaître les différentes associations. Quand ils me parlèrent de la « semaine de défloration » – expression qui désigne le bizutage en hollandais –, je leur dis que ce n'était pas la peine. J'avais vingt-cinq ans ; ce n'était plus de mon âge. La vie m'avait déjà bien « déflorée ».

Le dortoir qu'on me montra dès mon arrivée ne me plaisait pas non plus. Il était sale et sentait la souris. J'ai donc loué une chambre chez une femme charmante, Chantal, qui vivait dans une grande maison de la banlieue de Leyde. J'ai aussi acheté un vélo tout neuf, que j'ai encore, dont je me servais pour aller en classe le matin.

*

Pendant les premiers mois, ma vie sociale s'est réduite à peu de chose. Quand je n'étais pas en train d'étudier, je travaillais comme traductrice. Inscrite à la division des services sociaux du gouvernement comme interprète de somali, j'étais sans cesse sollicitée. Le matin, quand je n'avais pas de cours, je laissais mon biper allumé. J'avais aussi acheté mon propre téléphone pour qu'on puisse m'appeler de tout le pays, même tard le soir, et je traduisais pour la police, les hôpitaux, les cours de justice et toutes sortes de refuges.

Le pire, c'était de devoir dire à quelqu'un : « Non, les autorités ne permettront pas à ta femme et à tes enfants de venir te rejoindre aux Pays-Bas » ; « Non, nous ne pouvons pas te permettre de rentrer en Somalie pour aller chercher tes enfants, même si tu as été violée, si ton mari a été tué et si on t'a coupé quatre doigts » ; « Je dois t'annoncer que tu as le virus du sida ». Parfois, après avoir raccroché, je tremblais des émotions que je venais de traduire.

Je me souviens de l'histoire d'une fille qui vivait dans un centre pour demandeurs d'asile, comme moi, et avait une amie éthiopienne, comme moi aussi. Un jour, elle était montée en voiture avec quatre hommes, croyant aller rejoindre son amie à une fête. Elle avait été violée plusieurs fois et avait réussi à s'enfuir. Quand les policiers l'avaient retrouvée, dans le village, ils m'avaient appelée.

Assise dans ma jolie petite chambre, je m'efforçais de traduire ce que lui disait la police : il ne fallait pas qu'elle se lave, parce que le sperme et le sang qui souillaient ses cuisses allaient servir de preuve. Je ne pouvais pas lui demander si elle était infibulée car je n'avais pas le droit de poser moi-même des questions, je n'étais qu'un outil, une machine à traduire. J'ai tâché de la calmer.

Elle était dans un état proche de l'hystérie. Elle s'angoissait à l'idée que les autres pensionnaires de son centre allaient la rejeter puisqu'elle n'était plus vierge. La policière qui l'interrogeait me pria de lui faire raconter toute son histoire, de la persuader de se faire examiner et de lui dire qu'on lui ferait faire un test VIH six mois plus tard. Je demandai s'il serait possible de la transférer dans un autre centre où personne ne la connaîtrait, elle me répondit oui. Cela rassura la jeune fille.

Je raccrochai, anéantie par la laideur du monde, et descendis pour aller dîner avec ma logeuse. Le contraste n'aurait pas pu être plus criant entre ces horreurs et la vie paisible, rangée de Chantal. Lorsque je lui racontai cette histoire, elle fut horrifiée. Ces choses-là n'existent pas aux Pays-Bas, me dit-elle.

Sans que je m'en rende compte, ce travail était une autre forme d'apprentissage. J'apprenais la souffrance, les mauvais traitements, la douleur, la misère, l'ignorance.

J'étais souvent sollicitée par des cliniques d'avortement. Les phrases à traduire, par téléphone, se ressemblaient toutes. Il fallait expliquer à la fille ce qu'était l'avortement, poser quelques questions – le père est-il au courant ? as-tu envisagé de garder le bébé ? La routine. Mais après avoir raccroché je savais que cette fille se ferait avorter et que j'avais participé à cet acte épouvantable. Je fourrais tout ça derrière le volet spécial de mon cerveau et revenais à mes études.

Parfois, je devais me rendre à la clinique pour expliquer à la fille qu'étant donné sa suture presque complète elle devrait subir une anesthésie générale pour qu'on l'ouvre entièrement afin de retirer le fœtus. La fille se montrait toujours horrifiée et insistait pour qu'on la recouse ensuite. Les médecins acquiesçaient mais ne le faisaient jamais. Je me souviens que l'un d'eux m'a demandé de traduire : « C'est inutile et dangereux pour toi, et aux Pays-Bas nous ne faisons pas ce genre de choses. » La fille s'est mise à pleurer.

Je ne traduisais pas uniquement pour des femmes. Certaines affaires concernaient des hommes, somaliens, bien sûr. Et dans les endroits terribles où j'officiais – postes de police, prisons, cliniques d'avortement et cours pénales, bureaux de chômage et refuges pour femmes battues –, je me rendais compte qu'il y avait un grand nombre de visages basanés. Il était impossible de ne pas le remarquer en venant de Leyde, cité uniformément blanche et blonde. J'ai commencé à me demander pourquoi autant d'immigrés – des musulmans – se trouvaient là.

C'était particulièrement frappant dans les refuges pour femmes, ces lieux affreux, déprimants. Une maison, dont l'adresse devait rester secrète, abritait une trentaine de femmes, voire beaucoup plus, et des enfants qui couraient partout. Or il ne s'y trouvait presque jamais de femmes blanches. Je venais pour une Somalienne demandeuse d'asile et je voyais des Marocaines, des Turques, des Afghanes – pays musulmans – et quelques Indiennes du Surinam.

L'histoire des Somaliennes dont je traduisais les entretiens était presque toujours la même. Le mari prenait tout l'argent de l'aide sociale pour acheter du qat et, quand sa femme cachait l'argent, il la battait jusqu'à ce que la police finisse par intervenir.

L'une de ces femmes, originaire d'une région rurale, avait à peu près mon âge. Elle ne savait ni lire ni écrire le somali et ne parlait pas un mot de néerlandais. On l'avait mariée en Somalie à un homme qui l'avait ramenée ici. Elle ne quittait presque jamais leur appartement toute seule car elle avait peur de sortir dans la rue. Son mari la battait ; pleine de bleus et de coupures, elle avait finalement été conduite dans ce refuge par la police. Elle n'était pas seulement sans abri, mais également dans l'impossibilité de retourner en Somalie. Elle me dit que c'était la volonté d'Allah : « Allah m'a donné cette situation à vivre, et si je suis patiente, Il me sortira de ma misère. »

Les femmes comme elle ne portaient jamais plainte. La perspective de vivre seules leur paraissait inimaginable. Elles étaient persuadées qu'en acceptant les pires traitements elles servaient Allah et gagnaient leur place au paradis. Elles retournaient toujours chez leurs maris.

Je n'étais qu'interprète, mais je devais entendre toutes ces histoires et faire face à l'injustice qu'elles représentaient. Les assistantes sociales demandaient à ces femmes : « Avez-vous de la famille ? des parents qui peuvent vous aider ? » et elles répondaient : « Mais ils soutiennent mon mari, bien sûr ! »

Une musulmane doit obéir à son mari. Si elle se refuse à lui et qu'il la viole, c'est elle la fautive. Allah dit aux époux de battre leurs femmes si elles désobéissent – c'est dans le Coran.

Cela me révoltait. Bien des femmes néerlandaises se faisaient violenter aussi, je le savais. Mais au moins ni leur communauté ni leur famille n'approuvait cette violence. Personne ne les rendait responsables des violences qui leur étaient faites, personne ne leur conseillait de mieux se conduire.

J'allais dans des prisons, à Rotterdam et à La Haye, la plupart du temps pour des faits de violence avec arme. Les Somaliens étaient rarement détenus pour trafic ou pour vol de drogue. Mais, quand ils se disputaient, se saisir d'une arme et s'en servir était presque, chez eux, une seconde nature. Je me souviens d'un homme qui avait donné un coup de marteau sur la tête de son propriétaire venu lui réclamer son loyer.

Je me rendais aussi dans des écoles. Écoles de rattrapage, écoles pour enfants en difficulté d'apprentissage, écoles pour handicapés mentaux et pour sourds. Un jour, on me demanda d'aider une institutrice à expliquer à des parents que leur fils de sept ans était extrêmement agressif. S'il frappait encore un seul enfant, il faudrait l'envoyer dans un établissement spécialisé dans le traitement de l'agressivité. Je me souviens que j'ai eu beaucoup de mal à trouver les mots capables de traduire en somali cette notion de « traitement de l'agressivité ».

L'enfant raconta sa version :

— Un garçon m'a tiré la langue et m'a insulté, alors je l'ai frappé.

Sa conduite était parfaitement cohérente avec son éducation : en Somalie, on attaque ; on donne le premier coup ; sinon, on se fera à nouveau insulter. C'est ce que j'avais appris, moi aussi.

Les parents réagirent au récit de l'enfant en disant :

— Vous voyez bien, c'est l'autre qui a commencé !

L'institutrice, une jeune femme, répliqua :

— Mais l'autre ne l'a pas frappé.

Et les parents s'exclamèrent en chœur :

— On n'attend pas d'être frappé !

J'ai dû demander la permission de sortir de mon rôle d'interprète pour clarifier les choses. J'ai expliqué à l'institutrice :

— Chez nous, l'agression est une tactique de survie : les enfants apprennent à attaquer. Il faudra encore des explications.

La jeune femme m'a regardée comme si j'étais folle. Si on laissait tous les enfants se taper dessus, me dit-elle, ce serait la loi de la jungle ; le plus costaud régnerait sur tous les autres. Je traduisis, et les parents approuvèrent. L'idée leur plaisait, parce qu'ils voulaient que leur fils soit le plus fort.

Finalement, je leur ai dit :

— Écoutez, aux Pays-Bas, si on frappe quelqu'un, on est considéré comme anormal. Ici, on résout les problèmes par la discussion. Si votre fils continue, on le mettra avec des enfants mentalement perturbés et on le soignera comme s'il était malade.

Les parents comprirent. Ils prirent rendez-vous pour une prochaine fois, et, à la fin de l'entretien, mes trois interlocuteurs dirent chacun combien cet échange les avait éclairés en leur faisant découvrir l'existence d'une culture tellement étrange.

En pédalant pour rentrer chez moi, j'ai pensé : « Voilà pourquoi la guerre civile fait rage en Somalie et pas aux Pays-Bas. » Aussi simple que cela. Les Néerlandais ont compris le caractère négatif de la violence. Ils ont fait de gros efforts pour habituer leurs enfants à canaliser leurs pulsions et à résoudre leurs conflits par la parole. Ils ont analysé l'agressivité et mis en place des institutions pour la contrôler. Voilà ce que signifiait être des citoyens.

Mais la plupart du temps je n'étais pas prête à réfléchir à tout ça. Je ne m'en sentais pas la force. Je ne pouvais pas encore prendre le recul nécessaire et me demander pourquoi tant d'immigrés musulmans étaient violents, assistés et pauvres. Je me contentais d'enregistrer les faits.

*

Je commençais à me rendre compte qu'aux Pays-Bas on permettait aux musulmans de former un « pilier » de la société en ayant leurs propres écoles et leurs façons de vivre spécifiques, comme les catholiques et les juifs. Avec tolérance, on les laissait s'organiser entre eux, en partant du principe que les immigrés devaient pouvoir se respecter eux-mêmes et que seul un fort sentiment d'appartenance à leur communauté le leur permettrait. Il fallait donc leur donner le droit de fonder des écoles coraniques sur le sol néerlandais. L'État devait leur verser des subsides. Forcer les musulmans à s'adapter aux valeurs néerlandaises reviendrait à nier ces valeurs puisque chacun devait être libre d'exercer sa foi et de se comporter comme il le souhaitait.

Les politiques agissaient ainsi parce qu'ils voulaient être des gens bien. Les Néerlandais avaient inventé l'apartheid en Afrique du Sud et s'étaient abominablement mal conduits en Indonésie ; le pays n'avait pas opposé de résistance farouche à Hitler – la proportion de juifs néerlandais déportés était supérieure à celle de tout autre pays d'Europe occidentale. Les Néerlandais avaient honte de ce passé. Lorsque les immigrants ont commencé à arriver en masse – dans les années 1980 –, ils ont sans doute pensé qu'ils devaient les accueillir avec respect et compréhension, accepter leurs différences et leurs croyances.

Mais, au bout du compte, les immigrés vivaient à part, les enfants étaient élevés à part, les communautés restaient entre elles. Les enfants d'immigrés fréquentaient soit des écoles coraniques, soit les écoles ordinaires dédaignées par les familles néerlandaises.

Dans les écoles musulmanes, il n'y avait pas de petits Néerlandais. Les filles étaient voilées et souvent séparées des garçons, soit pendant les cours, soit pendant les prières et les activités sportives. On y enseignait la géographie et la physique comme partout ailleurs, mais en évitant tout sujet en contradiction avec la doctrine islamique. On n'encourageait pas les élèves à poser des questions ni à développer leur créativité. On leur apprenait à garder leurs distances avec les infidèles et à obéir.

La compassion néerlandaise entraînait donc la cruauté. Des milliers de femmes et d'enfants étaient systématiquement maltraités, il fallait bien le reconnaître. Des petites filles étaient excisées sur des tables de cuisine – des Somaliennes me l'avaient dit –, des adolescentes qui choisissaient leur petit ami ou leur amant étaient tabassées ou même tuées. Les coups pleuvaient souvent, sur bien des femmes. Tant de souffrance était insupportable.

Le multiculturalisme – ce respect des Néerlandais pour les traditions musulmanes – était un échec. Il privait beaucoup de femmes et d'enfants de leurs droits. La tolérance n'aboutissait qu'à un consensus vide. La culture des immigrés était respectée, mais au détriment des femmes, des enfants et de l'intégration à la société néerlandaise. Nombre d'immigrés n'apprenaient jamais le néerlandais, langue qui était étrangère à leur histoire, et ils rejetaient les valeurs de tolérance et de liberté propres à ce pays. Ils se mariaient avec des parents originaires de leur village et restaient dans leur petite bulle marocaine ou somalienne.

À l'époque, je ne pensais pas à tout ça – je travaillais simplement comme interprète. J'étais disponible avant mes cours, après mes cours et en fin de semaine. Le soir, je traduisais des documents. Des rapports sur des enfants présentant des retards d'apprentissage, par exemple ; l'enfant avait trois ans, ne parlait pas, se montrait incapable de jouer avec des jouets éducatifs – cubes et puzzles – et n'avait jamais tenu un crayon. La mère était jeune, sans éducation, à peine capable de s'exprimer en néerlandais. Il y avait aussi des rapports de médecins sur des femmes battues ; ou de travailleurs sociaux recommandant que tel enfant soit enlevé à la garde de ses parents. À raison de vingt-cinq centimes le mot, je gagnais soixante-quinze florins la page. J'aurais pu arrêter mes études et vivre très confortablement comme interprète pendant le restant de mes jours, mais l'idée ne me traversa jamais l'esprit.

*

J'étais inquiète pour Haweya. Pendant que j'avançais dans la lecture de mes livres, dictionnaire à la main, elle donnait l'impression de se disloquer. Il lui arrivait de se montrer charmante, mais ses sautes d'humeur prenaient des proportions alarmantes. Brusquement, elle devenait dure, hostile, et beaucoup de gens avaient peur d'elle.

Au début, je trouvais naturel qu'elle se reproche d'avoir avorté. Elle me disait qu'Allah ne le lui pardonnerait jamais – elle avait tué, et par deux fois. Un jour, au moment de sortir, elle mit un foulard, en me disant :

— Il faut faire attention, dans ce pays. Ils sont impies. Ils vont nous transformer en infidèles.

Je répondis :

— Mais, Haweya, tu n'as jamais accordé beaucoup d'importance à la religion.

— C'est vrai, mais je vais m'y mettre parce que, sinon, je risque de la perdre complètement.

Haweya se croyait vouée à l'enfer. Peut-être la discordance entre ce qu'elle voyait et ce qu'elle pensait devoir croire était-elle trop violente pour elle. Peut-être n'arrivait-elle pas à vivre sa liberté individuelle. Peut-être était-ce uniquement une réaction à son avortement. Je ne savais que penser ; je me disais que c'était sans doute une phase, et qu'elle la dépasserait.

Elle se mit à prier tous les jours. Elle répétait que la seule issue à notre dilemme était Allah. Elle se posait exactement la même question que moi : pourquoi les Pays-Bas réussissaient-ils à donner plus de bien-être à leurs habitants que tous les pays musulmans que nous connaissions ? Mais, elle, pour y répondre, retournait vers la religion. Elle entreprit de lire Hassan al-Banna et Sayyid Qutb, les penseurs islamiques dont j'avais dévoré les livres à Nairobi. J'avais fait partie du mouvement des Frères musulmans ; j'avais été endoctrinée par sœur Aziza. Et toutes les explications qu'on m'avait données n'avaient fait que susciter dans mon esprit de nouvelles questions. Mais Haweya n'avait pas suivi le même parcours que moi, elle cherchait ses réponses dans le Coran.

Un jour, je lui ai dit :

— Je ne pense pas que tu trouveras les réponses à tes questions dans ces pages.

Elle a riposté :

— Tu veux dire qu'Allah ne connaît pas toutes les réponses, mais que toi tu les connais ?

Non – ce n'était pas ça – je ne pouvais pas discréditer Allah. J'en étais incapable.

J'ai argumenté :

— Regarde la Hollande – elle n'est pas parfaite, et beaucoup de Hollandais se plaignent, mais c'est un pays d'ordre, d'humanité, de prospérité, où tout le monde paraît globalement heureux. Et nous, originaires des pays musulmans, nous nous précipitons vers ce genre de pays, il faut bien qu'il y ait une raison, tu ne crois pas ? Si tu veux suivre les préceptes d'Allah, regarde l'Iran. Tu aurais envie d'y vivre ?

— L'Iran est chiite.

— Alors, tu te plaisais en Arabie Saoudite ?

J'ai ajouté que le Coran était peut-être la vérité divine et un bon guide spirituel, mais qu'à mon avis, en termes de construction de société, les théories occidentales laïques fournissaient de bien meilleures réponses.

Haweya m'a accusée de trahir l'islam. Après ma langue et ma façon de m'habiller, mon esprit devenait *kufr* aussi. Elle m'a reproché de ne plus faire mes prières et de ne plus obéir à Allah. Elle voyait les idées occidentales comme une espèce de virus qui détruisait peu à peu mes valeurs morales.

Mais plus je lisais, plus j'avais envie de lire. Plus j'en apprenais sur le gouvernement, le développement de l'individu, les systèmes de pensée tels que le libéralisme et la social-démocratie – l'un donnant naissance à l'autre –, plus je préférais le système occidental. Le concept de choix individuel – qui améliorait visiblement l'existence des personnes –, la notion d'égalité entre hommes et femmes, l'idée que chacun doit réfléchir, tout remettre en question, se faire sa propre opinion – tout cela me séduisait terriblement.

J'étais pourtant sensible aux aspects négatifs de ces libertés. Je voyais la solitude et même la vacuité de l'existence individuelle. Je ressentais aussi comme pénible la nécessité de tout découvrir par soi-même au lieu de se reposer sur des doctrines claires et des lois précises jusque dans les moindres détails. À certains moments, la liberté sans limites des Pays-Bas m'effrayait.

Je comprenais donc Haweya et son retour vers la religion. Mais, pour moi, toutes ces difficultés étaient largement compensées par la joie de vivre en Occident. Ici, nous pouvions satisfaire notre curiosité. Nous n'étions pas contraints par les limitations de l'islam et de ses lois. Nous pouvions étudier tout ce qui nous intéressait, tirer nos propres conclusions et gagner en sagesse.

Haweya appréciait l'efficacité néerlandaise, le fait, aussi, de ne pas avoir à payer de pots-de-vin ; elle trouvait extraordinaire de pouvoir dire « non » – « Non merci, je ne viendrai pas », « non, je ne serai pas là ce soir ». Elle disait : « Ce qu'il y a de formidable, ici c'est que les gens sont francs, honnêtes. »

Mais elle vivait essentiellement de l'aide sociale. Et elle était déboussolée, incapable de gérer sa vie. Elle voulait être une bonne musulmane, et devenir présentatrice des infos sur CNN – de toute façon, elle ne sortait plus de son lit. À certaines périodes, qui pouvaient durer des mois, elle cessait de laver ses affaires et de faire la vaisselle. Elle grossissait puis perdait trop de poids. Prendre une douche par jour épuisait toute son énergie. Elle pouvait rester au lit trois jours d'affilée sans se lever.

Et puis, soudain, sa vie s'éclairait. Pendant plusieurs jours, elle se montrait généreuse, intéressante et drôle. Ayant retrouvé toute son énergie, elle allait en cours et

impressionnait ses professeurs. Mais subitement elle redevenait désagréable, grossière, et replongeait dans sa
léthargie et ses crises de larmes.

Au début de l'année 1996, elle se mit à dire des choses
comme : « Retourne le miroir contre le mur, s'il te plaît. »
Quand je lui demandais pourquoi, elle répondait : « Quand
il est face à moi, j'y vois des choses ». Je m'emportais
contre elle : « Arrête de te laisser aller. Reprends-toi », mais
elle prit l'habitude de dormir avec la lumière allumée. Elle
m'appelait pour que je vienne la voir – elle avait besoin de
moi « maintenant, tout de suite » –, mais quand j'arrivais,
après plusieurs heures de trajet, elle me disait froidement :
« Je n'ai pas envie de compagnie pour le moment. Va-
t'en. »

*

Je ne vivais pas en ermite, à Leyde. J'allais régulièrement
voir mes amis à Ede, et peu à peu je m'en faisais de nouveaux. Geeske était en première année de sciences politiques,
comme moi, et toujours prête à sortir. Elle m'emmenait au
cinéma et dans des cafés d'étudiants, plus détendus que
les pubs d'Ede mais non moins bondés et enfumés. Ma
connaissance de la langue me permettait de mieux apprécier
les gens. On s'asseyait dehors, on mangeait, on écoutait de
la musique.

Le fait que je ne boive pas d'alcool était devenu une sorte
de blague. La première fois que j'ai essayé, je me suis sentie
bizarre, et la pièce s'est mise à tourner. Je n'ai pas été
frappée par la foudre, mais il était trop tard pour que je
rentre chez Chantal en vélo et j'ai dû dormir chez une autre
amie, Evelien. En me réveillant le lendemain matin j'ai
senti que j'avais franchi une limite terrible, que j'avais violé
la loi d'Allah.

Je croyais que Chantal n'appréciait pas que je rentre tard
le soir, et je n'osais pas trop inviter mes amis chez elle. Par

ailleurs, Geeske vivait avec seize autres étudiants dans une vieille grande maison au bord d'un canal, et elle répétait souvent à quel point c'était agréable. Un jour, une chambre se libéra, et Geeske me proposa de poser ma candidature pour l'occuper. Je ne connaîtrais jamais vraiment les Pays-Bas, me dit-elle, si je ne faisais pas pleinement l'expérience de la vie étudiante.

Pour sélectionner un candidat, tous les colocataires se réunissaient et discutaient avec lui en buvant du vin. Ils voulaient savoir quel genre de musique il aimait, les passe-temps qu'il préférait, les jobs d'étudiants qu'il avait. Je dis que mon passe-temps préféré était la lecture et que je n'étais jamais partie en vacances. Tous ces étudiants étaient jeunes, blancs, et avaient, pour la plupart, toujours habité au même endroit. Lorsque j'énumérai les pays où j'avais vécu – Somalie, Arabie Saoudite, Éthiopie, Kenya –, je vis leurs yeux s'agrandir. Lorsque je dis que j'étais interprète, un garçon remarqua : « Waow, tu dois gagner des tonnes de fric. » Je confirmai.

Geeske s'inquiétait terriblement à l'idée que ses coloca-taires me trouveraient ennuyeuse ou bizarre – ou, pire encore, trop vieille –, mais elle plaida si bien ma cause qu'ils m'acceptèrent. Je m'installai donc dans une toute petite chambre, au sein d'une maison où il y avait des garçons, de l'alcool et peut-être même de la drogue. Je m'armai de courage.

C'était en mai 1996. Lorsque j'allai me coucher, le premier soir, j'avais réussi à entasser tous mes meubles dans ma chambre, sauf mon bureau, un cadeau de Chantal. Il était grand, lourd, très beau mais il ne passait pas par la porte. Le lendemain, donc, munie d'un tournevis, j'essayai de le démonter. Quand tout le monde partit en cours, j'étais encore sous mon bureau, vêtue de mon pyjama jaune. Un garçon plus âgé que les autres et prénommé Marco passa la tête sous le plateau et se présenta avant de quitter la maison.

À l'heure du déjeuner, quand il rentra, j'étais toujours au

même endroit, toujours en pyjama. Entre-temps, j'avais fait trois traductions, mais il ne pouvait pas le savoir. Il dit : « Incroyable ! Je n'en reviens pas ! Sors de là-dessous », et démonta mon bureau en deux temps, trois mouvements. Ensuite, il le remonta dans ma chambre, admira mon ordinateur, quand soudain le téléphone se mit à sonner : on me proposait encore une traduction.

Avant de partir, Marco m'invita à dîner avec lui ce soir-là dans la cuisine. Il m'expliqua que les colocataires faisaient souvent leurs courses collectivement et prenaient leurs repas ensemble pour économiser de l'argent. « Enfin quelqu'un d'intéressant dans cette baraque, ajouta-t-il en souriant. J'en ai marre de ces gamins qui savent tout mieux que tout le monde. »

Marco avait un an de plus que moi et travaillait comme reporter dans un magazine scientifique. Installé dans cette maison pendant ses études de biologie, il y était resté après son diplôme, alors qu'il n'aurait pas dû, car les loyers étaient très chers à Leyde. L'argent qu'il économisait ainsi lui permettait de se payer de longs voyages dans des pays exotiques comme l'Égypte ou la Syrie. Comme beaucoup de Néerlandais, Marco adorait voyager. Nous avons pris l'habitude de dîner ensemble plusieurs fois par semaine.

Je continuais à travailler, mais dans une atmosphère beaucoup plus sympathique, au milieu de tous ces jeunes. Pourtant, je savais qu'ils me trouvaient étrange. Quand je leur racontais que je venais d'annoncer à quelqu'un qu'il avait le sida ou de conseiller une femme battue, ils me regardaient d'un drôle d'air. Pour eux, j'appartenais à une autre planète. Presque tous avaient grandi dans la même ville que leurs grands-parents, parfois même dans la même maison. Leur expérience des vicissitudes de ce monde était très limitée.

Pour ma part, j'étais fascinée par leur obsession du « moi » : les préférences personnelles, l'expression de son propre style, s'offrir les choses qu'on méritait – toute cette culture de l'ego était nouvelle pour moi. En Somalie, la notion du moi était par principe niée. On feignait d'être obéissant, bon, pieux, pour être approuvé par les autres ; on n'essayait jamais d'exprimer sa personnalité. Ici, à l'inverse, les gens recherchaient leur plaisir, simplement parce qu'ils en avaient envie.

*

Marco était beau, avec ses cheveux châtains et ses grands yeux bleus innocents ; il avait toujours un sourire au coin des lèvres. Nous étions plus qu'amis, nous nous plaisions, mais ni l'un ni l'autre ne faisait le premier geste.

Un après-midi d'été, mon amie Tamara est venue me rendre visite avec sa mère. Il faisait si beau que je les ai invitées à monter sur la terrasse pour dîner. Par hasard, Marco recevait également un ami et ils avaient eu l'idée de pique-niquer sur la terrasse. (C'était défendu, mais nous n'en tenions pas compte.)

Finalement, nous avons tous pris notre repas ensemble. Au terme de cette petite fête improvisée, et à mesure que le soir tombait, nous nous sommes rapprochés, Marco et moi. Notre attirance mutuelle, latente depuis plusieurs mois, se déclarait soudain, dégageant une énergie qui semblait contagieuse. La mère de Tamara sortit son appareil pour photographier tout le groupe. Nous avons pris la pose ; Marco a passé son bras autour de mes épaules et m'a attirée contre lui. J'ai toujours cette photo ; très naturels, nous avons l'air d'être ensemble depuis mille ans. Et je me suis sentie merveilleusement bien – étonnée mais contente.

Pas un seul baiser n'a été échangé. Main dans la main, nous sommes simplement restés ensemble toute la soirée, à discuter avec d'autres amis de Marco qui étaient arrivés : Giovanni, Olivier et Marcel. Mais le lendemain Marco m'a invitée chez un de ses amis dont il gardait le chat en son absence. Nous avons acheté des provisions et fait la cuisine ensemble. Nous savions que quelque chose allait se passer.

Marco était tendre et patient. Au début, j'étais complètement paralysée par l'idée qu'Allah et mes deux anges, au lit avec nous, me jugeaient. Je commettais un péché. Mais c'était bon. Les mois passant, j'acquis la certitude que je voulais vivre le reste de ma vie avec cet homme. J'avais confiance en lui. Je finis par chasser définitivement les anges de mes épaules, et de notre lit.

Pendant cinq ans, Marco et moi n'avons pratiquement jamais dormi une seule nuit l'un sans l'autre. Nous étions inséparables. Nous étions égaux, nous nous amusions, nous avions besoin l'un de l'autre. En milieu d'année, je fis une demande d'appartement au service du logement, et six mois plus tard une lettre m'annonçait que je pouvais louer un trois-pièces au centre de Leyde pour seulement huit cents florins. Nous avons décidé de le prendre ensemble. Nous aurions les clés le 1er janvier 1997.

*

Nous avons fêté la nouvelle année avec Haweya. Elle venait de déménager pour s'installer dans une maison d'étudiants à Nimègue – à deux heures et demie de Leyde –, où elle prenait des cours d'administration publique. Avec une bande d'amis, nous avons loué une maison sur une île au nord pour quelques jours. Haweya paraissait tendue avec les amis de Marco, mais elle adorait se promener sur la plage, quand le temps le permettait. Je la revois encore courant joyeusement le long de la mer en agitant les bras pour chasser les mouettes. Je croyais qu'elle allait mieux.

Mais, quelques jours après notre installation dans le nouvel appartement, Tamara m'a téléphoné. Elle s'entendait bien avec Haweya. Elles se retrouvaient souvent pour dîner ou aller voir un film ensemble. Tamara avait essayé de joindre ma sœur pour décommander un rendez-vous, mais une autre étudiante lui avait appris que Haweya venait d'être transportée à l'hôpital.

Elle s'était mise à hurler, en arabe, en se jetant contre les murs et le sol ; la police avait dû enfoncer sa porte et lui passer la camisole de force avant de l'emmener.

Je me suis rendue au service psychiatrique de l'hôpital de Nimègue avec Marco. Ma sœur avait l'air terrifiée. Ses cheveux étaient en bataille, dressés sur sa tête, car elle avait tiré dessus pendant toute la nuit. Son visage était méconnaissable, avec l'énorme bosse qu'elle s'était faite au front en se tapant contre les murs, ses jambes couvertes de bleus, et elle était bourrée de calmants. Je lui ai demandé si on l'avait battue et elle a répondu : « Non. C'est moi qui me suis blessée à force de me jeter contre le sol. »

À mon arrivée, elle paraissait calme, mais, en me racontant son histoire, elle a commencé à voir des choses, des choses qui n'étaient pas là, et à entendre des voix. Soudain très confuse, elle m'a parlé de Jésus – elle était en plein délire mystique – d'une voix de plus en plus forte. Et puis elle s'est levée et s'est mise à arpenter la chambre à grands pas, de plus en plus vite, en répétant *Allah Ou Akbar, Allah Ou Akbar, Allah Ou Akbar* avec une violence croissante à chacun de ses pas. Puis elle s'est tapé la tête contre le mur. J'ai voulu l'en empêcher mais elle m'a repoussée et fait tomber sur son lit. Elle paraissait douée d'une force extraordinaire.

Deux infirmières sont arrivées. Après l'avoir maîtrisée, elles lui ont fait une piqûre et m'ont mise à la porte en me disant que je devais partir mais que je pouvais revenir le lendemain pour parler au psychiatre.

D'après lui, Haweya était en pleine crise psychotique. Si elle réagissait bien à son traitement, ils la garderaient pendant une semaine en observation.

Je lui rendis visite tous les jours. Mes cours, mes traductions – rien d'autre ne m'intéressait plus. Au bout de quelques jours, son état sembla s'améliorer. Elle se remit à porter son foulard. Elle ne gardait apparemment aucun souvenir de ce qui s'était passé. Elle me dit simplement : « J'étais déstabilisée. La Hollande me fait cet effet-là. » Elle refusa de continuer à prendre ses médicaments – elle se sentait tout à fait bien.

Elle était à l'hôpital depuis une semaine quand un juge est venu la voir pour déterminer s'il convenait de la garder en psychiatrie contre son gré. Elle réussit à le convaincre qu'elle n'avait rien de grave. Je l'ai donc ramenée chez elle, mais trois jours plus tard, j'ai constaté que son état se détériorait à nouveau. Elle marmonnait puis se lançait dans de longues diatribes, à la manière d'un prédicateur. Elle m'a tendu le livre de Qutb en disant :

— Ayaan, tu dois te repentir et retourner vers Allah.

Et puis, soudain, elle a entrepris de se déshabiller.

Je lui ai crié d'arrêter, et elle m'a obéi d'un air contrit. Je lui ai demandé :

— Est-ce que tu réalises que tu parles toute seule ?

— Je ne parle pas toute seule. Il y a une voix dans ma tête. Elle me demande sans arrêt de me comporter comme une enfant, alors je lui ai dit « pas maintenant, quand Ayaan sera partie, je le ferai ».

Le lendemain je suis allée directement à la bibliothèque de Leyde. Je voulais comprendre ce qui se passait. Au cours des semaines suivantes, je suis arrivée à la conclusion que cette voix était celle de la petite Haweya. Ses souvenirs, ses sentiments d'enfant envers la religion, les images de l'école et de nos parents tournoyaient dans son esprit, se mêlant à sa vie d'adulte comme s'ils étaient réels.

Je voyais bien que ma sœur souffrait d'une maladie mentale. La maladie physique est facile à comprendre : on se sent mal, on prend un médicament. Mais la maladie mentale fait peur : la blessure ne se voit pas. Marco était biologiste et il m'a aidée à m'y retrouver dans le fonctionnement du cerveau. J'ai discuté avec un psychiatre. Rationnellement, je comprenais : les échanges chimiques à l'intérieur de son cerveau étaient perturbés, ma sœur n'était ni maudite ni punie pour avoir désobéi à Allah ou à notre mère. Mais, émotionnellement, j'étais bouleversée. Je voyais ma sœur se désintégrer devant moi, et je ne pouvais rien faire, sinon regarder. Je souffrais de mon impuissance et je me reprochais de n'avoir pas repéré les signes qui m'auraient permis d'empêcher qu'elle ne tombe malade en lui procurant un environnement stable et sécurisant.

Ce n'était pas l'islam qui avait perturbé l'esprit de Haweya. Si ses crises prenaient une forme religieuse, il aurait été malhonnête d'incriminer l'islam. Elle s'était tournée vers le Coran pour retrouver la paix spirituelle, mais son déséquilibre avait une origine essentiellement chimique. Il provenait peut-être de l'absence de limites existant aux Pays-Bas – Haweya disait souvent qu'elle avait l'impression de se trouver dans une pièce dépourvue de murs, précisant : « J'avais l'habitude de me bagarrer avec tout le monde à tout propos, et ici je n'ai plus rien à combattre, tout est possible. » En Europe, elle avait perdu ses repères, et l'absence de références lui était devenue insupportable.

Elle cachait ses médicaments. Elle se remit à délirer. Elle se croyait maudite. Une nuit, elle prit un taxi de Nimègue à Ede pour aller voir Hindi. Celle-ci paya le taxi et la mit au lit, mais le lendemain Haweya prit son bébé dans ses bras et refusa de le lui rendre. Elle essayait de lui donner le sein – elle se prenait pour Marie, mère de Jésus. Hindi appela la police. Elle n'avait pas le choix. Les policiers lui enlevèrent doucement l'enfant avant de la ramener à l'hôpital.

Elle fut placée dans une chambre capitonnée, très peu éclairée, où tout était gris et mou. Je n'eus pas tout de suite le droit de la voir. On lui donna des médicaments qui amélioraient son état mais provoquaient des effets secondaires. Elle marchait en sautillant, avec de grands gestes des bras. On augmenta les doses. Elle tomba dans un état léthargique et dépressif.

Son séjour à l'hôpital dura six mois. J'allais régulièrement lui rendre visite. Un jour, je trouvai dans sa chambre un autre visiteur, Youssouf Musse Boqor, le jeune frère du Boqor qui avait présidé le tribunal du clan, à Ede. Cet homme, un prince parmi les Osman Mahamud, me salua très courtoisement. Il était venu voir ma sœur à la demande de mon père et du clan : la nouvelle de sa maladie avait circulé.

Quelques semaines plus tard, le téléphone sonna chez nous. Marco décrocha, se tourna vers moi et dit : « Ayaan, c'est un appel spécial. » Je pris le combiné et j'entendis mon père dire : « Abeh, Abeh » avec la voix de la petite fille que j'étais jadis.

J'ai crié : « Abeh, tu m'as pardonné ! » et j'ai même reposé le téléphone pour me mettre à danser de joie autour de la pièce avant de poursuivre la conversation.

Mon père me dit que Youssouf Boqor lui avait raconté comment je m'occupais de ma sœur, ajoutant que n'importe quel père devrait se réjouir d'avoir une telle fille. Dans ce pays gris, froid et déprimant, il était réconfortant de voir une jeune Somalienne se comporter aussi bien, travailler autant et étudier. Le prince avait respectueusement suggéré à mon père de me pardonner.

Abeh me parlait avec tendresse et je vivais l'un des moments les plus heureux de ma vie. Nous n'avons pas abordé la question de mon mariage et de ma fugue ; nous ne voulions pas gâcher cet échange. Abeh me dit qu'il vivait à nouveau en Somalie avec sa troisième femme et sa petite fille. Il m'assura qu'il avait tout ce qu'il lui fallait, mais à l'évidence il ne disposait pas d'un téléphone privé. Je lui ai dit : « Je veux pouvoir t'appeler et que tu décroches toi-même le téléphone », et je lui ai envoyé l'argent nécessaire. Par la suite, je l'appelais au moins une fois par mois. Il me conseillait de prier Allah pour qu'Il guérisse Haweya, mais aussi de l'inciter à prendre ses médicaments.

L'état de Haweya semblait s'améliorer. Elle fut transférée au service des longs séjours et autorisée à sortir pendant la journée. Je la menaçai de la faire renvoyer en psychiatrie si elle ne rentrait pas le soir comme elle le devait. Au cours des semaines suivantes, elle donna l'impression d'être consciente de sa maladie. Elle me dit un jour : « On est tellement seule quand on souffre. Personne ne peut comprendre ce qui se passe à l'intérieur de ma tête. » Mon cœur se serra. Mais elle revenait tout le temps sur le fait que c'étaient les Pays-Bas qui la rendaient malade : si elle les quittait, elle irait mieux. C'était absurde, je le savais. Si elle retournait à Nairobi, elle n'aurait plus ce traitement qui la mettait à l'abri des crises psychotiques.

Quand Haweya sortit de l'hôpital, en juin, je l'installai avec nous dans notre appartement de Leyde. Mais elle était absolument imprévisible et je devais discuter pied à pied avec elle pour qu'elle prenne ses médicaments. Marco avait beau lui manifester son soutien, ils se disputaient sans arrêt – ils étaient aussi têtus l'un que l'autre. Tiraillée entre mon travail de traduction, mes cours et ma sœur, je n'avais plus une minute à consacrer à Marco, et encore moins à mes amis.

Haweya était décidée à rentrer au Kenya. Elle téléphona à notre mère, qui lui donna raison et me dit : « Bien sûr qu'elle est devenue folle dans ce pays *kufr*. Ayaan, tu devrais revenir, toi aussi. »

Mon père, Johanna, tout le monde était d'accord : je n'avais pas le droit d'empêcher Haweya de quitter les Pays-Bas, si c'était son désir. Elle partit en juillet.

*

Tout en me sentant coupable de cette réaction, j'étais soulagée de pouvoir à nouveau me concentrer sur mes études. J'avais pris du retard – les allers et retours à Nimègue accaparaient énormément de mon temps, ainsi que les traductions dont j'avais besoin pour payer l'entretien de Haweya et envoyer de l'argent à Ma.

Les cours, à Leyde, étaient souvent intenses. Les professeurs nous exposaient trois ou quatre théories sur des sujets abstraits – le leadership charismatique, le soutien des classes moyennes à la révolution, la nécessité d'une représentation proportionnelle – et nous demandaient de voir si elles étaient confirmées par les faits, si elles comportaient des lacunes, et de proposer ensuite nos propres thèses.

Si nous n'arrivions pas à dégager notre thèse, les professeurs nous disaient que nous manquions de curiosité et que nous ne deviendrions jamais des scientifiques. Chaque théorie devait être argumentée, élaborée avec méthode, pour ne pas être qualifiée de « conversation de bistrot ». On nous encourageait à lire énormément, à découvrir des textes qui n'entraient pas dans notre programme. J'adorais, mais j'avais du mal à tout faire.

En septembre 1997, j'acquis la nationalité néerlandaise. J'étais si impatiente de l'avoir que j'avais déposé ma demande avec plusieurs mois d'avance. Sur un plan pratique, un passeport néerlandais me permettrait de voyager plus facilement – le moindre déplacement était tellement compliqué pour les réfugiés. Et puis je redoutais que les autorités ne découvrent que j'avais menti et ne me retirent mon autorisation de séjour. Une fois naturalisée, je pensais que je serais à l'abri. Enfin, depuis que j'avais quitté Mogadiscio, à l'âge de huit ans, j'avais toujours été une réfugiée. Je voulais devenir membre à part entière d'une démocratie vivante.

Le 21 août 1997, je reçus une lettre : cinq ans, presque jour pour jour, depuis qu'on m'avait donné le statut de réfugiée à Lunteren, la reine des Pays-Bas acceptait ma demande de citoyenneté. Mon passeport me serait délivré deux semaines plus tard à la mairie de Leyde.

Lorsque mon tour arriva, mon cœur battait très fort : « Je viens pour ma naturalisation », dis-je à la blonde rondelette assise derrière son guichet en lui donnant ma lettre. Elle releva la tête et m'invita à passer à la caisse. Le caissier prit mon argent et me tendit un passeport néerlandais avec ma photo et ce nom, Ayaan Hirsi Ali, auquel je m'étais si bien habituée qu'il me paraissait maintenant naturel. Nul discours ne fut prononcé, personne ne me rappela mes droits et obligations. Ce fut un non-événement.

Pendant la fête que nous avions organisée, Marco et moi, je disais à tout le monde : « Je suis Néerlandaise ! » Sans se moquer franchement de moi, mes amis me regardaient bizarrement. Non pas parce que, en tant que Noire, j'affirmais ma nationalité néerlandaise, mais parce que cette nationalité ne signifiait absolument rien pour eux. Ils éprouvaient même comme un sentiment de malaise par rapport aux symboles des Pays-Bas – le drapeau et la monarchie. J'avais l'impression que dans leur esprit ces symboles étaient associés aux jours noirs de la Seconde Guerre mondiale. Aucun ne semblait *fier* d'être Néerlandais.

*

Au début, les nouvelles que je recevais de Haweya étaient plutôt bonnes. On se téléphonait tous les dix jours à peu près, et elle paraissait heureuse – elle parlait même de trouver du travail. Et puis, en octobre, son état se détériora à nouveau. Elle me tenait des discours incohérents, entremêlés de délires mystiques. Elle entendait des voix.

Je lui proposai de revenir aux Pays-Bas ; elle répondit que ce pays lui faisait peur. La fois suivante, elle dit qu'elle voulait revenir mais qu'elle avait perdu son passeport. Elle me supplia de venir au Kenya et de la ramener, même sans passeport. Elle disait que Ma l'attachait parfois, et Mahad la battait. Elle se mit à geindre : « Je perds du temps, je vieillis, je vais mal, je suis enceinte. »

Par la suite, je ne l'ai plus jamais eue au téléphone. Ma décrochait et me disait que Haweya devenait de plus en plus violente. Ma savait qu'elle était enceinte – lorsque j'abordai la question, elle dit simplement « Allah l'a voulu » sur un ton amer et résigné. J'envoyai de l'argent.

Début décembre, Ma me dit que Haweya était malade et ajouta : « Si tu veux revoir ta sœur vivante, viens tout de suite. » C'était la période des examens, et je n'ai pas pris ma mère suffisamment au sérieux. J'ai proposé d'aller à Nairobi pendant les vacances de Noël. Mais j'avais pris tellement de retard dans mes cours que finalement j'ai profité de ces vacances pour travailler.

Peu après le nouvel an, le 8 janvier 1998, mon père m'a téléphoné pour m'apprendre la nouvelle la plus triste de ma vie : « Haweya a été rappelée par Allah vers son dernier séjour. »

Elle était morte. Je n'arrivais pas à le croire. C'était comme si la pièce s'était soudain vidée de tout son air. J'éclatai en sanglots et mon père me dit : « Non, Ayaan. Il ne faut pas pleurer pour Haweya. Nous venons d'Allah et nous retournons à Lui. Elle est auprès de Dieu. Et nous, nous devons continuer à nous bagarrer sur terre pour atteindre ce qui lui a été donné : le repos, la paix. »

J'ai continué à pleurer. Et j'ai pris le premier avion pour Nairobi. En quittant l'aéroport, j'ai mis un manteau noir et un foulard – le même costume que je portais en arrivant en Europe.

Une heure avant, on enterrait Haweya. Je n'ai pas pu voir son corps. Je n'ai pas pu lui dire au revoir. Les musulmans ensevelissent leurs morts dans les vingt-quatre heures. Il peut y avoir des dérogations pour un père ou pour un mari, mais, Abeh étant en Somalie, il n'assista pas aux funérailles, et personne ne pensa à demander une dérogation pour moi.

Quand je suis arrivée, Haweya était donc déjà sous la terre. Je me suis assise dans la sinistre petite chambre qu'habitait maintenant notre mère, dans une rue sordide d'Eastleigh, pour l'entendre me raconter sa vie avec Haweya pendant les six derniers mois. J'ai regardé les minces barreaux de la fenêtre, déformés par les coups de tête qu'elle y avait donnés, les carreaux qu'elle avait cassés et qui n'étaient pas réparés.

Ma mère et ma sœur avaient vécu là, dans cet affreux réduit. Elles y avaient dormi, cuisiné, fait leur toilette. C'était la chambre la plus déprimante que l'on puisse imaginer, avec ces murs lépreux, noircis par la fumée des braseros accumulée pendant des dizaines d'années.

Ma me raconta comment Haweya était morte. Ses crises avaient empiré. Il fallait parfois plusieurs hommes pour la maîtriser ; notre mère ne pouvait même plus l'approcher. Un médecin est venu lui faire des piqûres qui ont paru la calmer. Et puis, une nuit, un orage a éclaté. Haweya, debout devant la fenêtre, contemplait le déluge. Soudain elle a dit qu'Allah lui était apparu dans un éclair, et elle est sortie. Elle s'est enfuie pieds nus dans les rues obscures, sans se soucier des énormes nids-de-poule, Ma a crié à l'aide, et deux hommes lui ont couru après. Quand ils l'ont ramenée, elle saignait aux genoux et à l'entrejambe.

Elle est morte une semaine après sa fausse couche. Ça devait être une infection, je suppose. Je ne suis même pas sûre qu'elle ait vu un médecin.

Je suis restée sans voix, horrifiée. Et j'avais aussi peur de ma mère. Il m'était venu à l'idée qu'elle essaierait peut-être de me prendre mon passeport pour me garder près d'elle. Ce soir-là, j'ai dormi sur le matelas de Haweya avec mon passeport bien attaché autour de ma taille.

Après la mort de ma sœur, j'ai prié. Je me suis couverte d'un voile et prosternée, comme Ma me le demandait, pour avoir la paix, mais c'étaient là des gestes vides de sens. Je préférais m'asseoir et supplier Allah de donner à Haweya la paix, parce qu'elle avait vécu l'enfer sur terre. L'idée qu'elle ne souffrait plus, qu'elle reposait sereinement, délivrée de tous ses tourments, était étonnamment réconfortante.

*

Ma mère était épuisée, vidée de sa force et de sa superbe. Il ne restait plus rien de la fière jeune femme qui avait quitté sa famille pour partir à Aden ; qui avait épousé l'homme de son choix et bataillé pour sauver sa famille d'un régime de dictature. Tous ses rêves avaient viré au cauchemar. Elle vivait dans un quartier qu'elle méprisait, dans un pays et une ville qu'elle avait toujours détestés, et elle ne parlait pratiquement plus à aucun membre de sa communauté. Sa famille n'existait plus : Mahad l'avait déçue ; l'une de ses filles avait déserté et l'autre était devenue folle puis s'était fait mettre enceinte. C'était ce que Ma pouvait redouter de plus infamant, un déshonneur pire que la mort de Haweya.

Le lendemain après-midi, elle laissa parler sa rancœur : « Pourquoi Allah m'a-t-Il fait cela ? Comment ta sœur a-t-elle pu me faire aussi mal ? » L'entendre accuser Haweya de l'avoir fait souffrir me fut insupportable. Je me rappelais tous les mauvais traitements subis, toutes les corrections reçues pendant notre enfance. Ma n'envisageait pas un seul instant qu'elle avait pu avoir un rôle dans ce qui était arrivé à ma sœur. Pourtant elle l'avait même persuadée de délaisser médecin et traitement aux Pays-Bas pour venir vivre dans cette pièce sordide, dans cette totale abjection.

Je voulus lui expliquer cela. Je désirais avoir une vraie conversation avec elle, la première de ma vie, peut-être. Mais il ne restait plus rien du tyran qu'avait été ma mère. J'avais devant moi une femme maigre, usée et pitoyable. Elle avait les os saillants et les jambes couvertes de croûtes de psoriasis. Elle était terriblement malheureuse.

J'avais mille dollars sur moi, je les lui ai donnés en lui disant : « Je veux que tu quittes cette chambre immédiatement. Je t'enverrai l'argent nécessaire – je veux que tu rentres en Somalie. Va chez tes frères et sœur, dans ton clan. Il n'y a plus rien ici pour toi. Haweya est partie, Mahad n'a aucun projet et moi je ne reviendrai pas. Tu n'as plus d'amis, tu te disputes avec tout le monde. Il faut partir. »

J'étais désormais l'autorité de la famille, je le sentais. J'ai poursuivi : « Je veux que tu ailles toi-même à l'épicerie chercher l'argent quand il arrivera. Je ne veux pas que Mahad en soit informé. » Je lui appris que j'avais envoyé à Mahad plus de dix mille dollars pour elle, pour qu'il lui loue une maison à Westlands. La colère lui redonna un peu de vivacité.

J'ai rendu visite à Aluwiya. Elle vivait toujours chez son père – dans la même chambre qu'avant –, mais elle semblait privée de son âme. Quelques mois après mon départ de Nairobi, en 1992, elle avait finalement été mariée à son cousin du Yémen. Il lui donnait des ordres et se faisait servir ; c'était un paysan illettré, et Aluwiya le détestait. Quand elle tomba enceinte, elle supplia son père de l'autoriser à divorcer. Il accepta à contrecœur de payer ce qu'il fallait, et le mari retourna au Yémen. Depuis, elle sortait rarement de chez son père. Sa seule joie en ce monde était sa fille, âgée de quatre ans.

Le lendemain je suis allée chez Mahad pour voir son fils nouveau-né. Sha'a, sa jeune épouse, m'a beaucoup plu. Apparemment, Mahad la négligeait : il semblait passer peu de temps avec elle. Quand je lui en ai fait la remarque, il m'a dit qu'il lui reprochait d'être tombée enceinte. Je lui ai demandé s'il utilisait un moyen contraceptif, et il m'a répondu que non – Sha'a était censée compter les jours. Incapable de me contenir, je lui ai reproché de toujours rendre les femmes responsables de ses problèmes. Mais, voyant qu'il allait se mettre en colère, je me suis tue. Ce n'était pas le moment de provoquer un nouvel éclat.

Je l'ai questionné à propos de l'argent que je lui avais envoyé pour qu'il loue une maison : il l'avait investi dans une affaire, mais son partenaire s'était enfui à Oman. Comme toujours, il se posait en victime.

Je me suis promenée dans Nairobi. Ce n'était plus que

l'ombre de la ville que j'avais connue. Les rues étaient défoncées, le téléphone marchait mal. La violence était quotidienne. Une telle augmentation de la misère en si peu de temps paraissait obscène. Sous le régime de Daniel Arap Moi, le vol et la corruption à très grande échelle vidaient le pays de toute énergie, de toute espérance. Le chaos régnait partout, et personne n'avait apparemment l'espoir d'arranger les choses. Je sentais la fin d'un épisode.

La nuit précédant mon retour aux Pays-Bas, je n'ai pas pu dormir. Au petit matin, en entendant les camions cahoter dans la rue, je me suis dit que je ne reviendrais jamais dans ce pays. Ma vie, ce que j'allais faire de ma vie, se passait en Hollande.

En rentrant à Leyde, j'étais sur pilote automatique. Je n'éprouvais plus aucun sentiment. J'accomplissais mes tâches quotidiennes, et les choses se faisaient, voilà tout. Et puis, peu à peu, ma vie s'est réorganisée. J'avais raté plusieurs examens, j'avais des dissertations à rendre. Marco était très bon avec moi, et cela m'aidait.

Mon ancien flirt, l'imam Abshir Abdi Aynab rencontré en Somalie, m'appela un jour pour me présenter ses condoléances. Il vivait en Suisse et proposa de venir me voir. Je l'en dissuadai. Je voulais couper complètement avec mon ancienne vie.

14

Où j'abandonne Dieu

Petit à petit, je m'intégrais dans le milieu étudiant de Leyde, qui n'avait rien à voir avec le cercle d'amis sérieux et sans surprise que j'avais à Ede. Geeske et les autres étaient soit agnostiques, soit athées. Elroy, le meilleur ami de Marco, était homosexuel. Tout ça me faisait des points de vue nouveaux.

Par exemple, quand Giovanni, l'autre ami de Marco, était parti trois mois en Israël pour un séjour de recherches en biologie, il avait laissé derrière lui sa petite amie, Mirjam, avec qui il était depuis des années. Pendant son absence, elle était tombée amoureuse d'Olivier, un copain à lui. À son retour, Giovanni avait été très contrarié, mais il n'avait pas tué Mirjam pour venger son honneur, il n'avait même manifesté aucune agressivité à son égard. Mirjam avait parfaitement le droit de tomber amoureuse de quelqu'un d'autre : même sa mère, qui pourtant adorait Giovanni, le pensait. Cet exemple d'un système moral complètement différent du mien m'avait fascinée.

Au mois de mai de 1998, il y avait des élections. Maintenant que j'étais néerlandaise, je pouvais voter. J'ai beaucoup réfléchi avant de me décider. J'avais entre les mains la possibilité de choisir un gouvernement, et cela me semblait une responsabilité très importante. J'ai voté, comme la plupart de mes amis, pour Wim Kok, du Parti du travail. C'était un social-démocrate, et mon cœur était à gauche.

J'ai choisi Kok pour son honnêteté, parce qu'il promettait de créer des emplois et que je le croyais : il avait de l'expérience, et il avait fait ses preuves. À l'époque, il ne m'était encore jamais vraiment venu à l'idée d'examiner la position d'un parti sur les questions d'immigration et d'intégration. J'avais beau me rendre compte que les immigrés étaient surreprésentés dans les statistiques sur la criminalité, le chômage et les problèmes sociaux en général, je ne m'étais jamais demandé pourquoi.

En janvier 2000, Paul Scheffer publia un article resté célèbre, « Le drame multiculturel », dans le *NRC Handelsblad*, un quotidien très respecté. Dans les semaines qui suivirent, tout le monde en parlait.

Scheffer affirmait qu'une nouvelle classe défavorisée, composée d'immigrés, était apparue aux Pays-Bas – une classe beaucoup trop marginale qui rejetait les valeurs de la société néerlandaise et créait de dangereuses divisions sociales. Il pensait qu'on n'insistait pas assez sur la nécessité pour les immigrants de s'adapter ; certains enseignants allaient même jusqu'à remettre en question l'intérêt pour les enfants d'immigrés de suivre des cours d'histoire néerlandaise, menaçant ainsi d'exclure toute une génération sous prétexte de tolérance. Il concluait en déclarant qu'une culture qui rejetait le principe de séparation de l'Église et de l'État et déniait leurs droits aux femmes et aux homosexuels n'avait pas sa place ici. Il prédisait de violents troubles sociaux.

J'ai pris cette analyse pour du catastrophisme. Pour moi, les Néerlandais vivaient dans un paradis absolu et avaient tendance à considérer le moindre petit problème comme une crise. Je pensais que les Pays-Bas des années 1990 traversait un nouvel « Embarras de richesses », comme pendant l'âge d'or du XVIIe siècle. C'était un petit pays pimpant où les gens étaient adorables les uns avec les autres et l'économie florissante. Les trains arrivaient à l'heure – un peu moins, il est vrai, depuis que la compagnie des chemins de fer avait été privatisée. La politique se faisait collégialement, dans une atmosphère amicale. Il y avait des femmes au gouvernement, des homosexuels, et tout le monde leur témoignait le plus grand respect. C'était vraiment un pays sans problème. Dans les mots de Scheffer – crise, perturbations sociales –, je ne voyais qu'une tentative de dramatisation typique de la presse.

Je devais me concentrer sur mon mémoire de dernière année. J'avais choisi d'étudier la dérive de la fonction législative du Parlement vers la judiciarisation. Les politiciens néerlandais, trop occupés à chercher le consensus et le succès électoral, étaient devenus incapables d'agir de façon décisive et laissaient aux juges la responsabilité des questions qu'ils jugeaient trop polémiques. C'était le genre de sujet qui m'intéressait alors : purement politique. Je pensais qu'une fois que j'aurais obtenu mon diplôme je pourrais faire un doctorat, et peut-être enseigner.

Au printemps 2000, mon père réussit à obtenir un visa pour venir se faire opérer des yeux en Allemagne, intervention que je l'avais aidé à financer. La cataracte l'avait déjà rendu presque aveugle. Je fis le voyage jusqu'à Düsseldorf dans ma Peugeot 206 pour aller lui rendre visite. Mirjam m'accompagnait. Marco et Ellen nous ont rejoints le lendemain. Marco voulait absolument rencontrer mon père, et nous nous étions mis d'accord pour que Ellen et lui fassent semblant d'être ensemble. C'était une chose de vivre dans le péché, c'en était une autre d'en parler à mon père.

Abeh m'a serrée dans ses bras. Il avait beaucoup vieilli, mais il avait toujours exactement la même odeur. Cela m'a fait un bien fou qu'il m'étreigne à nouveau. Au début, nous avons parlé de choses très générales : mes études, la politique. Mon père était toujours obsédé par la Somalie et le grand État qu'elle allait devenir un jour. Mais il se disait maintenant partisan d'un gouvernement islamique, régi par les lois d'Allah. Tout système politique élaboré par l'homme était condamné d'avance.

J'ai soutenu un avis contraire. Je me suis surprise à lui parler sans ménagement. Je lui ai dit que la loi divine serait injuste envers tous les non-musulmans. D'ailleurs, même au sein de l'islam, tout le monde ne pensait pas de la même manière. Qui ferait la loi ?

— Le clergé gouverne de façon totalitaire, ai-je ajouté, le peuple n'a pas son mot à dire. L'humanité est une mosaïque de croyances, et l'on devrait célébrer cette variété au lieu de tenter de la supprimer.

— Nous devons lutter pour convertir le monde entier à l'islam, a répliqué mon père.

Cette logique simpliste et ce manque de réalisme m'ont profondément déçue.

Abeh m'a dit aussi qu'il allait s'occuper de mon divorce. Je n'avais pas du tout l'impression d'être encore mariée : pour moi, Osman Moussa n'était qu'un vague souvenir. Mais, pour mon père, officialiser notre séparation était vital. Il a reconnu qu'il n'aurait pas dû me forcer à l'épouser. Je pense qu'il voulait pouvoir se considérer comme quelqu'un de libéral : après tout, au fond, il restait quand même un démocrate.

Il s'est dit attristé de voir déjà tant de changements en moi.

« Je ne te demande pas de porter le voile, a-t-il insisté, mais je t'en prie, laisse au moins pousser tes cheveux. »

J'ai répondu que je le ferais, et j'ai tenu parole. Quand il m'a demandé si je priais toujours, je lui ai dit oui, bien sûr. Ce n'était pas vrai, et pourtant, en un sens, ce n'était pas complètement faux non plus. J'avais beau vivre dans le péché avec un infidèle, et croire, blasphème suprême, en notre égalité, je me considérais encore, de façon plus profonde, comme musulmane.

*

En septembre 2000, à presque trente ans, je terminai mes études à Leyde. Il m'avait fallu une année supplémentaire pour finir mon mémoire, mais j'avais réussi. Je me suis dit que je pouvais être fière. J'avais de bons diplômes, une relation amoureuse épanouissante, de vrais amis. Je gagnais ma vie. J'avais ma place aux Pays-Bas à présent, et je me l'étais faite toute seule.

J'étais très excitée à l'idée de recevoir mon diplôme après tant d'années d'études. J'ai demandé un visa pour mon père afin qu'il puisse assister à la cérémonie, mais il m'a été refusé. J'ai appelé ma mère pour la prévenir que j'avais eu mon master de sciences politiques. Elle a fait une remarque maladroite, s'étonnant que ce soit moi qui, de ses trois enfants, obtienne un diplôme universitaire. Elle n'avait pas l'intention de me blesser, mais à ses yeux, j'étais encore la plus niaise.

Avec Marco, nous avons organisé une fête au café Einstein, où beaucoup d'étudiants de Leyde célèbrent leur remise de diplôme. Johanna et Maarten sont venus d'Ede avec leurs enfants, Irene et Jan, que j'adorais. Maarten est monté sur une chaise et s'est mis à raconter avec humour mes débuts aux Pays-Bas. Geeske jouait la maîtresse de cérémonie, et les parents de Mirjam avaient préparé des tas de petits hors-d'œuvre, ce qui m'a énormément touchée. Quand Mirjam et Olivier sont arrivés, j'ai serré les dents, m'attendant à ce qu'une dispute éclate avec Giovanni, mais ils se sont mis à discuter tranquillement tous ensemble et Mirjam s'est très bien entendue avec Albertine, la nouvelle petite amie de Giovanni.

J'étais ravie de sentir que tous ces gens, autour de moi, m'aimaient et me souhaitaient de réussir ma vie, mais je ne savais pas vraiment ce que j'allais faire ensuite, et cela m'angoissait.

Je voulais trouver un vrai métier pour gagner plus d'argent et pouvoir louer un logement plus agréable que le HLM du Langegracht où je vivais alors avec Marco. Je détestais cet appartement. Il était froid, humide et me donnait des allergies. Il me rappelait Eastleigh : il y avait du bruit à toute heure, et un jour, juste avant la fête de l'Aïd, des voisins turcs et marocains avaient égorgé des moutons au sous-sol, là où nous garions nos vélos. Les entrailles étaient restées plusieurs jours dans les poubelles avant d'être ramassées : l'odeur était abominable.

Je ne voulais pas rester là, mais Marco pensait qu'il était prématuré de partir, nous ne pouvions pas encore nous le permettre. Je lui reprochais d'être trop économe. Je ne voyais pas l'intérêt d'attendre plus longtemps.

Je pris la décision de ne pas continuer mes études tout de suite. En doctorat, j'aurais reçu une bourse de professeur assistant d'un montant à peine plus important que le salaire minimum, et cela n'aurait pas suffi à nous sortir du Lange-gracht et à aider ma famille en Afrique. Je devais travailler. Mais je ne voulais pas continuer l'interprétariat : c'était un bon job d'étudiant, et je n'envisageais pas d'en faire ma profession.

Je voulais aussi diversifier et accroître mon expérience professionnelle plutôt que de passer directement du statut d'élève à celui de chercheur et de professeur. J'avais encore beaucoup à apprendre. Mais je craignais que dans le secteur privé on ne me trouve trop âgée pour m'engager comme débutante. Cela m'inquiétait tant que j'ai accepté le premier emploi qu'on m'a proposé.

C'était un poste de commerciale chez Glaxo, une entre-prise pharmaceutique. J'y avais posé ma candidature parce que cette société aidait les gens : elle dépensait des millions dans la recherche contre le sida et la malaria, et je me disais que d'une certaine manière, en travaillant là, je participerais à cet effort. C'était une grosse entreprise : on y entrait à la vente, mais on pouvait bouger et s'élever avec le temps. Le salaire de départ était plutôt élevé, et l'on nous fournissait une voiture de fonction et d'autres avantages. Avant de commencer, on devait suivre une formation de deux semaines qui comprenait un cours intensif de médecine axé principalement sur les migraines et les troubles respiratoires. On nous expliquait aussi les techniques de vente, ce qui fut pour moi une vraie révélation.

J'étais censée démarcher les médecins et les convaincre de prescrire Imigran, un médicament antimigraine. Les formateurs nous enseignaient des trucs pour duper les secrétaires et obtenir des rendez-vous. Ils nous apprenaient à reconnaître le type de personnalité de nos cibles et à adapter nos techniques de vente en fonction de ce type. Avec un interlocuteur autoritaire, on introduisait le produit très brièvement, puis on laissait le médecin parler longtemps, et pour finir on vantait le médicament en employant exactement les mêmes mots que lui. L'essentiel était de lui faire sentir à quel point il nous impressionnait par son savoir. Avec un interlocuteur de tempérament plus analytique, on ne mentionnait même pas le produit : on engageait tout de suite une longue discussion sur les différents types de migraines.

Je trouvais que, en plus d'être de la manipulation, cela faisait perdre aux médecins un temps précieux. Aussi, après quelques semaines, j'ai rendu la voiture, le téléphone et l'ordinateur portables. Le commerce, ce n'était pas pour moi.

Je me suis inscrite dans une agence d'intérim qui m'a trouvé un poste de directrice de bureau au département logement du conseil municipal d'Oegstgeest, l'agréable banlieue résidentielle de Leyde où j'avais vécu, chez Chantal, pendant mes premiers mois à l'université. J'ai travaillé là deux ou trois mois, ce qui m'a permis de découvrir comment le gouvernement fonctionnait de l'intérieur.

Chaque demande de permis pour construire un grenier ou changer quelques fenêtres était étudiée par tout un groupe de fonctionnaires au sein duquel semblait régner la discorde. Ils étaient plus nombreux que les tâches à accomplir et passaient leur temps à se chamailler. Le permis devait ensuite être contresigné par leur directeur et par le directeur des directeurs, et le tout prenait un temps inimaginable. Cela m'a rappelé les six mois qu'il avait fallu au ministère de l'Intérieur, où j'avais postulé un an plus tôt, pour traiter ma candidature. Ceux de mes amis qui avaient été engagés dans des ministères me le confirmaient : le travail dans l'administration était fastidieux, sans imagination ni gratification. J'ai donc écarté le projet d'y faire carrière. Je ne voulais pas rester fonctionnaire toute ma vie.

J'ai recommencé à chercher, avec une panique croissante, ce que j'allais pouvoir faire. C'est finalement Marco qui, un matin de mars, a claironné, en relevant les yeux de son journal :

— J'ai trouvé ! J'ai le boulot qu'il te faut.

Il m'a montré l'annonce. L'institut Wiardi Beckman – le bureau politique du Parti du travail – avait besoin d'un jeune chercheur.

C'était moins bien payé que chez Glaxo, mais pour seulement quatre jours par semaine : le reste du temps je pourrais traduire afin d'arrondir mes revenus. Le travail avait surtout l'air vraiment intéressant. Il s'agissait de faire des recherches, pour ce parti dont j'étais déjà membre, sur des sujets touchant à la fois à la politique et au social. Ça n'avait rien de bureaucratique. Je travaillerais avec un petit groupe d'experts, des gens brillants et engagés : ce serait stimulant.

Quand l'institut Wiardi Beckman m'a finalement offert le poste, en juin 2001, j'étais ravie. Je devais commencer à la fin du mois de septembre. J'ai immédiatement démissionné de mon emploi au conseil municipal et me suis remise à l'interprétariat : cela me rapportait beaucoup plus d'argent, et je savais que j'en aurais besoin si nous voulions acheter une maison avec Marco.

J'étais déterminée à nous trouver un autre logement, et Marco s'était peu à peu laissé convaincre. Mais, chaque fois que je trouvais quelque chose qui me plaisait, il reculait.

Tout était trop cher pour lui, ou trop loin du centre-ville. L'appartement où nous vivions lui convenait très bien, et l'idée de devoir rembourser un énorme emprunt le glaçait. L'argent qu'il avait en réserve, il voulait s'en servir pour parcourir le monde. Je le trouvais frileux ; il me jugeait trop impatiente et dépensière. Notre relation se détériorait et ce n'était pas seulement à cause de la maison.

Cela faisait des années que nous nous disputions pour des détails stupides : la gestion du temps, les dépenses du ménage. Marco avait besoin de tout organiser à l'avance ; je ne supportais pas les contraintes que cela impliquait. Il s'emportait facilement ; je n'ai jamais aimé crier ou que l'on me crie dessus. J'ai commencé à penser à la rupture le jour où nous avons visité une maison parfaite, dans une rue bordée d'arbres, près de la gare, avec du parquet et des cheminées. Elle était en mauvais état, et Marco a décrété que les travaux coûteraient trop cher.

J'ai décidé de l'acheter quand même, sans lui. Nous pouvions rester amis, peut-être même rester ensemble, mais il valait mieux que je déménage avant que les choses ne dégénèrent. Ellen s'était séparée de son mari, Badal Zadeh. Elle était en pleine crise existentielle et spirituelle. Après une période d'hésitation, elle a accepté de venir vivre à Leyde et de partager la maison, et l'emprunt, avec moi. Nous sommes passées à la banque : nous gagnions toutes les deux très bien notre vie. En avril, nous emménagions.

Je me souviens d'un soir où nous regardions les informations à la télé : il était question de professeurs homosexuels harcelés par des élèves musulmans. Ce genre d'histoire se retrouvait souvent dans les nouvelles, à l'époque ; chaque fois qu'on ouvrait le journal on s'exclamait intérieurement : « Quoi, encore des jeunes Marocains ? Mais, enfin, qu'est-ce qui les pousse à agir comme ça ? » Aussi, quand j'ai vu un imam apparaître à l'écran – un imam typique, en vêtements traditionnels, qui s'exprimait en arabe –, j'ai monté le son. Il fixait la caméra avec un air d'autorité et expliquait que l'homosexualité était une maladie contagieuse qui risquait d'infecter les enfants à l'école. C'était, déclarait-il, une menace pour l'humanité.

Je me souviens de m'être levée et de m'être écriée :

« C'est tellement arriéré comme façon de penser ! Mais quel imbécile ! »

En tant que somalienne, j'avais l'habitude de ce genre d'attitude, mais la Néerlandaise en moi était choquée. L'interview de l'imam a soulevé bien des protestations. Ce soir-là, j'ai écrit une lettre au *NRC Handelsblad*. J'y signalais que la réaction de cet imam n'avait rien d'exceptionnel : elle était systématique dans l'islam. Le monde islamique n'avait pas connu de révolution intellectuelle comparable au siècle des Lumières en Europe, qui invite le peuple à remettre en cause la restriction des libertés individuelles imposée par sa religion. Et l'islam n'était pas seulement injuste à l'égard des homosexuels. Il suffisait de faire un tour dans une clinique d'avortement ou dans un foyer pour femmes pour se rendre compte que la morale musulmane, en matière de sexualité, ne créait que de la souffrance.

Mon indignation était spontanée : je découvrais mes opinions au fur et à mesure que je tapais ma lettre. Le journal l'a publiée en mai dans une version écourtée et beaucoup plus politiquement correcte, mais c'est ainsi que tout a commencé.

Avec Ellen, nous avons passé trois mois, d'avril à juin, à rénover notre maison, puis nous avons décidé de profiter un peu de la vie. Nous invitions des amis à dîner. Marco était souvent là, et nous nous entendions très bien, lui et moi ; nous envisagions même de nous remettre ensemble. J'ai passé l'été à cuisiner, je me sentais indépendante – ce fut une période heureuse.

*

Le 3 septembre, j'ai commencé mon nouveau travail avec le groupe d'experts du Parti du travail. On m'a confié comme première tâche une recherche sur l'immigration, question dans laquelle je commençais à discerner le principal défi à relever pour la Hollande du XXIe siècle. Je devais réaliser une étude théorique sur l'émigration, ses causes, et les conséquences, pour l'État providence, de l'absorption de tous les nouveaux migrants. Le parti devait-il adopter une politique plus restrictive en matière d'immigration ?

C'était moi qui avais proposé d'étudier cette question, qui me fascinait de plus en plus. Les Pays-Bas voulaient conserver leur État providence, mais ils ne pouvaient évidemment pas se permettre de faire profiter le monde entier de leurs allocations. Il allait falloir imposer des restrictions, la question était de savoir lesquelles. Je devais organiser un débat entre experts puis écrire un rapport qui résume le problème et les solutions proposées pour le résoudre. On ne me demandait pas de rédiger un projet de loi mais d'étendre le réseau d'experts du bureau et d'effectuer des recherches pour eux : comment les autres pays géraient-ils leur immigration, et quelle quantité d'immigrants un État providence pouvait-il accueillir sans risquer, à terme, de s'effondrer ?

Un après-midi, pendant ma deuxième semaine au parti, alors que je lisais de vieux rapports, j'ai soudain entendu un concert d'exclamations au rez-de-chaussée. Je suis descendue voir ce qui se passait, bien décidée à faire cesser le vacarme.

J'ai trouvé des dizaines de personnes massées autour de la télé allumée sur CNN. J'ai soupiré. À l'époque, j'avais des préjugés sur les États-Unis et leurs journalistes. À Leyde, j'avais même écrit une dissertation sur le pouvoir des médias, en utilisant comme exemple le scandale de l'affaire Monica Lewinski. Pendant la procédure d'*impeachment* de Bill Clinton, CNN avait chaque jour, EN DIRECT, dans les DERNIÈRES NOUVELLES, abreuvé ses téléspectateurs de détails triviaux sur la vie sexuelle du président.

Les airs de petit saint du procureur Kenneth Starr, l'ennemi juré de Clinton, me rappelaient désagréablement ceux de ma sœur Ijaabo. Par le simple fait de consacrer toute leur attention à cette affaire, les médias américains l'avaient gonflée. Depuis cet épisode, j'avais du mal à les trouver crédibles.

Aussi, quand j'ai vu à l'écran le bandeau DERNIÈRES NOUVELLES cet après-midi-là, j'ai d'abord cru que CNN avait déniché une autre affaire sans intérêt à transformer en scandale du siècle. Mais, l'instant d'après, je voyais le deuxième avion s'écraser sur le World Trade Center. La présentatrice précisait qu'on ne savait pas encore s'il s'agissait d'un accident ou d'une attaque. Nous avons regardé, encore et encore, les images horrifiantes, repassées en boucle, des deux appareils s'encastrant dans les tours. J'ai serré les paupières et imploré Allah en somali : « Oh, mon Dieu, fais que ce ne soit pas des musulmans qui aient fait ça. »

Je savais que cela pouvait déclencher un conflit mondial. Je me souviens d'avoir dit à Ellen, en rentrant du travail :

« Les Américains vont répliquer. Ils ne sont pas comme les Néerlandais, ils ne vont pas dire : "Asseyons-nous pour en discuter." Ça va être la troisième guerre mondiale. »

Ellen m'a dit que j'étais folle de me mettre dans un état pareil.

Ce soir-là, aux informations, j'ai vu des images qui m'ont encore plus choquée. Aux Pays-Bas mêmes, à Ede, la ville où j'avais vécu, une équipe de tournage qui se trouvait dans la rue juste après l'annonce de la chute des tours avait filmé une bande de jeunes musulmans en train de manifester leur joie. Cette vision bouleversa tous les Néerlandais, moi plus encore que les autres.

Ellen essaya de me calmer : « Ce n'étaient que des gamins, me dit-elle, et je suis sûre que ça n'a pas duré : si les caméras n'avaient pas été là, ce ne serait même pas arrivé. »

Mais j'étais persuadée qu'en réalité, ce qui s'était vraiment passé, ces caméras n'en avaient saisi qu'une toute petite partie : s'il y avait eu d'autres caméras dans d'autres quartiers, elles auraient filmé la même chose.

Le matin du 12 septembre, en descendant du train, j'ai rencontré Ruud Koole, le président du Parti du travail, qui avait aussi été mon professeur à Leyde. Il m'a saluée par mon prénom – il n'y a pas vraiment de hiérarchie aux Pays-Bas – et côte à côte nous avons pris le chemin du bureau en discutant de ce dont toute la planète parlait ce jour-là : l'attentat du World Trade Center. Ruud a secoué la tête d'un air triste.

— C'est étrange, tu ne trouves pas, tous ces gens qui pensent que c'est la faute de l'islam ?

Je n'ai pas pu me retenir longtemps. Juste avant d'arriver au bureau, j'ai craqué.

— Mais c'est le cas, c'est la faute de l'islam. Cette attaque, c'était un acte de foi. C'est ça, l'islam.

— Ayaan, a répliqué Ruud, les gens qui ont commis cet attentat étaient peut-être musulmans, mais ils étaient surtout complètement fous. Ici aussi, nous avons des extrémistes, des chrétiens qui prennent la Bible au pied de la lettre. La plupart des musulmans sont tout à fait raisonnables. Si tu nies cela, tu dénigres la deuxième religion la plus pratiquée au monde – une religion civilisée, et pacifique.

Je suis entrée dans l'immeuble du parti en me disant : « Il faut que je réveille tous ces gens. » Koole n'était pas le seul à penser de cette façon. Tout le monde, dans ce pays, ce petit pays bienheureux où il n'arrive jamais rien, essayait justement, à nouveau, de faire comme s'il n'était rien arrivé. Ses habitants avaient oublié qu'un peuple pouvait partir en guerre – emprisonner, détruire, tuer – pour répandre la parole divine. Aux Pays-Bas, ce genre de foi avait disparu depuis des siècles.

Moi, je savais que cette façon de penser n'était pas limitée à un petit groupe d'illuminés. Beaucoup de musulmans considéraient les États-Unis et l'Occident comme les ennemis infidèles de l'islam et verraient dans l'attaque du World Trade Center une juste punition. La guerre venait d'être déclarée au nom de ma religion, et je devais faire un choix. De quel côté étais-je ? Je ne pouvais pas éluder la question plus longtemps. Est-ce que l'attentat contre les tours jumelles relevait vraiment de l'islam ? Est-ce que ma religion autorisait, et même encourageait, ce genre de carnage ? Est-ce que moi, en tant que musulmane, je trouvais cette attaque justifiée ? Et, sinon, qu'est-ce que cela impliquait par rapport à ma foi ?

*

J'ai gardé ces questions à l'esprit pendant plusieurs semaines. Je faisais une fixation sur l'attaque du World Trade Center et ses répercussions. Je fouillais les journaux et les sites Internet à la recherche d'informations. Des manifestations de soutien à Oussama Ben Laden étaient organisées dans le monde entier. Au nord du Nigeria, elles avaient dégénéré en émeutes, et des centaines de personnes y avaient trouvé la mort. Tous les chefs d'État appelaient les musulmans à condamner les attaques. Quantité d'articles les invitaient à proclamer que le Coran interdisait le massacre d'innocents. On semblait attendre d'eux qu'ils réaffirment les valeurs de respect et de tolérance de l'islam. J'aurais aimé que ce soit possible.

J'ai lu la dernière lettre de Mohammed Atta, adressée aux autres pirates de l'air, où il leur rappelait les rituels à observer pour bien mourir, et le testament qu'il avait écrit, où il parlait de « mourir en bon musulman ». Je l'ai lue et je l'ai reconnue. C'était la prière que prononce chaque musulman avant de mourir : il demande à Allah de ne pas l'abandonner à présent qu'il vient à Lui. Tout dans le ton et dans la substance de cette lettre m'était familier. Et tout

397

y révélait une adhésion profonde à l'islam. Mohammed Atta s'était sacrifié pour Allah.

J'avais l'impression de le connaître. Il avait exactement le même âge que moi. J'avais rencontré tant de gens qui lui ressemblaient. Les jeunes du centre de discussions à Nairobi, par exemple : ils auraient très bien pu écrire cette lettre s'ils avaient eu le courage d'Atta. Ma sœur Ijaabo l'aurait peut-être fait elle aussi, et même moi, peut-être, si j'étais restée là-bas. Je savais qu'il y avait des dizaines de milliers de personnes en Afrique, au Moyen-Orient, et même aux Pays-Bas, qui pensaient comme lui. Tous les musulmans pieux et aspirant à pratiquer un islam authentique – celui des Frères musulmans, celui des écoles coraniques de Médine – devaient trouver méritée, sinon réjouissante, l'attaque du World Trade Center. Ce n'était pas la vengeance personnelle d'un petit groupe d'architectes égyptiens frustrés, c'était celle de tout un peuple. Et elle ne trouvait pas son origine dans la frustration : elle était dictée par la foi.

J'ai lu des pages et des pages de commentaires dogmatiques d'une bêtise affligeante, écrites pour l'essentiel par de prétendus arabisants dont beaucoup semblaient n'avoir qu'une très vague idée de la réalité du monde islamique. Tous leurs articles présentaient l'islam comme la culture qui avait sauvé Aristote et inventé le zéro, et comme une religion de paix et de tolérance, partisane de la non-violence. Ils en offraient une vision de conte de fées, en rupture totale avec la réalité.

Dans les journaux, c'était toujours « Oui, mais » : oui, c'est très mal de tuer des gens, *mais*. On échafaudait de belles théories sur la façon dont la pauvreté poussait les gens au terrorisme et dont le colonialisme, l'impérialisme et le consumérisme d'un Occident décadent rongeaient la culture des autres peuples et les conduisaient à se révolter de manière primaire. Je n'étais pas d'accord. L'Afrique est le continent le plus pauvre du monde, mais la plupart de ses peuples ne cherchent pas pour autant à punir l'Occident : les individus les plus miséreux ne voient pas plus loin que leur prochain repas, et les plus riches, qui sont aussi les mieux éduqués, s'opposent à leur propre gouvernement et émigrent en Occident.

J'ai lu aussi les tirades d'associations antiracistes dénonçant la terrible vague d'islamophobie qui s'était abattue sur les Pays-Bas, et le resurgissement du racisme enfoui des Néerlandais. Tous ces discours n'avaient rien à voir avec la réalité.

De façon un peu plus convaincante, certains journalistes faisaient le lien entre l'attentat du World Trade Center et le soutien « aveugle » des États-Unis à Israël. Selon eux, le monde risquait de subir d'autres 11 Septembre tant que le conflit israélo-palestinien ne serait pas résolu. Néanmoins, je savais que moi-même, adolescente, j'aurais probablement accueilli avec joie la nouvelle des attentats, alors que je ne connaissais rien à la Palestine. En outre, les pirates de l'air n'étaient pas dix-neuf Palestiniens, ce qui ôtait du poids à l'argument. Aucun d'entre eux n'avait laissé de lettre prédisant d'autres attaques tant que la Palestine ne serait pas libérée. Et aucun d'entre eux n'était pauvre. Seule la foi les animait. Ni la frustration, ni la pauvreté, ni le colonialisme, ni la Palestine : rien que la foi. Ils voulaient gagner un aller simple pour le paradis.

J'ai lu des dizaines d'analyses sur Ben Laden et son mouvement, mais il me semblait que tous ces articles se concentraient sur un simple symptôme du problème. C'était comme essayer d'expliquer la politique de Lénine ou de Staline sans mentionner l'œuvre de Karl Marx. Le guide spirituel des terroristes du 11 Septembre, c'était le prophète Mahomet, pas Ben Laden. C'était donc la parole du Prophète que je devais réexaminer, et sur laquelle je devais me faire une opinion. Mais si cette opinion était négative, que ferais-je alors ?

CNN et Al-Jazira ont commencé à diffuser des enregistrements de vieilles interviews d'Oussama Ben Laden. Dans toutes, il prônait la guerre totale contre les États-Unis, qu'il accusait de mener une nouvelle croisade contre l'islam, avec la complicité des juifs. Ces paroles résonnaient en moi. Dans ma mignonne petite maison, au milieu d'une ville de carte postale, ses arguments me semblaient absurdes, des délires de fou furieux, mais ses citations du Coran éveillaient un écho dans ma mémoire. « Quand vous rencontrez des infidèles, frappez-les à la nuque. » « Si vous ne marchez pas au combat, Dieu vous punira d'un châtiment douloureux : il vous remplacera par un autre peuple. » « Tuez les idolâtres partout où vous les trouverez, faites-les prisonniers, assiégez-les et guettez-les dans toute embuscade. » « Ô croyants ! ne prenez point pour amis les juifs et les chrétiens ; ils sont amis les uns des autres. Celui qui les prendra pour ami finira par leur ressembler, et Dieu ne sera point le guide des pervers. » Et un extrait d'un hadith : « L'Heure [du Jugement] ne viendra pas tant que les musulmans n'auront pas combattu et tué tous les juifs. »

Je ne voulais pas le faire, mais il le fallait : j'ai pris mes exemplaires du Coran et du Hadith et je les ai consultés, pour vérifier. C'était très pénible car je savais que j'allais y retrouver toutes les citations de Ben Laden, alors que je n'étais pas prête à remettre en question la parole divine. Mais j'avais besoin de savoir : les attaques du 11 Septembre découlaient-elles d'une foi véritable en l'islam véritable ? Et, si oui, qu'est-ce que je pensais, moi, de l'islam ?

« Si tu n'es pas du côté de l'islam, tu es du côté des croisés », proclamait Oussama Ben Laden, mais il me semblait que l'islam, dans le monde entier, traversait une crise terrible. Aucun musulman, j'en étais sûre, ne pourrait continuer à ignorer très longtemps le conflit entre la raison et notre religion. Depuis des siècles, nous agissions comme si toute la connaissance était contenue dans le Coran, en refusant de remettre en cause quoi que ce soit. Nous étions incapables d'accepter la nécessité d'intégrer la raison à nos croyances, mais son absence engendrait des comportements monstrueux et d'horribles souffrances.

On nous avait appris à considérer la vie sur terre comme un passage, une épreuve qui précède la vie réelle au paradis. Pendant cette épreuve, tout le monde devait s'efforcer de vivre à la manière des premiers disciples du Prophète. Cela n'inhibait-il pas le désir d'améliorer la vie quotidienne ? Et, si oui, cela signifiait-il que les musulmans n'avaient pas le droit d'innover ? Que le progrès, les droits de l'homme, les droits de la femme étaient tous étrangers à l'islam ?

En déclarant notre Prophète infaillible et en nous interdisant de remettre sa parole en question, nous nous enfermions dans une tyrannie immuable. Le prophète Mahomet avait établi des règles pour tous les aspects de la vie. En adhérant à ces règles, qui divisaient le monde entre ce qui était permis et ce qui ne l'était pas, nous renoncions à notre liberté de pensée et d'action. Nous étions des millions à vivre dans le respect d'une morale dogmatique emprisonnée dans le moule de la mentalité bédouine du VIIe siècle. Nous n'étions pas seulement les serviteurs d'Allah, nous étions ses esclaves.

Le petit volet au fond de mon esprit, derrière lequel je repoussais toutes mes pensées discordantes, s'est brusquement ouvert après le 11 Septembre, et n'a pas voulu se refermer. J'ai cessé de considérer le Coran comme un texte sacré : j'y voyais désormais un document historique, l'œuvre d'un humain. Ce n'était qu'une version des événements, celle des hommes qui l'avaient écrit, cent cinquante ans après la mort du Prophète. Et c'était une version très arabe, influencée par une culture brutale, sectaire, obsédée par le contrôle des femmes et sans merci.

Bien sûr, le Prophète nous a enseigné beaucoup de bonnes choses. Je trouvais attrayante, d'un point de vue spirituel, l'idée de l'au-delà. J'éprouvais du bonheur à remplir mes devoirs de compassion et de charité. Et comme beaucoup d'autres musulmans, je mettais souvent de côté la question de la guerre contre les infidèles. La plupart des musulmans ne se passionnent pas pour la théologie et ne lisent pas le Coran. À l'école coranique, on nous l'apprend en arabe, langue que tous les musulmans ne parlent pas. C'est pour cette raison que certaines personnes, elles-mêmes tolérantes et bien intentionnées, ont pu croire que l'islam est pacifiste et propager cette fiction.

Je me suis donc résolue à examiner l'islam en tant que structure morale, et j'ai dû admettre qu'il était totalitaire. Chaque détail de la vie était réglé par le Coran. Il n'y avait pas de libre arbitre. L'islam véritable, cadre moral et religieux rigide, ne pouvait pousser qu'à la cruauté. L'acte inhumain des dix-neuf pirates de l'air était le fruit de ce monstrueux système de régulation de la vie humaine. Leur monde était divisé entre « Nous » et « Eux ». Si vous n'adhériez pas à l'islam, vous méritiez de périr.

La situation n'était pas sans issue. Je savais que l'Occident avait traversé une période de guerres et de persécutions avant que la société ne se libère de l'emprise de la religion. Je supposais – je suppose toujours – que la même chose allait arriver aux musulmans. Un jour viendrait où nous aussi nous rejetterions ces dogmes qui ne faisaient qu'entretenir l'ignorance et l'oppression. En fait, nous avions de la chance : il y avait déjà tant de livres sur le sujet. Nous pourrions nous en inspirer pour nous moderniser rapidement, à la manière des Japonais. Nous examinerions nos dogmes à la lumière de la raison et adapterions notre religion rigide et cruelle à notre époque. Nous réussirions même sûrement à régler le problème de l'expression individuelle.

J'avais commencé ma révolution personnelle. J'avais réussi à admettre que le Coran était un document relatif, qu'il ne contenait pas les mots exacts prononcés par Dieu, que c'était un livre comme un autre. Il me fallait maintenant rejeter l'idée de l'enfer, dont la perspective effrayante m'avait toujours empêchée de critiquer l'islam. « Mais si je ne crois plus à tout cela, pensais-je, dans quelle mesure est-ce que je crois encore en Dieu ? »

∗

Abshir prit de nouveau contact avec moi. Il vivait en Suisse depuis plusieurs années, et au téléphone il m'a dit qu'il était à l'hôpital – il se faisait opérer le lendemain du cœur.

Nous avons parlé du 11 Septembre, bien sûr. Je lui ai confié mes doutes.

— Tous les passages du Coran que Ben Laden et ses hommes citent pour justifier les attaques, j'ai vérifié, ils y sont. Si le Coran est éternel, cela signifie que ses commandements s'adressent à tous les musulmans d'aujourd'hui. C'est de cette manière qu'ils risquent de se comporter s'ils entrent en guerre contre les infidèles. Comme dans les batailles de Uhud et de Badr, au VII\u1d49 siècle.

— Je sais, je suis aussi perdu que toi, m'a dit Abshir. On va m'opérer du cœur, mais c'est ma tête qui me fait mal.

Il m'a expliqué qu'il avait assisté, à Genève, à plusieurs conférences sur l'islam du philosophe français Tarek Ramadan, petit-fils du fondateur des Frères musulmans Hasan al-Banna.

— Quand j'en sors, je suis encore plus désorienté, a-t-il continué. Ce type parle en rond. Il dit des choses comme : « Le Prophète a déclaré que l'islam était paix ; par conséquent, l'islam est paix. »

— Oui, mais les versets du Coran sur la paix ne font référence qu'à la vie entre musulmans. Le Prophète a dit aussi : « Faites la guerre aux infidèles. » Qui sont les infidèles, et qui donne le signal de la guerre ?

— En tout cas, ce ne sera pas Ben Laden, a dit Abshir.

On ne peut pas faire la guerre contre un hémisphère entier quand on n'y a aucun allié au pouvoir.

Je l'ai interrompu.

— Abshir, si l'on reconnaît que le Coran n'est pas éternel, on doit admettre qu'il n'est pas sacré, n'est-ce pas ?

— Mais de quoi tu parles ?

— Je suis désolée, je crois que je suis sur le point de devenir apostate. J'ai de plus en plus de mal à croire.

Il y a eu un silence à l'autre bout du fil. Puis Abshir m'a dit :

— Les événements du 11 Septembre nous ont tous perturbés, tu es sur les nerfs, c'est difficile de garder du recul quand on vit dans un pays non musulman. Prends des vacances, repose-toi. Il faut que tu te rapproches de ta famille, tu es trop à l'écart des Osman Mahamud. Si tu commences à penser ce genre de chose, Ayaan, tu risques d'aller en enfer.

— Mais si je remets en question la sainteté du Coran, ai-je répliqué, ça signifie que je remets aussi en question l'existence de l'enfer et du paradis.

— C'est impossible, a rétorqué Abshir.

— Il n'y a pas que ça, ai-je continué. Les anges : je ne suis pas scientifique, mais je ne vois aucune preuve de leur existence. Il y en a bien dans les peintures occidentales, des êtres ailés, en robe blanche. Tu crois qu'on a ça au-dessus de chaque épaule ?

— Non, les anges musulmans sont complètement différents. Ils n'ont pas d'ailes.

— Maintenant, tu sais que je vais te demander à quoi ils ressemblent, et tu vas me dire que tu ne sais pas, parce que Allah révèle Ses mystères en Son temps.

— Je tiens à toi, Ayaan. Moi aussi, je suis perdu, cet attentat a eu un impact énorme sur nous tous. Je t'en prie, ne fais pas ça. Pars te reposer quelque part.

Je lui ai souhaité bonne chance, et de trouver la force morale nécessaire pour résoudre son dilemme. Abshir était intelligent, compatissant et généreux, mais... il avait peur. Peur de l'ange qui lui rendrait visite après sa mort et qui évaluerait sa loyauté à Allah et au Prophète. Il redoutait d'échouer à cet examen, d'être envoyé en enfer et de brûler pour l'éternité. Nous avons raccroché sans trop savoir quoi nous dire. Je savais qu'on ne se parlerait plus jamais.

*

En novembre 2001, dans le centre de discussions qui s'appelle « le Balie », à Amsterdam, j'ai assisté à un débat organisé par « Lettre et Esprit », le supplément culturel du quotidien *Trouw*. Ce supplément, codirigé par deux hommes, Chris Rutenfrans et Jaffe Vink, était en train de devenir un forum de discussion sur les relations entre le monde islamique et l'Occident. Il donnait la parole à toutes sortes d'intervenants, dont certains avaient une vision de l'islam très éloignée de l'idée générale d'un mouvement pacifiste et sauveur d'Aristote. Le débat portait sur la question : « L'Islam ou l'Occident, qui a besoin d'un Voltaire ? »

Le débat a commencé. L'un après l'autre, les orateurs exprimaient le même point de vue : tous pensaient que c'était l'Occident qui avait besoin d'un nouveau Voltaire. Ils soulignaient l'arrogance avec laquelle il envahissait les autres pays et y imposait sa loi, sa fâcheuse tendance au néocolonialisme, la décadence d'un système qui avait créé une société purement consommatrice...

Puis un Iranien, Afshin Ellian, professeur de droit pénal à l'université d'Amsterdam, est intervenu et a démontré avec éloquence que l'islam avait besoin d'un renouveau critique.

À présent, c'était à l'auditoire de réagir. La plupart des personnes présentes semblaient d'accord avec les orateurs qui avaient critiqué tel ou tel aspect du monde occidental. J'ai décidé de prendre la parole.

« Pensez au nombre de Voltaires qu'à déjà l'Occident, ai-je commencé. Ne nous déniez pas le droit d'avoir nous aussi un Voltaire. Considérez le sort de nos femmes, l'état de nos pays. Voyez comme nous sommes nombreux à les fuir et à venir nous réfugier ici. Et voyez ces gens qui, dans leur folie, précipitent aujourd'hui des avions sur vos villes. Permettez-nous de souhaiter la venue d'un Voltaire, car nous vivons vraiment à l'âge des ténèbres. »

Quand je me suis tue, de nombreuses mains se sont levées. Les réactions venaient surtout de musulmans, qui presque tous paraissaient très en colère contre Afshin Ellian et moi. Ils nous ont fait de longs discours sur le savant Averroès qui avait tiré de l'oubli la métaphysique d'Aristote, sur l'invention du zéro par les Arabes, et ainsi de suite. Je trouvais cela très irritant : que s'était-il passé dans la civilisation islamique depuis la fin du XIIe siècle ? Mais je n'avais pas assez d'assurance pour reprendre le micro et dire le fond de ma pensée à tous ces gens.

À la fin du débat, Afshin Ellian est venu me voir.

— Vous êtes un petit Voltaire vous-même, m'a-t-il dit. D'où sortez-vous ?

— Je viens de Somalie.

— Vous savez, a-t-il repris, je suis *persuadé* que c'est une femme qui sauvera la civilisation musulmane.

Il était très gentil ; il était lui-même réfugié.

Comme nous parlions, Chris Rutenfrans, l'un des deux rédacteurs en chef du supplément culturel de *Trouw* s'est approché de nous. Il s'est présenté et s'est tourné vers moi.

— Pourquoi ne nous écririez-vous pas un article sur toutes les idées que vous venez d'exposer ? m'a-t-il proposé.

Je lui ai dit que j'en serais ravie, et pendant les quelques jours qui ont suivi j'ai travaillé d'arrache-pied. Mais je n'avais pas le droit de publier d'articles sans l'accord de mon directeur, Paul Kalma, parce que les journaux me présenteraient comme un chercheur de l'institut Wiardi Beckman. J'ai donc montré mon texte à Paul. Il était embêté. Nous étions un groupe d'experts, payé pour penser, et, bien sûr, il était en faveur de la liberté d'expression, mais il ne pouvait pas me laisser dire ce genre de chose. Ce n'était pas la politique du Parti du travail. Même si je signais juste de mon nom, sans mentionner mon affiliation à l'institut, cela restait un article anti-islamique écrit par une musulmane, et je pouvais être sûre qu'à la seconde où il serait publié tous les racistes et islamophobes s'en empareraient.

« Ce n'est pas important, ai-je dit à Paul. À partir du moment où quelque chose est vrai, peu importe qui le répète. »

Mais le parti traversait une période critique. Pim Fortuyn, un parfait inconnu, était monté en flèche dans les sondages en défendant l'idée que les minorités ethniques ne respectaient pas assez les valeurs de la société néerlandaise. Il ajoutait que les musulmans, qui pour la plupart ne reconnaissaient pas les droits des femmes et des homosexuels ni les principes de base de la démocratie, formeraient bientôt la majorité dans presque toutes les grandes villes des Pays-Bas. Et plutôt que d'aborder toutes ces questions de front, le Parti du travail avait, quant à lui, décidé de les ignorer.

Paul Kalma était un homme bon et honnête, nous avions beaucoup d'affection l'un pour l'autre. Il cherchait à me protéger, à m'empêcher de faire le jeu des extrémistes en exprimant un point de vue de droite. Alors, il a revu mon article pour en retirer tout ce qui pouvait être utilisé par des gens malintentionnés.

À l'époque, en particulier dans les cercles du Parti du travail, tout le monde avait une opinion positive de l'islam. Si les musulmans réclamaient des mosquées, des cimetières séparés, des abattoirs halal, on les leur construisait. On leur fournissait des locaux pour leurs centres culturels, où le fondamentalisme pouvait se développer à son aise. Les membres du parti ne s'en inquiétaient pas. Ils percevaient cela comme une réaction naturelle au déracinement : les immigrés s'accrochaient, temporairement, à leurs repères traditionnels, mais cela ne durerait pas. Ils semblaient oublier combien de temps il avait fallu à l'Europe pour se libérer de l'obscurantisme et de l'intolérance, et à quel point la lutte avait été acharnée.

Quand j'entendais des Somaliens dire qu'ils ne voulaient pas habiter des quartiers *gaalo*, je savais que ce qu'ils fuyaient, c'était le contact avec le pays impie, mais le gouvernement n'y voyait qu'un désir naturel de reformer une communauté. Quand des musulmans demandaient leurs propres écoles, où je savais qu'ils comptaient apprendre à leurs enfants à obéir sans se poser de questions, les Néerlandais jugeaient normal de les financer. Quand des paraboles ont commencé à apparaître à toutes les fenêtres des cités HLM, mes collègues du parti ont supposé que les immigrés voulaient simplement suivre les programmes des chaînes marocaines ou turques pour garder un contact avec leur pays d'origine. Mais avec les paraboles venaient les prêches et l'endoctrinement.

Dans la plupart des quartiers d'immigrés, il y avait aussi des hommes qui faisaient du porte-à-porte pour distribuer des cassettes, comme Boqol Sawm l'avait fait à Eastleigh, et des boutiques qui vendaient des vêtements traditionnels, des tapis de prière, des cassettes, des DVD et des livres sur l'art et la manière de rester un bon musulman en terre infidèle. Quand il n'a plus été possible d'ignorer le nombre croissant de femmes voilées dans les rues, mes collègues ont présumé qu'il s'agissait de nouvelles immigrées qui abandonneraient très vite cette pratique. Ils ne se rendaient pas compte que c'étaient des femmes de la deuxième génération qui, lobotomisées par un jargon que je reconnaissais – *tawhid*, *kufr*, les pervers juifs –, redécouvraient leurs « racines ».

Après la publication de mon article, j'ai reçu des dizaines de lettres de félicitation. « C'est merveilleux que quelqu'un comme vous existe, me disaient les lecteurs. Avez-vous entendu parler de Spinoza ? » J'ai aussi reçu une invitation à prononcer un discours à l'institut Thomas Mann à l'occasion d'une manifestation en hommage à Spinoza. J'ai consulté mon vieux livre de cours sur le siècle des Lumières pour me rafraîchir la mémoire. J'ai lu que ce philosophe était réfugié, comme moi (juive portugaise menacée par l'Inquisition, sa famille avait immigré en Hollande au XIIIe siècle) : je me suis dit que ce devait être pour cette raison que les gens nous comparaient.

J'ai reçu d'autres invitations à parler en public. L'une d'elles venait de la mairie de la petite ville de Hengelo qui me proposait de venir prononcer, en décembre, le discours d'ouverture de sa quinzième soirée annuelle pour la liberté et les droits de l'homme. Le sujet de la manifestation était : « Devons-nous craindre l'islam ? » J'en ai parlé à Paul Kalma, et il m'a demandé quelle était ma réponse. Je lui ai dit que j'étais partagée ; il m'a donc encouragée à y aller.

J'étais nerveuse : je n'avais encore jamais écrit de discours. Une fois mon texte rédigé, je l'ai montré à Chris Rutenfrans, de *Trouw*. Il voulait le publier. « Laissez-moi d'abord le lire en public », lui ai-je dit.

Mais quand j'ai demandé la permission à Paul de la publier et que je lui ai montré mon texte, il est devenu écarlate. Il m'a dit que j'attaquais personnellement le ministre de l'Intégration, et même le maire d'Amsterdam, Job Cohen, membre important de notre parti. (En réalité, je les taquinais plus qu'autre chose, sous-entendant qu'ils étaient un peu idiots de croire que les musulmans allaient mieux s'intégrer dans la société néerlandaise si on acceptait de leur fournir tous les instruments de l'autoségrégation.) Tout ce que j'écrivais était dangereusement à droite, m'a dit Paul, et c'était son devoir de me protéger de cela.

La question de l'islam semblait tellement plus sensible que toutes les autres. Sous la direction de Paul, j'ai repris mon article et changé quelques termes. Je comprenais à présent comment on était censé exprimer un désaccord dans ces cercles politiques extrêmement civilisés : de façon très hypocrite.

Puis j'ai appelé Chris Rutenfrans pour le prévenir que j'avais une nouvelle version du discours. Il a tout de suite compris que Kalma m'avait obligée à le retravailler pour le rendre plus acceptable. Il l'a appelé et ils se sont violemment disputés.

Le week-end suivant, mon texte révisé est paru dans *Trouw*. Mais, une semaine plus tard, Jaffe Vink, le corédacteur en chef du supplément, a écrit un article sur la querelle entre Paul et Rutenfrans, où il a cité tous les passages que Paul m'avait fait retirer, comme celui où je comparais Job Cohen à un ayatollah.

Deux jours plus tard, le conseil de l'institut Wiardi Beckman se réunissait. Job Cohen lui-même était présent, et mon article ainsi que celui de Vink, étaient à l'ordre du jour. Paul m'avait conseillé de ne rien dire, il parlerait pour moi.

— Ayaan n'a pas l'habitude, a-t-il expliqué. Elle dit ce qu'elle pense, c'est bien, mais elle n'aurait pas dû aller aussi loin.

— Cette description de votre dispute, dans *Trouw*, c'est vrai ? lui a demandé Cohen.

— Oui. Je ne voulais pas qu'elle se lance dans ce genre d'attaque personnelle. Nous sommes tous membres du même parti. Nous devons résoudre nos conflits d'opinion derrière des portes closes, pas dans les colonnes d'un journal.

Cohen l'a coupé.

— Si elle veut m'attaquer, qu'elle m'attaque. Ça ne me dérange pas le moins du monde qu'on me traite d'ayatollah ; ce qui me dérange, c'est la censure. (Puis, se tournant vers moi :) J'ai lu ce que vous avez écrit, et j'en suis heureux : cela me permet de vous dire que je ne suis pas d'accord avec vous. Mais nous sommes dans un institut de réflexion. Tant que ce que vous écrivez est bien argumenté, vous devez être libre d'écrire ce que vous voulez.

Son ouverture d'esprit m'a coupé le souffle.

Cohen a continué en disant que le parti avait besoin de réfléchir davantage à la question de l'intégration. Un temps ministre adjoint à l'Immigration, il avait pu constater l'échec patent de l'intégration des enfants et petits-enfants d'immigrés dans la société néerlandaise.

— Ayaan, vous voudrez bien étudier la question pour nous ? m'a-t-il demandé.

Cet homme était devenu mon héros.

Je me suis mise à lire tout ce que je pouvais trouver au sujet de l'immigration et de l'intégration. Les difficultés d'adaptation des immigrés aux Pays-Bas me paraissaient comparables à celles des gens de la *miyé*, en Somalie, qui quittaient les zones rurales pauvres pour la ville, sa technologie effrénée, ses lumières, ses codes de comportement indéchiffrables.

En février, je suis partie à Grenade, en Espagne, assister à une conférence sur l'islam en Europe organisée par l'ensemble des partis sociaux-démocrates européens. Les repas étaient raffinés et le service luxueux, mais les discussions étaient creuses. Les socialistes réunis là se plaignaient, en sirotant du rosé, de l'égoïsme des riches qui devaient vraiment donner plus pour aider les pauvres. Tous semblaient penser qu'il serait facile de mettre en place des institutions pour le développement d'un islam européen dans la paix et l'harmonie. Mais j'avais l'impression que ces conclusions résultaient plus d'un désir pris pour une réalité que d'une analyse rigoureuse.

Il y avait une minuscule communauté de soi-disant experts sur ces sujets et tous se citaient les uns les autres depuis des décennies. La plupart proposaient une approche essentiellement socio-économique du problème. Je pensais qu'il faudrait l'aborder de façon plus large, en étudiant ses origines culturelles. Dans le passé, les sociaux-démocrates néerlandais avaient reproché à l'Église catholique d'entretenir la pauvreté et l'ignorance de ses fidèles. Je me demandais quand ils allaient se pencher sur le cas de l'islam.

Si l'on jetait un coup d'œil aux chiffres, il apparaissait clairement que, aux Pays-Bas, de tous les immigrés non occidentaux, les musulmans étaient les moins bien intégrés. Les Marocains et les Turcs, les deux plus grands groupes musulmans, étaient en tête des statistiques du chômage, bien que leur niveau moyen de compétence soit à peu près équivalent à celui des autres populations immigrées. L'ensemble des musulmans du pays faisaient appel de façon disproportionnée à la sécurité sociale et se retrouvaient en nombre tout aussi disproportionné dans les statistiques de la criminalité.

Si les immigrés musulmans étaient tellement à la traîne derrière les autres groupes d'immigrés, n'était-ce pas en partie à cause de l'islam ? Cette religion influence tous les aspects de la vie de ses fidèles. En son nom, les femmes sont privées de leurs droits économiques et sociaux. Ignorantes, elles élèvent leurs enfants dans l'ignorance. Leurs fils, les voyant battues, deviennent des adultes violents. Pourquoi est-ce raciste de dire que l'islam est une cause de difficultés d'intégration ? Et comment cela peut-il être antiraciste de laisser des gens s'accrocher à leurs vieilles croyances, quand cela perpétue les souffrances d'une partie d'entre eux ?

L'attitude passive du *Inch'Allah* – si Dieu le veut – prévaut dans le monde islamique. Cela n'inhibe-t-il pas le désir des musulmans de changer le monde, de l'améliorer ? Si l'on croit que chaque individu est prédestiné par Allah, et que la vie sur terre n'est que l'antichambre de l'au-delà, est-ce qu'on ne risque pas de faire preuve de ce fatalisme qui renforce si souvent la pauvreté ?

Je me suis dit qu'il était temps de créer un groupe d'experts chargé de déterminer les liens entre le fort taux de chômage, de criminalité et de problèmes sociaux chez les immigrés et certains facteurs culturels, dont l'islam. Une fois que nous aurions défini les causes culturelles de la misère des immigrés nous pourrions ouvrir le débat et mettre en place un vrai programme d'intégration fondé sur une éducation réelle.

La plupart des Néerlandaises peuvent sortir seules dans la rue, s'habiller plus ou moins comme elles le désirent, et choisir l'homme qu'elles veulent épouser. Elles peuvent aller à l'université, voyager, acheter un appartement. La plupart des musulmanes installées aux Pays-Bas, en revanche, ne peuvent rien faire de tout cela. Comment ose-t-on soutenir que cette situation inacceptable n'a rien à voir avec l'islam ?

Quand on me dit que je ne peux pas faire valoir l'existence d'un tel lien, que c'est un point de vue trop offensant, trop problématique pour l'instant, je trouve cela terrifiant. Quand, exactement, est-ce que ce sera le bon moment ?

Les parents néerlandais apprennent à leurs filles à ne compter que sur elles-mêmes ; une grande partie, peut-être même la majorité des parents musulmans apprennent aux leurs à se montrer dociles et soumises. Pourquoi s'étonner qu'elles réussissent moins bien dans la vie que les jeunes Néerlandaises ? J'ai repensé à Johanna, à la façon dont elle expliquait tout à ses enfants et leur montrait comment prendre de bonnes décisions. Son mari participait à leur éducation : ensemble, ils leur apprenaient à voler de leurs propres ailes. Johanna était une femme indépendante qui avait choisi son compagnon, le nombre d'enfants qu'ils auraient, et quand. Évidemment, c'était une mère très différente d'une jeune Somalienne de vingt ans dans une cité HLM. Pourquoi n'étions-nous pas autorisés à comparer l'impact de ces facteurs sur les enfants ?

Les écoles musulmanes rejettent les principes des droits de l'homme : tous les humains n'y sont pas égaux, et les libertés d'expression et de conscience en sont bannies. Elles ne développent pas la créativité – l'art, le théâtre, la musique n'y sont pas enseignés – et elles empêchent les facultés critiques qui pourraient amener les enfants à remettre en cause leurs croyances de s'exprimer. Les professeurs contournent les sujets qui, comme la théorie de l'évolution ou la sexualité, contredisent les enseignements de l'islam. Ils imposent aux élèves des leçons à apprendre par cœur plutôt que de les laisser formuler leurs questions, et instillent chez les filles un esprit de servilité. De plus, ils n'encouragent pas les enfants à s'aventurer hors du cercle de leur communauté. Je pensais qu'il était urgent que l'État néerlandais cesse de subventionner ces écoles.

Mais cette proposition créait un dilemme. Aux Pays-Bas, l'article 23 de la Constitution autorise la fondation d'établissements confessionnels. Si les autorités fermaient les écoles musulmanes, mais pas les autres écoles religieuses, ce serait de la discrimination. Je pensais qu'il était temps d'engager un débat autour du principe même du financement par l'État des écoles religieuses.

Les Pays-Bas étaient devenus une société pluriethnique, enrichie de nombreux citoyens de culture non occidentale : musulmans, hindouistes, bouddhistes... Ne valait-il pas mieux que les petits Néerlandais, toutes origines confondues, grandissent ensemble et apprennent à se connaître et à se comprendre ? Peut-être l'article 23 méritait-il d'être abrogé. Les subventions de l'État seraient mieux employées à créer des écoles idéologiquement neutres qui encourageraient leurs élèves à poser des questions et à respecter le pluralisme.

Mes opinions sur l'éducation commençaient à inquiéter sérieusement Paul Kalma. À présent, il ne trouvait plus mes propositions trop à droite, mais positivement communistes.

— Tu te rends compte de ce que l'article 23 représente pour les Pays-Bas, d'un point de vue historique et affectif ? m'a-t-il demandé. Tu n'es pas au courant des siècles de conflits qui l'ont précédé ? Tu crois franchement qu'on va modifier un article de la Constitution simplement pour faire avancer la question de l'intégration ?

— Oh, alors nous ne sommes plus un groupe de réflexion ? Je croyais que nous étions censés examiner tous les aspects des problèmes et proposer des solutions en conséquence. De toute façon, l'arrivée d'immigrants dans ce pays chamboule la société. Il est temps d'accepter ce fait.

Je regrette cette époque, ces discussions vives mais amicales.

*

En mai 2002, avec Ellen, nous avons décidé de partir en vacances à Corfou. Peut-être Abshir avait-il raison, me suis-je dit, peut-être avais-je vraiment besoin de repos. J'emportai en Grèce un petit livre à la couverture brune, *Le Manifeste athéiste*, que Marco m'avait mis entre les mains un jour où nous nous étions disputés sur la question de la foi.

À l'époque, j'avais eu l'impression qu'il me donnait son livre sacré, avec la conviction que je ne pourrais qu'en admettre la suprématie. Cela m'avait ôté toute envie de le lire. Mais les choses avaient changé. Mes doutes avaient grandi, et je voulais être fixée. Mes questions étaient taboues. On m'avait enseigné que si l'on n'est pas le serviteur de Dieu, on est un suppôt de Satan. Avant de donner des leçons aux Pays-Bas, je devais répondre aux questions que je me posais encore sur ma propre foi.

La veille de notre départ pour Corfou, j'ai prévenu Ellen.

— J'ai des doutes très sérieux sur l'existence de Dieu et de l'au-delà. J'ai l'intention de lire ce livre pendant nos vacances. Ça ne te dérange pas ?

— Non, m'a-t-elle répondu, l'air grave. Pas du tout. Je comprends très bien. Je serai là pour toi, comme tu l'as été pour moi quand je me posais ce genre de questions.

J'ai lu le livre, m'émerveillant de la clarté et de l'impertinence de son auteur. Mais je n'en avais pas besoin. Le simple fait de vouloir le lire signifiait déjà que je ne croyais plus, et je le savais. Au bout de quatre pages, j'avais ma réponse. J'avais abandonné Dieu depuis des années. J'étais athée.

Mais je n'osais pas encore en parler à Ellen. Alors, un soir, je me suis regardée dans le miroir de ma chambre d'hôtel et à voix haute, en somalien, j'ai articulé : « Je ne crois pas en Dieu. » Et je me suis sentie libérée.

Je ne ressentis aucune souffrance. Les choses furent soudain beaucoup plus claires dans ma tête. C'en était fini de l'époque où je constatais que ma foi s'effilochait et où j'essayais de continuer à croire, contournant avec précaution les zones fragilisées, sans pouvoir empêcher des morceaux de se détacher, les uns après les autres. Les anges qui m'observaient depuis mes épaules, la tension que j'éprouvais depuis que j'avais des relations sexuelles sans être mariée, que je buvais de l'alcool, que je n'observais plus aucune obligation religieuse – tout cela a disparu. La perspective obsédante de l'enfer perdait soudain toute réalité, et mon horizon s'est élargi. Dieu, Satan, les anges étaient tous des créations de l'imagination. Mais le sol sous mes pieds était réel, et à présent je pouvais aller où je voulais et agir en n'écoutant que ma raison et ma dignité. Ma boussole morale était en moi, pas entre les pages d'un livre.

Mais je ressentais un grand vide. En rentrant de Corfou, je me suis mise à courir les musées. J'avais besoin de voir des ruines, des momies, des morts embaumés il y a des milliers d'années. Cela peut sembler infantile, mais j'avais besoin de prendre conscience de leur réalité. Après ma mort, je deviendrai un tas d'os, rien d'autre : voilà ce que je me répétais. Je m'efforçais tant bien que mal de me faire à l'idée de cette nouvelle vie sans Dieu, cette vie qui n'avait d'autre sens que celui que je saurais lui donner.

Je voulais agir de façon vraiment morale. Le fidèle de l'islam est l'esclave d'Allah : il se soumet et, dans l'idéal, abjure toute volonté. Il se conduit bien parce qu'il a peur de l'enfer, mais il n'a aucune éthique personnelle.

Si Dieu représentait ce qui est bon, et Satan ce qui est mauvais, ils étaient tous deux en moi. Je voulais développer le bon – le courage, l'honnêteté, la générosité, l'amour – et supprimer le mauvais – la colère, l'envie, la paresse, la cruauté.

Je pouvais très bien rester attachée aux valeurs positives de l'islam sans pour autant renoncer à mon libre arbitre et me forcer à respecter des règles inhumaines. Les hommes eux-mêmes sont la source du bien et du mal, me suis-je dit, et sont tout à fait capables de les distinguer l'un de l'autre. Ils sont responsables de leur moralité. J'ai décidé que je ne mentirais plus jamais, ni à moi-même ni aux autres. J'en avais assez de mentir. Et je n'en avais plus besoin, car je n'avais plus peur de l'au-delà.

Je ne voulais plus laisser des guides imaginaires me dicter ma conduite, mais j'avais besoin de trouver de nouveaux repères moraux. C'est à ce moment-là que j'ai commencé à lire vraiment Spinoza, ainsi que l'essai de Bertrand Russell *Pourquoi je ne suis pas chrétien*, et Karl Popper. Popper suggérait que « toute vie est résolution de problèmes ». Il n'y a pas de vérité absolue : on ne progresse vers la connaissance que par le recours à la pensée critique, en remettant en cause ce qui est tenu pour vrai. Popper admirait Kant et Spinoza, mais cela ne l'empêchait pas de noter la faiblesse de certains de leurs arguments. Je voulais être comme lui : assez indépendante d'esprit pour reconnaître le génie mais savoir en détecter les failles.

Baruch Spinoza, quant à lui, n'était pas simplement un petit-fils de réfugiés juifs portugais vaguement intéressé par le sujet de la religion. Il y a trois cent cinquante ans, quand l'Europe baignait dans le dogme religieux et que les penseurs étaient persécutés, exactement comme dans le monde musulman actuel, Spinoza était lucide et sans peur. Il avait été le premier Européen moderne à contester l'existence d'un Dieu tout-puissant et à proclamer que la nature était sa propre artisane. C'était la raison, affirmait-il, et non l'obéissance qui devait guider nos vies. Même s'il lui a fallu des siècles pour s'écrouler, la grande cage de la hiérarchie sociale européenne, qui, consolidée par l'Église catholique, assurait la prééminence du sang noble et du sexe fort, fut, à l'origine, disloquée par cette pensée.

À présent, c'était au tour de l'islam d'être mis à l'épreuve.

15

Menaces

En mars 2002, Pim Fortuyn remporta une formidable victoire électorale à Rotterdam. Pour la première fois depuis la Seconde Guerre mondiale, le Parti du travail était battu dans la plus grande ville des Pays-Bas – et le plus grand port du monde –, détrôné par un quasi-inconnu. Un vent de panique souffla dans le parti, car des élections nationales devaient se tenir en mai.

Personnellement, je n'étais ni surprise ni effrayée par la popularité de Fortuyn. Je voyais en lui une voix nouvelle ; ce qu'il disait était souvent très vrai. Il pouvait agacer, mais je ne sentais pas le moindre racisme dans son discours. C'était un homosexuel qui revendiquait son droit de l'être, dans un pays où les homosexuels ont des droits. C'était un provocateur, caractéristique typiquement néerlandaise. On le situait à l'extrême droite, mais à mes yeux sa politique ressemblait sur beaucoup de points à un socialisme libéral. Je n'aurais jamais voté pour lui, mais je le considérais comme un homme essentiellement attaché aux idéaux de justice et de liberté – à la société laïque.

La victoire de Pim Fortuyn apparut comme le symptôme de l'échec du Parti du travail et des autres partis établis. Ils avaient refusé de considérer clairement la situation sociale des immigrés, refus qui avait entraîné la popularité de Fortuyn. Sans lui donner toujours raison, je me réjouissais que ce soit lui qui ait abordé ces questions et non un vrai raciste.

La politique néerlandaise devenait confuse. On sentait bien que les politiciens au pouvoir accordaient trop peu d'attention à ce que réclamait vraiment le peuple : un meilleur système de santé, moins de bureaucratie et des réponses aux problèmes sociaux des immigrés. Le gouvernement du moment avait envoyé des troupes pour participer au maintien de la paix en ex-Yougoslavie, et ces troupes avaient fermé les yeux sur les massacres serbes de Srebrenica. Aucun homme politique n'avait démissionné pour autant. Que signifiait la responsabilité politique si personne ne payait le prix d'une décision qui avait provoqué des milliers de morts ? Comment s'étonner que les électeurs cessent de soutenir des partis qui se comportaient de la sorte ?

En mai, Pim Fortuyn déclara qu'il accorderait aux demandeurs d'asile ayant vécu longtemps aux Pays-Bas le droit d'y rester, même si leur demande avait été rejetée. Je me réjouis de cette nouvelle qui faisait la une du journal. Paul Kalma et moi avions plusieurs fois demandé que le Parti du travail se prononce en faveur d'une telle amnistie.

Assise dans un café à Berlin avec Paul, suite à un symposium sur l'Europe et l'immigration, je m'énervai : « Pourquoi le parti n'a-t-il pas adopté cette position ? Pim Fortuyn satisfait l'électorat de droite en disant que la situation actuelle de l'immigration est un échec de l'intégration et il satisfait l'électorat de gauche en disant que l'amnistie est la seule solution possible et humaniste. » Paul s'était toujours méfié de Pim Fortuyn mais je sentis que mes propos le troublaient.

À neuf jours des élections, Pim Fortuyn arrivait en tête de tous les sondages : il pouvait espérer devenir Premier ministre. Je me disais que s'il prenait le pouvoir il ne le garderait pas longtemps : il n'avait pas l'expérience nécessaire pour gouverner. La pagaille régnait dans son parti

– qui n'avait même pas vraiment de nom – et j'avais appris à l'université que dans un système comme le nôtre les candidatures individuelles se terminent toujours comme des feux de paille.

Deux jours plus tard, Pim Fortuyn était abattu dans un parking, devant les studios de radio et de télévision. Le pays tout entier fut frappé de stupeur. Pareille chose ne s'était pas produite en Hollande depuis le lynchage des frères de Witt dans les rues de La Haye en 1672. Tous les hommes politiques néerlandais se déplaçaient à vélo, en train ou au volant de leur propre voiture, comme tout le monde. Assassiner un leader politique pour ses idées était tout simplement impensable, et le choc ressenti par la population fut considérable.

En entendant la nouvelle de ce meurtre, je me suis dit, une fois de plus : « Oh, Allah, fais que le coupable ne soit pas un musulman. »

Je n'étais pas la seule à y penser. L'opinion publique estimait que si l'assassin de Fortuyn était un musulman des représailles terribles allaient suivre – massacres, incendies. En apprenant que les coups de feu avaient été tirés par un Blanc, un défenseur des droits des animaux, tout le pays poussa un soupir de soulagement. Wim Kok décida de maintenir les élections, et le parti de Pim Fortuyn entra au Parlement avec vingt-six sièges. Le Parti du travail en perdit beaucoup.

*

Quelques semaines avant l'assassinat de Fortuyn, une documentariste, Karin Schagen, me demanda si elle pouvait tourner un film sur ma vie de réfugiée aux Pays-Bas. Pendant tout l'été, elle me promena, d'abord à Zeewolde, où j'avais demandé le droit d'asile, puis dans les lieux où j'avais habité. Cela faisait dix ans que je vivais dans ce pays et je fus heureuse de faire cette tournée avec elle.

Un soir, Karin téléphona à mon père. Il était à Londres, chez son ex-femme, Maryan, qui avait obtenu le statut de réfugiée en Grande-Bretagne. Abeh dit à Karin que des Somaliens l'appelaient d'Italie, de Scandinavie, des Pays-Bas pour le prévenir : « Hirsi, si tu n'interviens pas très vite pour retenir ta fille, elle va être tuée. »

Karin ne me rapporta pas tout de suite cette conversation. Et quand elle m'en parla, quelques jours plus tard, je ne pris pas ces menaces au sérieux. Qui pourrait bien se donner la peine de me tuer ?

*

Début août, je fus invitée à intervenir à la télévision à propos des femmes musulmanes. Il y eut d'abord quelques courts sujets sur des filles qui avaient fugué pour se soustraire aux mauvais traitements de leurs parents et sur d'autres qui choisissaient de se voiler, alors qu'elles vivaient aux Pays-Bas.

Lorsqu'on m'a demandé mon opinion, j'ai expliqué que l'islam était comparable à une cage mentale. Quand on ouvre la porte à un oiseau en cage, il ne sort pas immédiatement : il a peur. Il a intériorisé son enfermement. Il faut un certain temps pour qu'il ose sortir, même si la porte reste ouverte.

Une semaine après la diffusion de l'émission, je reçus un appel de mon père, qui me demanda :

— Que se passe-t-il, mon enfant ? Les coups de fil n'arrêtent pas de pleuvoir. En l'espace d'une semaine, j'en ai reçu une vingtaine. Qu'as-tu dit à propos de l'islam ?

— Abeh, dans les refuges pour femmes battues, il y a beaucoup de musulmanes. Les hommes qui les frappent disent qu'elles doivent obéir au nom de l'islam. Je mets simplement notre foi en relation avec le comportement de ces hommes.

— L'islam ne dit pas qu'il faut battre les femmes,

Ayaan. C'est une religion de liberté et de paix. Tu peux te battre contre l'oppression des femmes, mais n'établis pas de lien avec l'islam.

Je n'ai pas pu lui avouer que je ne croyais plus à ces arguments. J'ai bafouillé :

— Non, il ne s'agit pas de..., mais il m'a coupée en disant qu'il priait pour moi et que je devrais prier, moi aussi ; puis il a raccroché.

Un mois plus tard, lors de la première commémoration des attaques du 11 septembre, on m'a demandé d'intervenir dans l'émission la plus populaire de la télévision hollandaise, intitulée *Barend et Van Dorp*, du nom de ses deux présentateurs. L'enregistrement, en direct, devait commencer à vingt-deux heures quinze, mais, tôt le matin, on a sonné à ma porte. J'ai ouvert, et deux grands costauds m'ont annoncé qu'il étaient envoyés par *Barend et Van Dorp*, pour m'accompagner à mon bureau et à tous mes rendez-vous de la journée. Procédure normale, simple courtoisie, ont-ils ajouté.

Ça ne me paraissait pas normal. J'allais à Amsterdam, la gare était au coin de la rue, le voyage était court. J'ai remercié ces hommes en leur disant que je n'avais pas besoin de leurs services. Mais Karin, qui me filmait, était ravie de cette proposition : elle avait tout son matériel à transporter ; nous l'acceptâmes donc.

Dans la voiture, en voyant les portes blindées, toutes sortes d'appareils de communication et la carrure impressionnante des deux hommes, Karin resta plongée dans le silence. Puis elle me dit : « Ayaan, il ne s'agit pas d'une procédure habituelle. Regarde le gabarit de ces hommes. Ce sont des gardes du corps. Quelque chose ne va pas. »

Ils nous ont accompagnées au centre Felix Meritis, à Amsterdam, où je devais participer à un débat sur l'intégration de la jeunesse marocaine avec un membre du Parti libéral et une Marocaine, conseillère municipale de son quartier. Au cours de la discussion, comme nous évoquions l'apathie et l'hostilité de nombreux immigrés, il apparut que la Marocaine et moi nous opposions souvent et que, sur le fond, j'étais plutôt d'accord avec le libéral.

C'était souvent le cas. En public, surtout, les responsables musulmans s'inscrivaient en faux contre ce que je disais, alors que, en privé certaines musulmanes me donnaient raison. Côté néerlandais, les travaillistes supportaient mal que je critique leur « tolérance pluriculturelle » des pratiques islamiques, alors que les libéraux approuvaient chaleureusement mon insistance sur les droits de l'individu.

Après le débat, mes deux chauffeurs nous ont conduites à Utrecht pour une autre discussion sur l'islam et le multiculturalisme. La réunion se tenait dans un café qui était plein de jeunes Marocains. Mon arrivée fut accueillie par des huées. Cela me surprit : ces jeunes gens m'avaient-ils reconnue ? Chaque fois que j'ouvrais la bouche, ils se mettaient à crier, et, à l'autre bout de la salle, des cris leur répondaient. Le public paraissait divisé en deux, les Néerlandais de souche, qui approuvaient mes idées, et les musulmans. L'un après l'autre, ces jeunes Marocains, garçons et filles, se levaient en m'apostrophant : « Traître. Tu parles comme Pim Fortuyn. Tu ne sais rien de l'islam. Tu nous stigmatises. »

L'atmosphère était lourde de ressentiment, mais je devais partir pour me rendre à la télévision. Dans la voiture, je dis à Karin :

— Qu'est-ce qui se passe, à la fin ? Qu'ont tous ces gens ?

Karin répondit :

— Tu ne vois donc pas que les Pays-Bas sont tout petits et que tu tiens des discours explosifs ?

Explosifs ? Dans un pays où la prostitution est légale et les drogues douces tolérées ; où l'on pratique l'euthanasie et l'avortement ; où des hommes pleurent à la télé ; où des gens se promènent tout nus sur les plages et où l'on se moque publiquement du pape ? Un pays où l'écrivain Gerard Reve a raconté qu'il fantasmait de faire l'amour avec Dieu réincarné sous la forme d'un âne ? Comment les propos que je tenais pouvaient-ils être considérés comme explosifs dans un tel contexte ?

— Mais, Karin, ces jeunes gens vivent ici depuis des années. Les filles portaient toutes des pantalons serrés et des tee-shirts ; ils sont tous occidentalisés. Ils assistent à des débats, ils ont l'habitude de la critique.

— Tu te trompes. Si ton nom n'avait pas figuré sur les tracts, ils ne seraient pas venus. C'est ta présence qui les attire. Normalement, ils ne fréquentent pas ces discussions, ils te connaissent par la télé. Je ne crois pas qu'ils lisent Reve ni qu'ils aient l'habitude de ce genre de critique, du moins de la part d'une musulmane.

Nous sommes arrivés au studio juste avant le début de l'émission. Lorsque Barend et Van Dorp m'ont accueillie, je leur ai parlé des deux hommes qui m'avaient chaperonnée toute la journée. Ils m'ont dit qu'ils avaient reçu un coup de téléphone menaçant et que la police prenait la chose au sérieux. Cela me surprit, mais je n'avais pas le temps d'y réfléchir : nous allions passer à l'antenne.

Après m'avoir brièvement présentée, Frits Barend me posa la première question :

— Donc, vous êtes arrivée en Hollande en 1992 comme demandeuse d'asile. Avez-vous menti, comme tout le monde ?

Je répondis qu'effectivement j'avais menti sur mon nom et sur mon passé, parce que j'avais peur d'être renvoyée dans mon clan. Cela ne souleva pas de controverse. On me posa d'autres questions avant d'arriver à celle-ci :

— Considérez-vous, comme Pim Fortuyn, que l'islam est arriéré ?

Assez sidérée, je répondis :

— Selon le rapport des Nations unies sur « Le développement humain arabe », si l'on considère trois aspects : la liberté politique, l'éducation, et le statut des femmes, ce qu'a dit Pim Fortuyn n'est pas une opinion, mais un fait.

Je croyais m'en être habilement tirée. Je n'avais pas répété l'affirmation si controversée de Fortuyn, mais j'avais été claire, précise. Certains aspects de l'islam freinaient effectivement le développement des sociétés en brimant la pensée critique et en maintenant les femmes dans la dépendance.

— Mais vous êtes toujours musulmane ? me demandat-on ensuite.

Une fois de plus, j'évitai de me prononcer trop nettement :

— Je suis laïciste.

Je ne me sentais pas assez forte pour affronter ce qui se passerait si j'affirmais ne plus croire en Dieu. Pour un musulman, il n'y a rien de pire. Si un chrétien renie sa foi, c'est une affaire personnelle qui n'a de conséquence que pour son âme. Mais si un musulman renie Dieu, il mérite la mort : là-dessus, le Coran et les hadith sont clairs. Et qu'une musulmane abjure sa foi est la pire des désobéissances à Dieu, puisqu'elle est commise par l'élément le plus bas, le plus impur de la société. Elle exige punition.

Le lendemain, j'étais invitée à un autre débat. Toutes ces questions faisaient l'objet de multiples discussions publiques et semblaient passionner le pays. J'acceptais toujours d'y participer. Je me retrouvai donc sur un plateau de télévision devant un public essentiellement composé de musulmans. Enfin, me dis-je, la télé néerlandaise fait participer des musulmans.

J'étais assise à côté de Naema Tahir, belle jeune femme pakistanaise qui avait été mariée de force par son père. Elle avait rejeté ce mariage et poursuivi ses études de droit jusqu'à la maîtrise. Nous portions toutes les deux une blouse bleu pâle, comme des écolières, et nous nous sentions proches. Autour de nous il n'y avait que des hommes qui, dès le début de l'échange, se sont mis à crier, à hurler, à nous couper la parole. Et puis un homme a aboyé :

— Tu n'es pas musulmane ! Tu l'as dit ! Tu as dit que l'islam était arriéré ! Tu mens !

J'ai répondu :

— L'islam est ma religion, et si j'ai envie de la qualifier d'arriérée, je le ferai. Oui, l'islam est arriéré.

Le chaos se déchaîna. L'atmosphère était orageuse, et moi de plus en plus tendue. Les hommes me lançaient des regards noirs. J'ai repensé à ce que m'avait dit Frits Barend la veille. Mais je n'avais plus de gardes du corps.

À la fin de l'émission, le modérateur m'a dit que je ne serais pas en sécurité si je sortais toute seule dans la rue. La télé me payait un taxi pour me ramener à Leyde. Quand je suis arrivée chez moi, le téléphone sonnait. C'étaient Johanna et Maarten. Ils avaient regardé l'émission et s'inquiétaient pour moi – ils avaient peur qu'il ne me soit arrivé quelque chose et se dirent soulagés de me savoir rentrée.

Mais Maarten était également fâché. Il me conseilla d'être plus prudente. « Ce que tu fais ne peut que te desservir. Tu te mets en danger. Essaie de trouver un autre sujet de discussion. »

Le lendemain était un vendredi. Je me suis levée et j'ai pris le train comme d'habitude pour aller au bureau. En plein jour, aux Pays-Bas, il n'y avait aucune raison d'avoir peur. J'étais, en revanche, bien décidée à rédiger une proposition demandant à notre institut de financer une vraie enquête sur la situation des femmes musulmanes aux Pays-Bas, et je me mis au travail. Puis j'allai voir Paul Kalma dans son bureau et il me dit : « J'ai regardé l'émission hier. Tu devrais faire attention, Ayaan. Je te conseille d'éviter ce genre de chose, à l'avenir. Passer à la télévision, c'est trop sensationnel. L'idée d'écrire des articles n'est peut-être pas si mauvaise, après tout ! »

Tout le monde s'accordait à dire que les menaces se rapprochaient et que j'étais trop stupide pour m'en apercevoir. J'ai commencé à me sentir moins sûre de moi.

En fin de journée, un ami est venu me chercher au bureau pour me raccompagner à la maison. Pendant que nous marchions, j'ai regardé autour de moi : est-ce que quelqu'un me reconnaissait ? me suivait ? Mais non. Tout paraissait normal : les gens pédalaient tranquillement, discutaient au téléphone, personne ne me prêtait la moindre attention.

Le soir, Ellen a voulu discuter. Elle m'a dit très franchement que j'avais perdu l'esprit. J'avais acheté la maison avec elle quatorze mois plus tôt et je n'étais presque jamais là. Je travaillais sans arrêt, m'acharnant à devenir la réponse féminine à Ben Laden, et je ne réussissais qu'à détruire ma santé et notre amitié.

Le lendemain, samedi, Karin est venue et nous avons téléphoné à mon père. Il a dit à Karin qu'il avait reçu de nouvelles menaces et qu'il avait vraiment peur que des gens décident de me faire tuer. Karin prenait des notes. Mais, quand j'ai parlé à Abeh, il n'a pas fait allusion à ces menaces, sans doute pour m'éviter d'avoir peur. Il m'a simplement conseillé d'être prudente. J'ai demandé pourquoi. Il a répondu :

— Je reçois des mises en garde de partout. Ne parle plus de l'islam.

J'ai raccroché, et Karin m'a dit :

— Ton père veut que je te protège. Il pense que tu vas être assassinée.

— Juste ciel ! Les références de mon père sont lointaines et anciennes. Et puis qu'est-ce que j'ai fait ? Je ne suis qu'un minuscule pion qui gagne mille six cents euros par mois. On ne tue pas les gens pour avoir élevé leur voix dans un petit pays.

Ensuite, Marco m'a appelée. Il voulait me voir. J'ai dit d'accord, je prends mon vélo et j'arrive, mais il m'a dissuadée de sortir de chez moi toute seule. J'ai trouvé ça absurde, mais il est venu me chercher en voiture pour m'emmener dans un charmant petit village nommé Roelofsarendsveen, où les chances de croiser un musulman radical en colère étaient proches de zéro. Marco m'a demandé d'être prudente, car il pouvait m'arriver n'importe quoi.

Pendant que nous parlions, le téléphone a sonné. C'était Leon de Winter, un écrivain néerlandais célèbre. Je pris les devants :

— Vous aussi vous allez me dire d'être prudente ? parce que toutes ces leçons de prudence commençaient à m'agacer.

Mais il répondit :

— Non, je voulais simplement vous exprimer mon admiration. Je vous ai vue à la télé ces deux derniers soirs, et je trouve extraordinaire ce que vous faites pour nous.

Il m'invita à dîner pour le week-end suivant. C'était un grand honneur. J'ai accepté, bien sûr, mais en m'excusant de n'avoir lu aucun de ses livres. Il a répondu :

— Cela ne fait rien, moi j'ai lu vos articles.

Le téléphone a encore sonné, et c'était Jaffe Vink de *Trouw*.

— Je veux que vous ayez une conversation avec un policier qui travaille pour les services secrets, car il risque d'y avoir du vilain, m'a-t-il dit. Je pense que les menaces contre vous sont réelles. Vous pouvez le rencontrer lundi.

J'acceptai sa proposition.

J'ai passé le week-end chez moi avec Ellen à faire du ménage et à tenter de ressouder notre amitié. Puis, le lundi, je suis allée voir l'homme de la police spéciale. Son bureau ressemblait à une prison, avec ses barreaux partout, ses verrous sophistiqués aux portes et ses caméras de surveillance.

— Je ne sais pas ce que j'ai dit ou fait, lui ai-je expliqué, mais mon père a peur que je me fasse tuer, et toutes sortes de gens s'inquiètent pour moi. Comme je n'ai pas reçu de menaces directes, je me sens un peu bête, mais je commence à avoir peur, moi aussi.

— Vous êtes effectivement un peu bête, car ces menaces sont très réelles. Nous sommes au courant. Vous avez besoin de protection. Allez déposer une plainte à la police de Leyde. Et parlez-leur de ce qu'il y a sur Internet.

— Il y a quelque chose sur moi sur Internet ?

— Beaucoup de choses. (Il soupira.) Nous surveillons. Typiquement néerlandais, avunculaire et protecteur, cet homme me demanda de cesser de me prendre pour une non-entité invisible : j'avais déclenché quelque chose qui pouvait devenir énorme et très dangereux pour moi.

Au commissariat de police de Leyde, que je connaissais bien pour y avoir travaillé comme interprète, l'officier qui me reçut avait entendu parler de moi et paraissait plus au courant de ma situation que je ne l'étais moi-même. Il me dit que la police allait évaluer les risques liés à notre maison et qu'en attendant nous devions changer les serrures.

Puis il m'a demandé : « À votre avis, combien de personnes connaissent votre adresse ? » Je lui montrai ma carte de visite professionnelle : mon adresse personnelle y figurait. J'avais distribué ces cartes dans tout le pays chaque fois que je participais à un débat. Créer un réseau faisait partie de mon travail. En plus, notre numéro de téléphone figurait dans l'annuaire. Le policier a grogné.

Il y avait une autre réunion de l'institut Wiardi Beckman ce soir-là, et mon cas était inscrit à l'ordre du jour. Job Cohen fut parfait, comme d'habitude. Il dit : « Que je sois d'accord ou non avec Ayaan n'a aucune importance. Toute menace consécutive à l'expression de son opinion est absolument inacceptable pour nous tous. »

Je me suis demandé pourquoi il n'était pas le chef de notre parti. Il pensait clairement, il avait de l'autorité, il comprenait l'esprit de la loi mieux que personne. J'avais un peu honte de l'avoir insulté dans un article. Après la réunion, Cohen s'est approché de moi et m'a dit : « Ayaan, tu as l'air crevée. Je veux que tu prennes le temps de réfléchir avant de relever ce défi. Cela peut durer longtemps. Est-ce que tu veux vivre comme ça ? Va manger quelque chose, dormir et réfléchir. »

Tout le monde, apparemment, estimait que je ne pouvais plus prendre le train pour aller travailler sans risquer de provoquer des réactions violentes. Ce soir-là, Karin m'a raccompagnée en voiture et elle est revenue le lendemain matin avec son équipe pour me conduire au bureau. Le jour suivant, Paul Kalma a appelé Barend et Van Dorp pour avoir le nom du service de gardes du corps privé auquel ils avaient fait appel. Il a décidé d'en engager deux pour aller me chercher et me raccompagner. De quoi fallait-il exactement me protéger ? Ce n'était clair ni pour mon entourage ni pour moi-même s'il était une évidence pour tous qu'il fallait le faire.

Ma vie quotidienne est devenue très compliquée. À Amsterdam, où je travaillais, la police locale devait assurer ma sécurité. Mais en arrivant chez moi, trente kilomètres plus loin, je devais prévenir la police de Leyde que j'étais rentrée, car c'était elle qui prenait le relais. En plus, les gardes du corps coûtaient cher, et, à la suite des élections, le Parti du travail avait réduit le budget de notre groupe de réflexion. Paul Kalma me demanda si je ne pourrais pas éviter de rentrer à Leyde pendant un certain temps : si je trouvais un endroit où dormir à Amsterdam, la police locale pourrait m'y raccompagner tous les soirs.

Une journaliste m'appela pour s'entretenir avec moi. Je lui répondis que c'était impossible ; je venais de porter plainte et, désormais, je ne m'exprimerais plus dans aucun média. Elle fit passer cette information dans son journal, et toute la presse annonça en gros titres que j'étais obligée de me cacher. Je reçus des sacs entiers de lettres. Beaucoup de gens se proposèrent de me cacher chez eux, notamment mon ancien professeur de méthodes en recherche sociale. Il

431

habitait près du siège du Parti du travail, et son duplex comprenait un petit appartement indépendant qu'il mettait à ma disposition.

Nous avons décidé que je m'y installerais temporairement, après le week-end. Quand j'annonçai la nouvelle à Ellen, je la sentis se raidir. Elle n'était pas d'accord, et nous nous sommes disputées : elle m'a accusée de laisser tomber ma part de travail domestique et notre amitié. Je lui ai reproché de ne pas me soutenir quand j'en avais besoin. C'était une scène affreuse. Les gardes du corps klaxonnaient avec impatience. Je suis partie.

Ce soir-là, je devais dîner à l'hôtel Hilton d'Amsterdam avec Jaffe Vink, de *Trouw*, Leon de Winter et sa femme. Nous venions d'attaquer les hors-d'œuvre lorsque les deux gardes du corps ont fondu sur moi, m'ont prise par les mains et m'ont enveloppée de leurs corps en disant : « Nous partons. » J'ai tout juste eu le temps de poser ma fourchette.

Ils m'ont fait sortir par la porte de derrière, et je n'ai rien vu. Mais dans la voiture qui filait à toute vitesse ils m'ont expliqué que des voitures remplies d'hommes d'allure nord-africaine étaient arrivées l'une après l'autre. Elles déposaient des gens devant l'hôtel et repartaient en chercher d'autres. Quelqu'un avait dû me voir entrer et avait diffusé la nouvelle. Les gardes n'étaient pas équipés pour affronter autant d'adversaires. Cette fois, j'avais vraiment peur.

Ils m'ont conduite au commissariat de Leyde. Là, un officier de police m'a appris que des recherches avaient été entreprises et que je ne devais plus rentrer chez moi. Mon adresse était trop connue ; on ne pouvait pas m'y protéger. J'ai demandé :

— Vous me conseillez de vendre ma maison ? et le policier a répondu :

— Nous ne pouvons pas vous donner ce conseil. Sachez simplement que vous n'y êtes plus en sécurité.

J'ai téléphoné à mon père : « Allô, Abeh, c'est Ayaan. »

J'ai perçu un mouvement, puis entendu un déclic. Il avait raccroché. Par la suite, je fis d'autres tentatives, en vain. J'avais insulté ce qu'il avait de plus cher, et, cela, il ne pourrait pas me le pardonner.

*

Mes conditions de vie étant intenables, Leon de Winter me suggéra d'aller me reposer dans une retraite d'écrivains en Californie. Je pourrais rentrer dès que la situation se calmerait. Je n'avais pas l'argent nécessaire, mais Paul Scheffer proposa que l'institut Wiardi Beckman recueille des fonds à travers une association.

D'une certaine manière, ma situation symbolisait la situation d'ensemble dont le pays commençait à prendre conscience et qui le choquait. Cette nation paisible qui pensait avoir atteint le summum de la civilisation et n'avoir plus à s'inquiéter de rien, sinon peut-être d'une éventuelle rupture des digues, découvrait avec horreur que certains citoyens refusaient absolument quelques-unes de ses valeurs fondamentales – la liberté de parole notamment. Elle ouvrait les yeux sur la réalité des attaques du 11 Septembre, de l'assassinat d'hommes politiques et des menaces de mort. Le fait qu'une jeune femme risque sa vie pour avoir simplement exprimé publiquement la vérité telle qu'elle la concevait était considéré par beaucoup de gens comme un symbole important.

Des pétitions réclamant mon droit à la libre expression circulèrent. On m'envoya des fleurs. Mes idées faisaient l'objet de débats. Certaines personnes affirmaient que toutes ces menaces contre moi n'étaient que des mensonges, de la publicité, mais beaucoup d'autres, que je ne connaissais même pas, organisaient des actions de soutien pour moi. Leon de Winter, Geert Mak, Harry Van den Berg et Paul Scheffer, écrivains bien connus ; Job Cohen ; Felix Rottenberg, un ancien dirigeant du Parti du travail, et Paul

Kalma, mon patron ; Tilly Hermans, mon éditeur actuel, et Cisca Dresselhuys, célèbre féministe – tous ces personnages importants et médiatiques prenaient ma défense. Ils voulaient que je puisse rentrer aux Pays-Bas sans risque et sous la protection non de la police locale, mais du corps de police d'élite qui protège les politiciens connus et la famille royale.

En octobre 2002, je m'envolai pour la Californie. C'était la première fois que je me rendais aux États-Unis, et je compris presque immédiatement combien mes préjugés sur ce pays étaient ridicules. Dans mon esprit, les Américains étaient gros et lourdauds, hyperarmés, racistes et dotés d'une police agressive – la caricature d'une caricature. Mais je découvris des gens tranquilles vivant une vie bien réglée, faisant du jogging et buvant du café.

J'appréciais tout particulièrement leurs énormes librairies. J'ai passé des heures chez Barnes & Noble, à Santa Monica, où j'habitais, et acheté des tonnes de livres. Quel soulagement d'avoir à nouveau le temps de réfléchir, et de lire !

*

Le 16 octobre 2002, le gouvernement, au pouvoir depuis seulement deux mois, tomba. Le groupe de Pim Fortuyn au Parlement était trop désorganisé pour former une coalition avec les libéraux et les démocrates-chrétiens. Le petit univers de la politique néerlandaise était en émoi : il fallait envisager de nouvelles élections. Elles furent fixées au mois de janvier 2003.

Neelie Kroes était une figure éminente du Parti libéral, connu aux Pays-Bas sous le sigle VVD. C'est une forte personnalité, une femme digne et très décidée. Nous ne nous étions jamais rencontrées, mais le fait que j'aie dû quitter le pays après avoir exprimé mes opinions l'avait scandalisée. Elle avait convaincu toutes les femmes politiques, de tous les principaux partis, de signer une pétition défendant mon droit à la parole et à la sécurité.

Neelie voulait qu'il y ait plus de femmes au Parlement, des femmes fortes et intelligentes. Lorsque le gouvernement tomba, précipitant des élections anticipées, elle pensa à moi. J'étais au Parti du travail et encore débutante ; elle était au VVD, donc à droite. Mais Neelie appela Leon de Winter en lui disant qu'elle voulait que je me présente aux élections avec l'étiquette de son parti.

Entrer au Parti libéral ? Dans ma retraite de Santa Monica, je m'interrogeai. L'idée d'être qualifiée de « droite » ne me dérangeait pas outre mesure. Aux Pays-Bas, tous les partis sont partisans d'une intervention active du gouvernement dans les échanges commerciaux, accompagnée d'une forte taxation pour une redistribution des richesses. Sur le plan économique, le Parti libéral milite pour limiter l'intervention de l'État et réduire les impôts ; cela me convenait. Au niveau des principes, les libéraux étaient laïques : neutres sur les questions religieuses. Ils étaient pour le droit à l'avortement et les droits des homosexuels – l'émancipation de l'individu.

Et puis j'étais déçue par le Parti du travail. Dans mon esprit, les sociaux-démocrates étaient pour le changement, pour les réformes. Ils cherchaient à améliorer la vie des gens ; ils se préoccupaient de la souffrance. Ils auraient donc dû être sensibles à la souffrance des musulmanes. Mais en réalité le Parti du travail néerlandais semblait aveuglé par le multiculturalisme, paralysé par la nécessité de se montrer *sensible* aux cultures des immigrés et de les *respecter*. Lorsque je disais que la position des musulmanes devait changer – et changer tout de suite –, on me conseillait toujours d'attendre, quand on ne m'accusait pas d'être de « droite ». Était-ce la réponse qu'ils donnaient aux mineurs du XIXe siècle ?

Neelie avait prévu d'aller voir son fils, qui vivait à San Francisco, et c'est là que nous nous sommes rencontrées. Elle m'a demandé ce que je comptais faire. Je lui ai dit que je pensais m'établir aux États-Unis pour passer un doctorat.

Nous avons parlé politique. Elle m'a écoutée évoquer le siècle des Lumières, John Stuart Mill, la cage que représentait l'oppression des femmes, puis elle m'a fixée d'un air décidé avant de dire : « Vous n'êtes pas socialiste. Vous êtes des nôtres. »

Elle a poursuivi : non seulement j'appartenais, de cœur, au Parti libéral, mais mes rêves d'études universitaires n'étaient que chimère. Ma thèse de doctorat aurait beau susciter l'enthousiasme, elle finirait au fond d'un tiroir sans faire avancer d'un millimètre la cause des musulmanes. Je ne pouvais rien faire de plus important que d'exposer devant des responsables politiques la réalité vécue par ces femmes et de m'assurer que les lois existantes – sur l'égalité entre les sexes, par exemple – soient appliquées pour de vrai. Mon combat se situait au niveau de l'action, pas des idées. Je devais me présenter aux élections et entrer au Parlement où j'aurais un véritable impact sur l'émancipation des femmes musulmanes et sur l'intégration des immigrés.

Je passai la nuit à réfléchir. À quoi voulais-je parvenir exactement ? À trois choses. Tout d'abord, que les Pays-Bas se réveillent et cessent de tolérer l'oppression des femmes musulmanes sur leur sol. Le gouvernement devait prendre des mesures pour les protéger et punir leurs oppresseurs. Ensuite, je voulais susciter dans la communauté musulmane un débat sur la réforme de certains aspects de l'islam, permettre à ses membres de se poser des questions et de critiquer leurs croyances. Cela ne pouvait se passer qu'en Occident, où les musulmans ont le droit de s'exprimer ; dans aucun pays musulman il ne pouvait y avoir de discussion libre sur un sujet pareil.

Enfin, je voulais que les femmes musulmanes comprennent à quel point leur souffrance était inacceptable. Je voulais les aider à se doter d'un vocabulaire de résistance. L'une des premières féministes anglaises, Mary Wollstonecraft, avait simplement dit aux femmes que leur faculté de raisonnement valait celle des hommes et qu'elles méritaient d'avoir les mêmes droits. Il fallut pourtant cent cinquante ans pour que les suffragettes défilent dans les rues en réclamant le droit de vote. Je savais que ce serait long.

Je ne m'attendais pas à être immédiatement et massivement soutenue par les musulmanes elles-mêmes. Quand, à force d'être conditionnées à l'humilité, les femmes n'ont pratiquement plus d'intelligence propre, elles sont malheureusement incapables de s'organiser, et elles n'ont ni le droit ni la volonté d'exprimer leurs opinions.

Chaque fois que j'essayais d'aborder ces questions dans notre groupe de réflexion, on m'accusait de n'avoir pas de données chiffrées à l'appui de mon exposé. Mais il n'existait pratiquement pas de données chiffrées. Quand j'essayais de savoir combien de filles étaient tuées chaque année aux Pays-Bas par leur père pour une question d'honneur, les fonctionnaires du ministère de la Justice me répondaient : « Nous n'utilisons pas ce genre de classement. Ce serait stigmatiser un groupe social. » L'État enregistrait le nombre d'assassinats liés à la drogue, mais pas les crimes d'honneur, parce que les fonctionnaires refusaient de reconnaître qu'il s'en commettait effectivement et très régulièrement.

Même Amnesty International n'avait aucune statistique concernant les femmes victimes de crimes d'honneur dans le monde. Le nombre d'hommes emprisonnés et torturés était connu, mais pas celui des femmes flagellées en public pour fornication.

J'ai décidé que si je devenais membre du Parlement je me donnerais pour mission sacrée d'effectuer un recensement de ces crimes. Je voulais simplement que chaque fois qu'un homme tuerait sa fille parce qu'elle avait un petit ami quelqu'un, quelque part, le note. Je voulais que toutes les violences domestiques – y compris le viol et l'inceste – soient consignées pour chaque groupe ethnique et qu'on puisse estimer combien de fillettes étaient excisées chaque année sur des tables de cuisine néerlandaises.

Je savais que ces chiffres, une fois connus, créeraient une onde de choc dans le pays. Et discréditeraient définitivement l'attitude complaisante des relativistes qui affirmaient l'égalité entre toutes les cultures. Personne n'aurait plus l'excuse de ne pas savoir.

Si je siégeais au Parlement, je pourrais mettre mes convictions en actes au lieu de me contenter d'en parler. Et Neelie avait raison : même si j'avais considéré le Parti du travail comme mon parti – et malgré ma loyauté envers Paul Kalma et Job Cohen – certaines de leurs idées ne me correspondaient pas. Le but de la social-démocratie est de défendre les groupes, pas les individus. Le Parti libéral, plus dur peut-être, fondait sa philosophie sur les valeurs de la liberté individuelle. Je m'y sentirais plus à l'aise.

Et puis, en politique, j'étais – je suis toujours – la femme d'une seule cause. Et cette cause, j'en suis persuadée, sera pour notre société et pour la planète tout entière le principal problème à résoudre au cours du XXIe siècle. Toutes les sociétés encore dominées par l'islam oppriment les femmes et retardent leur propre développement. Presque toutes pauvres, elles sont souvent déchirées par des conflits et des guerres alors que les sociétés qui respectent les droits des femmes et leur liberté sont prospères et en paix.

J'ai décidé d'aller là où je disposerais des moyens les plus efficaces pour contribuer au changement. Le Parti libéral m'offrait ces moyens ? Parfait.

J'ai téléphoné à Paul Kalma pour lui annoncer que je quittais le parti et mon travail. Il m'a dit que c'était très dommage, mais qu'il me soutenait parce qu'il savait que j'allais poursuivre mes idéaux. Il m'a souhaité bonne chance.

*

Neelie Kroes et les dirigeants du Parti libéral – Frits Bolkestein et Gerrit Zalm – voulaient que je figure en bonne position sur leurs listes. Le système électoral néerlandais ne fonctionne pas sur la base de circonscriptions. Le vote est national. Chaque électeur choisit une liste de candidats, et le nombre de sièges au Parlement est calculé proportionnellement aux voix recueillies par chaque liste. Les partis politiques s'appuient tous sur de puissants groupes locaux qui tentent de se hisser en tête de liste.

J'étais nouvelle, et pour être élue, il fallait que je plaide ma cause devant les ténors du parti. Mais Neelie et Zalm préféraient que ma candidature reste confidentielle jusqu'au congrès du parti, le 30 novembre. Pendant une semaine, je me suis donc promenée dans tout le pays aussi discrètement que possible, passant d'un potentat local à un autre.

Au début, ces hommes se montraient plutôt hostiles. Certains me recevaient par pure curiosité. L'un d'eux m'a dit :

— Vous venez d'Afrique, vous avez été menacée pour avoir critiqué l'islam, vous êtes une femme et vous êtes travailliste – vous voulez rejoindre notre parti ? Nous sommes des entrepreneurs. Que savez-vous des affaires ? Êtes-vous seulement intéressée par ce que nous sommes ?

J'ai répondu :

— Tout dépend de ceux qui représentent ce « nous. »

Je lui ai expliqué que je voulais m'occuper du sort des femmes musulmanes, et en quoi il affectait l'économie. Il me semblait que les hommes d'affaires avaient tout intérêt à libérer les musulmanes pour qu'elles puissent participer pleinement à la vie sociale. Les filles et les femmes sans éducation, opprimées et psychologiquement humiliées, ne peuvent élever que des enfants confinés dans l'ignorance. Si ces femmes étaient bien éduquées et bien traitées, elles et leurs enfants deviendraient des citoyens responsables et sûrs, une force de travail productive.

Je lui ai parlé de l'intégration et des services sociaux. J'ai évoqué les valeurs du Parti libéral et conclu que s'il voulait soutenir ces valeurs il devrait appuyer ma candidature car j'allais les défendre.

Ces rencontres donnaient lieu à des interrogatoires serrés. Certains de mes interlocuteurs me prenaient pour une effrontée ; quelques-uns se montraient carrément hostiles. La plupart me disaient : « Votre cause est courageuse et juste, mais vous n'êtes pas de notre parti. » Une femme, responsable du Parti libéral à Leyde, m'a cuisinée pendant des heures avant de me dire : « Je crois que je vais beaucoup vous aimer. Il y a quelque chose de très authentique en vous qui correspond bien à notre parti. »

Chaque fois qu'on me posait la question, je ne cachais pas que je n'avais pas dit toute la vérité en remplissant ma demande d'asile. J'avais donné un autre nom et changé des détails personnels. J'ai dit cela à la télé, à la radio et dans les journaux, et je l'ai répété aux dirigeants du VVD quand ils m'ont demandé si quelque chose, dans mon passé, pouvait m'empêcher de mener une carrière politique. Cela n'a jamais posé de problème.

Finalement, Gerrit Zalm a obtenu suffisamment de soutien de la part des ténors du parti pour m'inscrire sur la liste du VVD, en seizième position. Cela signifiait la quasi-certitude d'être élue.

*

Cette semaine-là, j'ai écouté sur la BBC le récit d'émeutes qui avaient éclaté au Nigeria. Une jeune journaliste envoyée sur place pour couvrir l'élection de Miss Monde avait écrit : « Les musulmans trouvent immoral de déplacer quatre-vingt-douze jeunes femmes jusqu'au Nigeria pour les faire se vautrer dans la vanité. Qu'en aurait pensé le prophète Mahomet ?... Il se serait sans doute choisi une épouse parmi elles. »

Des émeutes s'ensuivirent, qui firent plus de deux cents morts. Les bureaux du journal furent incendiés, et la journaliste reçut l'ordre de quitter le pays. J'écoutai ensuite les commentaires d'une Anglaise très snob qui avait organisé la manifestation. Au lieu de mettre cette violence sur le compte des hommes qui avaient incendié des locaux et tué des gens, elle a accusé la jeune femme d'avoir fait des « remarques malheureuses ».

Je fus outrée par cette apologie du fanatisme. La journaliste avait raison – le Prophète avait effectivement épousé la plupart de ses femmes parce qu'elles lui avaient plu, d'une manière ou d'une autre. C'était le fanatisme qui avait suscité ces émeutes. Par solidarité avec cette jeune femme, je me promis de dire publiquement ce que je pensais du prophète Mahomet quand j'en aurais l'occasion.

L'occasion se présenta quelques jours plus tard, lorsqu'un journaliste de *Trouw* me demanda de participer à une série d'entretiens qu'il faisait sur la base des dix commandements, pour évoquer la place de la religion dans la vie des gens. Je répondis à ses questions, et je dis quelle était, à mon avis, la vraie nature du Prophète. L'article ne fut pas publié au cours des semaines suivantes, et je n'y pensai plus.

*

Le 30 novembre, jour du congrès du Parti libéral, en pénétrant dans la salle, je me suis mise à trembler. Il y avait des responsables de la sécurité partout et une horde de photographes qui mitraillaient mon arrivée à grand renfort de flashes. Je devais rejoindre les autres candidats sur une estrade pleine de micros, et nous devions nous présenter l'un après l'autre. Mais j'étais paralysée, incapable de bouger. Entre les caméras devant moi et les gardes du corps derrière moi, je me sentais coincée, prise au piège. Je tremblais comme une feuille. Gerrit Zalm m'a parlé très doucement. Il m'a dit de rester calme, de respirer et de ne pas m'inquiéter.

Un à un, les candidats ont pris la parole, devant une

assemblée modérément attentive. Candidat numéro quatorze, numéro quinze. C'était mon tour. J'avais préparé un bref discours, avec l'aide de Neelie et de son mari, le politicien Bram Peper, mais, au moment de parler, la peur me reprit car le silence était tombé sur l'assistance. Des centaines de gens se taisaient, et les appareils photo se remirent à crépiter. J'étais incapable de bouger. Frits Huffnagel, qui présentait les candidats, me tendit la main en me disant de me détendre.

J'ai réussi à me maîtriser et à lire mon texte. Après, je me suis retrouvée happée par les journalistes. Des cameramen me suivaient jusque dans les toilettes. Une ancienne nageuse olympique, Erika Terpstra, membre du VVD, décida de me protéger en s'interposant entre moi et la foule et dut jouer des coudes.

À partir de ce moment-là, ma relation avec les journalistes changea. Je ne pouvais plus leur parler de ce que je pensais, comme avec des gens ordinaires. J'étais entrée en politique et je devais apprendre à me servir des médias comme d'un instrument. Les responsables des relations publiques du VVD filtraient les appels des journalistes et les demandes d'interviews. Ils me fournissaient une courte biographie de chacun et me disaient quelles questions il était susceptible de me poser. J'ai été aussi rapidement mise au courant des priorités du parti – programme électoral, agriculture, taxes d'habitation, etc. En tant que candidate libérale, il était normal que mon discours corresponde plus ou moins à la plate-forme du VVD.

La plupart des médias qualifiaient d'opportuniste mon changement de parti et me surveillaient pour voir si j'allais me planter. Ma première interview était censée être un simple portrait de mon parcours, mais on me demanda si j'avais toujours l'intention de supprimer les écoles religieuses. C'était un sujet explosif, à l'époque. Si les libéraux gagnaient les élections, ils s'allieraient aux chrétiens-démocrates et, pour ces derniers, les écoles confessionnelles étaient sacrées. Je répondis que j'étais contre cette forme d'éducation. J'expliquai que l'éducation donnée dans les écoles musulmanes était préjudiciable aux enfants. Cela provoqua un petit scandale : je ne respectais pas la ligne de mon parti, je ne tiendrais pas jusqu'aux élections.

Quand on m'interrogeait sur la régularisation des demandeurs d'asile ayant prolongé illégalement leur séjour aux Pays-Bas, j'affirmais très clairement que c'était pour moi le principal objectif à atteindre. Or les libéraux, comme les travaillistes, étaient contre. J'ai dit à Gerrit Zalm, le chef de mon parti : « Vous savez bien que je ne peux souscrire à tout ce que proposent les libéraux. »

Il a répondu que ce n'était pas un problème. Je devais simplement rester moi-même. Tant que je votais avec le parti une fois élue au Parlement, je pouvais dire ce que je pensais.

Pendant les deux mois de campagne, je suis passée d'une chaîne de télé à une autre, j'ai vendu des mandarines sur le marché de Leyde, j'ai serré des mains dans les rues. J'ai rencontré beaucoup de gens qui m'ont surprise en m'annonçant qu'ils soutenaient inconditionnellement mes idées et des électeurs du Parti du travail qui me disaient : « Je regrette que vous ayez changé de bord, mais je voterai pour vous, où que vous soyez. » J'ai rencontré Frits Bolkestein. Il s'est montré à la fois protocolaire, paternel et authentique. Il prenait mes idées au sérieux et m'a donné de bons conseils ; il a insisté pour que je l'appelle en cas de besoin. Par la suite, je devais éprouver beaucoup de respect pour lui.

Pendant cette campagne je me suis aussi heurtée à des réactions hostiles, évidemment. Certaines personne m'insultaient ou me crachaient dessus ; j'ai reçu de nouvelles menaces. Mais ce qui m'a le plus frappée, c'était d'entendre des gens, qui approuvaient apparemment tout ce que je disais, affirmer qu'il était hors de question pour eux de voter libéral. Cela me rappelait la Somalie : ils ne pouvaient pas voter à l'extérieur de leur clan. Où que j'aille, j'étais étroitement gardée. Un convoi de voitures et des hommes armés m'accompagnaient partout. En tant que personnage politique hautement menacé, j'étais sous la protection du DKDB – la brigade de protection de la famille royale et des diplomates.

Au début, j'avais un peu peur de ces hommes qui m'entouraient en permanence avec leurs armes et leurs talkies-walkies. Certains me serraient de près et voulaient connaître tous les détails de mon emploi du temps vingt-quatre heures à l'avance. Je n'avais pas le droit de modifier quoi que ce soit, car tous les endroits où je me rendais devaient être inspectés avant mon arrivée. J'éprouvais un malaise à vivre sous une telle surveillance. Quand j'allais faire mes courses au supermarché j'étais flanquée de deux hommes. Je me souviens d'un jour où je voulais acheter de la vaisselle. Je n'arrivais pas à me décider et je me sentais stupide, comme si je devais impressionner mes gardes du corps en achetant celle qu'ils auraient choisie.

Les hommes du DKDB me tenaient au courant de certaines menaces précises, mais dans l'ensemble ils restaient discrets. Ils ne voulaient pas que je m'angoisse. Ils étaient là, ils me protégeaient, je n'avais pas besoin d'en savoir plus. En un sens, ils avaient raison. Penser en permanence à des menaces de mort, ce n'est pas une vie.

Neelie Kroes m'avait trouvé un appartement à La Haye, chez un de ses amis. Mais, au bout de trois semaines, le journal local, informé par des voisins, publia mon adresse. Vers l'heure du déjeuner, ce jour-là, l'un de mes gardes du corps me dit : « Je suis désolé, mais vous ne pouvez pas retourner dans cet appartement. Pour ce soir, nous vous emmènerons dans un hôtel, mais il va falloir trouver un autre endroit pour vivre. » Je n'ai même pas pu aller faire mes valises, ils ont envoyé des policiers vider mes tiroirs et emballer mes vêtements et mes livres.

Neelie consulta l'inépuisable carnet d'adresses qu'elle gardait en tête et organisa mon hébergement dans un appartement situé au dernier étage du siège de la compagnie téléphonique, à La Haye. C'était là que le directeur de la compagnie dormait quand il travaillait tard.

Je ne pouvais pas y rester longtemps. Au bout de deux mois, on m'a proposé de louer l'une des maisons situées sur un terrain appartenant à la compagnie des téléphones. J'y resterais un an au maximum, le temps de trouver autre chose. Le loyer était abordable, la maison était très jolie, avec sa cheminée et le jardin qui l'entourait. J'étais contente à l'idée de me fixer quelque part. Je décidai de m'y installer à la fin du mois de janvier.

*

Les élections eurent lieu le 22 janvier. Le Parti libéral avait loué une salle à Utrecht avec un grand écran, et tout le monde s'est congratulé à mesure que les résultats tombaient. Mais, en réalité, le succès des libéraux était très modeste. Les chrétiens-démocrates et les travaillistes, grands vainqueurs du scrutin, allaient forcément former un gouvernement de coalition. (Dans ce pays, tout gouvernement est une coalition.) Les libéraux ne recueillaient que 18 % des voix – pas assez, en principe, pour réclamer une participation au gouvernement. Mais nous avions vingt-sept sièges au Parlement, et donc, en tant que seizième sur la liste, j'étais élue.

Aux Pays-Bas, les électeurs peuvent, s'ils le veulent, indiquer leur préférence pour tel ou tel candidat de la liste. Cela entraîne des calculs compliqués, car si un nombre suffisants d'électeurs soutiennent un candidat celui-ci peut monter dans la liste. Au départ, j'étais donc en seizième position, mais à l'arrivée, avec le soutien des électeurs, j'arrivais en sixième position ; ce qui n'était pas mal pour une nouvelle venue. Plus précisément, 37 058 électeurs libéraux avaient choisi mon nom pour les représenter en particulier. Cette confiance accordée à mes idées renforça ma détermination. Mon combat était légitime. Je pouvais opérer des changements réels. Je me sentais investie d'une vraie responsabilité.

16

Politique

Le dernier samedi du mois de janvier 2003, Johanna et Maarten sont venus m'aider à déménager. Le nouveau Parlement se réunissait pour la première fois le 30, et je voulais me sentir fixée avant la cérémonie d'ouverture. En me levant ce matin-là, je n'ai même pas allumé la radio : je me suis tout de suite mise à faire mes cartons.

Mais en se réveillant Johanna et Maarten entendirent cette nouvelle : « Ayaan Hirsi Ali traite le prophète Mahomet de pervers. » L'interview que j'avais accordée à *Trouw* des semaines plus tôt venait de paraître. Il y était question des dix commandements dans la version transmise aux musulmans par le Prophète, que je décrivais comme un homme cruel, un despote qui étouffait la créativité de son peuple en enfermant l'imagination dans les limites étroites de ce qui était permis. J'y rappelais aussi qu'Allah avait obligeamment signalé au Prophète qu'il devait épouser la femme de son fils adoptif, Zaïd, ainsi que la petite-fille de son ami Abou Bakr, Aïcha, qui n'avait que six ans, et avec laquelle Il l'avait autorisé à consommer son union seulement trois ans plus tard.

Le récit qu'en donne Aïcha est pathétique. Elle faisait de la balançoire dans le jardin quand sa mère l'avait appelée et l'avait placée sur les genoux du Prophète, alors âgé de cinquante-quatre ans.

« Selon les critères occidentaux, avais-je dit, Mahomet est un pervers et un tyran. »

Je reconnais que je me suis lâchée dans cette interview. Johanna et Maarten étaient épouvantés. Des centaines de personnes se sont précipitées au commissariat pour porter plainte contre moi. L'agitation la plus vive régnait dans le pays, et je n'avais même pas encore prêté serment.

Ellen m'a appelée pour me dire qu'elle avait trouvé un message furieux sur le répondeur, d'un homme avec un accent, qui déclarait : « C'est la goutte d'eau qui fait déborder le vase » et menaçait de faire sauter la maison. Elle avait prévenu la police de Leyde qui avait intensifié ses rondes. Tout le monde était très nerveux.

Quand nous avons eu fini de déménager tous les cartons, j'ai invité Johanna et Maarten à dîner au restaurant pour les remercier de leur aide. Pendant le repas, l'un de mes deux gardes du corps s'est approché de notre table.

« C'est trop dangereux ici. On emmène Ayaan. »

Ils ont demandé à Johanna et à Maarten de rentrer chez eux, puis ils m'ont fait sortir par les cuisines et m'ont ramenée pied au plancher à l'immeuble de la compagnie des téléphones. En arrivant, j'ai remarqué la présence d'une bonne dizaine de policiers en uniforme et en civil, et j'ai compris que la situation était sérieuse.

J'ai dormi dans mon appartement presque vide. Le lendemain, toute une équipe de sécurité – trois fonctionnaires haut placés dans différentes polices et agences des ministères de la Justice et de l'Intérieur et un employé du département sécurité du Parlement – est venue me chercher et m'a escortée jusqu'à ma nouvelle maison. L'homme de l'agence chargée d'évaluer le danger a annoncé que mon niveau de risque était « maximal ». Celui de l'agence responsable de ma protection, le DKDB, a fait le tour de la maison et a établi une liste de tous les aménagements qui devraient être réalisés pour permettre de satisfaire les exigences de sécurité « maximale ». Vitres en verre pare-balles, caméras : le tout coûterait plus d'un million d'euros.

Comme j'étais députée, le Parlement devrait payer la facture ; c'était la règle.

« Combien de temps comptez-vous vivre ici ? » m'a demandé l'employé du département sécurité du Parlement.

Je lui ai dit que j'avais signé un bail pour un an.

« Je suis désolé, ce n'est pas possible. Le Parlement ne peut pas investir un million d'euros pour un an. Il va falloir que vous trouviez un autre logement. »

Quand le jour est venu de prêter serment, en grande pompe, avec les autres membres du nouveau Parlement, je vivais à l'hôtel. Pendant la cérémonie, j'étais nerveuse, bien sûr, et très déçue que mon père ne soit pas là. Pour lui, je le savais, j'étais une infidèle, mais, malgré tout, je marchais sur ses traces, je m'engageais pour le bien-être d'autrui, et il aurait sûrement été fier de moi. C'était dur, quand je lui téléphonais, de l'entendre me raccrocher au nez. Mais, en dépit de ce regret, je me sentais remplie d'espoir. J'avais une mission, maintenant. J'allais mettre le sort des musulmanes à l'ordre du jour aux Pays-Bas.

Pendant plusieurs semaines, je n'ai pas cessé de changer d'adresse. Tous les deux ou trois jours, les gens, à l'hôtel, découvraient qui j'étais, et les agents me faisaient déménager. J'avais commencé à chercher une nouvelle maison, et j'en avais trouvé une que j'adorais, mais qui, attenante aux maisons voisines et dotée d'un jardin relié à une enfilade d'autres jardins, n'était pas conforme aux exigences de sécurité. Puis j'en avais trouvé une qui convenait, mais dont le loyer était beaucoup trop cher pour moi. J'ai continué à chercher, toujours sans résultat, pendant plusieurs semaines. C'était une situation inconfortable.

La première réunion du Parti libéral a eu lieu pendant cette période. Tout le monde avait lu l'article dans *Trouw*, et tout le monde était furieux contre moi. Le matin de la réunion, Frank De Grave, un membre du parti qui m'avait prise sous son aile, était venu me trouver dans le bureau qu'on m'avait attribué dans l'ancien Parlement.

« Quand la séance va commencer, m'a-t-il dit, vous allez voir, on va vous attaquer. Je ne veux pas que vous répliquiez. Quand ce sera votre tour de parler, vous direz : "J'ai donné cette interview il y a longtemps, avant même d'être élue. J'ai conscience d'avoir agi de façon maladroite, et je vous demande de m'excuser pour les perturbations que cela a causées. Désormais, je consulterai toujours le parti avant d'exprimer ce genre d'opinion." »

J'ai accepté. Quand je suis entrée dans la salle de réunion et que les invectives se sont mises à fuser, je n'ai pas pipé mot. Mais quand un homme, se tournant vers Gerrit Zalm, lui a demandé :

— Vous ne pensez pas qu'il faut la protéger d'elle-même ?

J'ai vu rouge.

— Ce qui me surprend, ai-je riposté, c'est que personne dans cette salle n'ait posé la question : "Est-ce que c'est vrai ?" Si le Prophète a couché avec une fillette de neuf ans, je suis désolée, mais aux yeux de la loi néerlandaise actuelle c'est un pédophile. Si vous vous intéressez de plus près à la façon dont il gouvernait, vous vous rendrez compte que c'était aussi un autocrate et un tyran. Quant à votre suggestion qu'on me protège de moi-même, elle est condescendante et inacceptable.

Zalm a fini par calmer le tumulte. Johan Remkes, Mark Rutte, Henk Kamp et lui me soutenaient au nom de la liberté d'expression. Ils affirmaient aussi que les menaces à mon encontre étaient inexcusables – il n'arrivait presque jamais, aux Pays-Bas, que quelqu'un ait à vivre sous la protection de gardes du corps. À la fin de la réunion, Frank De Grave est venu me voir.

— Qu'est-ce qui vous a pris ? m'a-t-il demandé. Pourquoi avez-vous dit ça ?

— Parce que c'est vrai, lui ai-je répondu. Je ne vais pas m'excuser d'avoir dit la vérité.

*

Nous, libéraux, étions presque sûrs de ne pas être inclus dans la nouvelle coalition gouvernementale qui avait d'ailleurs la plus grande peine à se former. Comme nous n'avions plus à faire de concessions vis-à-vis des chrétiens-démocrates pour les convaincre de s'allier à nous, je pouvais en profiter pour essayer de faire changer le point de vue général, au sein de mon parti, sur les questions qui m'intéressaient.

Tout d'abord, je voulais que les libéraux soutiennent une mesure travailliste visant à accorder un permis de séjour indépendant aux femmes qui venaient aux Pays-Bas rejoindre leurs époux immigrés en situation régulière. Je savais que ce ne serait pas facile. Les libéraux voulaient restreindre l'immigration et voyaient d'un mauvais œil la multiplication du nombre de permis de séjour. Mais je leur ai demandé de considérer avant tout le sort de ces femmes ramenées aux Pays-Bas à la suite de mariages arrangés par des hommes qu'elles connaissaient à peine et qui les battaient. Elles finissaient par se retrouver à l'hôpital, mais elles ne voulaient jamais demander le divorce, parce qu'elles savaient qu'elles devraient alors quitter le pays et retourner dans leurs familles, où elles seraient punies. Le Parti du travail me soutenait, de même que Gerrit Zalm et Frank De Grave, et ensemble nous avons convaincu les libéraux de l'importance de cette mesure. La motion a été votée en séance par la majorité des partis, même si nous avons dû nous passer des voix des chrétiens-démocrates. (Merci pour la miséricorde.)

Je voulais aussi qu'on alloue des fonds supplémentaires aux foyers pour femmes. J'en ai parlé à Gerrit Zalm, et, peu après, le ministre des Finances Hans Hoogervorst m'a

451

annoncé qu'il allait débloquer un fonds initial de trente millions d'euros pour ce projet, ce qui était bien insuffisant, mais mieux que rien.

En mai 2003, après quatre mois de vaines négociations, le Parti du travail a finalement déclaré qu'il ne participerait pas au nouveau gouvernement. Les chrétiens-démocrates n'avaient d'autre choix que de se tourner vers nous, les libéraux et vers D'66, un autre parti beaucoup plus petit qui avait réalisé de très mauvais scores aux trois dernières élections. Ainsi, le gouvernement obtenait une faible majorité – de trois sièges – au Parlement.

*

À la fin du mois de février 2003, après presque un mois d'errance d'hôtel en hôtel, j'avais fini par trouver un logement permanent à La Haye. C'était une petite maison en brique dans une cour, derrière l'ambassade d'Israël, juste en face du Binnenhof, où siège le Parlement. Son loyer était cher, mais elle était idéalement située, et, l'endroit étant déjà sous surveillance, c'était un choix plus qu'acceptable pour le service de sécurité.

J'étais vraiment contente de me sentir à nouveau chez moi. En rentrant le soir, je disais au revoir à mes gardes du corps ; ils n'avaient plus à rester, ni à installer, comme à l'hôtel, caméras et alarmes dans les couloirs, pour surveiller tout ce qui se passait autour de moi. Une fois la porte refermée, je pouvais enfiler un tee-shirt informe et m'installer sur mon canapé pour lire et grignoter.

J'avais commencé à réfléchir aux raisons pour lesquelles le nouvel islam fondamentaliste rencontrait un tel succès : je pensais que c'était lié en partie à la variété des supports utilisés par les prêcheurs. Vidéocassettes sur les martyrs, cassettes audio de sermons frappant l'imagination, sites Internet renforçant le message : par le biais de technologies très simples, les images, les voix s'impriment profondément dans l'esprit des gens.

Je me disais que pour réformer l'islam on devait avoir recours aux mêmes techniques, en se montrant plus créatif. Les discours politiques n'étaient, bien sûr, pas inutiles, mais ils n'avaient pas le même pouvoir sur l'imaginaire que les films, les œuvres d'art, les livres. Auteurs et artistes devaient surmonter le blocage qui les empêchait de traiter la religion comme n'importe quel autre sujet et l'islam comme n'importe quelle autre religion. Ils devaient faire passer un message critique avec des images, de façon que ceux qui ne parlaient pas la même langue qu'eux, au sens propre comme au figuré, les comprennent.

Je me souviens, un soir de mars, Neelie m'avait invitée à dîner dans son jardin et nous discutions de ce qui pouvait être fait, concrètement, pour susciter un débat sur la question du traitement des femmes dans l'islam. J'avais imaginé une installation : une pièce remplie de mannequins en plâtre ou en cire représentant des femmes victimes de l'islam. Il y en aurait une flagellée pour adultère, une autre régulièrement battue par son mari, une emprisonnée chez elle, une vêtue d'un hidjab transparent, et chacune porterait, inscrit sur son corps nu, le verset du Coran justifiant son oppression. À côté de chaque statue, il y aurait une note avec la traduction de chaque passage et une estimation du nombre de femmes dans le monde victimes chaque jour des brimades que le Livre préconise. L'ensemble exprimerait de façon simple et visuelle la souffrance endurée par les femmes au nom d'Allah.

Beaucoup de Néerlandais, à cette époque, tentaient de me convaincre que rien, dans la culture islamique, n'incitait à la violence contre les femmes. Ce n'était qu'un terrible malentendu, affirmaient-ils : dans le monde entier, des hommes battaient leurs femmes, ça n'avait rien à voir avec l'islam. Il fallait que les gens cessent de nier le problème de cette manière. Je voulais que les non-musulmans cessent de se voiler la face et de croire que « l'islam est paix et tolérance ». Et je voulais que les musulmans prennent conscience de la réalité de la souffrance causée par le Coran. Je savais que ce serait explosif. Quand on a été élevé dans la foi en un Dieu et en un livre absolument sacré, on a du mal à relativiser. Ce n'était pas une raison pour renoncer.

Neelie m'a donné le numéro de téléphone de Wim Van der Krimper, le conservateur du musée de la Ville de La Haye. Je suis allée le voir pour lui parler de mon projet d'une installation intitulée : « Soumission ». Il avait l'air intéressé, et quand j'ai abordé la question de la sécurité il m'a dit que je n'avais pas à m'en faire : son musée était très sûr. Il m'a avertie, néanmoins, que les mannequins coûtaient cher. Ce que j'avais de mieux à faire, c'était de lui envoyer un résumé écrit de ma proposition : il en discuterait avec le conseil d'administration.

Je me suis dit que ça ne déboucherait sur rien. Mon projet susciterait une controverse et finirait par passer à la trappe. Une députée qui écrit des versets du Coran sur des mannequins ? N'a-t-elle pas autre chose à faire ? J'ai pensé que c'était perdu d'avance et mis l'idée de côté.

*

Au début de l'été, Jozias Van Aartsen, le chef du groupe parlementaire libéral, m'a demandé de rédiger une déclaration de principe résumant l'ensemble de mes vues et de mes propositions spécifiques sur les questions de l'intégration et de l'émancipation des musulmanes. Ce texte serait discuté lors de la réunion stratégique annuelle du parti, en septembre. Nous étions au pouvoir à présent, nous jouions gros jeu. Tout ce que j'avais à dire devait être dans ce document. J'ai demandé à Arie Van der Zwan, un économiste dont j'admirais le travail, et à Paul Scheffer, le sociologue, de participer à sa rédaction. À la fin de l'été, nous avions un exposé de douze pages très complet.

Le jour de la réunion, j'étais tendue. Dans ma déclaration, je proposais que les libéraux se prononcent en faveur de la fermeture et de l'interdiction des écoles musulmanes et acceptent le principe de l'abrogation de l'article 23 de la Constitution. Ce serait un geste courageux d'un point de vue politique, en particulier pour un parti dit de droite.

Je suggérais aussi une réduction drastique du montant des allocations chômage et la suppression du revenu minimum d'insertion. J'avais rencontré, dans mon parcours de réfugiée et dans mon travail d'interprète, beaucoup d'immigrés qui bénéficiaient de ces prestations, et j'avais constaté que ces allocations, d'accès trop facile et trop généreuses, ne les encourageaient pas à sortir de la pauvreté : on gagne souvent plus d'argent à ne rien faire, entretenu par l'État, qu'à travailler dans un emploi mal rémunéré. Tout le monde m'a dit que ces idées étaient beaucoup trop « américaines », qu'elles créeraient une société de très pauvres et de très riches où séviraient l'exploitation et la violence.

Plusieurs membres du parti se sont violemment opposés à certains aspects de mon projet. Mais, les membres les plus importants m'ayant finalement accordé leur soutien, les autres se sont soumis en grommelant. Van Aartsen a mis un terme au débat en proposant que toute la question de l'intégration soit réexaminée lors d'une réunion du groupe parlementaire où les plus anciens de mes partisans ne seraient pas présents.

Quand ce texte a été publié, après maints amendements, en mars de l'année suivante, l'intérêt pour les questions qu'il abordait s'était largement accru dans le pays. Le débat autour du financement par l'État des écoles religieuses était ouvert et passionné. Des intellectuels laïques et libres penseurs s'affrontaient dans les pages « points de vue » des quotidiens sur la question des vices et des vertus du prophète Mahomet. Les journaux donnaient la parole à des enseignants et à des assistants sociaux dans le cadre de reportages sur des petites filles, dans des écoles maternelles néerlandaises, qui avaient été excisées. Les femmes musulmanes occupaient à présent le devant de la scène.

J'avais révélé certains éléments de ma déclaration de principe à la presse et je m'en étais resservie lors de débats. J'avais permis à Gerrit Zalm, devenu ministre des Affaires étrangères, et à Rita Verdonk, ministre de l'Intégration, d'en réutiliser des passages dans leurs propres textes. Au fur et à mesure, d'autres politiciens, de partis différents, avaient commencé à s'intéresser à ces questions. C'était l'occasion de former une coalition et de faire enfin passer des lois qui feraient avancer le problème.

Je voulais notamment que le Parlement vote une motion imposant à la police d'enregistrer en tant que tels les crimes d'honneur commis chaque année aux Pays-Bas. Après des semaines de négociations dans les couloirs du Parlement, j'ai convaincu le ministre chrétien-démocrate de la Justice, Piet Donner, d'accepter une motion que j'avais rédigée avec le Parti du travail. Mais il m'a dit qu'il voulait d'abord l'essayer, en « projet-pilote », dans deux des vingt-cinq districts hollandais.

Les résultats annoncés sept mois après l'entrée en vigueur de la nouvelle directive ont choqué le Parlement, et j'ai senti une immense vague de soutien dans le pays. Entre octobre 2004 et mai 2005, dans seulement deux districts, onze jeunes filles musulmanes avaient été tuées par des membres de leur famille. Après cela, on a cessé de me dire que j'exagérais.

J'ai reçu de nombreuses lettres d'encouragement, dont la plupart venaient manifestement de Néerlandais de souche. D'autres pleines de colère, et presque toutes celles-là venaient de musulmans. Ils me traitaient d'oncle Tom : j'étais blanche à l'intérieur, je trahissais mon peuple. C'était parfois très personnel. Mais toutes ces attaques étaient le plus souvent pour leurs auteurs un moyen d'ignorer le vrai problème.

Je pouvais comprendre que certains immigrés m'écrivent

des lettres furieuses. Je savais qu'à une époque j'aurais peut-être réagi de la même manière. Ce qui m'exaspérait, c'étaient les récriminations offusquées des responsables d'organisations musulmanes subventionnées par l'État et censées veiller au bien-être de la communauté. Ces groupes servent en théorie d'organes de liaison entre tous les musulmans, y compris les femmes, et le gouvernement, mais les hommes qui les dirigent ne représentent personne : ils ne sont même pas élus. Ils connaissent les problèmes mais n'essaient jamais de les résoudre : ils empochent de grosses sommes de l'État qu'ils ne consacrent que très rarement à l'élaboration de vrais programmes sociaux.

J'ai reçu quelques lettres de soutien de musulmanes – très peu. Mais j'avais l'espoir que, parmi celles qui gardaient le silence, beaucoup, en secret, écoutaient au moins ce que je disais. J'étais bien placée pour savoir qu'il fallait très, très longtemps pour briser les barreaux d'une cage mentale.

Un soir de mai 2004, j'ai reçu un coup de téléphone de mon père. Quelqu'un lui avait donné mon numéro. Sa voix était celle d'un homme âgé et fatiguée, mais il n'avait plus du tout l'air de m'en vouloir.

— Abeh, ça me fait tellement plaisir que tu m'appelles ! me suis-je exclamée.

— Ayaan, les gens s'en prennent à toi avec une hargne folle. Je prie pour toi. Est-ce que tu pries ?

Je lui ai demandé s'il se souvenait d'une histoire qu'il nous racontait, à l'époque où nous vivions tous ensemble au quartier général de la force d'opposition somalienne. Un jour, un camarade qu'il avait invité à prier avec lui lui avait demandé : « Hirsi, tu vois une tête de taureau pendue au milieu de la pièce ? » Mon père avait répondu non, alors l'homme lui avait dit que, pour lui, Dieu était comme cette tête de taureau : il ne le voyait pas.

— Abeh, je suis comme cet homme, ai-je repris. Tu me

dis de prier, mais quand je m'agenouille sur mon tapis la pièce est vide.

— Cet homme s'est repenti, m'a dit mon père. Il vient de rentrer d'un pèlerinage à La Mecque. J'ai prié pour lui, et je prierai pour toi. Toi aussi, tu reviendras sur le Droit Chemin.

— Abeh, je te promets que si je retourne à la foi tu seras le premier informé.

Mon père s'est tu quelques secondes. Puis il a dit :

— En attendant, Ayaan, si quelqu'un te demande si tu crois en Dieu, ne lui réponds pas. Dis-lui que c'est une question très impolie.

Nous avons parlé encore une heure et puis nous nous sommes dit au revoir. Nous ne nous sommes plus reparlé depuis le film *Submission*.

*

J'avais rencontré Theo Van Gogh pour la première fois au printemps 2003, chez Theodore Holman, un journaliste. On avait sonné à la porte, et un type débraillé et tapageur était entré, s'était précipité vers moi et m'avait serrée dans ses bras.

« Je suis Theo Van Gogh, j'ai voté pour vous », m'avait-il annoncé avant de m'inonder d'instructions pour survivre en politique.

Il avait discuté avec nous pendant quelques minutes, puis il était reparti, de façon aussi soudaine qu'il était venu.

Je connaissais Theo Van Gogh de réputation : c'était une de ces personnalités d'Amsterdam, toujours présentes à la télé ou dans les journaux. Très gros, les cheveux blonds et ébouriffés, Theo fumait beaucoup et ne cessait jamais de parler. Je savais que c'était un réalisateur connu, mais beaucoup de gens avaient l'air de le détester. C'est vrai qu'il avait une tendance compulsive à provoquer et à insulter même ses meilleurs amis, et de préférence à la télé, dans des émissions en direct.

Un après-midi de mai 2004, alors que j'étais aux États-Unis pour assister au mariage d'une amie, Theo m'a appelée sur mon portable. Nous ne nous étions ni revus ni reparlé depuis notre première rencontre des mois plus tôt. Il avait eu mon numéro par un ami. Il ne m'a pas demandé comment j'allais ni quoi que ce soit, il a juste grogné : « Ya, Van Gogh » avant de se mettre à me raconter d'un ton indigné l'altercation qu'il venait d'avoir avec un Belge d'origine libanaise nommé Abou Jahjah.

Cet homme avait créé une association de jeunes Arabes de Belgique qu'il appelait la Ligue arabe européenne. Il avait été invité à participer à un grand débat au club de discussion du Joyeux Chaos à Amsterdam. On avait demandé à Theo de présider le débat, mais Abou Jahjah avait alors refusé de participer. Ses sous-fifres avaient menacé Theo, qui avait riposté en traitant Jahjah de « maquereau du Prophète », et ils avaient fini par s'empoigner ; ça s'était terminé en mêlée générale.

Je n'avais aucune idée de ce que Theo attendait de moi. En plus, j'étais dans un taxi new-yorkais avec un chauffeur manifestement musulman et sans garde du corps : ce n'était pas le moment d'avoir une discussion de fond.

« Theo, je ne peux pas vous parler pour l'instant, lui ai-je dit. Je viendrai vous voir la semaine prochaine, à mon retour. »

À l'époque, j'hébergeais chez moi une jeune Marocaine, Rashida. Elle m'avait contactée à l'été 2003 : elle avait besoin d'aide pour échapper à son père et à ses frères qui la battaient parce qu'elle avait un petit ami néerlandais. Elle avait vingt-deux ans et voulait devenir actrice. Je lui trouvais quelque chose de poignant, comme un écho de moi-même. Je voulais l'aider à réussir, mais je ne connaissais rien au monde du cinéma. En rentrant, je me suis dit que je pourrais l'emmener avec moi à mon rendez-vous avec Theo Van Gogh, le célèbre réalisateur d'Amsterdam.

À vrai dire, je n'avais jamais vu aucun de ses films. J'avais entendu dire qu'ils n'étaient pas fantastiques, à l'exception du dernier, *Najib et Julia*, sur la relation entre deux jeunes gens, un Marocain et une Néerlandaise. Quand j'ai mieux connu Theo, je me suis rendu compte qu'il avait des antennes, il sentait tout ce qui se passait. La plupart de ses compatriotes voulaient croire que tout allait bien, mais lui n'hésitait pas à proclamer le contraire. Il pensait qu'il y avait trop de choses que l'on n'osait pas dire de peur d'offenser autrui.

Theo se voyait comme un personnage à la Fassbinder, un seigneur du Chaos. Tout dans sa maison était sens dessus dessous, mais cela ne l'empêchait pas de faire preuve dans son travail d'une concentration intense. Theo était un monument de contradictions : un homme impossible et, par certains aspects, un génie.

Lors de cette première rencontre, nous sommes restées environ une heure chez lui. Il a promis à Rashida que si elle allait jusqu'au bout de ses études de théâtre il lui ferait faire un bout d'essai. Puis nous avons discuté de sa mésaventure avec Abou Jahjah.

« Pourquoi vous rendre malade avec cette histoire ? lui ai-je demandé. Vous êtes réalisateur : pourquoi ne faites-vous pas un film sur le sujet ? »

Nous en sommes arrivés à parler de mon projet artistique sur le thème des femmes victimes de l'islam.

« Je pourrais vous le faire en vidéo, m'a dit Theo. Vous n'avez qu'à m'écrire un scénario, c'est à la portée de n'importe quel imbécile. Il suffit d'écrire : "Extérieur, jour" et "Intérieur, nuit". »

Il était sérieux. Il me proposait de réaliser *Soumission*, de faire de mon projet d'installation un court-métrage. Au début, j'ai cru qu'il plaisantait, mais au cours des semaines suivantes il n'a pas cessé de m'appeler pour me relancer : si je me mettais à l'écriture à la fin de la session parlementaire, nous pourrions tourner pendant l'été. Je lui ai dit que j'allais essayer.

Quelques jours plus tard, j'avais rendez-vous avec la production d'une émission de télévision on ne peut plus néerlandaise, *Les Invités de l'été*, à laquelle je devais participer à la fin du mois d'août. C'est une émission où les invités parlent d'eux pendant trois heures et sélectionnent des extraits d'autres programmes qui les ont marqués : vieilles sitcoms, événements sportifs historiques, documentaires ou émissions pour enfants. Les spectateurs prennent plaisir à se remémorer ces souvenirs inscrits dans la mémoire collective, en même temps que la personne interviewée. N'ayant pas vécu assez longtemps aux Pays-Bas pour avoir ce genre de souvenirs, j'ai demandé à l'équipe de production si elle accepterait de diffuser à la place un court-métrage sur lequel je travaillais avec Theo Van Gogh. Il pourrait être prêt le 29 août, le jour de l'enregistrement de l'émission. Je leur ai décrit le film dans ses grandes lignes. Ils m'ont dit que ce serait inhabituel, mais ils ont accepté.

J'ai appelé Theo, et nous avons décidé de nous lancer.

*

Le film que nous avons fait ensemble, *Submission, Part One*, s'intéresse avant tout à la relation entre l'individu et Allah. L'islam se distingue du christianisme et du judaïsme par le fait que l'homme doit à Dieu une soumission totale : c'est une relation de maître à esclave. Le culte d'Allah implique l'obéissance absolue aux règles qu'Il a édictées et le renoncement absolu aux pensées et aux actes qu'Il a proscrits. Moderniser l'islam, l'adapter aux idéaux contemporains requerrait de remettre en question ces règles, mais

461

l'islam est ainsi fait que tout désaccord avec Dieu est blasphème : on n'a pas le droit de se considérer comme Son égal.

Le Coran raconte l'histoire frappante de la façon dont Satan fut chassé du royaume des anges. Après la création d'Adam, Allah ordonna aux anges de s'incliner devant le premier homme, mais Satan refusa d'obéir. Il tint tête à Allah : pourquoi lui, ange éminent, devrait-il s'humilier devant une créature de boue ? Pour le punir, Allah l'expulsa du paradis, et depuis ce jour Satan essaye de détourner Adam et sa descendance du Droit Chemin. Tout homme qui doute du bien-fondé des lois d'Allah est la proie de Satan.

On raconte cette histoire à la plupart des petits musulmans. Enfant, elle m'obsédait. À présent, je me rendais compte que pour réussir à émanciper les musulmanes il fallait d'abord libérer l'esprit de l'ensemble des musulmans de cette obligation rigide et dogmatique d'obéissance. Le Coran décrit sans cesse Allah comme « L'Indulgent, Le Très Miséricordieux » et répète qu'Il nous a donné une volonté propre. Dans ce cas, me suis-je dit, pourquoi s'opposerait-Il à un petit débat ?

Quand j'ai commencé l'écriture du scénario, j'ai décidé d'utiliser la forme de la prière pour un dialogue avec Allah. J'ai imaginé une femme debout au milieu d'une pièce. À ses pieds, un tapis de prière. Dans chaque coin, quatre autres femmes illustrent les souffrances provoquées par le respect littéral de certains versets du Coran. La femme au centre de la pièce est voilée, mais son voile est transparent de façon à mettre Allah au défi de contempler ce qu'Il a créé, le corps de la femme. Sur son torse nu est inscrite la première sourate du Coran, la Sura Fatiha, par lequel les musulmans doivent commencer chacune de leurs prières.

La femme garde la tête baissée et le regard fixé sur l'extrémité du tapis, où se pose d'habitude son front quand elle se prosterne pour exprimer sa soumission absolue. Mais après avoir récité la Sura Fatiha, elle relève la tête. Et, tandis que la caméra se déplace vers la femme qui se trouve dans le premier coin, elle s'adresse à Allah. Elle lui dit qu'elle s'est toujours efforcée de lui obéir, mais que, sur Ses ordres, on l'a blessée et brisée. Parce qu'elle est tombée amoureuse, on lui a infligé, en Son nom, cent coups de bâton. Elle termine, très simplement, par la phrase : « Je pourrais ne plus me soumettre. »

Dans le deuxième coin, il y a une femme que l'odeur de son mari dégoûte. On l'a forcée à l'épouser, et à présent elle doit se soumettre à lui sexuellement, car le Coran dit : « Quand vos femmes se sont purifiées, alors cohabitez avec elles suivant les prescriptions d'Allah. » Dans le troisième coin, une femme battue par son mari au moins une fois par semaine : « Celles dont vous craignez l'infidélité, admonestez-les, reléguez-les dans des lits à part, battez-les. » Dans le quatrième coin, enfin, une jeune fille qui vit cloîtrée dans sa propre maison. Violée par son oncle, enceinte, elle attend son châtiment pour avoir eu un rapport sexuel sans être mariée.

J'ai intitulé le film *Submission, Part One* parce que la soumission à l'islam cause beaucoup d'autres souffrances que je comptais évoquer plus tard. Je voyais ce film comme le premier d'une série qui remettrait en question la relation de maître à esclave entre Dieu et l'individu. Le message que je voulais faire passer, c'était que le Coran était l'œuvre de l'homme, non de Dieu. À ce titre, nous devions nous sentir libres de l'interpréter et de l'adapter à l'époque moderne plutôt que de tenter, par de douloureuses contorsions, de vivre comme les premiers fidèles, dans un passé lointain et terrible.

Le film était facile à réaliser. Theo ne voulait pas s'embêter à constituer des dossiers de demande de subventions : on allait tourner un petit film de dix minutes, on verrait bien ce qu'il deviendrait. À la fin du mois de juillet 2004, j'avais terminé le scénario. Theo a loué un studio avec quelques accessoires et engagé une actrice et une maquilleuse.

Nous avons longuement parlé des risques que nous prenions en réalisant un film avec ce message. Je savais à quel point c'était dangereux. J'ai averti Theo. Je lui ai conseillé de ne pas signer le film. Mais il ne voulait rien entendre.

« Personne ne tue l'idiot du village », me répétait-il.

Les gens avaient mieux à faire, Theo me disait : ce serait moi qu'ils attaqueraient, pas lui.

Nous avons tourné le lundi 26 juillet. Tout a failli tomber à l'eau ce jour-là. Theo voulait faire des coupes dans mon scénario et réduire le film à cinq minutes, j'insistais pour qu'on s'en tienne aux dix minutes initiales. Il s'est emporté et a hurlé :

« Je ne suis pas là pour vous aider à résoudre vos traumatismes d'enfance ! »

Je l'ai dévisagé et je me suis détournée. Finalement, il s'est excusé.

Quelques semaines plus tard, je me suis dit qu'au fond Theo avait raison : un film de cinq minutes aurait été plus efficace. Je l'ai appelé pour le lui dire.

« Non, le film est parfait, m'a-t-il assuré. J'en suis très fier. »

*

Avant la diffusion publique de *Submission*, je me suis dit qu'il serait courtois de le montrer aux membres du Parti libéral. Je voulais aussi les convaincre que Theo, qui avait insisté pour garder son nom au générique, devait être protégé.

Les réactions furent très variées. Frits Bolkestein, ancien chef de file des libéraux, vieux sage de près de soixante-dix ans, s'est mis à marcher de long en large avec inquiétude.

— Mon Dieu, Ayaan, vous êtes en danger. »

« Je n'aurais pas dû lui montrer le film, ai-je pensé, j'ai angoissé ce vieil homme. » À présent, avec le recul, je me rends compte que Bolkestein était le seul, avec Neelie, à avoir vraiment saisi l'ampleur de ce qui allait se passer.

Sur le moment, je les ai rassurés : il ne pourrait rien m'arriver, le DKDB me protégeait. La seule chose dont nous devions nous préoccuper, c'était de mettre Theo à l'abri d'éventuelles attaques.

Le film a laissé Gerrit Zalm indifférent. Il m'a simplement demandé si tout ce que j'y décrivais se trouvait vraiment dans le Coran ; puisque c'était le cas, a-t-il conclu, il ne voyait pas pourquoi je ne pourrais pas l'utiliser, même s'il regrettait que notre actrice soit à moitié nue.

— Vous n'auriez pas pu choisir une fille un peu mieux fichue ? m'a demandé Johan Remkes, le ministre de l'Intérieur.

Pour lui, c'était juste un film plutôt amateur, et il ne comprenait pas pourquoi je faisais tant d'histoires à propos de la sécurité.

— Vous pouvez me promettre que vous ferez protéger Theo Van Gogh ? lui ai-je demandé.

— Si ça s'avère nécessaire, Ayaan, nous le ferons, bien sûr.

J'ai aussi montré *Submission* au ministre de la Défense, Henk Kamp. Le film l'a beaucoup ému.

— Nous vivons dans un monde si cruel, m'a-t-il dit à la fin.

C'était touchant de le voir tellement remué.

— Et pour ce qui est de la sécurité ? lui ai-je demandé.

— Les musulmans en ont vu de toutes les couleurs, cette année, m'a-t-il dit. Ils se sont endurcis. Ils ne réagiront pas à ça.

J'ai fini par croire qu'il avait raison. La diffusion de *Submission*, le 29 août, ne déclencha pas l'insurrection à laquelle je m'attendais. Tout semblait calme.

17

Le meurtre de Theo

Début septembre 2004, un Marocain fut arrêté par la police pour avoir divulgué mon adresse sur Internet. Il invitait tous les Disciples de l'unité d'Allah à se réjouir car, après m'avoir surveillée, ils avaient, avec l'aide de Dieu, découvert où j'habitais. C'était dans une cour, derrière l'ambassade d'Israël. Le message était accompagné de deux photos, de moi et de Theo, et laissait entendre que nous devions mourir tous les deux.

J'appris la nouvelle par les journalistes, qui commençaient à me téléphoner. Quelques jours plus tard, je reçus la visite de deux policiers. Ils me demandèrent de porter plainte contre l'homme qu'ils avaient arrêté, ce que je fis. Je dis à ces policiers, et à tous ceux auxquels je pouvais penser que Theo devait être protégé.

Depuis notre travail sur *Submission*, nous ne nous voyions plus, mais nous restions en contact. Il ne prit pas ma mise en garde au sérieux. « Ayaan, tu ne te rends pas compte », me dit-il. Cela fait quinze ans qu'on me menace. Tout le monde l'a fait : les juifs, les chrétiens, les sociaux-démocrates, les musulmans – surtout eux – et il ne m'est jamais rien arrivé. Il ne m'arrivera rien. »

Cela faisait plus de deux ans que j'avais des gardes du corps. Theo, lui, ne voulait pas de ce type de protection. J'étais inquiète à l'idée qu'il se fasse coincer dans une ruelle sombre et tabasser, ou que l'on jette des pierres dans ses fenêtres – quelque chose de ce type. Je ne m'attendais pas qu'un homme tire sur lui, lui tranche la gorge et plante un couteau dans sa poitrine, comme pour le tuer trois fois.

Les semaines passèrent et il ne nous arriva rien, ni à Theo ni à moi. Il m'appelait de temps à autre et je l'appelais aussi quand les médias étrangers me contactaient pour visionner notre film. Mais la vie paraissait tranquille, cet automne-là, lorsque j'entamai ma seconde session au Parlement. J'avais une maison, un travail qui signifiait beaucoup pour moi, des amis. Je commençais à être mieux acceptée dans l'arène politique. J'éprouvais un sentiment de satisfaction assez nouveau pour moi depuis mon entrée en politique.

Dans cette sérénité nouvelle, j'avais décidé de mieux organiser ma relation au temps. J'étais perpétuellement en retard, quelle que soit l'échéance : il fallait que ça cesse. Je devais apprendre à me fixer des objectifs et à écarter de mon emploi du temps tout ce qui ne s'y rapportait pas. J'ai engagé un coach nommé Rik, et le lundi 1er novembre, avec Iris, mon assistante au Parlement, nous avons établi un plan de réformes dont les premiers points étaient : arriver à l'heure, établir des priorités et ne pas répondre à mon téléphone portable pendant les réunions de travail que nous jurions solennellement de mettre en place.

Le lendemain matin, le mardi 2 novembre, ponctuelle et radieuse, je me suis installée à mon bureau avec du café et une tonne de choses à faire. Iris et moi attendions Ingrid, la porte-parole du VVD. Mon téléphone a commencé à sonner, et le numéro est apparu sur l'écran. C'était Hugo, mon ancien assistant, qui travaillait à présent pour les conseillers municipaux libéraux à Amsterdam. J'ai décidé de respecter la consigne – ne pas décrocher pendant les réunions. Rester concentrée. J'ai appuyé sur la touche « silence ».

Nouveau signal, lumineux cette fois : Hugo. Que se passait-il ? Troisième appel. Même réaction de ma part. Je voulais vraiment démontrer que je respectais notre nouvelle organisation. Et puis Ingrid a appelé – pour s'excuser d'être en retard, ai-je supposé. « Hugo essaie de vous joindre, m'a-t-elle dit. Quelque chose est arrivé à Theo Van Gogh. Il a été attaqué. »

Bondissant sur mes pieds, j'ai dévalé le couloir jusqu'au bureau d'Artha, qui était plus grand que le mien et bénéficiait d'un poste de télévision. « Il est arrivé quelque chose à Theo Van Gogh, il ne va pas bien », ai-je dit sans savoir de quoi je parlais. Artha a allumé la chaîne NEWS. En bas de l'écran, le texte déroulant disait simplement qu'une fusillade avait eu lieu à Amsterdam.

— Rien de grave, probablement, ai-je dit, tremblant de la tête aux pieds.

— Appelez vos gardes, ils sauront sûrement ce qui s'est passé.

À l'époque, mon escorte me déposait à l'entrée du Parlement – inutile qu'elle se poste devant la porte de mon bureau –, mais, quand je voulus appeler Bram, le responsable ce jour-là, je découvris qu'il se tenait à côté de moi, comme surgi du néant.

— J'ai entendu dire qu'il était arrivé quelque chose à Theo Van Gogh.

— Je peux le confirmer.

— Il va bien ?

— Non. Il est mort.

J'ai couru jusqu'au bureau d'Iris, refermé la porte derrière moi et tenté de reprendre ma respiration. J'étais en larmes, sous le choc, horrifiée et totalement impuissante. Ingrid est arrivée avec les gens de la sécurité et ils m'ont dit : « Il faut partir, maintenant. »

J'ai demandé qu'on me laisse seule. Je voulais rester là. Mais Ingrid a insisté, et Bram a dit, sèchement : « Il faut partir. » Iris pleurait. Elle m'a prise dans ses bras en murmurant : « Ayaan, allons-y », comme si elle rassurait un bébé. Elle connaissait Theo depuis le début de ma collaboration avec lui ; ils blaguaient ensemble au téléphone, il la faisait beaucoup rire. Bram m'a apporté mon manteau, en disant : « En route. »

Tous les gardes ont formé un cercle autour de moi. En sortant du Parlement, nous avons été rejoints par d'autres hommes de la sécurité qui nous ont escortés, Ingrid, Iris et moi. Ils n'avaient pas l'attitude discrète des autres jours. Revêtus de leurs gilets pare-balles, ils avaient l'air sinistres et laissaient délibérément visible une toute petite partie de leurs armes. C'était la sécurité. C'était effrayant.

Nous avons franchi à pied les cinquante mètres qui nous séparaient de ma maison en traversant l'immense place pavée qui est située devant le Parlement. Elle était bourrée de policiers, en uniforme ou en civil, de voitures de police, d'hommes armés.

Qu'était-il arrivé à Theo ? J'allumai la télé ; le téléphone se mit à sonner. J'étais abasourdie, sous le choc : qu'on l'ait tué, c'était incroyable. Je n'arrivais même pas à imaginer qu'une chose pareille se soit produite : mon esprit refusait de l'admettre. J'espérais, j'espérais que cela ne soit pas vrai. À la télé, la même information était répétée : fusillade, et l'image d'un corps sous un drap blanc, Theo Van Gogh. Theo couché sous ce drap ?

Au cours de la matinée d'autres nouvelles tombèrent : un homme arrêté ; cinquante témoins du meurtre. Une femme a dit en anglais, cela devait être la BBC : « Un homme barbu, portant une tunique musulmane. » Je me renversai sur mon siège. Donc, c'était un musulman, et il avait agi à cause de *Submission*. Si nous n'avions pas réalisé ce film, Theo serait encore vivant. Je me suis sentie responsable de sa mort, coupable.

Je ne regrettais pas que *Submission* existe, mais je me reproche de ne pas l'avoir fait sous mon nom, seule.

Je me suis souvenue de la menace diffusée sur Internet en septembre. Theo aurait pu être protégé. C'était tellement stupide. Cela n'aurait pas dû arriver. J'étais remplie de colère, d'horreur et de chagrin.

Et puis Ingrid a entendu un journaliste annoncer que l'homme n'avait pas simplement utilisé un pistolet. Il avait aussi des couteaux. Theo avait la gorge tranchée, et le meurtrier avait laissé un message. J'ai dit à Ingrid qu'à mon avis c'était de l'hystérie, que les gens inventaient n'importe quoi. Je ne pouvais pas croire une chose pareille.

J'étais complètement hébétée. Le choc avait annihilé mes facultés de réflexion. Je suis restée scotchée devant mon écran de télévision. Ingrid, Iris et les gardes du corps ne m'ont pas quittée de la journée. Job Cohen m'a appelée pour prendre de mes nouvelles. En tant que maire d'Amsterdam, il a invité la population à venir manifester le soir même sur le Dam, l'immense place située face au palais royal. Il a proposé une manifestation bruyante car Theo étant un homme bruyant, il aurait été stupide de faire une marche silencieuse pour lui.

Je voulais y aller, mais Bram avait reçu des instructions de ses chefs : je ne devais pas sortir. Dans une situation aussi explosive, ma vie serait en danger. Ma présence ne pouvait qu'augmenter les risques pour moi et pour les autres. Je me sentais déjà responsable d'un assassinat ; j'avais fait assez de dégâts. Je suis restée chez moi.

*

Nous étions toujours devant la télé, à regarder les milliers de personnes qui se massaient sur le Dam pour la manifestation du soir, quand Bram a dit qu'il fallait quitter la maison. Il avait l'ordre de me trouver un autre gîte pour la nuit. Ingrid a proposé de m'accueillir. Nous nous sommes installées dans son séjour pour regarder les informations de la nuit. Enveloppée dans un manteau et plusieurs châles, j'étais glacée. À la télé, tout le monde se disait scandalisé qu'un homme puisse être assassiné pour avoir simplement fait un film. Le pays tout entier était sous le choc.

Bram a eu un nouvel appel de ses supérieurs du DKDB.

Je ne pouvais pas rester chez Ingrid, c'était trop dangereux. Le mieux était de me ramener chez moi, en pleine nuit.

Jusqu'au lendemain, ils ont monté la garde, et à partir de ce moment-là ma chambre a été surveillée par des gardes toutes les nuits. Vers quatre heures du matin la sonnerie de la porte a retenti longuement. Je ne dormais pas. Je me suis levée et j'ai demandé à la femme qui était de garde au rez-de-chaussée ce qu'il en était.

Elle m'a dit que la caméra de surveillance montrait un homme apparemment arabe. Il avait sonné à la porte de toutes les maisons de la cour. Quelques jours plus tard, il expliqua à la police qu'il cherchait une prostituée avec qui il avait couché une fois et il fut relâché. Mais le message sur Internet indiquait que j'habitais dans cette cour.

Après cela, je ne pouvais évidemment plus dormir chez moi. Mais, d'après Bram, je ne pouvais pas non plus aller à l'hôtel. Mon visage et mon nom apparaissaient sans cesse à la télé, quelqu'un me reconnaîtrait forcément. Je ne serais en sécurité dans aucun hôtel du pays, ajouta-t-il.

Et chez un ami ? demandai-je. À la campagne, au milieu des bois ? Non. Les patrons du DKDB estimaient que ce serait imprudent. « Rien ne reste secret bien longtemps aux Pays-Bas, me dit Bram. Les gens parlent. Ce genre de retraite ne vous donnerait qu'un faux sentiment de sécurité. » Finalement, aucune décision ne fut prise et je passai encore la nuit du mercredi dans mon lit.

La nuit, quand on est seul, on ne peut pas s'empêcher de penser. Chaque fois que je fermais les yeux, je voyais la scène du meurtre, j'entendais Theo implorer : « On pourrait peut-être discuter ? » pour essayer de sauver sa vie. C'était tellement néerlandais, tellement charmant et innocent. Au départ, Theo avait dû penser qu'il s'agissait d'un malen-tendu susceptible d'être dissipé. Il ne pouvait pas savoir que son agresseur agissait au nom d'une vision du monde radicalement différente de la sienne et que rien de ce qu'il pouvait dire ne l'aurait arrêté.

Je pensais au fils de Theo, un garçon de douze ans que j'avais rencontré une fois et qui était maintenant orphelin de père par ma faute. Tant que j'étais éveillée, je ne pouvais penser à rien d'autre, et quand je dormais je faisais des cauchemars. Un barbu vêtu de la tunique traditionnelle, armé d'un couteau entrait chez moi pour m'attaquer ; je tentais de sauter par la fenêtre, mais une foule d'hommes était massée en bas et hurlait. Je me réveillais, paniquée, incapable de me rendormir. Aujourd'hui encore, il m'arrive de faire ces cauchemars-là.

Le lendemain matin, les hommes de la sécurité me dirent qu'ils avaient l'ordre de m'évacuer immédiatement. Ils m'ont fait monter dans une voiture et m'ont emmenée dans un endroit que je n'ai pas reconnu, un genre de base aérienne militaire. Désormais, personne ne devait savoir où je me trouvais. Ils m'ont donné un numéro de téléphone à communiquer à Iris pour le cas où elle aurait besoin de me parler et m'ont conseillé de ne pas utiliser mon téléphone. Je n'avais même pas le droit de savoir où je me trouvais, pour des raisons de sécurité.

Avant d'arriver à la base, nous sommes passés par le ministère de l'Intérieur. Quand je suis entrée dans le bureau de Johan Remke, Rita Verdonk était là. C'est une forte personnalité, mais elle a toujours été gentille avec moi, et quand elle m'a serrée dans ses bras je n'ai pas pu m'empêcher de fondre en larmes. Au bout d'un moment, Johan m'a annoncé qu'il avait quelque chose à me montrer si je me sentais prête.

J'ai répondu : « Je suis triste et en colère contre vous pour n'avoir pas mieux protégé Theo – mais j'ai l'esprit clair. » Johan m'a tendu la photocopie de la lettre, sans me dire qu'elle avait été fixée sur la poitrine de Theo avec un couteau. Le texte était rédigé en arabe et en néerlandais.

C'était une lettre construite sur le modèle d'une fatwa, un verdict religieux. Elle commençait par *Au nom d'Allah, le Tout Miséricordieux, le Très Miséricordieux,* et se poursuivait par une citation du prophète Mahomet, l'homme à l'épée. Ensuite venait un résumé de tous les *actes criminels* que j'avais commis contre l'islam ; puis un verset du Coran et un défi : l'auteur de la lettre me demandait si j'étais prête à mourir pour mes convictions comme il l'était lui-même. Il maudissait ensuite les États-Unis, l'Europe, les Pays-Bas et moi, avant de signer d'un mot qui signifie *Épée de la foi.*

« Qui a signé cette lettre ? » J'étais renversée. C'était abominable, ce nom sans visage. Si l'auteur du texte était un personnage puissant, ne vivant pas aux Pays-Bas – un de ces hommes dont les paroles lèvent des légions –, alors je pouvais avoir peur. Remke me dit que la lettre avait été retrouvée poignardée sur le torse de Theo, avec un poème sur le martyre.

J'ai passé cette nuit-là et la suivante à la base aérienne, dans une chambre située à un étage désaffecté des baraquements. La pièce était poussiéreuse, pourvue de deux lits en métal étroits et de couvertures en laine. Je suis allergique à la laine. De minuscules fenêtres donnaient sur un couloir où des hommes montaient la garde toute la nuit. L'endroit grouillait de soldats. On me demanda de laisser les rideaux tirés : personne n'était censé connaître ma présence, pas même le personnel de la base.

Pendant la nuit, une mosquée en construction fut incendiée à Utrecht. Le pays se révoltait ; par rapport à son histoire, cet événement faisait l'effet d'un choc sismique. L'émotion était à son comble. Mais, moi, j'étais sans réaction, abasourdie. Depuis la mort de Theo, ma faculté de penser semblait déconnectée, comme par un court-circuit.

J'ai fait ce qu'on me demandait. Des choses qu'habituellement je n'aurais jamais faites. J'ai passé les deux mois et demi suivants seule avec mes gardes du corps. Je n'avais pratiquement aucun contact avec mes amis ni avec mes collègues du Parlement. Calme, en apparence, je disais oui à tout. Comme si j'avais perdu toute volonté.

Je risquais d'être tuée. J'avais peur. Je n'avais aucune envie de mourir. Et j'étais aussi très reconnaissante aux gens qui me protégeaient, parce que ce n'était pas une mince affaire. Même si je leur en voulais de n'avoir rien tenté pour protéger Theo, je me soumettais à leurs décisions parce que j'avais l'impression qu'ils connaissaient leur métier et qu'ils me sauvaient probablement la vie.

Pourtant, si j'avais pu réfléchir normalement, j'aurais vu qu'après le meurtre de Theo les services de sécurité étaient passés d'un extrême à l'autre. Malgré les menaces sur Internet, ils n'avaient pas suffisamment insisté pour persuader Theo d'accepter une escorte de protection. Et puis le ministre de la Justice, Piet Hein Donner, l'avait dit à la télé : « Nous ne pouvons pas faire surveiller la moitié de la population par l'autre moitié. »

Depuis le meurtre de Theo, et avec la crise qui agitait le pays, les services de sécurité voyaient des menaces partout. Personne ne connaissait l'ampleur de la conspiration contre Theo. Si j'avais été tuée au cours des jours suivant sa mort, cela aurait pu mettre les Pays-Bas à sang. Peut-être même que la hantise de tous les gouvernements – les émeutes, citoyens contre citoyens – aurait pu se produire. Je suppose donc que les ordres avaient été clairs : « Assurez sa sécurité à n'importe quel prix. »

*

Les funérailles de Theo devaient avoir lieu une semaine après son assassinat. Les responsables du DKDB m'ont dit que si j'insistais pour y assister ils prendraient les dispositions nécessaires mais que cela risquait de mettre d'autres personnes en danger. J'ai décidé que je ne pouvais pas y aller. Je devais déjà vivre avec la culpabilité d'avoir provoqué la mort de Theo en réalisant mon film avec lui ; je ne pouvais pas prendre de nouveaux risques.

Cependant je voulais voir Theo et lui faire mes adieux.

Mes gardes du corps ont accepté de me conduire à la morgue de l'hôpital d'Amsterdam. Plusieurs voitures et des hommes armés m'ont accompagnée.

Quand je suis entrée dans la pièce, le meilleur ami de Theo, Theodore Holman, et son producteur, Gijs Van Westerlaken, étaient là. Sur le corps de Theo, il n'y avait aucune marque de violence. Il portait, comme d'habitude, un chandail à col roulé et un pantalon large. Son visage était lisse, sans meurtrissures, sans même un petit bouton. Il avait son demi-sourire sardonique sur les lèvres et un air paisible, tranquille que je ne lui avais jamais vu. Je lui ai touché l'épaule et embrassé le front en disant : « Je suis désolée pour ce que j'ai fait. »

Theodore a dit : « Non, Ayaan. Si Theo était vivant, il n'aurait pas aimé entendre ça. Il ne voulait pas mourir dans son lit. En réalisant *Submission*, il se considérait comme un preux chevalier. Il est mort dans une bataille pour la liberté d'expression qui était sa raison de vivre. Ce serait bien pire s'il avait été dévoré par un cancer ou écrasé par une voiture. Cette mort-là a du sens. C'était mon ami, et je ne veux pas que tu sois désolée qu'il soit mort comme ça. »

C'était gentil de la part de Theodore de vouloir me remonter le moral. J'ai dit au revoir au corps de Theo. Il ne croyait pas non plus à l'au-delà, c'était donc fini.

Ensuite, j'ai bu un café avec Theodore et Gijs dans la salle d'attente de l'hôpital. Les deux hommes ont raconté des blagues pour me faire rire – ils avaient leur façon à eux de réagir à la perte de leur cher et excentrique ami. Ils m'ont dit qu'ils avaient essayé de me joindre ainsi que d'autres amis de Theo, mais Iris avait dû leur donner un mauvais numéro car chaque fois qu'ils appelaient une voix répondait : « Base aérienne de Woensdrecht. »

C'est comme ça que j'ai su où l'on me gardait. Une base militaire proche de la frontière belge. Au moment de partir, j'ai dit à l'un de mes gardes du corps :

— Je sais où nous allons. À Woensdrecht.

Il n'était pas content quand il a appris que Theodore avait mon numéro. Je n'étais pas autorisée à le divulguer. J'ai dû quitter Woensdrecht le soir même, et à partir de ce moment-là, plus personne n'a eu le moyen de me joindre.

*

Le soir de ma visite à la morgue, on m'a emmenée dans un centre de formation de la police à Hoogerheid, près de Woensdrecht. J'ai dormi dans un des box réservés aux élèves, assaillie par des cauchemars ; la couverture en laine me faisait enfler le visage et pleurer les yeux. Le lundi matin, je devais repartir car les recrues de la police arrivaient et auraient pu me voir. La tête me tournait à force de déménager et de ne pas dormir, j'ai donc demandé si je ne pouvais pas rester là. Mais on m'a répondu : « Non. On ne peut pas faire confiance à ces recrues. Ce ne sont pas encore des policiers. »

Le lundi matin de bonne heure on m'a emmenée au ministère des Affaires étrangères. Jozias Van Artsen, chef du comité électoral libéral et ex-ministre des Affaires étrangères, m'avait fait donner un bureau où je serais en sécurité et où la presse ne penserait pas à me chercher. Mon assistante, Iris, fut autorisée à venir me voir, mais, en dehors de ça, je n'avais qu'un téléphone et un poste de télévision pour me relier au monde.

On m'a demandé de ne pas envoyer de courriels. Mon adresse e-mail pouvait être découverte. (Quelques jours plus tard, on m'a pris mon téléphone portable, de peur qu'il ne permette de me localiser.) Par curiosité, j'ai demandé : « Êtes-vous sûrs que ces gens aient la possibilité de faire ce genre de choses ? » parce que pour moi les islamistes extrêmes, aux Pays-Bas, n'étaient que des jeunes immigrés mécontents – et plutôt dépourvus de moyens –, et je pensais qu'il fallait une sacrée organisation pour acheter l'équipement permettant de localiser un téléphone portable. Mais les gardes m'ont dit : « On ne peut pas exclure cette éventualité. » Et c'est devenu une sorte de mantra : « On ne peut rien exclure. »

J'ai passé la journée dans ce bureau à lire tous les journaux, à regarder la télé, à tenter de récupérer mes courriels. Huit Nord-Africains arrêtés à Amsterdam ; on parlait de cellule terroriste ; quatre mosquées incendiées pendant le week-end et deux églises ; une école primaire musulmane entièrement brûlée le dimanche soir à Uden, près d'Eindhoven.

Theo devait être incinéré le lendemain.

Ce soir-là, on me conduisit au bureau du sous-secrétaire d'État aux Affaires européennes, à un autre étage du ministère des Affaires étrangères. Derrière le bureau se trouvait une petite chambre à coucher avec une salle de bains et un lit étroit. Le sous-secrétaire – un homme très courtois – est parti et les gardes se sont installés dehors. Je pouvais dormir là. J'ai demandé qu'on me permette de dormir chez moi – c'était juste au coin de la rue –, mais les gardes ont refusé.

Le comportement des gardes avec moi avait beaucoup changé. Il y avait dans l'atmosphère quelque chose de pressant et de grave que je sentais aussi. Ils estimaient que je devais en savoir le moins possible sur ma situation. Je n'étais pas seule en jeu.

Sur ce lit étroit, incapable de dormir, je suis restée éveillée toute la nuit, à éternuer à cause de la couverture de laine – qui me donnait des démangeaisons dans la bouche, la langue et la gorge –, à ruminer mes pensées, à envisager les pires possibilités. Avec les gardes derrière ma porte. La peur. Les mosquées en flammes. Theo mort.

Le lendemain, mardi, j'ai regardé les funérailles de Theo à la télé, en direct. C'était très émouvant. Bram Peper, ex-ministre de l'Intérieur et aussi ex-mari de Neelie Kroes, a très bien parlé. Il a dit que la mort de Theo était pire qu'un assassinat politique parce que c'était le meurtre d'un homme sans ambitions politiques qui n'avait jamais voulu faire carrière. Le père de Theo était humble mais digne dans sa tristesse. Sa mère, elle, était très forte. Lors de son discours, elle a affirmé que je n'avais pas à me reprocher la mort de son fils. Elle m'appelait par mon prénom, Ayaan, et s'adressait directement à moi. Elle a ajouté que je devais poursuivre ma mission et répété que je n'étais pas responsable de la mort de Theo. J'étais très touchée qu'elle pense à moi dans un moment pareil, mais j'étais anéantie pour elle, et pour son mari, qui a éclaté en sanglots, mais surtout pour le fils de Theo qui allait devoir vivre sans son père, tué si cruellement.

Le mercredi, j'ai écrit à la famille de Theo. Les hommes de la sécurité ont lu ma lettre avant de l'envoyer, pour vérifier que je ne donnais aucune indication permettant de me localiser.

*

Ce même jour, le journal télévisé du matin s'est ouvert sur le siège d'un bâtiment de La Haye, situé non loin de l'endroit où je me trouvais. Quelqu'un, depuis ce bâtiment, avait lancé une grenade sur la police et blessé plusieurs policiers. Le quartier avait été évacué, l'espace aérien de la ville fermé aux avions civils, et des forces spéciales étaient intervenues.

Depuis plusieurs jours, Neelie Kroes et Jozias Van Aartsen discutaient de mon avenir immédiat avec des responsables de la sécurité. Ils arrivèrent à la même conclusion qu'en 2002, lors des premières menaces sur ma vie : je devais faire un bref voyage à l'étranger, me reposer, prendre le temps du deuil, adopter un profil bas. Neelie pensait que je pourrais habiter chez des amis à elle le temps que la poussière retombe, le temps aussi que les différents responsables se mettent d'accord sur le degré exact de dangerosité des menaces portées contre moi et sur la façon d'y répondre.

Ce jour-là, donc, alors que la police continuait le siège à La Haye, les gardes m'ont informée que la décision avait été prise : je partais pour les États-Unis. Ils m'ont conduite chez moi ; j'avais trois heures pour faire mes bagages.

Je ne savais pas quoi emporter : on m'avait simplement dit que j'allais aux États-Unis. Froid ? Chaud ? Mon esprit refusait de fonctionner. J'ai attrapé tous les vêtements que je possédais et des dizaines de livres que j'ai fourrés n'importe comment dans des valises. Comme je n'en avais pas assez, j'ai aussi rempli de grands sacs en plastique. C'était complètement irrationnel, mais personne n'était là pour le constater. Les gardes ont chargé le tout dans leurs voitures blindées, sans un mot. Le responsable s'appelait Peter. Je l'avais demandé et j'étais soulagée que cet homme en qui j'avais confiance m'accompagne pendant ce voyage.

On m'a conduite à la base aérienne de Valkenburg, près de La Haye. De la piste, où nous étions garés, j'ai vu un appareil de transport militaire et un avion de surveillance, un Orion. Et gravissant la passerelle d'embarquement, je me suis dit comme une institutrice : « Sois très attentive. Tu vas vivre une expérience unique. » Je me sentais curieusement désincarnée, parfaitement calme. Tous les stores étaient baissés sur les hublots, et on me recommanda de ne pas m'en approcher, pas plus que des portes. L'avion était plein de soldats en uniforme ; deux gardes du corps du DKDB m'accompagnaient.

Les pilotes m'ont invitée à assister au décollage depuis le cockpit. Ils m'ont expliqué leur travail et le fonctionnement de l'appareil ; j'ai posé quelques questions polies. Il faisait très froid. Ils m'ont dit que je pouvais m'allonger sur l'une des couchettes, tellement près du plafond que je ne pouvais pas me retourner sans le heurter du genou. Je suis restée couchée sans bouger, plongée dans mes pensées, hantée par la culpabilité.

À la base aérienne de Portland où nous avons atterri, deux policiers néerlandais nous attendaient. Ils appartenaient au Programme néerlandais de protection des témoins, autrement dit, ils s'occupaient de criminels. Certes, ils ne m'ont pas traitée comme une criminelle, j'étais un membre du Parlement confié à leur protection, pas un quelconque dealer. Mais ils ont géré la situation comme ils en avaient l'habitude. En tant qu'experts, ils décidaient de ce que je pouvais et ne pouvais pas faire.

J'avais toujours peur – ils me voyaient sursauter au moindre bruit –, et ils s'efforçaient de me rassurer. Ils m'ont d'abord emmenée dans un motel, au bord d'une route, dans un coin sans intérêt. J'ai pris une douche et essayé de dormir pendant que deux des gardes, munis de mes papiers, allaient s'occuper de régler les formalités d'entrée aux États-Unis.

Ensuite, ils m'ont accompagnée à Andover, Massachusetts. Ils ont pris des chambres dans le même genre d'établissement lugubre, à proximité d'une autoroute, en pleine zone industrielle. Personne en vue. Il faisait un froid polaire. L'idée de Neelie, me faire héberger par des amis à elle, avait été rejetée : les responsables du DKDB avaient décidé que je devais rentrer dans un anonymat complet, ne fréquenter que des endroits typiquement américains, comme celui-ci, où aucun Néerlandais ne pourrait me reconnaître. Finalement, nous sommes restés dans cet hôtel plusieurs semaines.

Tout ce que je voulais, c'était savoir ce qui se passait aux Pays-Bas : ce que devenaient les parents de Theo, son fils, le Parlement ; comment s'était terminé le siège de La Haye. Mais on n'en diffusait aucune de ces nouvelles en Amérique, et, en entrant dans ma chambre, j'ai constaté que mes gardes avaient retiré le téléphone.

Ils m'avaient déjà pris mon portable, maintenant, ils débranchaient l'appareil fixé au mur. Ils ne me traitaient peut-être pas comme une criminelle, mais à tout le moins comme une enfant – comme si je n'avais aucune conscience du danger. J'ai discuté avec Koos, l'homme chargé de la protection des témoins. Je voulais téléphoner ; je voulais parler à mes amis. Mais il a répondu que ce n'était pas prudent et qu'ils étaient responsables de ma sécurité.

Je n'avais pas non plus le droit d'aller sur Internet, car on pouvait me repérer. J'étais sûre qu'en allant sur les sites d'information je ne risquais rien, mais c'étaient les ordres. Pas d'Internet.

Heureusement, Pete, mon garde du corps, était du DKDB, pas de la protection des témoins. Dans la police depuis vingt ans, il savait faire la différence entre ce qui était dangereux pour ma vie et ce qui ne l'était pas. Il a donc insisté pour que quelqu'un aille voir à la bibliothèque de Boston si je pourrais consulter Internet. Il a dit : « Nous sommes responsables de sa sécurité, mais ce n'est l'intérêt de personne qu'elle fasse une dépression nerveuse. »

Pendant que Koos allait à Boston, Peter m'a prêté son téléphone personnel. Il m'a demandé de faire attention à ce que je disais puis s'est éloigné à l'autre bout de la pièce. J'ai appelé Johanna, Iris, mon amie Geeske. J'ai simplement dit que j'étais quelque part pendant quelque temps et elles m'ont donné des nouvelles : le siège, à La Haye, était terminé, et sept personnes soupçonnées d'appartenir à un groupe terroriste avaient été arrêtées.

À son retour, Koos a affirmé : « Ça n'ira pas. Boston grouille de Néerlandais et d'autres Européens. On ne peut exclure aucune éventualité. Vous n'irez pas. »

Le lendemain, les gardes ont décidé de m'emmener dans un centre commercial pour m'acheter des lunettes. Mais les Américains sont très curieux, ils vous assaillent de questions, même dans un magasin. Les gardes m'ont conseillé de dire que je m'appelais Jill Steele et que je venais d'Afrique du Sud.

Donc, j'étais noire, coiffée d'une casquette de base-ball,

entourée de quatre Blancs bâtis comme des frigos, j'achetais des lunettes sans correction, sans ordonnance, et je racontais une histoire invraisemblable. J'ai eu la sensation que tout le monde, dans ce centre commercial, m'observait.

Le lendemain, c'était mon anniversaire. Trente-cinq ans. J'avais prévu de faire une fête avec des dizaines d'amis, et je savais que seuls les plus proches se réuniraient pour parler de moi et de mon avenir. En attendant, je n'avais rien à faire. J'avais emporté mon ordinateur portable, mais je ne pouvais pas écrire. Comme j'avais aussi des livres, j'essayais de me poser pour lire, mais je n'y arrivais pas. Et je n'avais que mes gardes à qui parler.

Pete voyait bien que ça n'allait pas. Un jour, il m'a dit : « Avec leur vision de la sécurité, ils pourraient aussi bien vous enfermer dans un blockhaus de la Seconde Guerre mondiale, sur une plage, et vous passer des plateaux-repas par la meurtrière. » J'ai répondu qu'effectivement ce serait bien mieux. Je serais aux Pays-Bas et je pourrais inviter mes amis à prendre le thé.

Pete trouva une solution : le sport. D'après lui, l'épuisement physique constituait le seul remède contre l'insomnie, la peur et l'inquiétude. Il prit l'habitude de me conduire dans un vaste centre sportif et de me faire travailler sur diverses machines. Il avait raison, c'était efficace.

Le week-end suivant, Bram est venu relever Pete à la tête de mon escorte. Iris lui avait confié une boîte pleine de journaux et de magazines. Pendant un moment, je me suis sentie revivre – je me suis enfermée dans ma chambre pour lire toute la nuit. Et puis Bram, inquiet, a décrété qu'il n'aurait pas dû me donner tout le paquet d'un coup et que la prochaine fois il me rationnerait.

Je me souviens qu'un jour à la librairie Barnes & Noble, je suis tombée sur un numéro de *The Economist* avec un grand papier sur les Pays-Bas. Je l'ai montré à Bram, et il m'a dit : « Reposez ça. Soyez plus discrète. »

Les jours passaient. Aux Pays-Bas, on se posait mille

questions sur ma disparition. Depuis la mort de Theo je m'étais volatilisée. On disait à mes amis que je voulais être seule, mais ils ne le croyaient pas – me connaissant, ils savaient que dans un moment pareil j'aurais aimé être avec eux ou du moins leur téléphoner. En l'absence de toute information, chacun y allait de sa théorie. Certains disaient que j'avais été tuée et que les autorités dissimulaient ma mort.

J'étais aux États-Unis depuis dix jours quand les responsables de la sécurité ont finalement autorisé Neelie Kroes à me téléphoner. Elle m'a dit qu'elle et Jozias Van Aartsen s'efforçaient d'organiser une rencontre avec moi, mais que d'après la DKDB c'était impossible. J'ai compris qu'elle n'avait aucune idée de l'endroit où je me trouvais.

J'ai également reçu un appel de Henk Kamp, le ministre de la Défense. Au cours de la conversation, il a proposé de venir me voir et de faire une balade avec moi dans la forêt de Zutphen. Je lui ai demandé : « Henk, comment ne sais-tu pas que je suis très loin de la forêt de Zutphen ? » J'ai eu l'impression qu'une sorte d'état d'urgence avait été décrété concernant ma personne : même le ministre de la Défense ignorait où je me trouvais.

Par la suite, une fois rentrée aux Pays-Bas, je lui ai demandé comment il avait pu ne pas savoir ce qui m'arrivait. Il m'a dit : « Seul Piet Hein Donner [ministre de la Justice] était au courant. Et il a dit aux membres du gouvernement de ne pas lui poser de questions sur ton lieu de résidence. Nous avons eu cette courtoisie. »

Piet Hein Donner n'est pas un mauvais homme, mais pas non plus un ministre de la Justice à poigne. Il délègue beaucoup. C'est un homme d'un autre temps, avec une vision très innocente et claire du monde. Je suppose qu'il a donné l'ordre d'assurer ma sécurité et laissé ses fonctionnaires s'occuper de tout.

Ces hommes n'avaient jamais été confrontés à une situation pareille, mais d'une certaine façon ils risquaient leur place. Ils se sont donc arrangés pour que je sois absolument en sécurité. Leurs intentions étaient bonnes.

*

Les journées se succédaient, longues et vides. Neelie appela une autre fois, fin novembre, et m'annonça que je serais autorisée à venir passer quelques jours aux Pays-Bas pour discuter de ma situation avec certaines personnes et voir quand je pourrais rentrer pour de bon. Cette nouvelle me fit plaisir.

Le 27 novembre – cela faisait vingt-cinq jours que j'étais cachée –, nous avons pris la route pour Portland, dans le Maine, sous une pluie battante. En arrivant à la base, il faisait nuit et nous n'avons pas pu entrer. La sentinelle a crié : « GAREZ-VOUS IMMÉDIATEMENT » et Bram est sorti pour aller lui parler. En une seconde, il était trempé. Puis un soldat américain s'est approché, fusil en main, pour dire qu'une voiture allait venir nous chercher, que nous devions transférer « ce que nous transportions » dans cette voiture-là, car la nôtre ne pouvait pas pénétrer dans la base.

Les vitres de notre Land Cruiser étaient fumées, il ne pouvait donc pas voir à l'intérieur. « Ce que nous transportions », c'était moi. Je suis donc montée dans l'autre voiture. En arrivant sur la piste, j'ai vu que le même Orion nous attendait. À l'intérieur se trouvait le même équipage, apparemment ravi de me voir. J'ai posé des questions sur les Pays-Bas. Ils m'ont raconté que tout le monde me croyait victime d'un enlèvement. Nous avons blagué : c'étaient eux qui m'avaient kidnappée. J'étais tellement heureuse de rentrer chez moi.

Henk Kamp, un homme charmant et sans doute très inquiet à mon sujet, apprit que je rentrais et décida de venir me chercher à la base de Valkenburg. Il évoqua son projet devant Artha. C'était contraire à la sécurité. Puisque Artha était au courant, quelqu'un, au ministère de la Justice, décida qu'il fallait changer ma destination d'arrivée. Henk Kamp n'en fut pas informé ; il m'attendait à la base de Valkenburg et ne comprit que plus tard que j'avais probablement atterri ailleurs.

Notre Orion s'est posé à la base d'Eindhoven. Ensuite, on m'a promenée en convoi, pendant ce qui m'a paru être des heures. Puis les voitures se sont toutes arrêtées sur le bas-côté d'une autoroute et on m'a fait monter dans une Volkswagen plus petite, banalisée. Koos, l'homme de la protection des témoins, était au volant. Il m'a conduite dans une maison, à la campagne, pas très loin de Zelm.

Je me suis douchée, puis il a fallu partir pour aller retrouver Neelie et Van Aartsen. Nous avons repris la petite Volkswagen et, sur une route de campagne, j'ai été de nouveau transvasée dans une BMW. Il faisait nuit. Nous sommes finalement arrivés devant un bâtiment en brique, au milieu des bois, à Zelhem. Toutes les lumières étaient éteintes. L'entrée sentait l'urine. L'un des gardes m'a dit que c'était l'odeur des cellules ; nous étions dans un poste de police désaffecté.

En attendant Neelie et Van Aartsen, j'ai parcouru tout le bâtiment dans l'obscurité. Il n'y avait pas d'électricité, et la seule lumière provenait de petites bougies Ikea. Quelqu'un avait fixé du papier buvard sur toutes les fenêtres. Sur une table couverte d'une nappe en papier se trouvaient des sandwiches avec quelques bouteilles d'eau et de jus de fruits.

Nous étions aux Pays-Bas la septième puissance économique du monde, j'avais rendez-vous avec un membre de la Commission européenne et une dirigeante d'un parti politique de la coalition gouvernementale, et je me baladais dans ce décor étrange, digne d'un camp de boy-scouts. Je suis reconnaissante d'avoir été protégée, d'être vivante, et ma gratitude envers certaines des personnes qui m'ont surveillée est immense, mais je pense vraiment que cette manière de procéder avait quelque chose de bizarre.

Neelie et Van Aartsen sont arrivés. On les a rapidement fait entrer – qui sait, un écureuil aurait pu les apercevoir de derrière un arbre, dans l'obscurité. Quand j'ai embrassé Neelie, j'ai eu envie de pleurer. Jozias avait l'air surmené. Il était en pleine préparation d'un congrès, et sa vie avait été menacée – il vivait maintenant sous la protection de gardes du corps, lui aussi. Nous avons pris place dans la pièce préparée pour nous, et Neelie a levé un sourcil en disant : « Bonté divine ! »

On devinait au ton de sa voix qu'elle trouvait toute cette atmosphère de clandestinité enfantine ridicule. « Alors, nous sommes en sécurité, ici ? demanda-t-elle. Nous aurions aussi bien pu nous retrouver chez moi, non ? »

Une fois la porte refermée, Jozias m'a interrogée sur les conditions dans lesquelles j'avais vécu. Je lui ai décrit le motel, l'autoroute, la zone industrielle ; aucun contact avec mes amis, personne à qui parler en dehors de mes gardes du corps. En m'écoutant, Neelie se raidissait. J'ai dit que si je devais retourner là-bas je voulais au moins disposer d'un moyen de communication, d'un endroit où prendre des nouvelles et envoyer des courriels. J'avais besoin d'être en contact avec des êtres humains.

Deux hommes du ministère de la Justice devaient nous rejoindre après le dîner, le chef du département antiterroriste et le chef de l'unité de protection et de sécurité. (Les Pays-Bas adorent ce genre de redondance.) Neelie et Jozias leur ont demandé pourquoi je devais vivre dans un tel isolement et aussi loin. Quel genre d'attaque redoutaient-ils exactement ?

À ce moment-là, après des semaines de passivité, quelque chose en moi s'est réveillé. J'ai déclaré à ces hommes : « Sur la date de mon retour définitif, je fais confiance à votre jugement. C'est votre travail. Mais je ne retournerai pas dans ce motel. En Amérique, personne ne me reconnaît. Je veux qu'on m'autorise à aller à l'université. Je veux écrire, lire, faire quelque chose de mon temps. Je ne peux pas continuer à contempler cette autoroute. »

Neelie leur fit signe de partir avec un regard appuyé et referma la porte derrière eux. Elle me dit que mes amis s'agitaient pour savoir ce que j'étais devenue. Tout le monde s'inquiétait à mon sujet. Les journaux s'interrogeaient sur les moyens mis en œuvre pour me protéger et sur l'endroit où je me trouvais. C'était en partie pour cela que l'on m'avait ramenée, pour faire cesser les rumeurs et prouver que je ne m'étais pas volatilisée.

Nous avons décidé qu'avant de repartir aux États-Unis je verrais un très bon ami à moi, Herman, et un journaliste du *NRC Handelsblad*. Jozias organisait le congrès annuel du VVD qui avait lieu le lendemain. Il m'a proposé d'y faire une apparition ou de rédiger un communiqué pour informer le public que tout allait bien. (Pour finir, nous avons décidé que j'écrirais un texte qu'il lirait devant l'assemblée des membres du parti.)

J'ai passé la journée suivante seule dans la maison de Zelhem, en attendant qu'une décision soit prise. Dans l'après-midi, on m'a annoncé que je verrais Neelie à cinq heures, que je dînerais avec Herman et qu'à dix heures je recevrais Frank Vermeulen, du *NRC* pour une interview.

Mes gardes ont refusé de me dire où nous allions, ce qui était idiot, car le ministère des Finances était facile à reconnaître. Ils m'ont installée dans un vaste bureau vide où Neelie m'a rejointe avec une bouteille de champagne. Nous avons rédigé le texte que Jozias devait lire devant les libéraux. Puis Herman est arrivé. Nous avons parlé de ce que je vivais, sans évoquer le lieu exact. Je lui ai demandé de trouver une université américaine où, avec l'accord du ministère de la Justice, je pourrais suivre des cours.

Quel plaisir de les revoir et de leur parler ! J'exultais – deux amis à la fois, après un si long isolement, c'était presque trop de bonheur.

Quand la bouteille de champagne fut vide, Herman

voulut en boire encore un verre. Je suis allée trouver le garde posté devant la porte et je lui ai demandé si nous pouvions avoir une bouteille de vin. Il a répondu : « Mais vous devez répondre à une interview après le dîner ! Vous ne pouvez pas boire de vin ! »

« Mais qu'est-ce que ça veut dire ? » a tonné Herman. Il était sidéré par la façon dont on me traitait. Je m'y étais habituée, sans doute, mais, depuis mon retour, je commençais à me poser des questions, moi aussi.

*

L'un des fonctionnaires chargés de ma sécurité, Tjeerd, insista pour assister à mon interview au cas où je dirais quelque chose de compromettant pour ma sécurité. Sa présence rendait l'ambiance d'autant plus étrange que je connaissais très bien Frank Vermeulen. En voyant Tjeerd, il a levé les sourcils. Nous avons parlé de ma sécurité – je n'étais pas séquestrée quelque part contre mon gré – et de mon projet de reprendre le travail. Tjeerd est resté assis, le buste raide, le corps penché en avant et le front plissé, pendant tout notre échange.

Une fois l'interview terminée, j'ai demandé à Tjeerd de sortir et je me suis rassise pour bavarder avec Frank. Il était sidéré.

— Combien de temps cela va-t-il durer ? m'a-t-il demandé. Ils ne peuvent pas te garder éternellement à l'étranger. C'est de la folie. Tu es membre du Parlement, tu n'as rien fait de mal, et pourtant on t'espionne, on se croirait en Union soviétique, ma parole !

Je lui ai répondu :

— Je ne comprends pas la moitié ce qui m'arrive. J'ai parfois l'impression qu'ils n'ont aucune confiance dans mon désir de rester en vie.

*

Le lendemain, on m'a annoncé que nous partions pour un pays voisin avant de retourner au Massachusetts. L'équipe de surveillance avait changé – comme tous les huit jours – et je ne connaissais aucun des hommes qui la composaient ; on ne m'a dit rien de plus. Nous avons passé la frontière et roulé longtemps pour arriver dans une petite ville allemande appelée Meckenheim, comme je devais le découvrir plus tard. L'hôtel était sale, sordide.

C'est là que j'ai décidé que je n'en pouvais plus. Je devais reprendre les rênes de ma vie. Je voulais sortir – simplement sortir dehors, prendre un café et respirer. J'ai ouvert la porte de ma chambre.

Un jeune fonctionnaire de la DKDB, Robert, était de garde dans le couloir. Il m'a regardée comme si j'étais en proie à une crise de démence. Il m'a couru après en criant : « Mais qu'est-ce que vous faites ? » Je lui ai répondu que j'allais boire un café et j'ai continué à marcher. Robert était officier de police et formé à la surveillance, donc il m'a suivie. Devant l'hôtel, la route était déserte ; il faisait très froid. J'ai vu une pancarte et j'ai dit : « Fort bien, nous sommes à Meckenheim, en Allemagne. Suivons les panneaux indiquant le centre-ville. »

Quelques pas derrière moi, Robert téléphonait à Henrik ; il était armé et très nerveux. Moi pas. L'air frais et la marche me faisaient du bien. Mais c'était un dimanche matin, et presque tout était fermé à Meckenheim. J'ai fini par trouver un bar. Passant la tête par la porte entrouverte, j'ai demandé : « *Coffee* ? » Ni Robert ni moi ne parlions l'allemand. Le barman a fait oui de la tête.

Il était turc – je me trouvais dans un café turc. Robert accusa le coup ; quant à moi, je dois l'admettre, je n'en menais pas large. Mais je me suis assise et j'ai fait comme si le café était le meilleur du monde. Au fond de moi, j'avais envie de m'enfuir le plus vite possible, mais je voulais surtout affirmer ma dignité. Je devais reprendre le contrôle de ma vie.

J'ai donc bu mon café très lentement et j'en ai commandé un deuxième. Des ouvriers turcs sont entrés, et Robert a fait mine de prendre son téléphone – il ne voulait pas être seul en cas de bagarre. Mais je lui ai dit : « Ces gens sont innocents. Ils ont un commerce à tenir. Ils ne vont pas tirer sur leurs clients. »

Finalement, je me suis levée, j'ai dit « *Danke* » et je suis sortie. Cinq cents mètres plus loin, nous avons éclaté de rire.

— Vous êtes soulagé, hein ? ai-je demandé à Robert.

— Oui.

— Moi aussi.

— Vous voyez ? Il peut y avoir du danger partout.

— Mais non. Ils ne nous ont rien fait, à part nous servir du café. Allons nous balader. Nous n'allons pas rester enfermés dans cette morgue qui nous sert d'hôtel.

— Je dois admettre que cet endroit me donne des frissons.

Quand nous sommes rentrés, Henrik m'a reproché d'avoir trahi sa confiance. Je n'étais pas n'importe quel être humain libre d'aller et venir à sa guise ; je me conduisais de façon puérile, a-t-il conclu. Puérile, peut-être, mais ce café avait été très important pour ma santé mentale, et je me sentais beaucoup mieux.

On m'a logée ensuite dans un centre de cure pour personnes âgées, vaste et luxueux. Je n'en demandais pas tant. Je n'avais pas besoin d'un tel luxe, je voulais simplement dormir dans un lit dont la literie ne sente pas mauvais. J'ai dit à Henrik :

— C'est ridicule.

Mais il a répliqué :

— Nous avons dit aux services secrets allemands que nous avions un membre du Parlement à protéger, et c'est ce qu'ils nous ont trouvé.

Puis il a débranché le téléphone de ma chambre et l'a emporté.

*

Je me suis retrouvée dans le même motel horrible, dans la banlieue d'Andover, Massachusetts. J'ai décidé d'envoyer un cadeau au fils de Theo pour SinterKlaas, le Santa Claus néerlandais qui apporte des cadeaux le 5 décembre. Deux semaines plus tard, le parquet revenait, non ouvert. Le fils de Theo ne voulait rien accepter de moi. J'en fus très attristée.

J'étais à nouveau déprimée. Les jours passaient sans m'apporter la nouvelle d'aucun transfert. Mon escorte refusait de me laisser sortir de l'hôtel. Je suppliais constamment qu'on me permette de téléphoner : parler à Herman et à mes autres amis était pour moi la seule occupation possible, la seule façon de rester saine d'esprit. Mais je ne pouvais plus téléphoner sans qu'un de mes gardes soit présent et à l'écoute. Je me retirais de plus en plus en moi-même, passant presque tout mon temps seule dans ma chambre.

Enfin, je fus transférée à San Diego. L'autorisation d'aller à l'université ne m'était pas encore accordée, mais au moins il faisait chaud sur la côte ouest, et Pete dirigeait à nouveau mon escorte. Il m'accompagnait à la plage en voiture et me faisait marcher à travers les dunes, dans l'air vif de l'océan, pendant des heures. Il me laissait aussi me servir de son téléphone et s'éloignait discrètement pour ne pas entendre mes conversations.

J'ai commencé à revivre. Fatiguée par la marche, je dormais correctement, pour la première fois depuis la mort de Theo. La veille de Noël, Neelie me dit que des dispositions étaient prises pour mon retour définitif aux Pays-Bas. Nous sommes convenues que je rentrerais le 10 janvier.

Le jour venu, un avion me déposa à Francfort. Je désirais ardemment rentrer dans mon pays et me retrouver chez moi pour préparer la conférence de presse que je devais donner le 18 janvier à La Haye. Mais, pour une raison que j'ignore, cela ne fut pas possible. On me transférait d'un hôtel allemand à l'autre. Pourquoi ? Personne ne m'a fourni une explication, c'étaient les ordres, voilà tout. Dans le deuxième hôtel il y avait un ordinateur et un branchement Internet. J'ai donc pu travailler sur la déclaration que j'allais faire à la presse. Je voulais transmettre mon brouillon à mes amis, mais dans ma chambre la connexion Internet ne marchait pas. Vers minuit, j'ai donc demandé à mes gardes de m'accompagner à la réception pour envoyer mon message.

L'employé de la réception était turc. Il m'a regardée et a dit :

— Hé, vous ne seriez pas par hasard cette Somalienne, membre du Parlement néerlandais, dont l'ami a été tué ?

Depuis la mort de Theo, j'avais été reconnue par quelques personnes – je voyais la surprise se peindre sur leur visage –, mais c'était la première fois qu'on me posait directement la question. J'ai bafouillé :

— Comment ?

Et l'homme a repris :

— Oui, c'est bien vous. Il y avait une lettre de menaces contre elle sur le corps de son ami, et elle a disparu. C'est vous, n'est-ce pas ?

J'ai ri bêtement en disant :

— Oh non. Beaucoup de gens commettent la même erreur, mais ce n'est pas moi.

Le chef des gardes, Case, a fait une remarque du genre : « Incroyable, non, comme le monde est petit ! » et nous a invités à aller dormir. Son subalterne était pétrifié. Je savais que c'était une grave infraction à la sécurité. Deux mois plus tôt, on m'avait fait quitter la base de Wunsdrecht uniquement parce qu'un de mes amis savait que je m'y trouvais. Cet employé d'hôtel, un parfait inconnu, connaissait le numéro de ma chambre. J'ai demandé à Case s'il était bien prudent de rester là. Il a répondu : « Demain j'appellerai le bureau. Avec tous ces déplacements, vous n'arrivez jamais à vous reposer. »

J'aurais pu en rire si ma vie n'avait pas été en danger. Dans ma chambre, j'ai entassé les meubles et mes valises contre la porte ; j'ai posé la machine à café et quelques tasses avec leurs soucoupes en équilibre sur le tas pour le cas où je m'endormirais et où quelqu'un essaierait d'entrer. Je suis restée éveillée toute la nuit, guettant le bruit, attendant l'homme armé d'un couteau et d'un pistolet. Il n'en a rien été. Le lendemain matin, Case a reçu l'ordre de me transférer dans un hôtel d'Aix-la-Chapelle, et s'est fait réprimander pour ne m'avoir pas immédiatement retirée de cet établissement.

Nous nous rapprochions lentement de La Haye. Je n'avais même plus le droit de quitter ma chambre, de peur qu'un réceptionniste ne me reconnaisse. J'ai voulu rentrer en contact avec les parents de Theo, et j'ai demandé à Case de me mettre en relation téléphonique avec eux. Mais il m'a dit : « Nous avons parlé avec le policier qui leur sert d'intermédiaire, et ils ne veulent avoir aucun contact avec vous. Quand ils changeront d'avis, ils prendront eux-mêmes l'initiative. »

J'ai découvert plus tard que ce n'était pas vrai. Les parents de Theo ont été adorables et très accueillants avec moi. Ils n'avaient jamais dit une chose pareille. Je suppose que quelqu'un, au ministère de la Justice, avait tout simplement la flemme de les appeler.

J'ai demandé si je pouvais voir mon ami Paul Scheffer, le critique, pour qu'il m'aide à rédiger mon texte, que je trouvais trop long et trop sentimental. Je voulais qu'il soit factuel, qu'il parle de mon travail, mais je voulais aussi – j'en avais besoin – dire ma tristesse et mon sentiment de culpabilité pour la mort de Theo, enfin, je voulais affirmer que les Pays-Bas, comme moi, devaient aller de l'avant et ne pas céder à la terreur.

J'ai pu rentrer aux Pays-Bas le 15 janvier. J'ai rencontré

Paul dans un commissariat de police, à Freiberg, et nous avons raccourci mon texte. J'ai passé la nuit dans un héliport militaire, à Soesterberg. Cela n'avait plus d'importance ; j'allais rentrer chez moi. Le simple fait de me retrouver en Hollande me rassérénait.

Le lendemain, un dimanche, on m'a accompagnée chez Leon de Winter. Enfin, je respirais, et j'avais du mal à contenir mon bonheur. Leon était là, ainsi que sa femme Jessica, Afshin Ellian, Jaffe Vink et Chris Rutenfrans. Je débordais d'envie de les toucher, de les prendre dans mes bras, tous.

Mardi matin, je suis retournée au Parlement. En descendant de voiture dans la cour pavée, j'ai vu une rangée de caméras et d'appareils photo devant moi. À chacun de mes pas, l'ensemble reculait d'un pas, en formation. Le chef du Parlement m'a accueillie officiellement, dans son bureau, ensuite je suis allée voir Jozias Van Aartsen, qui m'a saluée avec chaleur. Il m'a accompagnée dans la salle de réunion du VVD pour notre réunion habituelle du mardi matin. Presque tous les membres de notre parti sont venus m'embrasser. Tout sentiment d'envie ou d'hostilité de leur part semblait avoir disparu.

La réunion s'enferrait dans une interminable discussion concernant l'endroit où devaient se tenir nos commissions : dans une salle du Parlement ou dans les bureaux du parti. J'ai eu l'impression de ne jamais être partie. Après m'être excusée, je me suis retirée dans mon bureau pour travailler au texte de mon allocution et donner des coups de fil sans que des oreilles indiscrètes surveillent mes paroles.

À quatorze heures, je me suis rendue dans la chambre basse du Parlement. Elle était pleine de journalistes et de députés. Tous se sont levés et ont applaudi, même mes opposants acharnés. Le chef du Parlement a fait une courte allocution, et le ministre de la Défense, Henk Kamp, est venu me serrer la main en me souhaitant la bienvenue. Je savais que la sympathie que je lisais dans ses yeux n'était pas feinte.

À seize heures, je suis partie pour me rendre là où devait se tenir ma conférence de presse. Ce n'était pas très loin, mais les photographes et les cameramen se bousculaient autour de moi, filmant chacun de mes pas. La salle était bondée de journalistes. Après avoir pris une grande inspiration, j'ai commencé à lire mon speech. Après soixante-quinze jours d'absence, je me sentais à nouveau chez moi.

Épilogue

La lettre de la loi

C'était un lundi soir, le 15 mai 2006. Gerrit Zalm, le ministre des Finances, et Willibrord Van Beek, le nouveau chef des libéraux au Parlement, ont frappé à la porte de mon appartement de La Haye. Tous deux avaient l'air sombre. Ils m'apportaient un message.

Il y avait du monde dans toutes les pièces de mon appartement, une atmosphère de crise. Le seul endroit où nous pouvions nous isoler était la chambre, où j'avais mis à sécher des montagnes de linge.

— Allez-y, ai-je dit à Gerrit, débarrassez-vous tout de suite de votre mauvaise nouvelle.

En me regardant droit dans les yeux, il m'a expliqué que la ministre de l'Intégration, Rita Verdonk, avait décidé d'invalider ma nationalité néerlandaise. J'allais recevoir, dans la demi-heure, un avis officiel du ministère de la Justice. Rita avait promis de ne pas rendre sa décision publique avant le lendemain, lorsque je remettrais ma démission du Parlement.

Je me suis efforcée de contenir mon émotion. Van Beek, lui, était au bord des larmes.

— Ça ne va pas se passer comme ça, m'a-t-il assuré.

Gerrit a ajouté avec colère que c'était grotesque, qu'il fallait que je me trouve un bon avocat. Il avait l'air si triste que je me suis senti le devoir de le réconforter.

— Ne vous inquiétez pas, lui ai-je dit. Tout va s'arranger.

J'ai réussi à contenir mes larmes jusqu'à ce qu'ils partent. Cinq minutes plus tard, j'ai reçu un appel de Rita. Nous avons eu une conversation brève et sèche. Elle m'a dit que sa décision à mon égard n'avait rien de personnel : elle ne pouvait faire autrement, elle avait les mains liées. Elle avait prononcé l'invalidité de mes papiers. Pour elle, dans la mesure où j'avais donné un faux nom et une fausse date de naissance lors de mes demandes d'asile et de naturalisation, je n'avais jamais obtenu ni l'un ni l'autre.

Dix minutes après que nous eûmes raccroché sur un au revoir glacial, on a sonné à la porte. C'était l'un des gardes du DKDB, un homme au visage parsemé de taches de rousseur, d'ordinaire très souriant. Ce soir-là, il était grave. Il m'a tendu une enveloppe blanche imprimée d'un sceau qui représentait la Justice tenant sa balance.

Madame, disait la lettre, *Je vous informe par la présente que selon mon jugement vous n'avez pas reçu la nationalité néerlandaise, en raison de votre usage de données personnelles fausses pour le processus de naturalisation. Le décret vous accordant la naturalisation est donc annulé. Vous avez six semaines pour contester cette décision.*

Je la reposai. Un instant plus tard, le journal télévisé s'ouvrait en annonçant que Rita Verdonk avait annulé ma naturalisation. Je n'étais plus néerlandaise.

*

J'avais senti les ennuis commencer le jeudi 27 avril, à l'avant-veille des vacances de printemps du Parlement. Comme j'avais prévu de consacrer cette période de pause à un voyage aux États-Unis pour la promotion d'un recueil d'articles que je venais de publier, *The Caged Virgin*[1],

---

1. Paru en France sous le titre *Insoumise*, Robert Laffont, 2005.

j'avais enchaîné les rendez-vous toute la semaine. Ce jour-là, j'en avais un que j'attendais avec impatience. Un journaliste de la télévision qui produisait une émission de documentaires, *Zembla*, venait me poser des questions sur mon enfance au Kenya et en Somalie et me montrer des images qu'il avait filmées là-bas.

Il a branché son magnétoscope. J'ai vu apparaître les écoles où j'étais allée et la maison de Kariokor où nous avions vécu après le départ d'Abeh. J'ai vu mon frère Mahad, amaigri et nerveux, qui ne quittait pas ses lunettes de soleil. J'éprouvais une douce nostalgie, m'étonnant que le reporter se soit donné tant de mal pour retrouver les lieux où j'avais grandi. J'ai aussi été frappée par le nombre de foulards islamiques dans les rues de Nairobi, et surtout à l'école de Juja Road. Quand nous y étions élèves, Haweya et moi, chaque fois que notre mère avait tenté de nous y envoyer voilées, elle s'était heurtée au refus de notre maître. Mais, à présent, le port du foulard semblait être devenu la règle.

Après avoir éjecté la cassette, le journaliste de *Zembla* s'est mis à me mitrailler de questions sur mon passé avec une hostilité qui m'a décontenancée. J'ai eu du mal à rester courtoise quand il a mentionné sa conversation avec Mahad : mon frère lui avait affirmé que je n'avais jamais été excisée, que nous venions d'une famille beaucoup trop progressiste pour mutiler ainsi ses enfants. J'ai essayé de lui expliquer que Mahad tentait de sauver les apparences, qu'il n'allait pas admettre devant un Occidental, qui considérait cette tradition barbare, que sa propre famille l'avait respectée. De toute façon, quoi qu'il dise, je ne voyais pas pourquoi on devait le croire lui plutôt que moi.

Le journaliste a continué : était-il exact que j'avais menti, à mon arrivée aux Pays-Bas, sur mon formulaire de demande d'asile ? Avec cette question, j'étais en terrain connu : j'y avais répondu très souvent. Dès mes premiers pas en politique, j'avais spontanément confessé ce premier mensonge, et par la suite, chaque fois qu'on m'avait interrogée sur le sujet, en privé ou en public, j'avais reconnu que je n'avais pas dit toute la vérité et j'avais précisé pourquoi. Une fois de plus, j'ai donc répété à ce journaliste que lorsque j'avais demandé le statut de réfugiée, en 1992, j'avais agi ainsi.

Il devait avoir d'autres questions, sûrement tout aussi agressives, mais mon assistante parlementaire, Iris, l'a interrompu en frappant à la porte. Le chef de l'unité spéciale de protection rapprochée du ministère de la Justice, Arjan Jongevos, et son adjoint venaient d'arriver : ils m'attendaient dans mon bureau. En y entrant, encore agacée par le tour qu'avait pris l'interview, j'ai remarqué qu'Arjan Jongevos arborait, sur son visage d'ordinaire sans expression, un air de compassion.

« Asseyez-vous, m'a-t-il dit. Prenez donc un verre d'eau. »

Il m'a tendu une liasse de papiers : le compte rendu du jugement de la cour d'appel sur la demande d'expulsion formulée à mon encontre par mes voisins. Ce procès durait depuis des mois : mes voisins avaient attaqué le gouvernement, prétendant que la protection dont mon appartement faisait l'objet nuisait à leur intimité et que ma présence les mettait en danger. Je n'avais jamais imaginé perdre.

J'ai jeté un coup d'œil au dossier : j'étais expulsée. J'avais quatre mois pour partir – jusqu'au 27 août, me précisa gentiment Jongevos, qui avait fait le calcul.

J'étais abasourdie. Où irais-je ? Dans un hôtel ? une base aérienne ? un igloo blindé au milieu de la forêt ? Où, aux Pays-Bas, pays petit et fort peuplé, trouverais-je un endroit où vivre sans voisins ?

Une semaine plus tard, au début du mois de mai, je devais m'envoler pour les États-Unis dans le cadre de la promotion de mon livre *Insoumise*. En fait, j'y allais aussi pour rencontrer Christopher DeMuth, le président de l'American Enterprise Institute, un institut de réflexion de

Washington qui m'avait offert un poste. Je voulais quitter la politique néerlandaise : un mois plus tôt, j'avais informé Gerrit Zalm que je ne souhaitais pas me représenter aux élections législatives. Après trois ans et demi au Parlement, j'avais perdu mes illusions. Un vrai Parlement en action peut être une chose formidable. J'aimais la vivacité des débats, les luttes intenses, lame contre lame. Mais je trouvais le processus législatif lent et frustrant. Je ne voulais pas suivre la ligne du parti ni approfondir ma connaissance de la Politique agricole commune de l'Europe ou du système de transports de Rotterdam. Et je ne voulais plus gaspiller toute mon énergie à essayer de former des coalitions avec des gens qui acceptaient mes idées mais ne votaient pas pour moi parce que j'étais une libérale.

Le battage médiatique qui accompagnait chacune de mes interventions, chacun de mes faux pas, n'arrangeait rien. Même si les médias me donnaient parfois une tribune en relayant ma cause, ils intensifiaient surtout l'animosité que beaucoup de parlementaires ressentaient à mon égard et vis-à-vis de mes initiatives politiques.

Il me semblait en outre que j'avais plus ou moins atteint les objectifs que je m'étais fixés. J'avais voulu ouvrir un débat sur l'islam, et j'avais réussi. Toutes sortes de faiseurs d'opinion affirmaient à présent qu'il était irresponsable et pernicieux de prétendre qu'en cédant aux exigences des chefs islamiques on parviendrait à rétablir l'harmonie sociale. La société néerlandaise résonnait de débats sur la meilleure façon de favoriser l'intégration des musulmans, et les musulmans des Pays-Bas eux-mêmes semblaient, pour la plupart, se rendre compte qu'ils allaient devoir choisir entre leurs traditions et les valeurs occidentales. Surtout, les femmes musulmanes étaient au centre des débats.

Quand l'institut de réflexion américain m'avait proposé un poste, j'avais considéré avec intérêt la possibilité de consacrer davantage de temps au développement de mes idées et de contribuer à un programme vraiment en phase avec mes préoccupations. J'allais accepter son offre, et vu les circonstances je déménagerais plus tôt que prévu.

*

Quand le documentaire a été diffusé dans l'émission *Zembla*, le jeudi 11 mai 2006, sous le titre *Sainte Ayaan*, j'étais encore aux États-Unis. Un journaliste hollandais à New York me l'a fait visionner en studio. Le ton était déplaisant, et s'annonçait comme un assassinat en règle. Le reporter avait apparemment retrouvé Osman Moussa, qui vivait toujours au Canada et prétendait que je l'avais épousé de mon plein gré. Mais, comme m'a dit quelqu'un, « quel homme reconnaîtrait avoir épousé une fille qui ne voulait pas de lui ? » Il était clair que le reporter s'était rendu au Kenya et en Somalie pour essayer de déterrer de sales histoires sur mon compte. Si c'était tout ce qu'il avait trouvé pour me nuire, tout allait bien.

Pourtant dès le lendemain, toute une armée s'est mise en marche. En sa fonction de ministre chargée des affaires d'immigration, Rita Verdonk avait dans le passé ordonné l'expulsion de plusieurs immigrés ayant fourni des informations fausses lors de leur demande d'asile. À présent, ses opposants lui suggéraient avec sarcasme de se pencher sur mon cas comme sur celui de n'importe quel autre immigrant fraudeur.

Rita était mon amie. Beaucoup la trouvaient rigide : ils la surnommaient « Rita de fer », et son ancien emploi de directrice de prison lui valait des railleries constantes. De mon côté, pourtant, je l'avais toujours trouvée chaleureuse, et même maternelle. Nos avis divergeaient quant à ce que devait être la ligne d'action des libéraux, mais elle était souvent mon alliée au sein du parti et au Parlement. Nous échangions des idées, elle incluait des passages de mes textes dans les siens, et j'intervenais régulièrement auprès d'elle en faveur de demandeurs d'asile dont elle avait ordonné l'expulsion. Elle faisait partie des gens qui m'avaient réconfortée après la mort de Theo. Dans un groupe parlementaire où j'avais peu d'amis, elle s'était donné beaucoup de mal pour moi. Tout d'un coup, je me sentais comme l'idiot de village naïf du conte de ma grand-mère.

Rita avait toujours su que j'avais fraudé. Nous en avions discuté. Notre dernière conversation à ce sujet remontait d'ailleurs à quelques semaines à peine : Rita avait décidé de renvoyer dans son pays une jeune Kosovare de dix-huit ans, Taida Pasic, alors qu'elle était sur le point de passer ses examens de fin de lycée. Je me souviens d'avoir téléphoné à Rita de chez Leon de Winter, qui m'avait invitée à dîner. Je l'avais suppliée de réexaminer le cas de cette jeune fille, mais elle s'était montrée inflexible.

— Elle a menti, m'avait-elle dit. J'ai les mains liées.

— Mais Rita, moi aussi j'ai menti ! m'étais-je écriée, si fort que Leon m'avait entendue.

— Eh bien, si j'avais été ministre à l'époque, je t'aurais expulsée toi aussi.

*

À présent, Rita était dans la course – une course acharnée – pour la présidence du Parti libéral. Les élections devaient avoir lieu le 30 mai : elle ne pouvait pas se permettre de montrer la moindre faiblesse et, « la loi étant la loi », restait inflexible sur le fait qu'elle ne pouvait faire aucune exception. Le vendredi, le lendemain de la diffusion du documentaire, elle a annoncé publiquement que je n'avais rien à redouter. Le matin du samedi 28 mai, après avoir commencé à recevoir des appels lui demandant d'examiner mon cas de fraude, elle a fait savoir qu'elle avait rouvert mon dossier d'immigration.

Le lendemain, dimanche, la rumeur disait que Rita avait

l'intention de me retirer la nationalité néerlandaise. C'était dans les journaux : tout le pays était au courant. Je risquais de perdre mes papiers. Si je n'étais plus néerlandaise, je ne pourrais plus voter, et il allait sans dire que je ne pourrais pas garder mon siège au Parlement. Me retrouverais-je alors sans gardes du corps, incapable de sortir du pays, ou peut-être d'y rester ? J'avais du mal à le croire. Même quand Gerrit Zalm est passé chez moi ce soir-là pour m'annoncer que c'était vraiment ce qui se passait, même quand j'ai reçu la lettre du ministère, même alors, cela me semblait complètement irréel.

*

En me levant le mardi matin, j'ai trouvé des dizaines de messages sur mon répondeur, et des centaines dans ma boîte e-mail. Je devais donner une conférence de presse dans l'après-midi, et j'ai essayé de réfléchir à ce que j'allais dire. Mon regard s'est posé sur les pages de mes mémoires, empilées à côté de mon imprimante. « Je suis Ayaan, fille de Hirsi, fils de Magan. »

Cela faisait longtemps que j'avais rétabli la vérité sur mon passé, et je la répétais à qui voulait l'entendre. Bien sûr, j'avais eu tort de ne pas dire toute la vérité à mon arrivée aux Pays-Bas, en 1992, quand j'avais peur qu'on ne me renvoie chez moi. J'avais mis longtemps à chasser cette peur.

À deux heures, cet après-midi-là, j'ai pénétré dans le centre de presse du Parlement et j'ai fait face aux flashes. La gorge sèche, j'ai annoncé aux journalistes que je me retirais de la vie politique et que je quittais les Pays-Bas plus tôt que prévu. J'ai tenté de résumer ce que je pensais avoir accompli, et j'ai remercié ceux qui m'avaient soutenue. Quelques heures plus tard, Chris DeMuth m'a appelée pour me confirmer que je pourrais prendre mes fonctions auprès de l'American Enterprise Institute au début du mois de septembre.

*

Dès cinq heures moins le quart, Rita était au Parlement pour répondre aux questions furieuses de mes collègues. Ils me connaissaient depuis plus de trois ans, durant lesquels nous avions travaillé ensemble, pris nos repas ensemble, bavardé, noué des alliances, échangé des votes. Et voilà qu'en l'espace de quelques jours on me dépouillait de ma citoyenneté et, par conséquent, de mon droit de siéger à leurs côtés. Beaucoup trouvaient cela scandaleux, et ils n'en faisaient pas un secret.

À environ onze heures du soir, sous le feu des parlementaires, Rita a commencé à se prendre les pieds dans ses arguments. Elle a dit que je n'avais jamais été néerlandaise, puis elle a déclaré que je l'étais encore, pour une période d'attente de six semaines, même si je ne l'avais jamais été auparavant. Elle a prétendu qu'elle ignorait, jusqu'au début de l'affaire, que j'avais menti lors de ma demande d'asile, et que depuis plus d'un an j'avais pour adresse e-mail au Parlement : magan@tweedekamer.nl, preuve assez claire que je n'avais pas cherché à dissimuler mon vrai nom.

Rita a bientôt perdu l'appui qu'elle avait parmi les députés. L'esprit calculateur qui sommeille en chaque politicien est alors entré en action : ça n'avait plus rien à voir avec moi. Les opposants au VVD savaient que Rita Verdonk aurait été un chef fort pour son parti, et ils voulaient l'empêcher de gagner les élections. Quant aux libéraux eux-mêmes, certains étaient prêts à la sacrifier, voire enchantés de le faire, sous ce prétexte-là ou sous un autre.

Des millions de Néerlandais suivaient le débat en direct sur leur poste de télévision tandis que Rita Verdonk, au milieu de l'arène, se faisait lentement mettre en pièces par

les parlementaires. Les chefs de la coalition gouvernementale s'écartaient graduellement de l'endroit où elle se
trouvait sur le podium. Les députés ont présenté deux
motions lui ordonnant de réexaminer mon cas. Vers deux
heures et demie du matin, le président du Parlement a apparemment fait passer à Rita une note l'avertissant qu'elle
devrait accepter la motion suivante ou bien se retirer du
gouvernement. Brusquement, à trois heures, elle a cédé,
acceptant de rouvrir mon dossier et de réétudier la validité
de ma naturalisation. Je recevrais une réponse dans six
semaines.

À partir de là, la situation a pris des allures de farce
satirique. J'ai trouvé une avocate, qui m'a dit que comme
« Ali » était le nom de naissance de mon grand-père, et
« Magan », au départ, un simple surnom, je n'avais pas, au
regard de la loi, fraudé en déclarant m'appeler « Ali ». Elle
avait un document qui prouvait que, selon la législation
somalienne, j'avais même le droit de choisir pour nom de
famille le prénom de n'importe lequel de mes ancêtres
mâles du côté paternel. Elle me demandait de lui fournir
aussi une lettre de mon frère attestant que mon grand-père
Magan avait bien, à l'origine, été prénommé « Ali », ainsi
que les extraits de naissance de mon grand-père, de mon
père et de ma mère, pièces que je ne voyais, évidemment,
aucun moyen de me procurer. Je n'avais plus qu'à attendre
de voir ce qui allait se passer.

Au cours des semaines suivantes, comme tout le monde,
j'ai entendu les rumeurs : Jan Peter Balkenende, le Premier
ministre, avait demandé à Rita de revenir sur sa décision et
de me réintégrer, mais Rita ne voulait pas perdre la face.
Le soir du lundi 26 juin, trois jours seulement avant le début
des vacances d'été du Parlement, Balkenende a finalement
appelé Rita dans son bureau et insisté pour qu'elle informe
le Parlement qu'elle me restituait ma nationalité.

À ce moment-là, j'étais à Washington, dans le bureau de
l'avocat censé m'aider à obtenir un permis de séjour aux

États-Unis ; il était environ quinze heures. Mon téléphone a sonné : c'était mon avocate néerlandaise, qui me demandait de lui faxer de toute urgence une déclaration précisant que j'utiliserais toujours « Ali » et jamais un autre nom comme « Magan » – cela réglerait tous mes problèmes de citoyenneté. J'ai dû trouver au plus vite un bureau Fedex d'où l'envoyer : ça ne pouvait pas attendre.

Quelques heures plus tard, comme je visitais un appartement à louer à Washington, nouvel appel. J'avais une autre déclaration à signer avant que tout soit résolu. J'y admettais que toute l'affaire était ma faute : j'avais raconté aux journalistes qu' « Ali » était un faux nom, alors qu'en réalité je pouvais l'utiliser.

Je voulais en finir avec toute cette histoire. Sans la nationalité néerlandaise, je n'avais pratiquement aucune chance d'obtenir rapidement un visa américain. Mes avocats, qui étaient en contact constant avec La Haye, m'expliquaient que je n'étais pas autorisée à changer quoi que ce soit dans cette déclaration : c'était à prendre ou à laisser. J'ai tout de même changé « Je suis désolée » par « Je regrette », moins personnel. (En échange, le Premier ministre Balkenende a apparemment fait promettre à Rita de ne plus jamais dire : « Les règles sont les règles. »)

Le lendemain, mardi 27 juin, j'étais dans un bureau de l'American Enterprise Institute quand j'ai vu arriver des reporters avec tout leur matériel de tournage. Je n'avais encore reçu aucune notification officielle, mais ils savaient, eux, que Rita avait accepté de me réintégrer. Je leur ai simplement dit à quel point la nouvelle me réjouissait. Et c'était tout : je voulais qu'on classe l'affaire. Les reporters m'ont alors informée qu'un débat avait été prévu pour mercredi soir : à La Haye, les gens disaient que j'avais été victime d'un chantage, que Rita Verdonk m'avait obligée à écrire une lettre ou j'endossais la responsabilité des événements, et tout le monde trouvait cela honteux.

Il n'y avait pas eu de chantage, et je le leur ai dit. La

seule pression que j'avais subie, c'était celle du temps : ces semaines d'incertitude m'avaient éprouvée, et j'étais heureuse d'avoir pu y mettre un terme.

Quand le débat s'est ouvert le lendemain soir, à vingt heures, Rita Verdonk et le Premier ministre Balkenende ont presque immédiatement essuyé les attaques des parlementaires, lesquels ressentaient la tentative du gouvernement de faire croire que tout était ma faute comme une insulte à leur intelligence.

Aux premières heures du matin, quelqu'un a demandé à Balkenende si ma signature d'un document m'attribuant la responsabilité de l'affaire avait été la condition sine qua non à ma réintégration. Il a reconnu que c'était le cas. Rita avait insisté : si je refusais, il n'y aurait pas d'accord. Un remous furieux a alors agité le Parlement, de membres se levant en même temps pour réclamer le micro.

À quatre heures et demie du matin, le parti vert a présenté une motion de censure contre Rita Verdonk. Beaucoup de Néerlandais à travers le pays suivaient encore le débat à la télévision. Une fois la motion votée, le comptage a révélé que soixante-six parlementaires s'étaient prononcés pour et soixante-dix-neuf contre, ce qui signifiait que les six membres de D'66, le petit parti qui formait, avec les libéraux et les chrétiens-démocrates, la coalition gouvernementale, avaient voté pour la censure de la ministre. Soit Rita démissionnait, soit la coalition se désagrégeait, et le gouvernement s'effondrait.

Le jeudi 29 juin 2006 était le dernier jour de la première session parlementaire. À neuf heures, Balkenende a convoqué tous ses ministres pour une réunion d'urgence. Il en est sorti après le déjeuner et a annoncé aux journalistes que Rita Verdonk resterait ministre. C'était aux membres de D'66 de décider ce qu'ils voulaient faire.

Ce soir-là, D'66 quittait la coalition. Le gouvernement était tombé. De nouvelles élections devraient être organisées à l'automne.

J'étais tenue au courant des événements par des SMS sur mon portable. Des amis à moi qui travaillaient au Parlement, ainsi que certains de mes anciens collègues, m'en ont envoyé des centaines. Quand le gouvernement s'est effondré, j'en ai reçu plus de cinquante d'un seul coup.

Ce jour-là, j'étais à Aspen, dans le Colorado : j'avais été invitée à une conférence de l'Aspen Institute où étaient présents une multitude de politiciens américains et de chefs d'entreprise. J'étais stupéfiée par le nombre de gens qui venaient me confier leur colère contre le gouvernement néerlandais : je devais constamment leur expliquer que les Pays-Bas n'étaient pas un pays xénophobe et n'avaient pas soudain décidé de me jeter dehors.

J'essayais de leur faire comprendre que je regrettais beaucoup la chute du cabinet Balkenende : un gouvernement ne devrait pas se déchirer pour si peu. Cela ne lui attire que le mépris de ses électeurs : les chefs sont choisis pour prendre des décisions importantes et difficiles, et celle me concernant ne l'était pas. J'ai ajouté que les Pays-Bas étaient un pays paisible, ouvert et tolérant. C'était là que j'avais acquis ma liberté individuelle, et je me sentais néerlandaise. Je l'étais d'ailleurs de nouveau : complètement, et très heureuse de l'être.

*

Quoi qu'on en dise, les États-Unis restent, à beaucoup d'égards, les champions de la liberté. En y exportant mes idées, je n'ai pas l'impression de les trahir. À l'American Enterprise Institute de Washington, j'aurai plus de temps pour réfléchir que lorsque j'étais députée à La Haye et que je passais mon temps à négocier pour faire avancer mon programme dans le processus législatif. Encore une fois, je ne quitte pas ce pays à cause de cette histoire de citoyenneté : c'est une décision entièrement personnelle, prise longtemps avant le début de cet épisode étrange.

Il y a des années, à ma sortie de l'université, je voyais dans la politique une noble mission, et dans les institutions de la démocratie le symbole des efforts de l'humanité pour rendre le monde meilleur. C'est encore le cas aujourd'hui, mais j'ai appris qu'en politique, comme dans n'importe quelle autre activité humaine, la fin justifie souvent les moyens, donnant lieu à des luttes écœurantes, clan contre clan, parti contre parti. Réfléchir pour ceux qui ont le pouvoir sera, j'espère, plus agréable que de l'exercer.

La liberté d'expression que j'ai trouvée aux Pays-Bas – la liberté de penser – n'existe pas dans mon pays d'origine. J'en avais toujours rêvé. Quels que soient leurs défauts, les Néerlandais comprennent ce principe mieux que personne. Il est si profondément ancré dans leur culture que le gouvernement néerlandais a choisi de me protéger pour me permettre d'exprimer librement des idées avec lesquelles il s'est toujours trouvé en désaccord. Puis-je dire ma reconnaissance à ce pays ? Être néerlandaise est pour moi une chance, un privilège.

Muhammad Bouyeri – l'homme qui a tué Theo – et d'autres comme lui ne se rendent pas compte à quel point les Occidentaux sont attachés à l'idée d'une société ouverte. Une telle société est vulnérable, mais obstinée. Elle offre à tous la sécurité et la liberté. Je voudrais qu'elle demeure ainsi.

*

On me demande sans arrêt ce que ça fait de vivre avec des menaces de mort. Je pense que c'est comme quand on vous découvre une maladie incurable et que vous savez qu'elle peut vous tuer en une semaine ou bien ne jamais se développer.

Ceux qui me posent cette question sont souvent nés dans des pays riches, en Europe de l'Ouest ou aux États-Unis, après la Seconde Guerre mondiale. Ils prennent la vie pour acquise.

J'ai grandi dans un environnement où la mort s'invitait sans cesse. Un virus, une bactérie, un parasite, une sécheresse et une famine, des soldats, des tortionnaires : elle pouvait prendre toutes les formes et frapper n'importe qui, n'importe quand. Elle chevauchait les gouttes de pluie qui deviendraient inondation. Elle subjuguait l'imagination des puissants, qui envoyaient leurs subordonnés traquer, supplicier, tuer des ennemis imaginaires. Elle emportait des jeunes femmes qui accouchaient, abandonnant leur enfant à des étrangers. Et elle venait à d'autres jeunes femmes, de la main d'un père, d'un frère, d'un mari dont elles avaient souillé l'honneur.

Pour ceux qui vivent dans des pays plongés, comme la Somalie, dans l'anarchie et la guerre civile, la mort est partout.

Quand je suis née, ma mère a cru que j'étais morte, mais j'ai fini par crier. Quand j'ai eu la malaria, puis une pneumonie, je m'en suis relevée. Quand on m'a coupé le sexe, ma blessure a cicatrisé. Quand mon professeur de Coran m'a fracturé le crâne, les médecins m'ont sauvée. Quand un bandit m'a collé la lame de son couteau contre la gorge, il a décidé de ne pas la trancher.

Même si je dois vivre avec des gardes du corps, je me sens privilégiée, parce que je suis en vie et que je suis libre. En sautant dans un train pour Amsterdam il y a quatorze ans, j'entreprenais de rompre les liens qui m'unissaient à un homme que je n'avais pas choisi et surtout de libérer mon esprit.

C'est en Arabie Saoudite que j'ai découvert, enfant, l'islam dans toute sa puissance, une religion très différente de la version diluée, mêlée de pratiques magiques et de croyances préislamiques de ma grand-mère. L'Arabie Saoudite est la source de l'islam et sa quintessence. C'est là qu'il existe dans sa forme la plus pure, et c'est là qu'est née la tendance fondamentaliste qui s'est, depuis, répandue bien au-delà des frontières du pays.

En Arabie Saoudite, le moindre de nos gestes était imprégné de notions de pureté, de péché et de peur. Ceux qui se plaisent à considérer l'islam comme une religion de paix et de tolérance ne peuvent nier les réalités quotidiennes de ce pays : mains coupées, femmes asservies et lapidées, exactement comme l'a décrété le prophète Mahomet il y a des siècles.

Ce respect littéral des paroles du Prophète, que j'ai pu observer également chez les Frères musulmans en Somalie et au Kenya, est incompatible avec les droits de l'homme et la philosophie libérale. Il entretient une mentalité moyenâgeuse fondée sur des concepts tribaux d'honneur et de déshonneur. Il implique de vivre dans l'illusion, en s'accommodant de contradictions flagrantes : ses zélateurs profitent des avancées technologiques de l'Occident en feignant d'ignorer qu'elles trouvent leur origine dans la pensée occidentale. Cela rend la transition vers la modernité extrêmement pénible pour les fidèles.

Le passage d'un monde à un autre est toujours difficile. Il l'a été pour ma grand-mère, et pour tous mes parents de la *miyé*. Et pour moi aussi. J'ai quitté le monde de la foi, de l'excision et du mariage forcé pour celui de la raison et de l'émancipation sexuelle. J'ai fait ce voyage, et à présent je sais que l'un de ces deux mondes est tout simplement meilleur que l'autre. Pas à cause de ses gadgets tape-à-l'œil, mais dans ses valeurs fondamentales.

Le message de cet ouvrage, s'il doit en avoir un, c'est que nous n'avons pas le droit de prolonger la souffrance causée par cette transition en élevant des cultures bigotes et misogynes au rang de choix de vie tout à fait respectables.

On m'accuse d'avoir intériorisé un sentiment d'infériorité raciale et de m'en prendre à ma propre culture par haine de moi-même, parce que je veux être « blanche ». Je commence à en avoir assez. La liberté serait-elle donc réservée

aux Blancs ? Serait-ce m'aimer que de respecter les traditions de mes ancêtres et de mutiler mes filles ? D'accepter
de vivre dans l'humiliation et l'impuissance ? De rester
passive, quand je vois mes compatriotes maltraiter leurs
femmes et s'entre-tuer dans des conflits absurdes ? Quand
j'ai changé d'environnement et découvert que les hommes
pouvaient vivre en harmonie, aurait-ce été m'aimer que de
voir cela comme un culte étranger que les musulmans
n'avaient pas le droit de pratiquer ?

On vit mieux en Europe que dans le monde islamique
parce que les rapports humains y sont meilleurs, pour la
simple et bonne raison que les individus jouissent de
libertés et de droits qui sont reconnus et protégés par l'État.
Se soumettre, se laisser maltraiter parce que Allah en a
décidé ainsi, c'est plutôt cela, à mon avis, qui relève de la
haine de soi.

*

Écrire ce livre n'a pas été facile, car j'y révèle des souvenirs intimes et pénibles. Mais je ne veux pas qu'on tienne
mes arguments pour sacrés sous prétexte que j'ai connu
l'horreur : ce n'est pas le cas. À vrai dire, j'ai même eu
énormément de chance. Combien de filles nées à l'hôpital
Digfeer de Mogadiscio en novembre 1969 sont encore en
vie aujourd'hui ? Et, de celles-là, combien peuvent, comme
moi, dire ce qu'elles pensent ?

Je ne veux pas non plus qu'on rejette mon témoignage
en l'assimilant à la harangue d'une femme traumatisée par
ce qu'elle a vécu et qui crache son amertume. On sous-
entend souvent que ma colère trouve son origine dans mon
excision, ou dans le fait que mon père m'a mariée de force.
On ne manque jamais d'ajouter que de telles pratiques sont
extrêmement peu répandues dans le monde musulman
moderne.

C'est faux. Le fait est que six mille petites filles sont

excisées chaque jour, et que des milliers de femmes dans le monde sont obligées de se soumettre à des maris qu'elles n'ont pas choisis. En ce qui concerne mes capacités mentales, je ne crois pas que mon excision les ait le moins du monde affectées, et j'aimerais qu'on me juge sur la validité de mes arguments et non en fonction de ma place sur une échelle de la souffrance.

Mon idée centrale ? C'est que l'islam opprime et interdit le progrès social à ses fidèles, femmes et hommes. Il crée une culture qui reste figée dans les mœurs d'un lointain passé. Il vaudrait mieux pour tout le monde, et surtout pour les musulmans, que cela puisse changer.

Quand on me dit que l'islam prône les valeurs de compassion, de tolérance et de liberté, je regarde les faits autour de moi. Je vois bien que ce n'est pas vrai. Les Occidentaux y croient, néanmoins, parce qu'ils ont appris à ne pas examiner la religion et la culture des minorités de façon trop critique, de crainte d'être taxés de racisme. Cela les fascine que, moi, j'ose le faire.

Au printemps 2005, l'équipe de *Time Magazine* m'a informée que je faisais partie de sa sélection des « cent personnalités les plus influentes du moment ». Bien sûr, je suis tout de suite allée m'acheter un exemplaire du magazine, mais j'avais plusieurs semaines d'avance : le numéro où je figurais ne sortait pas avant la mi-avril 2005, et nous étions en mars. Celui que j'avais acheté ne parlait donc pas de moi, mais de la misère dans le monde. Sur la couverture, il y avait une jeune femme, maigre, avec trois petits enfants. Elle était enveloppée dans un châle semblable à ceux que portait ma grand-mère autrefois, et on lisait dans ses yeux un profond désespoir.

Cela m'a renvoyée des années en arrière, en Somalie, en Éthiopie, au Kenya – à la pauvreté, à la maladie, à la peur. J'ai pensé à la vie que menait la femme de la photo, et des millions d'autres comme elle. *Time* venait de me nommer dans la catégorie «Chefs de file et révolutionnaires». Comment me montrer à la hauteur de cette responsabilité ? Peut-être pouvais-je commencer par dire que les valeurs d'un pays déterminent sa capacité à progresser. Les valeurs du monde de mes parents génèrent et entretiennent la pauvreté et la tyrannie, par exemple à travers l'oppression des femmes. Il serait formidablement bénéfique pour les musulmans de porter sur ces valeurs un regard objectif. En d'autres termes, si nous, qui avons grandi dans l'islam, nous trouvons le courage d'affronter la réalité des horreurs que justifie notre religion, nous pouvons changer notre destin.

Pourquoi ne suis-je pas au Kenya, accroupie à côté d'un brasero, à préparer des *angellos*? Pourquoi me suis-je retrouvée élue au Parlement néerlandais, et chargée d'écrire des lois ? J'ai eu de la chance, à la différence de la plupart des femmes nées dans le même monde que moi. Et je me sens une mission vis-à-vis d'elles. Comme la femme galla à qui j'ai servi d'interprète à Schalkhaar, des millions d'autres femmes sont retenues prisonnières dans l'enceinte de l'irrationalité et de la superstition. Je dois me faire entendre d'elles et les persuader de prendre le contrôle de leur vie.

Sœur Aziza nous mettait sans cesse en garde contre la décadence de l'Occident et sa société pervertie, licencieuse, rapace, idolâtre et sans âme. Mais, pour moi, la corruption morale est bien plus grande dans les pays islamiques. La cruauté y est implacable et l'inégalité inscrite dans la loi. Les dissidents y sont torturés. Les femmes y sont opprimées à la fois par l'État et par leurs familles qui ont, légalement, le pouvoir sur elles.

En cinquante ans, le monde islamique s'est trouvé catapulté à l'époque moderne. De ma grand-mère à moi, il n'y a que deux générations, mais en maîtrise technologique cette période représente un bond en avant de plusieurs millénaires.

Les gens s'adaptent. On peut ne jamais s'être assis sur une chaise de sa vie, et apprendre, en une période très courte, à conduire une voiture et à faire fonctionner des machines compliquées. De la même manière, les musulmans n'ont pas à attendre six cents ans pour réformer leur conception de l'égalité et des droits de l'individu.

Quand j'ai demandé son aide à Theo pour réaliser *Submission*, j'avais trois messages à faire passer. Le premier, c'était que les fidèles peuvent, comme les femmes du film, lever les yeux et parler à Allah, engager un dialogue avec Lui, et remettre en question Sa parole. Le deuxième, c'était que l'interprétation rigide du Coran par certains musulmans impose aux femmes des souffrances intolérables. Avec la mondialisation, de plus en plus de ces hommes viennent s'installer en Europe avec les femmes qui leur appartiennent et qu'ils brutalisent, et il n'est plus possible pour les Occidentaux d'ignorer ces sévères violations des droits humains. Elles se commettent à Bristol, Rotterdam, Hambourg, Lille. Le troisième message est dans la phrase finale du film : « Je ne pourrai plus me soumettre. » On peut se libérer : adapter sa foi, l'examiner de manière critique, et déterminer à quel point elle est elle-même à la base de notre oppression.

On me dit que *Submission* est un film trop agressif. Que les musulmans souffrent de cette critique. Combien plus grande est la souffrance de ces femmes, enfermées dans cette cage ?

Remerciements

Je suis née dans un pays déchiré par la guerre et j'ai grandi sur un continent connu pour ses innombrables maux. J'ai de la chance d'être là aujourd'hui et de mener une vie confortable, à la différence de beaucoup de Somaliens et d'Africains en général, et c'est un privilège dont je n'oublierai jamais qu'il n'est pas tombé du ciel. Sans l'aide et les sacrifices de ma famille, de mes professeurs et de mes amis, je ne me serais pas élevée au-dessus de la vaste majorité de mes compatriotes qui doivent lutter pour survivre.

Je veux d'abord remercier ma mère, qui m'a gardée serrée contre elle les premiers jours, refusant de croire que j'allais mourir parce que j'étais née trop tôt, trop chétive. Ma grand-mère, qui m'a enseigné l'art de la survie. Mon père, qui a insisté pour m'envoyer à l'école. Ma sœur, pour son amitié, ses éclats de rire, son goût de l'aventure. Mon frère, pour sa confiance inaltérable en l'avenir.

Je suis reconnaissante à mes institutrices de l'école de Juja Road qui, en plus de nous enseigner les matières au programme, s'efforçaient de nous instiller le sens de la discipline. Je remercie aussi certaines de mes professeurs du lycée de jeunes filles musulmanes, mesdames Mumtaz, Kataka, Owour, Chowdry et Karim, qui à l'époque m'ont jugée « pleine de promesses ».

Je remercie Jim'o Musse et le docteur italien de l'hôpital

517

de Nairobi, dont j'ai oublié le nom mais pas ce qu'il a fait pour moi : ensemble, ils m'ont sauvé la vie. Je remercie ma belle-mère, mes demi-sœurs, mes cousins, mes oncles et tantes qui m'ont hébergée chez eux, conseillée et choyée pendant les neuf longs mois que j'ai passés à Mogadiscio.

*

Je ne serais pas devenue la femme que je suis si je n'avais pas trouvé aux Pays-Bas tant d'hospitalité et d'ouverture d'esprit. On m'y a accueillie avec une grande courtoisie et une profonde gentillesse. Je m'y suis sentie chez moi dès les premiers jours. Les agents de l'immigration, les policiers, les travailleurs sociaux du centre de réfugiés, les professeurs de hollandais, les bénévoles, les propriétaires et tous ceux qui m'ont aidée à mon arrivée dans le pays ont agi avec une civilité dont j'ignorais jusque-là qu'elle pût être la marque de tout un peuple. Ma reconnaissance la plus profonde va à ma « famille hollandaise », Johanna, Maarten, Irene et Jan, qui m'a offert un vrai foyer et m'a aidée à devenir une citoyenne néerlandaise autonome et à dépasser mes propres préjugés culturels.

Je n'oublierai pas non plus Maarten Van der Linde, mon premier professeur à l'école Hoge de Driebergen, qui a toujours fait tout son possible pour encourager les étudiants d'origine étrangère à se montrer ambitieux. Sans lui, je n'aurais sûrement jamais passé, et encore moins réussi, l'examen d'entrée à l'université.

Je remercie mes professeurs de Leyde, qui m'ont fait découvrir le monde de la Raison. Je me rappelle avec plaisir les cours des professeurs Rudy Andeweg, Paul 't Hart et Henk Dekker. Les ateliers d'histoire du docteur Hank Kern constituaient à la fois un défi et un divertissement. Le professeur Paul Cliteur réussissait quant à lui à faire de chacun de ses cours d' « introduction au droit » une récréation, et je suis ravie que lui et sa femme Carla soient devenus par la suite deux très bons amis à moi. Depuis, j'ai pu me rendre compte que Paul était bien meilleur juriste que cuisinier.

Malgré mes nombreux désaccords avec Paul Kalma sur les questions du multiculturalisme, de l'islam, de l'intégration et de la religion en général, je me souviendrai de lui pour son honnêteté et l'aide qu'il m'a apportée. Il m'a protégée contre les menaces des islamistes et contre la plume de ceux qui tentaient de me calomnier.

Je veux dire toute ma gratitude à Gerrit Zalm et à Neelie Kroes, qui m'ont aidée à me lancer et à survivre en politique. Ils ont cru en moi, ont pris position pour moi, m'ont conseillée pendant toute la durée de mon mandat au Parlement néerlandais et continuent de le faire aujourd'hui.

Je remercie aussi Frits Bolkestein, qui a été mon mentor : avec sa femme Femke Boersma, ils m'ont ouvert leur porte et m'ont offert réconfort et soutien quand j'en avais le plus besoin.

Je veux citer enfin les féministes néerlandaises les plus influentes : Cisca Dresselhuys, Corine Vloet, Caroline Visser, et Elsbeth Etty, Nahed Salim, Naima Taher, Adelheid Roosen, et Jeltje Van Nieuwenhoven, qui m'ont accueillie comme une sœur et m'ont apporté une inspiration nouvelle, me permettant ainsi d'affirmer ma position dans le débat sur la défense des droits des femmes musulmanes.

Merci, encore :

À De Herenclub – le club des gentlemen – Chris, Chris, Hans, Herman, Jaffe, Leon, Paul, Sylvain, pour les conversations constructives que nous avons eues : j'ai tant appris avec vous, et vous n'avez jamais eu peur de me contredire quand vous pensiez que j'avais tort.

À Leon, Jessica, Mo et Mo, toujours présents. Auprès de vous, je reprends des forces. Je ne vous remercierai jamais assez.

Aux deux « I », Iris et Ingrid, et à Peter. Sans vos conseils et votre pondération, j'aurais perdu la tête plus d'une fois au cours des dernières années. C'est merveilleux de vous avoir à mes côtés.

À vous tous, mes éditeurs du monde entier, et en particulier Tilly, pour ton implication et ton amitié, ainsi que Leslie et Chris qui, par vos remarques perspicaces et votre soutien, m'avez aidée à terminer ce livre.

À Ruth, pour ton aide dans le travail d'écriture. Ce livre n'aurait sans doute jamais vu le jour sans ta patience, ta curiosité et ta sensibilité. Je t'ai vue parfois t'assombrir quand je t'annonçais que j'avais pris du retard. J'ai dû te donner envie de t'arracher les cheveux. Mais tu avais toujours un mot gentil, et tu étais toujours là pour m'encourager sur le chemin.

À Susanna, mon agent, mon amie, ma sœur, et parfois même ma mère juive ! Merci à toi et à ton équipe d'être toujours restés calmes, consciencieux et confiants.

À Annejet, Anne Louise, Britta, Corin, David, Evelyn et Rose, Evelyn, Frederique, Frédérique, Geeske, Hans, Hein, Isabella, Joachim, Marco, Mirjam, Nina, Olivia, Roeland, Ruben, Sebastian... J'ai eu une chance énorme de pouvoir compter, dans les périodes les plus heureuses comme dans les plus sombres, sur tant d'amis. Je ne peux pas vous nommer tous ici, mais vous vous reconnaîtrez. Merci de m'avoir entourée de votre chaleur, de votre amour et de votre bienveillance.

Table

Cet ouvrage a été composé et mis en pages
par ÉTIANNE COMPOSITION
à Montrouge.

Cet ouvrage a été imprimé par

FIRMIN DIDOT
GROUPE CPI
Mesnil-sur-l'Estrée

pour le compte de Nil Editions
en octobre 2006

Dépôt légal : octobre 2006
N° d'édition : 47297/01 – N° d'impression : 81602

Imprimé en France